Johann Wolfgang von Goethe
Faust I und II
Urfaust

Johann Wolfgang
von Goethe

Faust I und II
Urfaust

Anaconda

Die Deutsche Bibliothek verzeichnet diese Publikation in der Deutschen Nationalbibliographie; detaillierte bibliographische Daten sind im Internet unter http://dnb.ddb.de abrufbar.

© 2005 Anaconda Verlag GmbH, Köln
Alle Rechte vorbehalten.
Umschlagmotiv: »Fausts Pakt mit Mephistopheles«,
Stahlstich nach Zeichnung von Engelbert Seibertz (1813–1905),
Berlin, Sammlung Archiv für Kunst und Geschichte
© akg-images, Berlin
Umschlaggestaltung: Dagmar Herrmann, Köln
Satz und Layout: GEM mbH, Ratingen
Printed in Czech Republic 2006
ISBN 3-938484-09-8
info@anaconda-verlag.de

Faust · Eine Tragödie

Zueignung

Ihr naht euch wieder, schwankende Gestalten,
Die früh sich einst dem trüben Blick gezeigt.
Versuch ich wohl, euch diesmal festzuhalten?
Fühl ich mein Herz noch jenem Wahn geneigt?
Ihr drängt euch zu! nun gut, so mögt ihr walten,
Wie ihr aus Dunst und Nebel um mich steigt;
Mein Busen fühlt sich jugendlich erschüttert
Vom Zauberhauch, der euren Zug umwittert.

Ihr bringt mit euch die Bilder froher Tage,
Und manche liebe Schatten steigen auf;
Gleich einer alten, halbverklungnen Sage
Kommt erste Lieb und Freundschaft mit herauf;
Der Schmerz wird neu, es wiederholt die Klage
Des Lebens labyrinthisch irren Lauf
Und nennt die Guten, die, um schöne Stunden
Vom Glück getäuscht, vor mir hinweggeschwunden.

Sie hören nicht die folgenden Gesänge,
Die Seelen, denen ich die ersten sang;
Zerstoben ist das freundliche Gedränge,
Verklungen, ach! der erste Widerklang.
Mein Leid ertönt der unbekannten Menge,
Ihr Beifall selbst macht meinem Herzen bang,
Und was sich sonst an meinem Lied erfreuet,
Wenn es noch lebt, irrt in der Welt zerstreuet.

Und mich ergreift ein längst entwöhntes Sehnen
Nach jenem stillen, ernsten Geisterreich,
Es schwebet nun in unbestimmten Tönen
Mein lispelnd Lied, der Äolsharfe gleich,
Ein Schauer faßt mich, Träne folgt den Tränen,
Das strenge Herz, es fühlt sich mild und weich;
Was ich besitze, seh ich wie im Weiten,
Und was verschwand, wird mir zu Wirklichkeiten.

Vorspiel auf dem Theater

Direktor, Theaterdichter, Lustige Person

DIREKTOR. Ihr beiden, die ihr mir so oft
In Not und Trübsal beigestanden,
Sagt, was ihr wohl in deutschen Landen
Von unsrer Unternehmung hofft!
Ich wünschte sehr, der Menge zu behagen,
Besonders weil sie lebt und leben läßt.
Die Pfosten sind, die Bretter aufgeschlagen,
Und jedermann erwartet sich ein Fest.
Sie sitzen schon mit hohen Augenbrauen
Gelassen da und möchten gern erstaunen.
Ich weiß, wie man den Geist des Volks versöhnt;
Doch so verlegen bin ich nie gewesen:
Zwar sind sie an das Beste nicht gewöhnt,
Allein sie haben schrecklich viel gelesen.
Wie machen wirs, daß alles frisch und neu
Und mit Bedeutung auch gefällig sei?
Denn freilich mag ich gern die Menge sehen,
Wenn sich der Strom nach unsrer Bude drängt
Und mit gewaltig-wiederholten Wehen
Sich durch die enge Gnadenpforte zwängt,
Bei hellem Tage, schon vor Vieren,
Mit Stößen sich bis an die Kasse ficht
Und, wie in Hungersnot um Brot an Bäckertüren,
Um ein Billett sich fast die Hälse bricht.
Dies Wunder wirkt auf so verschiedne Leute
Der Dichter nur: mein Freund, o tu es heute!
DICHTER. O sprich mir nicht von jener bunten Menge,
Bei deren Anblick uns der Geist entflieht!
Verhülle mir das wogende Gedränge,
Das wider Willen uns zum Strudel zieht!
Nein, führe mich zur stillen Himmelsenge,
Wo nur dem Dichter reine Freude blüht,
Wo Lieb und Freundschaft unsres Herzens Segen

Mit Götterhand erschaffen und erpflegen!
Ach! was in tiefer Brust uns da entsprungen,
Was sich die Lippe schüchtern vorgelallt,
Mißraten jetzt und jetzt vielleicht gelungen,
Verschlingt des wilden Augenblicks Gewalt.
Oft, wenn es erst durch Jahre durchgedrungen,
Erscheint es in vollendeter Gestalt.
Was glänzt, ist für den Augenblick geboren;
Da Echte bleibt der Nachwelt unverloren.

LUSTIGE PERSON.
Wenn ich nur nichts von Nachwelt hören sollte!
Gesetzt, daß ich von Nachwelt reden wollte,
Wer machte denn der Mitwelt Spaß?
Den will sie doch und soll ihn haben!
Die Gegenwart von einem braven Knaben
Ist, dächt ich, immer auch schon was.
Wer sich behaglich mitzuteilen weiß,
Den wird des Volkes Laune nicht erbittern;
Er wünscht sich einen großen Kreis,
Um ihn gewisser zu erschüttern.
Drum seid nur brav und zeigt Euch musterhaft,
Laßt Phantasie mit allen ihren Chören,
Vernunft, Verstand, Empfindung, Leidenschaft,
Doch, merkt Euch wohl! nicht ohne Narrheit hören!

DIREKTOR. Besonders aber laßt genug geschehn!
Man kommt zu schaun, man will am liebsten sehn.
Wird vieles vor den Augen abgesponnen,
So daß die Menge staunend gaffen kann,
Da habt Ihr in der Breite gleich gewonnen,
Ihr seid ein vielgeliebter Mann.
Die Masse könnt Ihr nur durch Masse zwingen,
Ein jeder sucht sich endlich selbst was aus.
Wer vieles bringt, wird manchem etwas bringen,
Und jeder geht zufrieden aus dem Haus.
Gebt Ihr ein Stück, so gebt es gleich in Stücken!
Solch ein Ragout, es muß Euch glücken;
Leicht ist es vorgelegt, so leicht als ausgedacht.

Was hilfts, wenn ihr ein Ganzes dargebracht?
Das Publikum wird es Euch doch zerpflücken.
DICHTER.
Ihr fühlet nicht, wie schlecht ein solches Handwerk sei,
Wie wenig das dem echten Künstler zieme!
Der säubern Herren Pfuscherei
Ist, merk ich, schon bei Euch Maxime.
DIREKTOR. Ein solcher Vorwurf läßt mich ungekränkt:
Ein Mann, der recht zu wirken denkt,
Muß auf das beste Werkzeug halten.
Bedenkt, Ihr habet weiches Holz zu spalten,
Und seht nur hin, für wen Ihr schreibt!
Wenn diesen Langeweile treibt,
Kommt jener satt vom übertischten Mahle,
Und was das Allerschlimmste bleibt,
Gar mancher kommt vom Lesen der Journale.
Man eilt zerstreut zu uns wie zu den Maskenfesten,
Und Neugier nur beflügelt jeden Schritt;
Die Damen geben sich und ihren Putz zum besten
Und spielen ohne Gage mit.
Was träumet Ihr auf Eurer Dichterhöhe?
Was macht ein volles Haus Euch froh?
Beseht die Gönner in der Nähe!
Halb sind sie kalt, halb sind sie roh.
Der, nach dem Schauspiel, hofft ein Kartenspiel,
Der eine wilde Nacht an einer Dirne Busen!
Was plagt ihr armen Toren viel
Zu solchem Zweck die holden Musen?
Ich sag Euch: gebt nur mehr und immer, immer mehr,
So könnt Ihr Euch vom Ziele nie verirren.
Sucht nur die Menschen zu verwirren,
Sie zu befriedigen, ist schwer! –
Was fällt Euch an? Entzückung oder Schmerzen?
DICHTER. Geh hin und such dir einen andern Knecht!
Der Dichter sollte wohl das höchste Recht,
Das Menschenrecht, das ihm Natur vergönnt,
Um deinetwillen freventlich verscherzen!

Wodurch bewegt er alle Herzen?
Wodurch besiegt er jedes Element?
Ist es der Einklang nicht, der aus dem Busen dringt
Und in sein Herz die Welt zurückeschlingt?
Wenn die Natur des Fadens ewge Länge,
Gleichgültig drehend, auf die Spindel zwingt,
Wenn aller Wesen unharmonsche Menge
Verdrießlich durcheinanderklingt:
Wer teilt die fließend immer gleiche Reihe
Belebend ab, daß sie sich rhythmisch regt?
Wer ruft das Einzelne zur allgemeinen Weihe,
Wo es in herrlichen Akkorden schlägt?
Wer läßt den Sturm zu Leidenschaften wüten?
Das Abendrot im ernsten Sinne glühn?
Wer schüttet alle schönen Frühlingsblüten
Auf der Geliebten Pfade hin?
Wer flicht die unbedeutend-grünen Blätter
Zum Ehrenkranz Verdiensten jeder Art?
Wer sichert den Olymp? vereinet Götter?
Des Menschen Kraft, im Dichter offenbart!

LUSTIGE PERSON. So braucht sie denn, die schönen Kräfte,
Und treibt die dichtrischen Geschäfte,
Wie man ein Liebesabenteuer treibt:
Zufällig naht man sich, man fühlt, man bleibt,
Und nach und nach wird man verflochten;
Es wächst das Glück, dann wird es angefochten,
Man ist entzückt, nun kommt der Schmerz heran,
Und eh man sichs versieht, ists eben ein Roman.
Laßt uns auch so ein Schauspiel geben!
Greift nur hinein ins volle Menschenleben!
Ein jeder lebts, nicht vielen ists bekannt,
Und wo Ihrs packt, da ists interessant.
In bunten Bildern wenig Klarheit,
Viel Irrtum und ein Fünkchen Wahrheit,
So wird der beste Trank gebraut,
Der alle Welt erquickt und auferbaut.
Dann sammelt sich der Jugend schönste Blüte

Vor Eurem Spiel und lauscht der Offenbarung,
Dann sauget jedes zärtliche Gemüte
Aus Eurem Werk sich melancholsche Nahrung,
Dann wird bald dies, bald jenes aufgeregt:
Ein jeder sieht, was er im Herzen trägt.
Noch sind sie gleich bereit, zu weinen und zu lachen,
Sie ehren noch den Schwung, erfreuen sich am Schein;
Wer fertig ist, dem ist nichts recht zu machen,
Ein Werdender wird immer dankbar sein.

DICHTER. So gib mir auch die Zeiten wieder,
Da ich noch selbst im Werden war,
Da sich ein Quell gedrängter Lieder
Ununterbrochen neu gebar,
Da Nebel mir die Welt verhüllten,
Die Knospe Wunder noch versprach,
Da ich die tausend Blumen brach,
Die alle Täler reichlich füllten!
Ich hatte nichts und doch genug:
Den Drang nach Wahrheit und die Lust am Trug!
Gib ungebändigt jene Triebe,
Das tiefe, schmerzenvolle Glück,
Des Hasses Kraft, die Macht der Liebe,
Gibt meine Jugend mir zurück!

LUSTIGE PERSON.
Der Jugend, guter Freund, bedarfst du allenfalls,
Wenn dich in Schlachten Feinde drängen,
Wenn mit Gewalt an deinen Hals
Sich allerliebste Mädchen hängen,
Wenn fern des schnellen Laufes Kranz
Vom schwer erreichten Ziele winket,
Wenn nach dem heftgen Wirbeltanz
Die Nächte schmausend man vertrinket.
Doch ins bekannte Saitenspiel
Mit Mut und Anmut einzugreifen,
Nach einem selbstgesteckten Ziel
Mit holdem Irren hinzuschweifen,
Das, alte Herrn, ist eure Pflicht,

Und wir verehren euch darob nicht minder.
Das Alter macht nicht kindisch, wie man spricht,
Es findet uns nur noch als wahre Kinder.
DIREKTOR. Der Worte sind genug gewechselt,
Laßt mich auch endlich Taten sehn!
Indes ihr Komplimente drechselt,
Kann etwas Nützliches geschehn.
Was hilft es, viel von Stimmung reden?
Dem Zaudernden erscheint sie nie.
Gebt ihr euch einmal für Poeten,
So kommandiert die Poesie!
Euch ist bekannt, was wir bedürfen:
Wir wollen stark Getränke schlürfen;
Nun braut mir unverzüglich dran!
Was heute nicht geschieht, ist morgen nicht getan,
Und keinen Tag soll man verpassen;
Das Mögliche soll der Entschluß
Beherzt sogleich beim Schöpfe fassen:
Er will es dann nicht fahren lassen
Und wirket weiter, weil er muß.
Ihr wißt, auf unsern deutschen Bühnen
Probiert ein jeder, was er mag;
Drum schonet mir an diesem Tag
Prospekte nicht und nicht Maschinen!
Gebraucht das groß' und kleine Himmelslicht,
Die Sterne dürfet Ihr verschwenden;
An Wasser, Feuer, Felsenwänden,
An Tier- und Vögeln fehlt es nicht.
So schreitet in dem engen Bretterhaus
Den ganzen Kreis der Schöpfung aus
Und wandelt mit bedächtger Schnelle
Vom Himmel durch die Welt zur Hölle!

Prolog im Himmel

Der Herr, die Himmlischen Heerscharen. Nachher Mephistopheles
Die drei Erzengel treten vor

RAPHAEL. Sie Sonne tönt nach alter Weise
    In Brudersphären Wettgesang,
    Und ihre vorgeschriebne Reise
    Vollendet sie mit Donnergang.
    Ihr Anblick gibt den Engeln Stärke,
    Wenn keiner sie ergründen mag;
    Die unbegreiflich hohen Werke
    Sind herrlich wie am ersten Tag.
GABRIEL. Und schnell und unbegreiflich schnelle
    Dreht sich umher der Erde Pracht;
    Es wechselt Paradieseshelle
    Mit tiefer, schauervoller Nacht;
    Es schäumt das Meer in breiten Flüssen
    Am tiefen Grund der Felsen auf,
    Und Fels und Meer wird fortgerissen
    In ewig schnellem Sphärenlauf.
MICHAEL. Und Stürme brausen um die Wette
    Vom Meer aufs Land, vom Land aufs Meer,
    Und bilden wütend eine Kette
    Der tiefsten Wirkung ringsumher.
    Da flammt ein blitzendes Verheeren
    Dem Pfade vor des Donnerschlags;
    Doch deine Boten, Herr, verehren
    Das sanfte Wandeln deines Tags.
ZU DREI. Der Anblick gibt den Engeln Stärke,
    Da keiner dich ergründen mag,
    Und alle deine hohen Werke
    Sind herrlich wie am ersten Tag.
MEPHISTOPHELES. Da du, o Herr, dich wieder einmal nahst
    Und fragst, wie alles sich bei uns befinde,
    Und du mich sonst gewöhnlich gerne sahst,

So siehst du mich auch unter dem Gesinde.
Verzeih, ich kann nicht hohe Worte machen,
Und wenn mich auch der ganze Kreis verhöhnt;
Mein Pathos brächte dich gewiß zum Lachen,
Hättst du dir nicht das Lachen abgewöhnt.
Von Sonn' und Welten weiß ich nichts zu sagen;
Ich sehe nur, wie sich die Menschen plagen.
Der kleine Gott der Welt bleibt stets von gleichem Schlag
Und ist so wunderlich als wie am ersten Tag.
Ein wenig besser würd er leben,
Hättst du ihm nicht den Schein des Himmelslichts gegeben;
Er nennts Vernunft und brauchts allein,
Nur tierischer als jedes Tier zu sein.
Er scheint mir, mit Verlaub von Euer Gnaden,
Wie eine der langbeinigen Zikaden,
Die immer fliegt und fliegend springt
Und gleich im Gras ihr altes Liedchen singt.
Und läg er nur noch immer in dem Grase!
In jeden Quark begräbt er seine Nase.
der herr. Hast du mir weiter nichts zu sagen?
Kommst du nur immer anzuklagen?
Ist auf der Erde ewig dir nichts recht?
MEPHISTOPHELES.
Nein, Herr! ich find es dort, wie immer, herzlich schlecht.
Die Menschen dauern mich in ihren Jammertagen;
Ich mag sogar die Armen selbst nicht plagen.
DER HERR. Kennst du den Faust?
MEPHISTOPHELES. Den Doktor?
DER HERR. Meinen Knecht!
MEPHISTOPHELES.
Fürwahr, er dient Euch auf besondre Weise!
Nicht irdisch ist des Toren Trank noch Speise!
Ihn treibt die Gärung in die Ferne;
Er ist sich seiner Tollheit halb bewußt:
Vom Himmel fordert er die schönsten Sterne
Und von der Erde jede höchste Lust,
Und alle Näh und alle Ferne

Befriedigt nicht die tiefbewegte Brust.

DER HERR. Wenn er mir jetzt auch nur verworren dient,
So werd ich ihn bald in die Klarheit führen.
Weiß doch der Gärtner, wenn das Bäumchen grünt,
Daß Blüt und Frucht die künftgen Jahre zieren.

MEPHISTOPHELES.
Was wettet Ihr? den sollt Ihr noch verlieren,
Wenn Ihr mir die Erlaubnis gebt,
Ihn meine Straße sacht zu führen!

DER HERR. Solang er auf der Erde lebt,
Solange sei dirs nicht verboten:
Es irrt der Mensch, solang er strebt.

MEPHISTOPHELES. Da dank ich Euch; denn mit den Toten
Hab ich mich niemals gern befangen.
Am meisten lieb ich mir die vollen, frischen Wangen.
Für einen Leichnam bin ich nicht zu Haus:
Mir geht es wie der Katze mit der Maus.

DER HERR. Nun gut, es sei dir überlassen!
Zieh diesen Geist von seinem Urquell ab
Und führ ihn, kannst du ihn erfassen,
Auf deinem Wege mit herab –
Und steh beschämt, wenn du bekennen mußt:
Ein guter Mensch, in seinem dunklen Drange,
Ist sich des rechten Weges wohl bewußt.

MEPHISTOPHELES. Schon gut! nur dauert es nicht lange.
Mir ist für meine Wette gar nicht bange.
Wenn ich zu meinem Zweck gelange,
Erlaubt Ihr mir Triumph aus voller Brust.
Staub soll er fressen, und mit Lust,
Wie meine Muhme, die berühmte Schlange!

DER HERR. Du darfst auch da nur frei erscheinen;
Ich habe deinesgleichen nie gehaßt;
Von allen Geistern, die verneinen,
Ist mir der Schalk am wenigsten zur Last.
Des Menschen Tätigkeit kann allzu leicht erschlaffen,
Er liebt sich bald die unbedingte Ruh;
Drum geb ich gern ihm den Gesellen zu,

Der reizt und wirkt und muß als Teufel schaffen. –
Doch ihr, die echten Göttersöhne,
Erfreut euch der lebendig-reichen Schöne!
Das Werdende, das ewig wirkt und lebt,
Umfaß euch mit der Liebe holden Schranken,
Und was in schwankender Erscheinung schwebt,
Befestiget mit andauernden Gedanken!

Der Himmel schließt, die Erzengel verteilen sich.

MEPH. *allein.* Von Zeit zu Zeit seh ich den Alten gern,
Und hüte mich, mit ihm zu brechen.
Es ist gar hübsch von einem großen Herrn,
So menschlich mit dem Teufel selbst zu sprechen

Der Tragödie Erster Teil

Nacht

In einem hochgewölbten, engen gotischen Zimmer
Faust unruhig auf seinem Sessel am Pulte

FAUST. Habe nun, ach, Philosophie,
  Juristerei und Medizin
  Und leider auch Theologie
  Durchaus studiert, mit heißem Bemühn.
  Da steh ich nun, ich armer Tor,
  Und bin so klug als wie zuvor!
  Heiße Magister, heiße Doktor gar,
  Und ziehe schon an die zehen Jahr
  Herauf, herab und quer und krumm
  Meine Schüler an der Nase herum –
  Und sehe, daß wir nichts wissen können!
  Das will mir schier das Herz verbrennen.
  Zwar bin ich gescheiter als alle die Laffen,
  Doktoren, Magister, Schreiber und Pfaffen;
  Mich plagen keine Skrupel noch Zweifel,
  Fürchte mich weder vor Hölle noch Teufel –
  Dafür ist mir auch alle Freud entrissen,
  Bilde mir nicht ein, was Rechts zu wissen,
  Bilde mir nicht ein, ich könnte was lehren,
  Die Menschen zu bessern und zu bekehren.
  Auch hab ich weder Gut noch Geld,
  Noch Ehr und Herrlichkeit der Welt:
  Es möchte kein Hund so länger leben!
  Drum hab ich mich der Magie ergeben,
  Ob mir durch Geistes Kraft und Mund
  Nicht manch Geheimnis würde kund,
  Daß ich nicht mehr mit sauerm Schweiß
  Zu sagen brauche, was ich nicht weiß,
  Daß ich erkenne, was die Welt
  Im Innersten zusammenhält,
  Schau alle Wirkenskraft und Samen
  Und tu nicht mehr in Worten kramen.

O sähst du, voller Mondenschein,
Zum letztenmal auf meine Pein,
Den ich so manche Mitternacht
An diesem Pult herangewacht:
Dann über Büchern und Papier,
Trübseiger Freund, erschienst du mir!
Ach! könnt ich doch auf Bergeshöhn
In deinem lieben Lichte gehn,
Um Bergeshöhle mit Geistern schweben,
Auf Wiesen in deinem Dämmer weben,
Von allem Wissensqualm entladen,
In deinem Tau gesund mich baden!
Weh! steck ich in dem Kerker noch?
Verfluchtes dumpfes Mauerloch,
Wo selbst das liebe Himmelslicht
Trüb durch gemalte Scheiben bricht!
Beschränkt von diesem Bücherhauf,
Den Würme nagen, Staub bedeckt,
Den bis ans hohe Gewölb hinauf
Ein angeraucht Papier umsteckt;
Mit Gläsern, Büchsen rings umstellt,
Mit Instrumenten vollgepfropft,
Urväterhausrat drein gestopft –
Das ist deine Welt! das heißt eine Welt!
Und fragst du noch, warum dein Herz
Sich bang in deinem Busen klemmt?
Warum ein unerklärter Schmerz
Dir alle Lebensregung hemmt?
Statt der lebendigen Natur,
Da Gott die Menschen schuf hinein,
Umgibt in Rauch und Moder nur
Dich Tiergeripp und Totenbein!
Flieh! auf! Hinaus ins weite Land!
Und dies geheimnisvolle Buch,
Von Nostradamus' eigner Hand,
Ist dir es nicht Geleit genug?
Erkennest dann der Sterne Lauf,

Und wenn Natur dich unterweist,
Dann geht die Seelenkraft dir auf,
Wie spricht ein Geist zum andern Geist.
Umsonst, daß trocknes Sinnen hier
Die heilgen Zeichen dir erklärt!
Ihr schwebt, ihr Geister, neben mir:
Antwortet mir, wenn ihr mich hört!

Er schlägt das Buch auf und erblickt das Zeichen des Makrokosmus.

Ha! welche Wonne fließt in diesem Blick
Auf einmal mir durch alle meine Sinnen!
Ich fühle junges, heil'ges Lebensglück
Neuglühend mir durch Nerv und Adern rinnen.
War es ein Gott, der diese Zeichen schrieb,
Die mir das innre Toben stillen,
Das arme Herz mit Freude füllen
Und mit geheimnisvollem Trieb
Die Kräfte der Natur rings um mich her enthüllen?
Bin ich ein Gott? mir wird so licht!
Ich schau in diesen reinen Zügen
Die wirkende Natur vor meiner Seele liegen.
Jetzt erst erkenn ich, was der Weise spricht:
»Die Geisterwelt ist nicht verschlossen;
Dein Sinn ist zu, dein Herz ist tot!
Auf! bade, Schüler, unverdrossen
Die irdsche Brust im Morgenrot!«

Er beschaut das Zeichen.

Wie alles sich zum Ganzen webt,
Eins in dem andern wirkt und lebt!
Wie Himmelskräfte auf- und niedersteigen
Und sich die goldnen Eimer reichen!
Mit segenduftenden Schwingen
Vom Himmel durch die Erde dringen,
Harmonisch all das All durchklingen!
Welch Schauspiel! Aber ach! ein Schauspiel nur!
Wo faß ich dich, unendliche Natur?

Euch Brüste, wo? ihr Quellen alles Lebens,
An denen Himmel und Erde hängt,
Dahin die welke Brust sich drängt –
Ihr quellt, ihr tränkt, und schmacht ich so vergebens?

Er schlägt unwillig das Buch um und erblickt das Zeichen desErdgeistes.

Wie anders wirkt dies Zeichen auf mich ein!
Du, Geist der Erde, bist mir näher;
Schon fühl ich meine Kräfte höher,
Schon glüh ich wie von neuem Wein.
Ich fühle Mut, mich in die Welt zu wagen,
Der Erde Weh, der Erde Glück zu tragen,
Mit Stürmen mich herumzuschlagen
Und in des Schiffbruchs Knirschen nicht zu zagen!
Es wölbt sich über mir –
Der Mond verbirgt sein Licht –
Die Lampe schwindet –
Es dampft – Es zucken rote Strahlen
Mir um das Haupt – Es weht
Ein Schauer vom Gewölb herab
Und faßt mich an!
Ich fühls, du schwebst um mich, erflehter Geist:
Enthülle dich!
Ha! wies in meinem Herzen reißt!
Zu neuen Gefühlen
All meine Sinnen sich erwühlen!
Ich fühle ganz mein Herz dir hingegeben!
Du mußt! du mußt! und kostet' es mein Leben!

Er faßt das Buch und spricht das Zeichen des Geistes geheimnisvoll aus.
Es zuckt eine rötliche Flamme; der Geist erscheint in der Flamme.

GEIST. Wer ruft mich?
FAUST *abgewendet.* Schreckliches Gesicht!
GEIST. Du hast mich mächtig angezogen,
    An meiner Sphäre lang gesogen,
    Und nun –
FAUST. Weh! ich ertrag dich nicht!

GEIST. Du flehst eratmend, mich zu schauen,
Meine Stimme zu hören, mein Antlitz zu sehn;
Mich neigt dein mächtig Seelenflehn:
Da bin ich! – Welch erbärmlich Grauen
Faßt Übermenschen dich! Wo ist der Seele Ruf?
Wo ist die Brust, die eine Welt in sich erschuf
Und trug und hegte? die mit Freudebeben
Erschwoll, sich uns, den Geistern, gleichzuheben?
Wo bist du, Faust, des Stimme mir erklang,
Der sich an mich mit allen Kräften drang?
Bist du es, der, von meinem Hauch umwittert,
In allen Lebenstiefen zittert,
Ein furchtsam weggekrümmter Wurm?
FAUST. Soll ich dir, Flammenbildung, weichen?
Ich bins, bin Faust, bin deinesgleichen!
GEIST. In Lebensfluten, im Tatensturm
Wall ich auf und ab,
Webe hin und her!
Geburt und Grab,
Ein ewiges Meer,
Ein wechselnd Weben,
Ein glühend Leben:
So schaff ich am sausenden Webstuhl der Zeit
Und wirke der Gottheit lebendiges Kleid.
FAUST. Der du die weite Welt umschweifst,
Geschäftger Geist, wie nah fühl ich mich dir!
Geist: Du gleichst dem Geist, den du begreifst,
Nicht mir! *Verschwindet.*
FAUST *zusammenstürzend.* Nicht dir?
Wem denn?
Ich Ebenbild der Gottheit!
Und nicht einmal dir! *Es klopft.*
O Tod! ich kenns – das ist mein Famulus!
Es wird mein schönstes Glück zunichte!
Daß diese Fülle der Gesichte
Der trockne Schleicher stören muß!

Wagner im Schlafrock und der Nachtmütze, eine Lampe in der Hand.
Faust wendet sich unwillig.

WAGNER. Verzeiht! ich hör Euch deklamieren;
    Ihr last gewiß ein griechisch Trauerspiel?
    In dieser Kunst möcht ich was profitieren;
    Denn heutzutage wirkt das viel.
    Ich hab es öfters rühmen hören,
    Ein Komödiant könnt einen Pfarrer lehren.
FAUST. Ja, wenn der Pfarrer ein Komödiant ist;
    Wie das denn wohl zuzeiten kommen mag.
WAGNER. Ach! wenn man so in sein Museum gebannt ist
    Und sieht die Welt kaum einen Feiertag,
    Kaum durch ein Fernglas, nur von weiten,
    Wie soll man sie durch Überredung leiten?
FAUST. Wenn ihrs nicht fühlt, ihr werdets nicht erjagen,
    Wenn es nicht aus der Seele dringt
    Und mit urkräftigem Behagen
    Die Herzen aller Hörer zwingt.
    Sitzt ihr nur immer! leimt zusammen,
    Braut ein Ragout von andrer Schmaus
    Und blast die kümmerlichen Flammen
    Aus eurem Aschenhäufchen 'raus!
    Bewundrung von Kindern und Affen,
    Wenn euch darnach der Gaumen steht –
    Doch werdet ihr nie Herz zu Herzen schaffen,
    Wenn es euch nicht von Herzen geht.
WAGNER. Allein der Vortrag macht des Redners Glück;
    Ich fühl es wohl, noch bin ich weit zurück.
FAUST. Such Er den redlichen Gewinn!
    Sei Er kein schellenlauter Tor!
    Es trägt Verstand und rechter Sinn
    Mit wenig Kunst sich selber vor.
    Und wenns euch Ernst ist, was zu sagen,
    Ists nötig, Worten nachzujagen?
    Ja, eure Reden, die so blinkend sind,
    In denen ihr der Menschheit Schnitzel kräuselt,

Sind unerquicklich wie der Nebelwind,
Der herbstlich durch die dürren Blätter säuselt!
WAGNER. Ach Gott! die Kunst ist lang,
Und kurz ist unser Leben.
Mir wird, bei meinem kritischen Bestreben,
Doch oft um Kopf und Busen bang.
Wie schwer sind nicht die Mittel zu erwerben,
Durch die man zu den Quellen steigt!
Und eh man nur den halben Weg erreicht,
Muß wohl ein armer Teufel sterben.
FAUST. Das Pergament, ist das der heilge Bronnen,
Woraus ein Trunk den Durst auf ewig stillt?
Erquickung hast du nicht gewonnen,
Wenn sie dir nicht aus eigner Seele quillt.
WAGNER. Verzeiht! es ist ein groß Ergetzen,
Sich in den Geist der Zeiten zu versetzen,
Zu schauen, wie vor uns ein weiser Mann gedacht
Und wie wirs dann zuletzt so herrlich weit gebracht.
FAUST. O ja, bis an die Sterne weit!
Mein Freund, die Zeiten der Vergangenheit
Sind uns ein Buch mit sieben Siegeln.
Was ihr den Geist der Zeiten heißt,
Das ist im Grund der Herren eigner Geist,
In dem die Zeiten sich bespiegeln.
Da ists denn wahrlich oft ein Jammer!
Man läuft euch bei dem ersten Blick davon:
Ein Kehrichtfaß und eine Rumpelkammer,
Und höchstens eine Haupt- und Staatsaktion
Mit trefflichen pragmatischen Maximen,
Wie sie den Puppen wohl im Munde ziemen!
WAGNER. Allein die Welt! des Menschen Herz und Geist!
Möcht jeglicher doch was davon erkennen.
FAUST. Ja, was man so erkennen heißt!
Wer darf das Kind beim rechten Namen nennen?
Die wenigen, die was davon erkannt,
Die töricht gnug ihr volles Herz nicht wahrten,
Dem Pöbel ihr Gefühl, ihr Schauen offenbarten,

Hat man von je gekreuzigt und verbrannt.
Ich bitt Euch, Freund, es ist tief in der Nacht,
Wir müssens diesmal unterbrechen.

WAGNER. Ich hätte gern nur immer fortgewacht,
Um so gelehrt mit Euch mich zu besprechen.
Doch morgen, als am ersten Ostertage,
Erlaubt mir ein- und andre Frage!
Mit Eifer hab ich mich der Studien beflissen;
Zwar weiß ich viel, doch möcht ich alles wissen. *Ab.*

FAUST *allein.*
Wie nur dem Kopf nicht alle Hoffnung schwindet,
Der immerfort an schalem Zeuge klebt,
Mit gierger Hand nach Schätzen gräbt
Und froh ist, wenn er Regenwürmer findet!
Darf eine solche Menschenstimme hier,
Wo Geisterfülle mich umgab, ertönen?
Doch ach! für diesmal dank ich dir,
Dem ärmlichsten von allen Erdensöhnen.
Du rissest mich von der Verzweiflung los,
Die mir die Sinne schon zerstören wollte.
Ach! die Erscheinung war so riesengroß,
Daß ich mich recht als Zwerg empfinden sollte.
Ich, Ebenbild der Gottheit, das sich schon
Ganz nah gedünkt dem Spiegel ewger Wahrheit,
Sein selbst genoß in Himmelsglanz und Klarheit,
Und abgestreift den Erdensohn,
Ich, mehr als Cherub, dessen freie Kraft
Schon durch die Adern der Natur zu fließen
Und, schaffend, Götterleben zu genießen
Sich ahnungsvoll vermaß, wie muß ichs büßen!
Ein Donnerwort hat mich hinweggerafft.
Nicht darf ich dir zu gleichen mich vermessen!
Hab ich die Kraft, dich anzuziehn, besessen,
So hatt ich dich zu halten keine Kraft.
In jenem selgen Augenblicke
Ich fühlte mich so klein, so groß;
Du stießest grausam mich zurücke

Ins Ungewisse Menschenlos.
Wer lehret mich? was soll ich meiden?
Soll ich gehorchen jenem Drang?
Ach! unsre Taten selbst, so gut als unsre Leiden,
Sie hemmen unsres Lebens Gang.
Dem Herrlichsten, was auch der Geist empfangen,
Drängt immer fremd und fremder Stoff sich an;
Wenn wir zum Guten dieser Welt gelangen,
Dann heißt das Beßre Trug und Wahn.
Die uns das Leben gaben, herrliche Gefühle
Erstarren in dem irdischen Gewühle.
Wenn Phantasie sich sonst mit kühnem Flug
Und hoffnungsvoll zum Ewigen erweitert,
So ist ein kleiner Raum ihr nun genug,
Wenn Glück auf Glück im Zeitenstrudel scheitert.
Die Sorge nistet gleich im tiefen Herzen,
Dort wirket sie geheime Schmerzen,
Unruhig wiegt sie sich und störet Lust und Ruh;
Sie deckt sich stets mit neuen Masken zu,
Sie mag als Haus und Hof, als Weib und Kind erscheinen,
Als Feuer, Wasser, Dolch und Gift:
Du bebst vor allem, was nicht trifft,
Und was du nie verlierst, das mußt du stets beweinen.
Den Göttern gleich ich nicht! zu tief ist es gefühlt!
Dem Wurme gleich ich, der den Staub durchwühlt,
Den, wie er sich im Staube nährend lebt,
Des Wandrers Tritt vernichtet und begräbt!
Ist es nicht Staub, was diese hohe Wand
Aus hundert Fächern mir verenget?
Der Trödel, der mit tausendfachem Tand
In dieser Mottenwelt mich dränget?
Hier soll ich finden, was mir fehlt?
Soll ich vielleicht in tausend Büchern lesen,
Daß überall die Menschen sich gequält,
Daß hie und da ein Glücklicher gewesen? –
Was grinsest du mir, hohler Schädel, her?
Als daß dein Hirn, wie meines, einst verwirret

Den leichten Tag gesucht und in der Dämmrung schwer,
Mit Lust nach Wahrheit, jämmerlich geirret!
Ihr Instrumente freilich spottet mein
Mit Rad und Kämmen, Walz und Bügel:
Ich stand am Tor, ihr solltet Schlüssel sein;
Zwar euer Bart ist kraus, doch hebt ihr nicht die Riegel.
Geheimnisvoll am lichten Tag,
Läßt sich Natur des Schleiers nicht berauben,
Und was sie deinem Geist nicht offenbaren mag,
Das zwingst du ihr nicht ab mit Hebeln und mit Schrauben.
Du alt Geräte, das ich nicht gebraucht,
Du stehst nur hier, weil dich mein Vater brauchte;
Du alte Rolle, du wirst angeraucht,
Solang an diesem Pult die trübe Lampe schmauchte.
Weit besser hätt ich doch mein Weniges verpraßt,
Als mit dem Wenigen belastet hier zu schwitzen!
Was du ererbt von deinen Vätern hast,
Erwirb es, um es zu besitzen!
Was man nicht nützt, ist eine schwere Last;
Nur was der Augenblick erschafft, das kann er nützen.
Doch warum heftet sich mein Blick auf jene Stelle?
Ist jenes Fläschchen dort den Augen ein Magnet?
Warum wird mir auf einmal lieblich helle,
Als wenn im nächtgen Wald uns Mondenglanz umweht?
Ich grüße dich, du einzige Phiole,
Die ich mit Andacht nun herunterhole!
In dir verehr ich Menschenwitz und Kunst.
Du Inbegriff der holden Schlummersäfte,
Du Auszug aller tödlich-feinen Kräfte,
Erweise deinem Meister deine Gunst!
Ich sehe dich: es wird der Schmerz gelindert,
Ich fasse dich: das Streben wird gemindert,
Des Geistes Flutstrom ebbet nach und nach.
Ins hohe Meer werd ich hinausgewiesen,
Die Spiegelflut erglänzt zu meinen Füßen,
Zu neuen Ufern lockt ein neuer Tag.
Ein Feuerwagen schwebt auf leichten Schwingen

An mich heran! Ich fühle mich bereit,
Auf neuer Bahn den Äther zu durchdringen
Zu neuen Sphären reiner Tätigkeit.
Dies hohe Leben, diese Götterwonne!
Du, erst noch Wurm, und die verdienest du?
Ja, kehre nur der holden Erdensonne
Entschlossen deinen Rücken zu!
Vermesse dich, die Pforten aufzureißen,
Vor denen jeder gern vorüberschleicht!
Hier ist die Zeit, durch Taten zu beweisen,
Daß Manneswürde nicht der Götterhöhe weicht:
Vor jener dunklen Höhle nicht zu beben,
In der sich Phantasie zu eigner Qual verdammt,
Nach jenem Durchgang hinzustreben,
Um dessen engen Mund die ganze Hölle flammt,
Zu diesem Schritt sich heiter zu entschließen,
Und wär es mit Gefahr, ins Nichts dahinzufließen!
Nun komm herab, kristallne, reine Schale!
Hervor aus deinem alten Futterale,
An die ich viele Jahre nicht gedacht!
Du glänztest bei der Väter Freudenfeste,
Erheitertest die ernsten Gäste,
Wenn einer dich dem andern zugebracht.
Der vielen Bilder künstlich-reiche Pracht,
Des Trinkers Pflicht, sie reimweis zu erklären,
Auf Einen Zug die Höhlung auszuleeren,
Erinnert mich an manche Jugendnacht.
Ich werde jetzt dich keinem Nachbar reichen,
Ich werde meinen Witz an deiner Kunst nicht zeigen:
Hier ist ein Saft, der eilig trunken macht;
Mit brauner Flut erfüllt er deine Höhle.
Den ich bereitet, den ich wähle,
Der letzte Trunk sei nun mit ganzer Seele
Als festlich-hoher Gruß dem Morgen zugebracht!

Er setzt die Schale an den Mund. Glockenklang und Chorgesang.

CHOR DER ENGEL. Christ ist erstanden!
Freude dem Sterblichen,
Den die verderblichen,
Schleichenden,
erblichen Mängel umwanden!

FAUST. Welch tiefes Summen, welch ein heller Ton
Zieht mit Gewalt das Glas von meinem Munde?
Verkündiget ihr dumpfen Glocken schon
Des Osterfestes erste Feierstunde?
Ihr Chöre, singt ihr schon den tröstlichen Gesang,
Der einst um Grabesnacht von Engelslippen klang,
Gewißheit einem neuen Bunde?

CHOR DER WEIBER. Mit Spezereien
Hatten wir ihn gepflegt,
Wir, seine Treuen,
Hatten ihn hingelegt;
Tücher und Binden
Reinlich umwanden wir –
Ach, und wir finden
Christ nicht mehr hier!

CHOR DER ENGEL. Christ ist erstanden!
Selig der Liebende,
Der die betrübende,
Heilsam- und übende
Prüfung bestanden!

FAUST. Was sucht ihr, mächtig und gelind,
Ihr Himmelstöne, mich am Staube?
Klingt dort umher, wo weiche Menschen sind!
Die Botschaft hör ich wohl, allein mir fehlt der Glaube;
Das Wunder ist des Glaubens liebstes Kind.
Zu jenen Sphären wag ich nicht zu streben,
Woher die holde Nachricht tönt;
Und doch, an diesen Klang von Jugend auf gewöhnt,
Ruft er auch jetzt zurück mich in das Leben.
Sonst stürzte sich der Himmelsliebe Kuß
Auf mich herab in ernster Sabbatstille;
Da klang so ahnungsvoll des Glockentones Fülle,

Und ein Gebet war brünstiger Genuß;
Ein unbegreiflich-holdes Sehnen
Trieb mich, durch Wald und Wiesen hinzugehn,
Und unter tausend heißen Tränen
Fühlt ich mir eine Welt entstehn.
Dies Lied verkündete der Jugend muntre Spiele,
Der Frühlingsfeier freies Glück;
Erinnrung hält mich nun mit kindlichem Gefühle
Vom letzten, ernsten Schritt zurück
O tönet fort, ihr süßen Himmelslieder!
Die Träne quillt, die Erde hat mich wieder!

CHOR DER JÜNGER. Hat der Begrabene
Schon sich nach oben,
Lebend-Erhabene,
Herrlich erhoben,
Ist er in Werdelust
Schaffender Freude nah:
Ach, an der Erde Brust
Sind wir zum Leide da!
Ließ er die Seinen
Schmachtend uns hier zurück,
Ach, wir beweinen,
Meister, dein Glück!

CHOR DER ENGEL. Christ ist erstanden
Aus der Verwesung Schoß!
Reißet von Banden
Freudig euch los!
Tätig ihn Preisenden,
Liebe Beweisenden,
Brüderlich Speisenden,
Predigend Reisenden,
Wonne Verheißenden,
Euch ist der Meister nah,
Euch ist er da!

Vor dem Tor

Spaziergänger aller Art ziehen hinaus

EINIGE HANDWERKSBURSCHEN.
  Warum denn dort hinaus?
ANDRE. Wir gehn hinaus aufs Jägerhaus.
DIE ERSTEN. Wir aber wollen nach der Mühle wandern.
EIN HANDWEKSBURSCH.
  Ich rat euch, nach dem Wasserhof zu gehn.
ZWEITER. Der Weg dahin ist gar nicht schön.
DIE ZWEITEN. Was tust denn du?
EIN DRITTER. Ich gehe mit den andern.
VIERTER. Nach Burgdorf kommt herauf: gewiß, dort findet ihr
  Die schönsten Mädchen und das beste Bier,
  Und Händel von der ersten Sorte!
FÜNFTER. Du überlustiger Gesell,
  Juckt dich zum drittenmal das Fell?
  Ich mag nicht hin, mir graut es vor dem Orte.
DIENSTMÄDCHEN.
  Nein, nein! ich gehe nach der Stadt zurück.
ANDRE. Wir finden ihn gewiß bei jenen Pappeln stehen.
ERSTE. Das ist für mich kein großes Glück:
  Er wird an deiner Seite gehen,
  Mit dir nur tanzt er.auf dem Plan!
  Was gehn mich deine Freunde an!
ANDRE. Heut ist er sicher nicht allein:
  Der Krauskopf, sagt er, würde bei ihm sein.
SCHÜLER. Blitz, wie die wackern Dirnen schreiten!
  Herr Bruder, komm! wir müssen sie begleiten.
  Ein starkes Bier, beizender Toback,
  Und eine Magd im Putz, das ist nun mein Geschmack.
BÜRGERMÄDCHEN. Da sieh mir nur die schönen Knaben!
  Es ist wahrhaftig eine Schmach:
  Gesellschaft könnten sie die allerbeste haben –
  Und laufen diesen Mägden nach!
ZWEITER SCHÜLER *zum ersten:* Nicht so geschwind!

Dort hinten kommen zwei:
Sie sind gar niedlich angezogen.
's ist meine Nachbarin dabei;
Ich bin dem Mädchen sehr gewogen.
Sie gehen ihren stillen Schritt
Und nehmen uns doch auch am Ende mit.

ERSTER. Herr Bruder, nein! ich bin nicht gern geniert.
Geschwind, daß wir das Wildbret nicht verlieren!
Die Hand, die samstags ihren Besen führt,
Wird sonntags dich am besten karessieren.

BÜRGER. Nein, er gefällt mir nicht, der neue Burgemeister!
Nun, da ers ist, wird er nur täglich dreister,
Und für die Stadt was tut denn er?
Wird es nicht alle Tage schlimmer?
Gehorchen soll man mehr als immer
Und zahlen mehr als je vorher.

BETTLER *singt.* Ihr guten Herrn, ihr schönen Frauen,
So wohlgeputzt und backenrot,
Belieb es euch, mich anzuschauen,
Und seht und mildert meine Not!
Laßt hier mich nicht vergebens leiern!
Nur der ist froh, der geben mag.
Ein Tag, den alle Menschen feiern,
Er sei für mich ein Erntetag!

ANDRER BÜRGER.
Nichts Bessers weiß ich mir an Sonn- und Feiertagen
Als ein Gespräch von Krieg und Kriegsgeschrei,
Wenn hinten, weit, in der Türkei,
Die Völker aufeinanderschlagen.
Man steht am Fenster, trinkt sein Gläschen aus
Und sieht den Fluß hinab die bunten Schiffe gleiten;
Dann kehrt man abends froh nach Haus
Und segnet Fried und Friedenszeiten.

DRITTER BÜRGER.
Herr Nachbar, ja! so laß ichs auch geschehn:
Sie mögen sich die Köpfe spalten,
Mag alles durcheinandergehn;

Doch nur zu Hause bleib's beim alten!
ALTE *zu den Bürgermädchen.*
  Ei! wie geputzt! das schöne junge Blut!
  Wer soll sich nicht in euch vergaffen? –
  Nur nicht so stolz! es ist schon gut!
  Und was ihr wünscht, das wüßt ich wohl zu schaffen.
BÜRGERMÄDCHEN. Agathe, fort! ich nehme mich in acht,
  Mit solchen Hexen öffentlich zu gehen;
  Sie ließ mich zwar in Sankt-Andreas-Nacht
  Den künft'gen Liebsten leiblich sehen.
DIE ANDRE. Mir zeigte sie ihn im Kristall,
  Soldatenhaft, mit mehreren Verwegnen:
  Ich seh mich um, ich such ihn überall,
  Allein mir will er nicht begegnen.

SOLDATEN. Burgen mit hohen
           Mauern und Zinnen,
           Mädchen mit stolzen,
           Höhnenden Sinnen
           Möcht ich gewinnen!
           Kühn ist das Mühen,
           Herrlich der Lohn!

           Und die Trompete
           Lassen wir werben,
           Wie zu der Freude
           So zum Verderben.
           Das ist ein Stürmen!
           Das ist ein Leben!

           Mädchen und Burgen
           Müssen sich geben.
           Kühn ist das Mühen,
           Herrlich der Lohn!
           Und die Soldaten
           Ziehen davon.

Faust und Wagner

FAUST. Vom Eise befreit sind Strom und Bäche
Durch des Frühlings holden, belebenden Blick,
Im Tale grünet Hoffnungsglück;
Der alte Winter, in seiner Schwäche,
Zog sich in rauhe Berge zurück.
Von dorther sendet er, fliehend, nur
Ohnmächtige Schauer körnigen Eises
In Streifen über die grünende Flur;
Aber die Sonne duldet kein Weißes:
Überall regt sich Bildung und Streben,
Alles will sie mit Farben beleben;
Doch an Blumen fehlts im Revier:
Sie nimmt geputzte Menschen dafür.
Kehre dich um, von diesen Höhen
Nach der Stadt zurückzusehen!
Aus dem hohlen, finstern Tor
Dringt ein buntes Gewimmel hervor.
Jeder sonnt sich heute so gern.
Sie feiern die Auferstehung des Herrn;
Denn sie sind selber auferstanden:
Aus niedriger Häuser dumpfen Gemächern,
Aus Handwerks- und Gewerbesbanden,
Aus dem Druck von Giebeln und Dächern,
Aus der Straßen quetschender Enge,
Aus der Kirchen ehrwürdiger Nacht
Sind sie alle ans Licht gebracht.
Sieh nur, sieh! wie behend sich die Menge
Durch die Gärten und Felder zerschlägt,
Wie der Fluß in Breit und Länge
So manchen lustigen Nachen bewegt,
Und, bis zum Sinken überladen,
Entfernt sich dieser letzte Kahn.
Selbst von des Berges fernen Pfaden
Blinken uns farbige Kleider an.
Ich höre schon des Dorfs Getümmel,

Hier ist des Volkes wahrer Himmel,
Zufrieden jauchzet groß und klein:
Hier bin ich Mensch, hier darf ichs sein!
WAGNER. Mit Euch, Herr Doktor, zu spazieren
Ist ehrenvoll und ist Gewinn;
Doch würd ich nicht allein mich herverlieren,
Weil ich ein Feind von allem Rohen bin.
Das Fiedeln, Schreien, Kegelschieben
Ist mir ein gar verhaßter Klang;
Sie toben, wie vom Bösen Geist getrieben,
Und nennens Freude, nennens Gesang.

Bauern unter der Linde. Tanz und Gesang

Der Schäfer putzte sich zum Tanz
Mit bunter Jacke, Band und Kranz,
Schmuck war er angezogen.
Schon um die Linde war es voll,
Und alles tanzte schon wie toll.
Juchhe! Juchhe!
Juchheisa! Heisa! He!
So ging der Fiedelbogen.
Er drückte hastig sich heran,
Da stieß er an ein Mädchen an
Mit seinem Ellenbogen;
Die frische Dirne kehrt' sich um
Und sagte: Nun, das find ich dumm!
Juchhe! Juchhe!
Juchheisa! Heisa! He!
Seid nicht so ungezogen!
Doch hurtig in dem Kreise gings,
Sie tanzten rechts, sie tanzten links,
Und alle Röcke flogen.
Sie wurden rot, sie wurden warm
Und ruhten atmend Arm in Arm –
Juchhe! Juchhe!
Juchheisa! Heisa! He! –
Und Hüft an Ellenbogen.

Und tu mir doch nicht so vertraut!
Wie mancher hat nicht seine Braut
Belogen und betrogen!
Er schmeichelte sie doch beiseit,
Und von der Linde scholl es weit:
Juchhe! Juchhe!
Juchheisa! Heisa! He!
Geschrei und Fiedelbogen.

ALTER BAUER. Herr Doktor, das ist schön von Euch,
Daß Ihr uns heute nicht verschmäht
Und unter dieses Volksgedräng,
Als ein so Hochgelahrter, geht.
So nehmet auch den schönsten Krug,
Den wir mit frischem Trunk gefüllt!
Ich bring ihn zu und wünsche laut,
Daß er nicht nur den Durst Euch stillt:
Die Zahl der Tropfen, die er hegt,
Sei Euren Tagen zugelegt!

FAUST. Ich nehme den Erquickungstrank,
Erwidr euch allen Heil und Dank.

Das Volk sammelt sich im Kreis umher.

ALTER BAUER. Fürwahr, es ist sehr wohlgetan,
Daß Ihr am frohen Tag erscheint;
Habt Ihr es vormals doch mit uns
An bösen Tagen gut gemeint!
Gar mancher steht lebendig hier,
Den Euer Vater noch zuletzt
Der heißen Fieberwut entriß,
Als er der Seuche Ziel gesetzt.
Auch damals Ihr, ein junger Mann,
Ihr gingt in jedes Kranken Haus;
Gar manche Leiche trug man fort,
Ihr aber kamt gesund heraus,
Bestandet manche harte Proben:
Dem Helfer half der Helfer droben.

alle. Gesundheit dem bewährten Mann,

Daß er noch lange helfen kann!
FAUST. Vor jenem droben steht gebückt,
Der helfen lehrt und Hülfe schickt!

Er geht mit Wagner weiter.

WAGNER. Welche ein Gefühl mußt du, o großer Mann,
Bei der Verehrung dieser Menge haben!
O glücklich, wer von seinen Gaben
Solch einen Vorteil ziehen kann!
Der Vater zeigt dich seinem Knaben,
Ein jeder fragt und drängt und eilt,
Die Fiedel stockt, der Tänzer weilt.
Du gehst, in Reihen stehen sie,
Die Mützen fliegen in die Höh,
Und wenig fehlt, so beugten sich die Knie,
Als käm das Venerabile.
FAUST. Nur wenig Schritte noch hinauf zu jenem Stein:
Hier wollen wir von unsrer Wandrung rasten.
Hier saß ich oft gedankenvoll allein
Und quälte mich mit Beten und mit Fasten.
An Hoffnung reich, im Glauben fest,
Mit Tränen, Seufzen, Händeringen
Dacht ich das Ende jener Pest
Vom Herrn des Himmels zu erzwingen.
Der Menge Beifall tönt mir nun wie Hohn.
O könntest du in meinem Innern lesen,
Wie wenig Vater und Sohn
Solch eines Ruhmes wert gewesen!
Mein Vater war ein dunkler Ehrenmann,
Der über die Natur und ihre heiligen Kreise,
In Redlichkeit, jedoch auf seine Weise,
Mit grillenhafter Mühe sann,
Der in Gesellschaft von Adepten
Sich in die Schwarze Küche schloß
Und nach unendlichen Rezepten
Das Widrige zusammengoß.
Da war ein Roter Leu, ein kühner Freier,

Im lauen Bad der Lilie vermählt
Und beide dann mit offnem Flammenfeuer
Aus einem Brautgemach ins andere gequält.
Erschien darauf mit bunten Farben
Die Junge Königin im Glas,
Hier war die Arznei, die Patienten starben,
Und niemand fragte, wer genas!
So haben wir mit höllischen Latwergen
In diesen Tälern, diesen Bergen
Weit schlimmer als die Pest getobt.
Ich habe selbst den Gift an Tausende gegeben:
Sie welkten hin, ich muß erleben,
Daß man die frechen Mörder lobt!
WAGNER. Wie könnt Ihr Euch darum betrüben!
Tut nicht ein braver Mann genug,
Die Kunst, die man ihm übertrug,
Gewissenhaft und pünktlich auszuüben?
Wenn du als Jüngling deinen Vater ehrst,
So wirst du gern von ihm empfangen;
Wenn du als Mann die Wissenschaft vermehrst,
So kann dein Sohn zu höhrem Ziel gelangen.
FAUST. O glücklich, wer noch hoffen kann,
Aus diesem Meer des Irrtums aufzutauchen!
Was man nicht weiß, das eben brauchte man,
Und was man weiß, kann man nicht brauchen. –
Doch laß uns dieser Stunde schönes Gut
Durch solchen Trübsinn nicht verkümmern!
Betrachte, wie in Abendsonneglut
Die grünumgebnen Hütten schimmern!
Sie rückt und weicht, der Tag ist überlebt,
Dort eilt sie hin und fördert neues Leben.
O daß kein Flügel mich vom Boden hebt,
Ihr nach und immer nach zu streben!
Ich säh im ewigen Abendstrahl
Die stille Welt zu meinen Füßen,
Entzündet alle Höhn, beruhigt jedes Tal,
Den Silberbach in goldne Ströme fließen.

Nicht hemmte dann den göttergleichen Lauf
Der wilde Berg mit allen seinen Schluchten;
Schon tut das Meer sich mit erwärmten Buchten
Vor den erstaunten Augen auf.
Doch scheint die Göttin endlich wegzusinken;
Allein der neue Trieb erwacht:
Ich eile fort, ihr ewges Licht zu trinken,
Vor mir den Tag und hinter mir die Nacht,
Den Himmel über mir und unter mir die Wellen.
Ein schöner Traum, indessen sie entweicht.
Ach, zu den Geistes Flügeln wird so leicht
Kein körperlicher Flügel sich gesellen!
Doch ist es jedem eingeboren,
Daß sein Gefühl hinauf- und vorwärtsdringt,
Wenn über uns, im blauen Raum verloren,
Ihr schmetternd Lied die Lerche singt,
Wenn über schroffen Fichtenhöhen
Der Adler ausgebreitet schwebt,
Und über Flächen, über Seen
Der Kranich nach der Heimat strebt.
WAGNER. Ich hatte selbst oft grillenhafte Stunden,
Doch solchen Trieb hab ich noch nie empfunden.
Man sieht sich leicht an Wald und Feldern satt;
Des Vogels Fittich werd ich nie beneiden.
Wie anders tragen uns die Geistesfreuden
Von Buch zu Buch, von Blatt zu Blatt!
Da werden Winternächte hold und schön,
Ein selig Leben wärmet alle Glieder,
Und ach, entrollst du gar ein würdig Pergamen,
So steigt der ganze Himmer zu dir nieder!
FAUST. Du bist dir nur des einen Triebs bewußt;
O lerne nie den anderen kennen!
Zwei Seelen wohnen, ach! in meiner Brust,
Die eine will sich von der andern trennen:
Die eine hält in derber Liebeslust
Sich an die Welt mit klammernden Organen;
Die andre hebt gewaltsam sich vom Dust

Zu den Gefilden hoher Ahnen.
O gibt es Geister in der Luft,
Die zwischen Erd und Himmel herrschend weben,
So steiget nieder aus dem goldnen Duft
Und führt mich weg zu neuem, buntem Leben!
Ja, wäre nur ein Zaubermantel mein!
Und trüg er mich in fremde Länder,
Mir sollt er um die köstlichsten Gewänder,
Nicht feil um einen Königsmantel sein!

WAGNER. Berufe nicht die wohlbekannte Schar,
Die strömend sich im Dunstkreis überbreitet,
Dem Menschen tausendfältige Gefahr
Von allen Enden her bereitet!
Von Norden dringt der scharfe Geisterzahn
Auf dich herbei mit pfeilgespitzten Zungen;
Von Morgen ziehn vertrocknend sie heran
Und nähren sich von deinen Lungen.
Wenn sie der Mittag aus der Wüste schickt,
Die Glut auf Glut um deinen Scheitel häufen,
So bringt der West den Schwarm, der erst erquickt,
Um dich und Feld und Aue zu ersäufen.
Sie hören gern, zum Schaden froh gewandt,
Gehorchen gern, weil sie uns gern betrügen;
Sie stellen wie vom Himmel sich gesandt
Und lispeln englisch, wenn sie lügen. –
Doch gehen wir! Ergraut ist schon die Welt,
Die Luft gekühlt, der Nebel fällt!
Am Abend schätzt man erst das Haus. –
Was stehst du so und blickst erstaunt hinaus?
Was kann dich in der Dämmrung so ergreifen?

FAUST.
Siehst du den schwarzen Hund durch Saat und Stoppel streifen?

WAGNER.
Ich sah ihn lange schon, nicht wichtig schien er mir.

FAUST. Betracht ihr recht! für was hälst du das Tier?

WAGNER. Für einen Pudel, der auf seine Weise
Sich auf der Spur des Herren plagt.

FAUST. Bemerkst du, wie in weitem Schneckenkreise
Er um uns her und immer näher jagt?
Und irr ich nicht, so zieht ein Feuerstrudel
Auf seinen Pfaden hinterdrein.
WAGNER. Ich sehe nichts als einen schwarzen Pudel;
Es mag bei Euch wohl Augentäuschung sein.
FAUST. Mir scheint es, daß er magisch-leise Schlingen
Zu künftgem Band um unsre Füße zieht.
WAGNER. Ich seh ihn ungewiß und furchtsam uns umspringen,
Weil er statt seines Herrn zwei Unbekannte sieht.
FAUST. Der Kreis wird eng! schon ist er nah!
WAGNER. Du siehst, ein Hund, und kein Gespenst ist da!
Er knurrt und zweifelt, legt sich auf den Bauch,
Er wedelt: alles Hundebrauch.
FAUST. Geselle dich zu uns! komm hier!
WAGNER. Es ist ein pudelnärrisch Tier.
Du stehest still, er wartet auf;
Du sprichst ihn an, er strebt an dir hinauf;
Verliere was, er wird es bringen,
Nach deinem Stock ins Wasser springen.
FAUST. Du hast wohl recht: ich finde nicht die Spur
Von einem Geist, und alles ist Dressur.
WAGNER. Dem Hunde, wenn er gut gezogen,
Wird selbst ein weiser Mann gewogen.
Ja, deine Gunst verdient er ganz und gar,
Er, der Studenten trefflicher Skolar. *Sie gehen in das Stadttor.*

Studierzimmer

FAUST *mit dem Pudel hereintretend*
Verlassen hab ich Feld und Auen,
Die eine tiefe Nacht bedeckt,
Mit ahnungsvollem, heiigem Grauen
In uns die beßre Seele weckt.
Entschlafen sind nun wilde Triebe
Mit jedem ungestümen Tun;
Es reget sich die Menschenliebe,
Die Liebe Gottes regt sich nun. –
Sei ruhig, Pudel! renne nicht hin und wider!
An der Schwelle was schnoperst du hier?
Lege dich hinter den Ofen nieder:
Mein bestes Kissen geb ich dir.
Wie du draußen auf dem bergigen Wege
Durch Rennen und Springen ergetzt uns hast,
So nimm nun auch von mir die Pflege
Als ein willkommner, stiller Gast.
Ach! wenn in unsrer engen Zelle
Die Lampe freundlich wieder brennt,
Dann wirds in unserm Busen helle,
Im Herzen, das sich selber kennt.
Vernunft fängt wieder an zu sprechen,
Und Hoffnung wieder an zu blühn;
Man sehnt sich nach des Lebens Bächen,
Ach! nach des Lebens Quelle hin. –
Knurre nicht, Pudel! Zu den heiligen Tönen,
Die jetzt meine ganze Seel umfassen,
Will der tierische Laut nicht passen.
Wir sind gewohnt, daß die Menschen verhöhnen,
Was sie nicht verstehn,
Daß sie vor dem Guten und Schönen,
Das ihnen oft beschwerlich ist, murren:
Will es der Hund wie sie beknurren?
Aber ach! schon fühl ich, bei dem besten Willen,
Befriedigung nicht mehr aus dem Busen quillen.

Aber warum muß der Strom so bald versiegen
Und wir wieder im Durste liegen?
Davon hab ich so viel Erfahrung.
Doch dieser Mangel läßt sich ersetzen:
Wir lernen das Überirdische schätzen.
Wir sehnen uns nach Offenbarung,
Die nirgends würdger und schöner brennt
Als in dem Neuen Testament.
Mich drängts, den Grundtext aufzuschlagen,
Mit redlichem Gefühl einmal
Das heilige Original
In mein geliebtes Deutsch zu übertragen.

Er schlägt ein Volum auf und schickt sich an.

Geschrieben steht: »Im Anfang war das *Wort*«
Hier stock ich schon! Wer hilft mir weiter fort?
Ich kann das Wort so hoch unmöglich schätzen,
Ich muß es anders übersetzen,
Wenn ich vom Geiste recht erleuchtet bin.
Geschrieben steht: Im Anfang war der *Sinn.*
Bedenke wohl die erste Zeile,
Daß deine Feder sich nicht übereile!
Ist es der Sinn, der alles wirkt und schafft?
Es sollte stehn: Im Anfang war die *Kraft!*
Doch auch indem ich dieses niederschreibe,
Schon warnt mich was, daß ich dabei nicht bleibe.
Mir hilft der Geist! auf einmal seh ich Rat
Und schreibe getrost: Im Anfang war die *Tat* –
Soll ich mit dir das Zimmer teilen,
Pudel, so laß das Heulen,
So laß das Bellen!
Solch einen störenden Gesellen
Mag ich nicht in der Nähe leiden.
Einer von uns beiden
Muß die Zelle meiden.
Ungern heb ich das Gastrecht auf,
Die Tür ist offen, hast freien Lauf. –

Aber was muß ich sehen!
Kann das natürlich geschehen?
Ist es Schatten? ists Wirklichkeit?
Wie wird mein Pudel lang und breit!
Er hebt sich mit Gewalt:
Das ist nicht eines Hundes Gestalt!
Welch ein Gespenst bracht ich ins Haus!
Schon sieht er wie ein Nilpferd aus,
Mit feurigen Augen, schrecklichem Gebiß.
O! du bist mir gewiß!
Für solche halbe Höllenbrut
Ist Salomonis Schlüssel gut.
GEISTER *auf dem Gange.* Drinnen gefangen ist einer!
    Bleibet haußen! folg ihm keiner!
    Wie im Eisen der Fuchs
    Zagt ein alter Höllenluchs.
    Aber gebt acht!
    Schwebet hin, schwebet wider,
    Auf und nieder,
    Und er hat sich losgemacht.
    Könnt ihr ihm nützen,
    Laßt ihn nicht sitzen!
    Denn er tat uns allen
    Schon viel zu Gefallen.
FAUST. Erst, zu begegnen dem Tiere,
 Brauch ich den Spruch der Viere:
 Salamander soll glühen,
 Undene sich winden,
 Sylphe verschwinden,
 Kobold sich mühen.
 Wer sie nicht kennte,
 Die Elemente,
 Ihre Kraft
 Und Eigenschaft,
 Wäre kein Meister
 Über die Geister.
 Verschwind in Flammen,

Salamander!
Rauschend fließe zusammen,
Undene!
Leucht in Meteorenschöne,
Sylphe!
Bring häusliche Hülfe,
Incubus! incubus!
Tritt hervor und mache den Schluß!
Keines der Viere
Steckt in dem Tiere.
Es liegt ganz ruhig und grinst mich an;
Ich hab ihm noch nicht weh getan.
Du sollst mich hören
Stärker beschwören.
Bist du, Geselle,
Ein Flüchtling der Hölle?
So sieh dies Zeichen,
Dem sie sich beugen,
Die schwarzen Scharen!
Schon schwillt es auf mit borstigen Haaren.
Verworfnes Wesen!
Kannst du ihn lesen?
Den nie Entsproßnen,
Unausgesprochnen,
Durch alle Himmel Gegoßnen,
Freventlich Durchstochnen?
Hinter den Ofen gebannt,
Schwillt es wie ein Elefant,
Den ganzen Raum füllt es an,
Es will zum Nebel zerfließen.
Steige nicht zur Decke hinan!
Lege dich zu des Meisters Füßen!
Du siehst, daß ich nicht vergebens drohe:
Ich versenge dich mit heiliger Lohe!
Erwarte nicht
Das dreimal glühende Licht!
Erwarte nicht

Die stärkste von meinen Künsten!

MEPHISTOPHELES *tritt, indem der Nebel fällt, gekleidet wie ein fahrender Scholastikus, hinter dem Ofen hervor.*

Wozu der Lärm? was steht dem Herrn zu Diensten?

FAUST. Das also war des Pudels Kern!

Ein fahrender Skolast? Der Kasus macht mich lachen.

MEPHISTOPHELES. Ich salutiere den gelehrten Herrn!

Ihr habt mich weidlich schwitzen machen.

FAUST. Wie nennst du dich?

MEPHISTOPHELES. Die Frage scheint mir klein

Für einen, der das Wort so sehr verachtet,

Der, weit entfernt von allem Schein,

Nur in der Wesen Tiefe trachtet.

FAUST. Bei euch, ihr Herrn, kann man das Wesen

Gewöhnlich aus dem Namen lesen,

Wo es sich allzu deutlich weist,

Wenn man euch Fliegengott, Verderber, Lügner heißt.

Nun gut, wer bist du denn?

MEPHISTOPHELES. Ein Teil von jener Kraft,

Die stets das Böse will, und stets das Gute schafft.

FAUST. Was ist mit diesem Räselwort gemeint?

MEPHISTOPHELES. Ich bin der Geist, der stets verneint!

Und das mit Recht: denn alles, was entsteht,

Ist wert, daß es zugrunde geht;

Drum besser wärs, daß nichts entstünde.

So ist denn alles, was ihr Sünde,

Zerstörung, kurz das Böse nennt,

Mein eigentliches Element.

FAUST.

Du nennst dich einen Teil und stehst doch ganz vor mir?

MEPHISTOPHELES. Bescheidne Wahrheit sprech ich dir.

Wenn sich der Mensch, die kleine Narrenwelt,

Gewöhnlich für ein Ganzes hält:

Ich bin ein Teil des Teils, der anfangs alles war,

Ein Teil der Finsternis, die sich das Licht gebar,

Das stolze Licht, das nun der Mutter Nacht

Den alten Rang, den Raum ihr streitig macht.

Und doch gelingts ihm nicht, da es, soviel es strebt,
Verhaftet an den Körpern klebt:
Von Körpern strömts, die Körper macht es schön,
Ein Körper hemmts auf seinem Gange;
So, hoff ich, dauert es nicht lange,
Und mit den Körpern wirds zugrunde gehn.
FAUST. Nun kenn ich deine würdgen Pflichten!
Du kannst im Großen nichts vernichten
Und fängst es nun im Kleinen an.
MEPHISTOPHELES. Und freilich ist nicht viel damit getan.
Was sich dem Nichts entgegenstellt,
Das Etwas, diese plumpe Welt,
Soviel als ich schon unternommen,
Ich wußte nicht ihr beizukommen,
Mit Wellen, Stürmen, Schütteln, Brand –
Geruhig bleibt am Ende Meer und Land!
Und dem verdammten Zeug, der Tier- und Menschenbrut,
Dem ist nun gar nichts anzuhaben:
Wie viele hab ich schon begraben,
Und immer zirkuliert ein neues, frisches Blut!
So geht es fort, man möchte rasend werden!
Der Luft, dem Wasser wie der Erden
Entwinden tausend Keime sich,
Im Trocknen, Feuchten, Warmen, Kalten!
Hätt ich mir nicht die Flamme vorbehalten,
Ich hätte nichts Aparts für mich.
FAUST. So setzest du der ewig-regen,
Der heilsam-schaffenden Gewalt
Die kalte Teufelsfaust entgegen,
Die sich vergebens tückisch ballt!
Was anders suche zu beginnen
Des Chaos wunderlicher Sohn!
MEPHISTOPHELES. Wir wollen wirklich uns besinnen,
Die nächsten Male mehr davon!
Dürft ich wohl diesmal mich entfernen?
FAUST. Ich sehe nicht, warum du fragst.
Ich habe jetzt dich kennenlernen,

Besuche nun mich, wie du magst.
Hier ist das Fenster, hier die Türe,
Ein Rauchfang ist dir auch gewiß.
MEPHISTOPHELES. Gesteh ichs nur! Daß ich hinausspaziere,
Verbietet mir ein kleines Hindernis:
Der Drudenfuß auf Eurer Schwelle –
FAUST. Das Pentagramma macht dir Pein?
Ei, sage mir, du Sohn der Hölle:
Wenn das dich bannt, wie kamst du denn herein?
Wie ward ein solcher Geist betrogen?
MEPHISTOPHELES. Beschau es recht! es ist nicht gut gezogen:
Der eine Winkel, der nach außenzu,
Ist, wie du siehst, ein wenig offen.
FAUST. Das hat der Zufall gut getroffen!
Und mein Gefangner wärst denn du?
Das ist von ungefähr gelungen!
MEPH. Der Pudel merkte nichts, als er hereingesprungen!
Die Sache sieht jetzt anders aus:
Der Teufel kann nicht aus dem Haus.
FAUST. Doch warum gehst du nicht durchs Fenster?
MEPHISTOPHELES.
's ist ein Gesetz der Teufel und Gespenster:
Wo sie hereingeschlüpft, da müssen sie hinaus.
Das erste steht uns frei, beim zweiten sind wir Knechte.
FAUST. Die Hölle selbst hat ihre Rechte:
Das find ich gut, da ließe sich ein Pakt,
Und sicher wohl, mit euch, ihr Herren, schließen?
MEPH. Was man verspricht, das sollst du rein genießen,
Dir wird davon nichts abgezwackt.
Doch das ist nicht so kurz zu fassen,
Und wir besprechen das zunächst;
Doch jetzo bitt ich hoch und höchst,
Für dieses Mal mich zu entlassen.
FAUST. So bleibe doch noch einen Augenblick,
Um mir erst gute Mär zu sagen!
MEPHISTOPHELES.
Jetzt laß mich los! ich komme bald zurück:

Dann magst du nach Belieben fragen.

FAUST. Ich habe dir nicht nachgestellt,
Bist du doch selbst ins Garn gegangen.
Den Teufel halte, wer ihn hält!
Er wird ihn nicht so bald zum zweiten Male fangen.

MEPHISTOPHELES. Wenn dirs beliebt, so bin ich auch bereit,
Dir zur Gesellschaft hierzubleiben;
Doch mit Bedingnis, dir die Zeit
Durch meine Künste würdig zu vertreiben.

FAUST. Ich seh es gern, das steht dir frei;
Nur daß die Kunst gefällig sei!

MEPHISTOPHELES. Du wirst, mein Freund, für deine Sinnen
In dieser Stunde mehr gewinnen
Als in des Jahres Einerlei.
Was dir die zarten Geister singen,
Die schönen Bilder, die sie bringen,
Sind nicht ein leeres Zauberspiel.
Auch dein Geruch wird sich ergetzen,
Dann wirst du deinen Gaumen letzen,
Und dann entzückt sich dein Gefühl.
Bereitung braucht es nicht voran:
Beisammen sind wir, fanget an!

GEISTER

Schwindet, ihr dunkeln
Wölbungen droben!
Reizender schaue
Freundlich der blaue
Äther herein!
Wären die dunkeln
Wolken zerronnen!
Sternelein funkeln,
Mildere Sonnen
Scheinen darein.
Himmlischer Söhne
Geistige Schöne,
Schwankende Beugung
Schwebet vorüber;
Sehnende Neigung
Folget hinüber.
Und der Gewänder
Flatternde Bänder
Decken die Länder,
Decken die Laube,
Wo sich fürs Leben,
Tief in Gedanken,
Liebende geben.
Laube bei Laube!
Sprossende Ranken!
Lastende Traube
Stürzt ins Behälter
Drängender Kelter;
Stürzen in Bächen
Schäumende Weine,

Rieseln durch reine,
Edle Gesteine,
Lassen die Höhen
Hinter sich liegen,
Breiten zu Seen
Sich ums Genügen
Grünender Hügel.
Und das Geflügel
Schlürfet sich Wonne,
Flieget der Sonne,
Flieget den hellen
Inseln entgegen,
Die sich auf Wellen
Gauklend bewegen,
Wo wir in Chören
Jauchzende hören,
Über den Auen
Tanzende schauen,
Die sich im Freien
Alle zerstreuen.
Einige klimmen
über die Höhen,
Andere schwimmen
über die Seen,
Andere schweben:
Alle zum Leben,
Alle zur Ferne
Liebender Sterne,
Seliger Huld.

MEPH. Er schläft! So recht, ihr luftgen, zarten Jungen,
Ihr habt ihn treulich eingesungen!
Für dies Konzert bin ich in eurer Schuld.
Du bist noch nicht der Mann, den Teufel festzuhalten!
Umgaukelt ihn mit süßen Traumgestalten,
Versenkt ihn in ein Meer des Wahns!

Doch dieser Schwelle Zauber zu zerspalten,
Bedarf ich eines Rattenzahns.
Nicht lange brauch ich zu beschwören:
Schon raschelt eine hier und wird sogleich mich hören.
Der Herr der Ratten und der Mäuse,
Der Fliegen, Frösche, Wanzen, Läuse
Befiehlt dir, dich hervorzuwagen
Und diese Schwelle zu benagen,
So wie er sie mit Öl betupft –
Da kommst du schon hervorgehupft!
Nun frisch ans Werk! Die Spitze, die mich bannte,
Sie sitzt ganz vornen an der Kante.
Noch einen Biß, so ists geschehn! –
Nun, Fauste, träume fort, bis wir uns wiedersehn!
FAUST *erwachend*. Bin ich denn abermals betrogen?
Verschwindet so der geisterreiche Drang,
Daß mir ein Traum den Teufel vorgelogen
Und daß ein Pudel mir entsprang?

Studierzimmer

Faust · Mephistopheles

FAUST. Es klopft? Herein! Wer will mich wieder plagen?
MEPHISTOPHELES. Ich bins.
FAUST.   Herein!
MEPHISTOPHELES. Du mußt es dreimal sagen.
FAUST. Herein denn!
MEPHISTOPHELES. So gefällst du mir!
  Wir werden, hoff ich, uns vertragen;
  Denn dir die Grillen zu verjagen,
  Bin ich als edler Junker hier:
  In rotem, goldverbrämtem Kleide,
  Das Mäntelchen von starrer Seide,
  Die Hahnenfeder auf dem Hut,
  Mit einem langen, spitzen Degen –
  Und rate nun dir kurz und gut,
  Dergleichen gleichfalls anzulegen,
  Damit du, losgebunden, frei,
  Erfahrest, was das Leben sei.
FAUST. In jenem Kleide werd ich wohl die Pein
  Des engen Erdelebens fühlen.
  Ich bin zu alt, um nur zu spielen,
  Zu jung, um ohne Wunsch zu sein.
  Was kann die Welt mir wohl gewähren!
  Entbehren sollst du! sollst entbehren!
  Das ist der ewige Gesang,
  Der jedem an die Ohren klingt,
  Den, unser ganzes Leben lang,
  Uns heiser jede Stunde singt.
  Nur mit Entsetzen wach ich morgens auf,
  Ich möchte bittre Tränen weinen,
  Den Tag zu sehn, der mir in seinem Lauf
  Nicht Einen Wunsch erfüllen wird, nicht Einen,
  Der selbst die Ahnung jeder Lust
  Mit eigensinnigem Krittel mindert,

Die Schöpfung meiner regen Brust
Mit tausend Lebensfratzen hindert.
Auch muß ich, wenn die Nacht sich niedersenkt,
Mich ängstlich auf das Lager strecken:
Auch da wird keine Rast geschenkt,
Mich werden wilde Träume schrecken.
Der Gott, der mir im Busen wohnt,
Kann tief mein Innerstes erregen;
Der über allen Kräften thront,
Er kann nach außen nichts bewegen:
Und so ist mir das Dasein eine Last,
Der Tod erwünscht, das Leben mir verhaßt.

MEPHISTOPHELES.
Und doch ist nie der Tod ein ganz willkommner Gast.

FAUST. O selig der, dem er im Siegesglanze
Die blutigen Lorbeern um die Schläfe windet,
Den er, nach rasch durchrastem Tanze,
In eines Mädchens Armen findet!
O wär ich vor des hohen Geistes Kraft
Entzückt, entseelt dahingesunken!

MEPHISTOPHELES. Und doch hat jemand einen braunen Saft,
In jener Nacht, nicht ausgetrunken!

FAUST. Das Spionieren, scheints, ist deine Lust.

MEPHISTOPHELES.
Allwissend bin ich nicht; doch viel ist mir bewußt.

FAUST. Wenn aus dem schrecklichen Gewühle
Ein süß-bekannter Ton mich zog,
Den Rest von kindlichem Gefühle
Mit Anklang froher Zeit betrog,
So fluch ich allem, was die Seele
Mit Lock- und Gaukelwerk umspannt
Und sie in diese Trauerhöhle
Mit Blend- und Schmeichelkräften bannt!
Verflucht voraus die hohe Meinung,
Womit der Geist sich selbst umfängt,
Verflucht das Blenden der Erscheinung,
Die sich an unsre Sinne drängt!

Verflucht, was uns in Träumen heuchelt,
Des Ruhms, der Namensdauer Trug!
Verflucht, was als Besitz uns schmeichelt,
Als Weib und Kind, als Knecht und Pflug!
Verflucht sei Mammon, wenn mit Schätzen
Er uns zu kühnen Taten regt,
Wenn er zu müßigem Ergetzen
Die Polster uns zurechtgelegt!
Fluch sei dem Balsamsaft der Trauben!
Fluch jener höchsten Liebeshuld!
Fluch sei der Hoffnung! Fluch dem Glauben,
Und Fluch vor allen der Geduld!

GEISTERCHOR *unsichtbar*

      Weh! weh!
      Du hast sie zerstört,
      Die schöne Welt,
      Mit mächtiger Faust;
      Sie stürzt, sie zerfällt!
      Ein Halbgott hat sie zerschlagen!
      Wir tragen
      Die Trümmer ins Nichts hinüber
      Und klagen
      Über die verlorne Schöne.
      Mächtiger
      Der Erdensöhne,
      Prächtiger
      Baue sie wieder,
      In deinem Busen baue sie auf!
      Neuen Lebenslauf
      Beginne
      Mit hellem Sinne,
      Und neue Lieder
      Tönen darauf!

MEPHISTOPHELES

Dies sind die Kleinen
Von den Meinen.
Höre, wie zu Lust und Taten

Altklug sie raten!
In die Welt weit,
Aus der Einsamkeit,
Wo Sinnen und Säfte stocken,
Wollen sie dich locken.
Hör auf, mit deinem Gram zu spielen,
Der wie ein Geier dir am Leben frißt!
Die schlechteste Gesellschaft läßt dich fühlen,
Daß du ein Mensch mit Menschen bist.
Doch so ists nicht gemeint,
Dich unter das Pack zu stoßen.
Ich bin keiner von den Großen;
Doch willst du mit mir vereint
Deine Schritte durch Leben nehmen,
So will ich mich gern bequemen,
Dein zu sein, auf der Stelle.
Ich bin dein Geselle,
Und mach ich dirs recht,
Bin ich dein Diener, bin dein Knecht!

FAUST. Und was soll ich dagegen dir erfüllen?

MEPHISTOPHELES. Dazu hast du noch eine lange Frist.

FAUST. Nein, nein! der Teufel ist ein Egoist
Und tut nicht leicht um Gottes willen,
Was einem andern nützlich ist.
Sprich die Bedingung deutlich aus!
Ein solcher Diener bringt Gefahr ins Haus.

MEPHISTOPHELES.
Ich will mich hier zu deinem Dienst verbinden,
Auf deinen Wink nicht rasten und nicht ruhn;
Wenn wir uns drüben wiederfinden,
So sollst du mir das Gleiche tun.

FAUST. Das Drüben kann mich wenig kümmern;
Schlägst du erst diese Welt zu Trümmern,
Die andre mag darnach entstehn.
Aus dieser Erde quillen meine Freuden,
Und diese Sonne scheinet meinen Leiden:
Kann ich mich erst von ihnen scheiden,

Dann mag, was will und kann, geschehn.
Davon will ich nichts weiter hören,
Ob man auch künftig haßt und liebt
Und ob es auch in jenen Sphären
Ein Oben oder Unten gibt.
MEPHISTOPHELES. In diesem Sinne kannst dus wagen.
Verbinde dich! du sollst in diesen Tagen
Mit Freuden meine Künste sehn:
Ich gebe dir, was noch kein Mensch gesehn!
FAUST. Was willst du, armer Teufel, geben?
Ward eines Menschen Geist in seinem hohen Streben
Von deinesgleichen je gefaßt?
Doch hast du Speise, die nicht sättigt? hast
Du rotes Gold, das ohne Rast,
Quecksilber gleich, dir in der Hand zerrinnt?
Ein Spiel, bei dem man nie gewinnt?
Ein Mädchen, das an meiner Brust
Mit Äugeln schon dem Nachbar sich verbindet?
Der Ehre schöne Götterlust,
Die wie ein Meteor verschwindet?
Zeig mir die Frucht, die fault, eh man sie bricht,
Und Bäume, die sich täglich neu begrünen!
MEPHISTOPHELES. Ein solcher Auftrag schreckt mich nicht,
Mit solchen Schätzen kann ich dienen.
Doch, guter Freund, die Zeit kommt auch heran,
Wo wir was Guts in Ruhe schmausen mögen.
FAUST. Werd ich beruhigt je mich auf ein Faulbett legen,
So sei es gleich um mich getan!
Kannst du mich schmeichelnd je belügen,
Daß ich mir selbst gefallen mag,
Kannst du mich mit Genuß betrügen:
Das sei für mich der letzte Tag!
Die Wette biet ich!
MEPHISTOPHELES. Topp!
FAUST. Und Schlag auf Schlag!
Werd ich zum Augenblicke sagen:
Verweile doch! du bist so schön!

Dann magst du mich in Fesseln schlagen,
Dann will ich gern zugrunde gehn!
Dann mag die Todesglocke schallen,
Dann bist du deines Dienstes frei,
Die Uhr mag stehn, der Zeiger fallen,
Es sei die Zeit für mich vorbei!

MEPHISTOPHELES.
Bedenk es wohl! wir werdens nicht vergessen.

FAUST. Dazu hast du ein volles Recht!
Ich habe mich nicht freventlich vermessen:
Wie ich beharre, bin ich Knecht,
Ob dein, was frag ich, oder wessen!

MEPHISTOPHELES.
Ich werde heute gleich, beim Doktorschmaus,
Als Diener meine Pflicht erfüllen.
Nur eins! – Um Lebens oder Sterbens willen
Bitt ich mir ein paar Zeilen aus.

FAUST. Auch was Geschriebnes forderst du Pedant?
Hast du noch keinen Mann, nicht Manneswort gekannt?
Ists nicht genug, daß mein gesprochnes Wort
Auf ewig soll mit meinen Tagen schalten?
Rast nicht die Welt in allen Strömen fort,
Und mich soll ein Versprechen halten?
Doch dieser Wahn ist uns ins Herz gelegt:
Wer mag sich gern davon befreien?
Beglückt, wer Treue rein im Busen trägt,
Kein Opfer wird ihn je gereuen!
Allein ein Pergament, beschrieben und beprägt,
Ist ein Gespenst, vor dem sich alle scheuen.
Das Wort erstirbt schon in der Feder,
Die Herrschaft führen Wachs und Leder. –
Was willst du böser Geist von mir?
Erz? Marmor? Pergament? Papier?
Soll ich mit Griffel, Meißel, Feder schreiben?
Ich gebe jede Wahl dir frei.

MEPHISTOPHELES. Wie magst du deine Rednerei
Nur gleich so hitzig übertreiben?

Ist doch ein jedes Blättchen gut.
Du unterzeichnest dich mit einem Tröpfen Blut.
FAUST. Wenn dies dir völlig Gnüge tut,
So mag es bei der Fratze bleiben.
MEPHISTOPHELES. Blut ist ein ganz besonderer Saft.
FAUST. Nur keine Furcht, daß ich dies Bündnis breche!
Das Streben meiner ganzen Kraft
Ist grade das, was ich verspreche.
Ich habe mich zu hoch gebläht,
In deinen Rang gehör ich nur.
Der große Geist hat mich verschmäht,
Vor mir verschließt sich die Natur.
Des Denkens Faden ist zerrissen,
Mir ekelt lange vor allem Wissen.
Laß in den Tiefen der Sinnlichkeit
Uns glühende Leidenschaften stillen!
In undurchdrungnen Zauberhüllen
Sei jedes Wunder gleich bereit!
Stürzen wir uns in das Rauschen der Zeit,
Ins Rollen der Begebenheit!
Da mag denn Schmerz und Genuß,
Gelingen und Verdruß
Miteinander wechseln, wie es kann:
Nur rastlos betätigt sich der Mann.
MEPHISTOPHELES. Euch ist kein Maß und Ziel gesetzt.
Beliebts Euch, überall zu naschen,
Im Fliehen etwas zu erhaschen,
Bekomm Euch wohl, was Euch ergetzt!
Nur greift mir zu und seid nicht blöde!
FAUST. Du hörest ja: von Freud ist nicht die Rede!
Dem Taumel weih ich mich, dem schmerzlichen Genuß,
Verliebtem Haß, erquickendem Verdruß.
Mein Busen, der vom Wissensdrang geheilt ist,
Soll keinen Schmerzen künftig sich verschließen,
Und was der ganzen Menschheit zugeteilt ist,
Will ich in meinem innern Selbst genießen,
Mit meinem Geist das Höchst- und Tiefste greifen,

Ihr Wohl und Weh auf meinen Busen häufen
Und so mein eigen Selbst zu ihrem Selbst erweitern
Und, wie sie selbst, am End auch ich zerscheitern!
MEPHISTOPHELES. O glaube mir, der manche tausend Jahre
An dieser harten Speise kaut,
Daß von der Wiege bis zur Bahre
Kein Mensch den alten Sauerteig verdaut!
Glaub unsereinem: dieses Ganze
Ist nur für einen Gott gemacht!
Er findet sich in einem ewgen Glanze,
Uns hat er in die Finsternis gebracht,
Und euch taugt einzig Tag und Nacht.
FAUST. Allein ich will!
MEPHISTOPHELES. Das läßt sich hören!
Doch nur vor Einem ist mir bang:
Die Zeit ist kurz, die Kunst ist lang.
Ich dächt, Ihr ließet Euch belehren.
Assoziiert Euch mit einem Poeten,
Laßt den Herrn in Gedanken schweifen
Und alle edlen Qualitäten
Auf Euren Ehrenscheitel häufen:
Des Löwen Mut,
Des Hirsches Schnelligkeit,
Des Italieners feurig Blut,
Des Nordens Daurbarkeit.
Laßt in Euch das Geheimnis finden,
Großmut und Arglist zu verbinden
Und Euch mit warmen Jugendtrieben
Nach einem Plane zu verlieben!
Möchte selbst solch einen Herren kennen:
Würd ihn Herrn Mikrokosmus nennen.
FAUST. Was bin ich denn, wenn es nicht möglich ist,
Der Menschheit Krone zu erringen,
Nach der sich alle Sinne dringen?
MEPHISTOPHELES. Du bist am Ende – was du bist.
Setz dir Perücken auf von Millionen Locken,
Setz deinen Fuß auf ellenhohe Sokken,

Du bleibst doch immer, was du bist.

FAUST. Ich fühls, vergebens hab ich alle Schätze
Des Menschengeists auf mich herbeigerafft,
Und wenn ich mich am Ende niedersetze,
Quillt innerlich doch keine neue Kraft;
Ich bin nicht um ein Haar breit höher,
Bin dem Unendlichen nicht näher.

MEPHISTOPHELES. Mein guter Herr, Ihr seht die Sachen,
Wie man die Sachen eben sieht;
Wir müssen das gescheiter machen,
Eh uns des Lebens Freude flieht.
Was Henker! freilich Händ und Füße
Und Kopf und Hintern, die sind dein;
Doch alles, was ich frisch genieße,
Ist das drum weniger mein?
Wenn ich sechs Hengste zahlen kann,
Sind ihre Kräfte nicht die meine?
Ich renne zu und bin ein rechter Mann,
Als hätt ich vierundzwanzig Beine.
Drum frisch! laß alles Sinnen sein,
Und grad mit in die Welt hinein!
Ich sag es dir: ein Kerl, der spekuliert,
Ist das wie ein Tier, auf dürrer Heide
Von einem bösen Geist im Kreis herumgeführt,
Und ringsumher liegt schöne grüne Weide.

FAUST. Wie fangen wir das an?

MEPHISTOPHELES. Wir gehen eben fort.
Was ist das für ein Marterort!
Was heißt das für ein Leben führen,
Sich und die Jungens ennuyieren!
Laß du das dem Herrn Nachbar Wanst!
Was willst du dich das Stroh zu dreschen plagen?
Das Beste, was du wissen kannst,
Darfst du den Buben doch nicht sagen.
Gleich hör ich einen auf dem Gange!

FAUST. Mir ists nicht möglich, ihn zu sehn.

MEPHISTOPHELES. Der arme Knabe wartet lange,

Der darf nicht ungetröstet gehn.
Komm, gib mir deinen Rock und Mütze!
Die Maske muß mir köstlich stehn. *Er kleidet sich um.*
Nun überlaß es meinem Witze!
Ich brauche nur ein Viertelstündchen Zeit;
Indessen mache dich zur schönen Fahrt bereit! *Faust ab.*
MEPHISTOPHELES *in Fausts langem Kleide.*
Verachte nur Vernunft und Wissenschaft,
Des Menschen allerhöchste Kraft,
Laß nur in Blend- und Zauberwerken
Dich von dem Lügengeist bestärken,
So hab ich dich schon unbedingt! –
Ihm hat das Schicksal einen Geist gegeben,
Der ungebändigt immer vorwärtsdringt
Und dessen übereiltes Streben
Der Erde Freuden überspringt.
Den schlepp ich durch das wilde Leben,
Durch flache Unbedeutenheit,
Er soll mir zappeln, starren, kleben,
Und seiner Unersättlichkeit
Soll Speis' und Trank vor giergen Lippen schweben:
Er wird Erquickung sich umsonst erflehn,
Und hätt er sich auch nicht dem Teufel übergeben,
Er müßte doch zu Grunde gehn!

Ein Schüler tritt auf

SCHÜLER. Ich bin allhier erst kurze Zeit
Und komme voll Ergebenheit,
Einen Mann zu sprechen und zu kennen,
Den alle mir mit Ehrfurcht nennen.
MEPHISTOPHELES. Eure Höflichkeit erfreut mich sehr!
Ihr seht einen Mann wie andre mehr. –
Habt Ihr Euch sonst schon umgetan?
SCHÜLER. Ich bitt Euch, nehmt Euch meiner an!
Ich komme mit allem guten Mut,
Leidlichem Geld und frischem Blut;
Meine Mutter wollte mich kaum entfernen;

Möchte gern was Rechts hieraußen lernen.

MEPHISTOPHELES. Da seid Ihr eben recht am Ort.

SCHÜLER. Aufrichtig: möchte schon wieder fort!
In diesen Mauern, diesen Hallen
Will es mir keineswegs gefallen.
Es ist ein gar beschränkter Raum,
Man sieht nichts Grünes, keinen Baum,
Und in den Sälen, auf den Bänken
Vergeht mir Hören, Sehn und Denken.

MEPHISTOPHELES. Das kommt nur auf Gewohnheit an.
So nimmt ein Kind der Mutter Brust
Nicht gleich im Anfang willig an;
Doch bald ernährt es sich mit Lust.
So wirds Euch an der Weisheit Brüsten
Mit jedem Tage mehr gelüsten.

SCHÜLER. An ihrem Hals will ich mit Freuden hangen;
Doch sagt mir nur: wie kann ich hingelangen?

MEPHISTOPHELES. Erklärt Euch, eh Ihr weitergeht:
Was wählt Ihr für eine Fakultät?

SCHÜLER. Ich wünschte, recht gelehrt zu werden,
Und möchte gern, was auf der Erden
Und in dem Himmel ist, erfassen,
Die Wissenschaft und die Natur.

MEPHISTOPHELES. Da seid Ihr auf der rechten Spur;
Doch müßt Ihr Euch nicht zerstreuen lassen.

SCHÜLER. Ich bin dabei mit Seel' und Leib;
Doch freilich würde mir behagen
Ein wenig Freiheit und Zeitvertreib
An schönen Sommerfeiertagen.

MEPH. Gebraucht der Zeit, sie geht so schnell von hinnen!
Doch Ordnung lehrt Euch Zeit gewinnen.
Mein teurer Freund, ich rat Euch drum
Zuerst Collegium Logicum.
Da wird der Geist Euch wohl dressiert,
In Spanische Stiefeln eingeschnürt,
Daß er bedächtiger so fortan
Hinschleiche die Gedankenbahn

Und nicht etwa, die Kreuz und Quer,
Irrlichteliere hin und her.
Dann lehret man Euch manchen Tag,
Daß, was Ihr sonst auf Einen Schlag
Getrieben, wie Essen und Trinken frei,
Eins! Zwei! Drei! dazu nötig sei.
Zwar ists mit der Gedankenfabrik
Wie mit einem Webermeisterstück,
Wo Ein Tritt tausend Fäden regt,
Die Schifflein herüber-hinüberschießen,
Die Fäden ungesehen fließen,
Ein Schlag tausend Verbindungen schlägt.
Der Philosoph, der tritt herein
Und beweist Euch, es müßt so sein:
Das Erst wär so, das Zweite so
Und drum das Dritt und Vierte so,
Und wenn das Erst und Zweit nicht wär,
Das Dritt und Viert wär nimmermehr.
Das preisen die Schüler aller Orten,
Sind aber keine Weber geworden.
Wer will was Lebendigs erkennen und beschreiben,
Sucht erst den Geist herauszutreiben,
Dann hat er die Teile in seiner Hand,
Fehlt, leider! nur das geistige Band.
Encheiresin naturae nennts die Chemie,
Spottet ihrer selbst und weiß nicht wie.
SCHÜLER. Kann Euch nicht eben ganz verstehen.
MEPHISTOPHELES. Das wird nächstens schon besser gehen,
Wenn Ihr lernt alles reduzieren
Und gehörig klassifizieren.
SCHÜLER. Mir wird von alledem so dumm,
Als ging' mir ein Mühlrad im Kopf herum.
MEPHISTOPHELES. Nachher, vor allen andern Sachen,
Müßt Ihr Euch an die Metaphysik machen!
Da seht, daß Ihr tiefsinnig faßt,
Was in des Menschen Hirn nicht paßt!
Für was drein geht und nicht drein geht,

Ein prächtig Wort zu Diensten steht.
Doch vorerst dieses halbe Jahr
Nehmt ja der besten Ordnung wahr!
Fünf Stunden habt Ihr jeden Tag;
Seid drinnen mit dem Glockenschlag!
Habt Euch vorher wohl präpariert,
Paragraphos wohl einstudiert,
Damit Ihr nachher besser seht,
Daß er nichts sagt, als was im Buche steht!
Doch Euch des Schreibens ja befleißt,
Als diktiert Euch der Heilig Geist!
SCHÜLER. Das sollt ihr mir nicht zweimal sagen!
Ich denke mir, wie viel es nützt:
Denn was man schwarz auf weiß besitzt,
Kann man getrost nach Hause tragen.
MEPHISTOPHELES. Doch wählt mir eine Fakultät!
SCHÜLER.
Zur Rechtsgelehrsamkeit kann ich mich nicht bequemen.
MEPHISTOPHELES.
Ich kann es Euch so sehr nicht übel nehmen,
Ich weiß, wie es um diese Lehre steht.
Es erben sich Gesetz und Rechte
Wie eine ewge Krankheit fort;
Sie schleppen von Geschlecht sich zum Geschlechte
Und rücken sacht von Ort zu Ort.
Vernunft wird Unsinn, Wohltat Plage:
Weh dir, daß du ein Enkel bist!
Vom Rechte, das mit uns geboren ist,
Von dem ist, leider! nie die Frage.
SCHÜLER. Mein Abscheu wird durch Euch vermehrt.
O glücklich der, den Ihr belehrt!
Fast möcht ich nun Theologie studieren.
MEPHISTOPHELES. Ich wünschte nicht, Euch irrezuführen.
Was diese Wissenschaft betrifft,
Es ist so schwer, den falschen Weg zu meiden;
Es liegt in ihr so viel verborgnes Gift,
Und von der Arzenei ists kaum zu unterscheiden.

67

Am besten ists auch hier, wenn Ihr nur Einen hört
Und auf des Meisters Worte schwört.
Im ganzen: haltet Euch an Worte!
Dann geht Ihr durch die sichre Pforte
Zum Tempel der Gewißheit ein.
SCHÜLER. Doch ein Begriff muß bei dem Worte sein.
MEPHISTOPHELES.
Schon gut! nur muß man sich nicht allzu ängstlich quälen;
Dann eben, wo Begriffe fehlen,
Da stellt ein Wort zur rechten Zeit sich ein.
Mit Worten läßt sich trefflich streiten,
Mit Worten ein System bereiten,
An Worte läßt sich trefflich glauben,
Von einem Wort läßt sich kein Iota rauben.
SCHÜLER. Verzeiht, ich halt Euch auf mit vielen Fragen,
Allein ich muß Euch noch bemühn.
Wollt Ihr mir von der Medizin
Nicht auch ein kräftig Wörtchen sagen?
Drei Jahr ist eine kurze Zeit,
Und, Gott, das Feld ist gar zu weit.
Wenn man einen Fingerzeig nur hat,
Läßt sichs schon eher weiterfühlen.
MEPHISTOPHELES *für sich.*
Ich bin des trocknen Tons nun satt,
Muß wieder recht den Teufel spielen. *Laut.*
Der Geist der Medizin ist leicht zu fassen!
Ihr durchstudiert die groß und kleine Welt,
Und es am Ende gehn zu lassen,
Wies Gott gefällt.
Vergebens, daß Ihr ringsum wissenschaftlich schweift,
Ein jeder lernt nur, was er lernen kann;
Doch der den Augenblick ergreift,
Das ist der rechte Mann.
Ihr seid noch ziemlich wohlgebaut,
An Kühnheit wirds Euch auch nicht fehlen,
Und wenn Ihr Euch nur selbst vertraut,
Vertrauen Euch die andern Seelen.

Besonders lernt die Weiber führen!
Es ist ihr ewig Weh und Ach,
So tausendfach,
Aus einem Punkte zu kurieren,
Und wenn Ihr halbweg ehrbar tut,
Dann habt Ihr sie all unterm Hut.
Ein Titel muß sie erst vertraulich machen,
Daß Eure Kunst viel Künste übersteigt;
Zum Willkomm tappt Ihr dann nach allen Siebensachen,
Um die ein andrer viele Jahre streicht,
Versteht das Pülslein wohl zu drücken
Und fasset sie, mit feurig-schlauen Blicken,
Wohl um die schlanke Hüfte frei,
Zu sehn, wie fest geschnürt sie sei.
SCHÜLER.
Das sieht schon besser aus! Man sieht doch wo und wie.
MEPHISTOPHELES. Grau, teurer Freund, ist alle Theorie,
Und grün des Lebens goldner Baum.
SCHÜLER. Ich schwör Euch zu: mir ists als wie ein Traum!
Dürft ich Euch wohl ein andermal beschweren,
Von Eurer Weisheit auf den Grund zu hören?
MEPHISTOPHELES. Was ich vermag, soll gern geschehn.
SCHÜLER. Ich kann unmöglich wieder gehn,
Ich muß Euch noch mein Stammbuch überreichen:
Gönn Eure Gunst mir dieses Zeichen!
MEPHISTOPHELES. Sehr wohl. *Er schreibt und gibts.*
SCHÜLER *liest.* Eritis sicut Deus, scientes bonum et malum.
Machts ehrerbietig zu und empfiehlt sich.
MEPHISTOPHELES.
Folg nur dem alten Spruch und meiner Muhme, der Schlange,
Dir wird gewiß einmal bei deiner Gottähnlichkeit bange!

Faust tritt auf

FAUST. Wohin soll es nun gehn?
MEPHISTOPHELES. Wohin es dir gefällt!
Wir sehn die kleine, dann die große Welt.
Mit welcher Freude, welchem Nutzen,

Wirst du den Cursum durchschmarutzen!

FAUST. Allein bei meinem langen Bart
Fehlt mir die leichte Lebensart.
Es wird mir der Versuch nicht glücken;
Ich wußte nie mich in die Welt zu schicken,
Vor andern fühl ich mich so klein;
Ich werde stets verlegen sein.

MEPH. Mein guter Freund, das wird sich alles geben:
Sobald du dir vertraust, sobald weißt du zu leben.

FAUST. Wie kommen wir denn aus dem Haus?
Wo hast du Pferde, Knecht und Wagen?

MEPHISTOPHELES. Wir breiten nur den Mantel aus,
Der soll uns durch die Lüfte tragen.
Du nimmst bei diesem kühnen Schritt
Nur keinen großen Bündel mit.
Ein bißchen Feuerluft, die ich bereiten werde,
Hebt uns behend von dieser Erde,
Und sind wir leicht, so geht es schnell hinauf –
Ich gratuliere dir zum neuen Lebenslauf!

Aucherbachs Keller in Leipzig

Zeche lustiger Gesellen

FROSCH. Will keiner trinken? keiner lachen?
Ich will euch lehren Gesichter machen!
Ihr seid ja heut wie nasses Stroh
Und brennt sonst immer lichterloh.
BRANDER. Das liegt an dir: du bringst ja nichts herbei,
  Nicht eine Dummheit, keine Sauerei.
FROSCH *gießt ihm ein Glas Wein über den Kopf.*
  Da hast du beides!
BRANDER. Doppelt Schwein!
FROSCH. Ihr wollt es ja, man soll es sein!
SIEBEL. Zur Tür hinaus, wer sich entzweit!
  Mit offner Brust singt Runda, sauft und schreit!
  Auf! holla! ho!
ALTMAYER. Weh mir, ich bin verloren!
  Baumwolle her! der Kerl sprengt mir die Ohren.
SIEBEL. Wenn das Gewölbe widerschallt,
  Fühlt man erst recht des Basses Grundgewalt.
FROSCH. So recht! hinaus mit dem, der etwas übernimmt!
  A! tara lara da!
ALTMAYER. A! tara lara da!
FROSCH. Die Kehlen sind gestimmt.
  Singt: Das liebe Heilge Römsche Reich,
      Wie hälts nur noch zusammen?
BRANDER. Ein garstig Lied! Pfui! ein politisch Lied
  Ein leidig Lied! Dankt Gott mit jedem Morgen,
  Daß ihr nicht braucht fürs Römsche Reich zu sorgen!
  Ich halt es wenigstens für reichlichen Gewinn,
  Daß ich nicht Kaiser oder Kanzler bin.
  Doch muß auch uns ein Oberhaupt nicht fehlen:
  Wir wollen einen Papst erwählen!
  Ihr wißt, welch eine Qualität
  Den Ausschlag gibt, den Mann erhöht.
FROSCH *singt:* Schwing dich auf, Frau Nachtigall,

Grüß mir mein Liebchen zehentausendmal!

SIEBEL. Dem Liebchen keinen Gruß! ich will davon nichts
hören!

FROSCH.

Dem Liebchen Gruß und Kuß! du wirst mirs nicht verwehren!

Singt: Riegel auf! in stiller Nacht.

Riegel auf! der Liebste wacht

Riegel zu! des Morgens früh.

SIEBEL. Ja, singe, singe nur und lob und rühme sie!

Ich will zu meiner Zeit schon lachen.

Sie hat mich angeführt, dir wird sies auch so machen.

Zum Liebsten sei ein Kobold ihr beschert:

Der mag mit ihr auf einem Kreuzweg schäkern!

Ein alter Bock, wenn er vom Blocksberg kehrt,

Mag im Galopp noch gute Nacht ihr meckern!

Ein braver Kerl von echtem Fleisch und Blut

Ist für die Dirne viel zu gut.

Ich will von keinem Gruße wissen,

Als ihr die Fenster eingeschmissen!

BRANDER *auf den Tisch schlagend.*

Paßt auf! paßt auf! gehorchet mir!

Ihr Herrn, gesteht, ich weiß zu leben!

Verliebte Leute sitzen hier,

Und diesen muß nach Standsgebühr

Zur guten Nacht ich was zum besten geben.

Gebt acht! Ein Lied von neustem Schnitt!

Und singt den Rundreim kräftig mit!

Er singt: Es war eine Ratt im Kellernest,

Lebte nur von Fett und Butter,

Hatte sich ein Ränzlein angemäst't

Als wie der Doktor Luther.

Die Köchin hart ihr Gift gestellt:

Da wards so eng ihr in der Welt,

Als hätte sie Lieb im Leibe.

CHORUS *jauchzend.* Als hätte sie Lieb im Leibe!

BRANDER. Sie fuhr herum, sie fuhr heraus

Und soff aus allen Pfützen,

Zernagt, zerkratzt das ganze Haus:
Wollte nichts ihr Wüten nützen!
Sie tät gar manchen Ängstesprung,
Bald hatte das arme Tier genung,
Als hätt es Lieb im Leibe.

CHORUS. Als hätt es Lieb im Leibe!

BRANDER. Sie kam für Angst am hellen Tag
Der Küche zugelaufen,
Fiel an den Herd und zuckt und lag
Und tät erbärmlich schnaufen.
Da lachte die Vergifterin noch:
»Ha! sie pfeift auf dem letzten Loch,
Als hätte sie Lieb im Leibe.«

CHORUS. Als hätte sie Lieb im Leibe!

SIEBEL. Wie sich die platten Bursche freuen!
Es ist mir eine rechte Kunst,
Den armen Ratten Gift zu streuen!

BRANDER. Sie stehn wohl sehr in deiner Gunst?

ALTMAYER. Der Schmerbauch mit der kahlen Platte!
Das Unglück macht ihn zahm und mild;
Er sieht in der geschwollnen Ratte
Sein ganz natürlich Ebenbild.

Faust und Mephistopheles

MEPHISTOPHELES. Ich muß dich nun vor allen Dingen
In lustige Gesellschaft bringen,
Damit du siehst, wie leicht sichs leben läßt.
Dem Volke hier wird jeder Tag ein Fest.
Mit wenig Witz und viel Behagen
Dreht jeder sich im engen Zirkeltanz,
Wie junge Katzen mit dem Schwanz.
Wenn sie nicht über Kopfweh klagen,
Solang der Wirt nur weiterborgt,
Sind sie vergnügt und unbesorgt.

BRANDER. Die kommen eben von der Reise:
Man siehts an ihrer wunderlichen Weise;
Sie sind nicht eine Stunde hier.

FROSCH. Wahrhaftig, du hast recht! Mein Leipzig lob ich mir!
    Es ist ein klein Paris und bildet seine Leute.
SIEBEL. Für was siehst du die Fremden an?
FROSCH. Laßt mich nur gehn! Bei einem vollen Glase
    Zieh ich, wie einen Kinderzahn,
    Den Burschen leicht die Würmer aus der Nase.
    Sie scheinen mir aus einem edlen Haus:
    Sie sehen stolz und unzufrieden aus.
BRANDER. Marktschreier sinds gewiß, ich wette!
ALTMAYER. Vielleicht!
FROSCH. Gib acht, ich schraube sie!
MEPHISTOPHELES *zu Faust.*
    Den Teufel spürt das Völkchen nie,
    Und wenn er sie beim Kragen hätte.
FAUST. Seid uns gegrüßt, ihr Herrn!
SIEBEL. Viel Dank zum Gegengruß!
Leise, Mephistopheles von der Seite ansehend.
    Was hinkt der Kerl auf einem Fuß?
MEPHISTOPHELES. Ist es erlaubt, uns auch zu euch zu setzen?
    Statt eines guten Trunks, den man nicht haben kann,
    Soll die Gesellschaft uns ergetzen.
ALTMAYER. Ihr scheint ein sehr verwöhnter Mann.
FROSCH. Ihr seid wohl spät von Rippach aufgebrochen?
    Habt ihr mit Herren Hans noch erst zu Nacht gespeist?
MEPHISTOPHELES. Heute sind wir ihn vorbeigereist;
    Wir haben ihn das letztemal gesprochen.
    Von seinen Vettern wußt er viel zu sagen,
    Viel Grüße hat er uns an jeden aufgetragen.
Er neigt sich gegen Frosch.
ALTMAYER. *leise.* Da hast dus! der verstehts!
SIEBEL. Ein pfiffiger Patron!
FROSCH. Nun, warte nur, ich krieg ihn schon!
MEPHISTOPHELES. Wenn ich nicht irrte, hörten wir
    Geübte Stimmen Chorus singen?
    Gewiß, Gesang muß trefflich hier
    Von dieser Wölbung widerklingen!.
FROSCH. Seid Ihr wohl gar ein Virtuos?

MEPH. O nein! die Kraft ist schwach, allein die Lust ist groß.

ALTMAYER. Gebt uns ein Lied!

MEPHISTOPHELES. Wenn ihr begehrt, die Menge!

SIEBEL. Nur auch ein nagelneues Stück!

MEPHISTOPHELES. Wir kommen erst aus Spanien zurück,
Dem schönen Land des Weins und der Gesänge.
Singt: Es war einmal ein König,
Der hatt einen großen Floh –

FROSCH. Horcht! Einen Floh! Habt ihr das wohl gefaßt?
Ein Floh ist mir ein saubrer Gast.

MEPHISTOPHELES *singt.* Es war einmal ein König,
Der hatt einen großen Floh,
Den liebt er gar nicht wenig:
Als wie seinen eignen Sohn.
Da rief er seinen Schneider,
Der Schneider kam heran:
»Da, miß dem Junker Kleider
Und miß ihm Hosen an!«

BRANDER. Vergeßt nur nicht, dem Schneider einzuschärfen,
Daß er mir aufs genauste mißt
Und daß, so lieb sein Kopf ihm ist,
Die Hosen keine Falten werfen!

MEPHISTOPHELES. In Sammet und in Seide
War er nun angetan,
Hatte Bänder auf dem Kleide,
Hatt auch ein Kreuz daran,
Und war sogleich Minister
Und hatt einen großen Stern.
Da wurden seine Geschwister
Bei Hof auch große Herrn.
Und Herrn und Fraun am Hofe,
Die waren sehr geplagt,
Die Königin und die Zofe
Gestochen und genagt,
Und durften sie nicht knicken
Und weg sie jucken nicht. –
Wir knicken und ersticken

Doch gleich, wenn einer sticht!

CHORUS *jauchzend*. Wir knicken und ersticken

Doch gleich, wenn einer sticht!

FROSCH. Bravo! bravo! das war schön!

SIEBEL. So soll es jedem Floh ergehn!

BRANDER. Spitzt die Finger und packt sie fein!

ALTMAYER. Es lebe die Freiheit! es lebe der Wein!

MEPH. Ich tränke gern ein Glas, die Freiheit hoch zu ehren,

Wenn eure Weine nur ein bißchen besser wären.

SIEBEL. Wir mögen das nicht wieder hören!

MEPHISTOPHELES.

Ich fürchte nur, der Wirt beschweret sich;

Sonst gäb ich diesen werten Gästen

Aus unserm Keller was zum besten.

SIEBEL. Nur immer her! ich nehms auf mich.

FROSCH. Schafft Ihr ein gutes Glas, so wollen wir Euch loben.

Nur gebt nicht gar zu kleine Proben!

Denn wenn ich judizieren soll,

Verlang ich auch das Maul recht voll.

ALTMEYER *leise*. Sie sind vom Rheine, wie ich spüre.

MEPHISTOPHELES. Schafft einen Bohrer an!

BRANDER. Was soll mit dem geschehn?

Ihr habt doch nicht die Fässer vor der Türe?

ALT. Dahinten hat der Wirt ein Körbchen Werkzeug stehn.

MEPHISTOPHELES *nimmt den Bohrer. Zu Frosch.*

Nun sagt: was wünschet Ihr zu schmecken?

FROSCH. Wie meint Ihr das? Habt Ihr so mancherlei?

MEPHISTOPHELES. Ich stell es einem jeden frei.

ALTMAYER *zu Frosch.*

Aha! du fängst schon an, die Lippen abzulecken.

FROSCH. Gut! wenn ich wählen soll, so will ich Rheinwein haben:

Das Vaterland verleiht die allerbesten Gaben.

MEPHISTOPHELES *indem er an dem Platz, wo Frosch sitzt, ein Loch in den Tischrand bohrt.*

Verschafft ein wenig Wachs, die Pfropfen gleich zu machen!

ALTMAYER. Ach, das sind Taschenspielersachen!

MEPHISTOPHELES *zu Brander.* Und Ihr?
BRANDER. Ich will Champagner Wein,
　Und recht moussierend soll er sein!
MEPHISTOPHELES *bohrt, einer hat indessen die Wachspfropfen
　gemacht und verstopft.*
BRANDER. Man kann nicht stets das Fremde meiden,
　Das Gute liegt uns oft so fern.
　Ein echter deutscher Mann mag keinen Franzen leiden;
　Doch ihre Weine trinkt er gern.
SIEBEL, *indem sich Mephistopheles seinem Platz nähert.*
　Ich muß gestehn: den sauern mag ich nicht!
　Gebt mir ein Glas vom echten süßen!
MEPHISTOPHELES *bohrt.* Euch soll sogleich Tokayer fließen.
ALTMAYER. Nein, Herren, seht mir ins Gesicht!
　Ich seh es ein, ihr habt uns nur zum besten.
MEPHISTOPHELES. Ei! ei! Mit solchen edlen Gästen
　War es ein bißchen viel gewagt.
　Geschwind! nur grad heraus gesagt!
　Mit welchem Weine kann ich dienen?
ALTMAYER. Mit jedem! nur nicht lang gefragt!
　Nachdem die Löcher alle gebohrt und verstopft sind,
MEPHISTOPHELES *mit seltsamen Gebärden.*
　Trauben trägt der Weinstock,
　Hörner der Ziegenbock!
　Der Wein ist saftig, Holz die Reben:
　Der hölzerne Tisch kann Wein auch geben.
　Ein tiefer Blick in die Natur!
　Hier ist ein Wunder: glaubet nur!
　Nun zieht die Pfropfen und genießt!
ALLE, *indem sie die Pfropfen ziehen und jedem der verlangte Wein
　ins Glas läuft.*
　O schöner Brunnen, der uns fließt!
MEPHISTOPHELES. Nur hütet euch, daß ihr mir nichts ver-
　gießt!
　Sie trinken wiederholt.
ALLE *singen.* Uns ist ganz kannibalisch wohl,
　　　Als wie fünfhundert Säuen!

MEPH. Das Volk ist frei: seht an, wie wohls ihm geht!

FAUST. Ich hätte Lust, nun abzufahren.

MEPHISTOPHELES. Gib nur erst acht, die Bestialität
Wird sich gar herrlich offenbaren.

SIEBEL *trinkt unvorsichtig, der Wein fließt auf die Erde und wird zur
Flamme.*
Helft! Feuer! helft! Die Hölle brennt!

MEPHISTOPHELES *die Flamme besprechend.* Sei ruhig, freundlich Element!

Zu den Gesellen.
Für diesmal war es nur ein Tropfen Fegefeuer.

SIEBEL. Was soll das sein? Wart! Ihr bezahlt es teuer!
Es scheinet, daß Ihr uns nicht kennt.

FROSCH. Laß Er uns das zum zweiten Male bleiben!

ALTMAYER. Ich dächt,wir hießen ihn ganz sachte seitwärts
gehn.

SIEBEL. Was, Herr? Er will sich unterstehn
Und hier sein Hocuspocus treiben?

MEPHISTOPHELES. Still, altes Weinfaß!

SIEBEL. Besenstiel!
Du willst uns gar noch grob begegnen?

BRANDER. Wart nur! es sollen Schläge regnen!

ALTMAYER *zieht einen Pfropfen aus dem Tisch, es springt ihm
Feuer entgegen.*
Ich brenne! ich brenne!

SIEBEL. Zauberei!
Stoß zu! der Kerl ist vogelfrei!

Sie ziehen die Messer und gehn auf Mephistopheles los.

MEPHISTOPHELES *mit ernsthafter Gebärde.*
Falsch Gebild und Wort
Verändern Sinn und Ort!
Seid hier und dort!

Sie stehn erstaunt und sehn einander an.

ALTMAYER. Wo bin ich? Welches schöne Land!

FROSCH. Weinberge! Seh ich recht?

SIEBEL. Und Trauben gleich zur Hand!

BRANDER. Hier unter diesem grünen Laube,
  Seht, welch ein Stock! seht, welche Traube!

Erfaßt Siebeln bei der Nase. Die andern tun es wechselseitig und heben
die Messer.

MEPHISTOPHELES *wie oben.* Irrtum, laß los der Augen Band!
  Und merkt euch, wie der Teufel spaße!

Er verschwindet mit Faust, die Gesellen fahren auseinander.

SIEBEL. Was gibts?

ALTMAYER. Wie?

FROSCH. War das deine Nase?

BRANDER *zu Siebel.* Und deine hab ich in der Hand!

ALTMAYER. Es war ein Schlag, der ging durch alle Glieder!
  Schafft einen Stuhl, ich sinke nieder!

FROSCH. Nein, sagt mir nur: was ist geschehn?

SIEBEL. Wo ist der Kerl? Wenn ich ihn spüre,
  Er soll mir nicht lebendig gehn!

ALTMAYER. Ich hab ihn selbst hinaus zur Kellertüre –
  Auf einem Fasse reiten sehn – –
  Es liegt mir bleischwer in den Füßen.
  Sich nach dem Tische wendend.
  Mein! Sollte wohl der Wein noch fließen?

SIEBEL. Betrug war alles, Lug und Schein!

FROSCH. Mir deuchte doch, als tränk ich Wein.

BRANDER. Aber wie war es mit den Trauben?

ALTMAYER. Nun sag mir eins, man soll kein Wunder glauben!

Hexenküche

Auf einem niedrigen Herde steht ein großer Kessel über dem Feuer. In dem Dampfe, der davon in die Höhe steigt, zeigen sich verschiedene Gestalten. Eine Meerkatze sitzt bei dem Kessel und schäumt ihn und sorgt, daß er nicht überläuft. Der Meerkater mit den Jungen sitzt daneben und wärmt sich. Wände und Decke sind mit dem seltsamsten Hexenhausrat ausgeschmückt.

Faust · Mephistopheles

FAUST. Mir widersteht das tolle Zauberwesen!
　Versprichst du mir, ich soll genesen
　In diesem Wust von Raserei?
　Verlang ich Rat von einem alten Weibe?
　Und schafft die Sudelköcherei
　Wohl dreißig Jahre mir vom Leibe?
　Weh mir, wenn du nichts Bessers weißt!
　Schon ist die Hoffnung mir verschwunden.
　Hat die Natur und hat ein edler Geist
　Nicht irgendeinen Balsam ausgefunden?
MEPHISTOPHELES.
　Mein Freund, nun sprichst du wieder klug!
　Dich zu verjüngen, gibts auch ein natürlich Mittel;
　Allein es steht in einem andern Buch
　Und ist ein wunderlich Kapitel.
FAUST. Ich will es wissen!
MEPHISTOPHELES. Gut! Ein Mittel, ohne Geld
　Und Arzt und Zauberei zu haben:
　Begib dich gleich hinaus aufs Feld,
　Fang an zu hacken und zu graben,
　Erhalte dich und deinen Sinn
　In einem ganz beschränkten Kreise,
　Ernähre dich mit ungemischter Speise,
　Leb mit dem Vieh als Vieh und acht es nicht für Raub,
　Den Acker, den du erntest, selbst zu düngen!
　Das ist das beste Mittel, glaub,
　Auf achtzig Jahr dich zu verjüngen!

FAUST.

Das bin ich nicht gewöhnt, ich kann mich nicht bequemen,
Den Spaten in die Hand zu nehmen;
Das enge Leben steht mir gar nicht an.

MEPHISTOPHELES. So muß denn doch die Hexe dran!

FAUST. Warum denn just das alte Weib?

Kannst du den Trank nicht selber brauen?

MEPHISTOPHELES. Das wär ein schöner Zeitvertreib!

Ich wollt indes wohl tausend Brücken bauen.
Nicht Kunst und Wissenschaft allein,
Geduld will bei dem Werke sein.
Ein stiller Geist ist jahrelang geschäftig,
Die Zeit nur macht die feine Gärung kräftig.
Und alles, was dazu gehört,
Es sind gar wunderbare Sachen!
Der Teufel hat sies zwar gelehrt;
Allein der Teufel kanns nicht machen.

Die Tiere erblickend.

Sieh, welch ein zierliches Geschlecht!
Das ist die Magd! das ist der Knecht!

Zu den Tieren.

Es scheint, die Frau ist nicht zu Hause.

DIE TIERE. Beim Schmause!

Aus dem Haus
Zum Schornstein hinaus!

MEPHISTOPHELES. Wie lange pflegt sie wohl zu schwärmen?

DIE TIERE. Solange wir uns die Pfoten wärmen.

MEPHISTOPHELES *zu Faust.*

Wie findest du die zarten Tiere?

FAUST. So abgeschmackt, als ich nur jemand sah!

MEPHISTOPHELES. Nein, ein Diskurs wie dieser da

Ist grade der, den ich am liebsten führe!

Zu den Tieren.

So sagt mir doch, verfluchte Puppen:
Was quirlt ihr in dem Brei herum?

DIE TIERE. Wir kochen breite Bettelsuppen.

MEPHISTOPHELES. Da habt ihr ein groß Publikum.

DER KATER *macht sich herbei und schmeichelt dem Mephistopheles.*

O würfle nur gleich
Und mache mich reich
Und laß mich gewinnen!

Gar schlecht ists bestellt,
Und war ich bei Geld,
So war ich bei Sinnen.

MEPHISTOPHELES.

Wie glücklich würde sich der Affe schätzen,
Könnt er nur auch ins Lotto setzen!

Indessen haben die jungen Meerkätzchen mit einer großen Kugel ge-
spielt und rollen sie hervor.

DER KATER.

Das ist die Welt:
Sie steigt und fällt
Und rollt beständig;
Sie klingt wie Glas –
Wie bald bricht das! –
Ist hohl inwendig.
Hier glänzt sie sehr

Und hier noch mehr:
»Ich bin lebendig« –
Mein lieber Sohn,
Halt dich davon!
Du mußt sterben:
Sie ist von Ton,
Es gibt Scherben!

MEPHISTOPHELES. Was soll das Sieb?

DER KATER *holt es herunter.*

Wärst du ein Dieb,
Wollt ich dich gleich erkennen.

Er läuft zur Kätzin und läßt sie durchsehen.

Sieh durch das Sieb!
Erkennst du den Dieb
Und darfst ihn nicht nennen?

MEPHISTOPHELES *dem Feuer nähernd.*

Und dieser Topf?

KATER UND KÄTZIN. Der alberne Tropf!

Er kennt nicht den Topf,
Er kennt nicht den Kessel!

MEPHISTOPHELES. Unhöfliches Tier!

DER KATER. Den Wedel nimm hier
Und setz dich in Sessel!

Er nötigt den Mephistopheles zu sitzen.

FAUST *welcher diese Zeit über vor einem Spiegel gestanden, sich ihm*
bald genähert, bald sich von ihm entfernt hat.

Was seh ich? Welch ein himmlisch Bild

Zeigt sich in diesem Zauberspiegel!
O Liebe, leihe mir den schnellsten deiner Flügel
Und führe mich in ihr Gefild!
Ach, wenn ich nicht auf dieser Stelle bleibe,
Wenn ich es wage, nah zu gehn,
Kann ich sie nur als wie im Nebel sehn! –
Das schönste Bild von einem Weibe!
Ists möglich, ist das Weib so schön?
Muß ich an diesem hingestreckten Leibe
Den Inbegriff von allen Himmeln sehn?
So etwas findet sich auf Erden?

MEPHISTOPHELES.
Natürlich, wenn ein Gott sich erst sechs Tage plagt
Und selbst am Ende Bravo sagt,
Da muß es was Gescheites werden!
Für diesmal sieh dich immer satt!
Ich weiß dir so ein Schätzchen auszuspüren,
Und selig, wer das gute Schicksal hat,
Als Bräutigam sie heimzuführen!

Faust sieht immerfort in den Spiegel. Mephistopheles, sich in dem Sessel dehnend und mit dem Wedel spielend, fährt fort zu sprechen.
Hier sitz ich wie der König auf dem Throne:
Den Zepter halt ich hier, es fehlt nur noch die Krone.

DIE TIERE *welche bisher allerlei wunderliche Bewegungen durcheinander gemacht haben, bringen dem Mephistopheles eine Krone mit großem Geschrei.*
O sei doch so gut,
Mit Schweiß und mit Blut
Die Krone zu leimen!

Sie gehn ungeschickt mit der Krone um und zerbrechen sie in zwei Stücke, mit welchen sie herumspringen.
Nun ist es geschehn!
Wir reden und sehn,
Wir hören und reimen –

FAUST *gegen den Spiegel.* Weh mir! ich werde schier verrückt.

MEPHISTOPHELES *auf die Tiere deutend.*
Nun fängt mir an fast selbst der Kopf zu schwanken.

DIE TIERE. Und wenn es uns glückt,
Und wenn es sich schickt,
So sind es Gedanken!
FAUST *wie oben.* Mein Busen fängt mir an zu brennen!
Entfernen wir uns nur geschwind!
MEPHISTOPHELES *in obiger Stellung.*
Nun, wenigstens muß man bekennen,
Daß es aufrichtige Poeten sind.
*Der Kessel, welchen die Kätzin bisher außer acht gelassen, fängt an
überzulaufen; es entsteht eine große Flamme, welche zum Schornstein
hinausschlägt. Die Hexe kommt durch die Flamme mit entsetzlichem
Geschrei heruntergefahren.*
DIE HEXE. Au! Au! Au! Au!
Verdammtes Tier! verfluchte Sau!
Versäumst den Kessel, versengst die Frau!
Verfluchtes Tier!
Faust und Mephistopheles erblickend.
Was ist das hier?
Wer seid ihr hier?
Was wollt ihr da?
Wer schlich sich ein?
Die Feuerpein
Euch ins Gebein!
*Sie fährt mit dem Schaumlöffel in den Kessel und spritzt Flammen
nach Faust, Mephistopheles und den Tieren. Die Tiere winseln.*
MEPHISTOPHELES, *welcher den Wedel, den er in der Hand hält,
umkehrt und unter die Gläser und Töpfe schlägt.*
Entzwei! entzwei!
Da liegt der Brei!
Da liegt das Glas!
Es ist nur Spaß:
Der Takt, du Aas,
Zu deiner Melodei!
Indem die Hexe voll Grimm und Entsetzen zurücktritt.
Erkennst du mich? Gerippe! Scheusal du!
Erkennst du deinen Herrn und Meister?
Was hält mich ab, so schlag ich zu,

Zerschmettre dich und deine Katzengeister!
Hast du vorm roten Wams nicht mehr Respekt?
Kannst du die Hahnenfeder nicht erkennen?
Hab ich dies Angesicht versteckt?
Soll ich mich etwa selber nennen?
DIE HEXE. O Herr, verzeiht den rohen Gruß!
Seh ich doch keinen Pferdefuß!
Wo sind denn Eure beiden Raben?
MEPHISTOPHELES. Für diesmal kommst du so davon;
Denn freilich ist es eine Weile schon,
Daß wir uns nicht gesehen haben.
Auch die Kultur, die alle Welt beleckt,
Hat auf den Teufel sich erstreckt:
Das nordische Phantom ist nun nicht mehr zu schauen;
Wo siehst du Hörner, Schweif und Klauen?
Und was den Fuß betrifft, den ich nicht missen kann,
Der würde mir bei Leuten schaden;
Darum bedien ich mich wie mancher junge Mann
Seit vielen Jahren falscher Waden.
DIE HEXE *tanzend.* Sinn und Verstand verlier ich schier,
Seh ich den Junker Satan wieder hier!
MEPHISTOPHELES. Den Namen, Weib, verbitt ich mir!
DIE HEXE. Warum? was hat er Euch getan?
MEPHISTOPHELES.
Er ist schon lang ins Fabelbuch geschrieben;
Allein die Menschen sind nichts besser dran:
Den Bösen sind sie los, die Bösen sind geblieben.
Du nennst mich Herr Baron, so ist die Sache gut;
Ich bin ein Kavalier wie andre Kavaliere.
Du zweifelst nicht an meinem edlen Blut;
Sieh her: das ist das Wappen, das ich führe!
Er macht eine unanständige Gebärde.
DIE HEXE *lacht unmäßig.* Ha! Ha! Das ist in Eurer Art!
Ihr seid ein Schelm, wie Ihr nur immer wart!
MEPHISTOPHELES *zu Faust.*
Mein Freund, das lerne wohl verstehn:
Dies ist die Art, mit Hexen umzugehn!

DIE HEXE. Nun sagt, ihr Herren, was ihr schafft.

MEPHISTOPHELES. Ein gutes Glas von dem bekannten Saft!
Doch muß ich Euch ums älteste bitten:
Die Jahre doppeln seine Kraft.

DIE HEXE. Gar gern! Hier hab ich eine Flasche,
Aus der ich selbst zuweilen nasche,
Die auch nicht mehr im mindsten stinkt;
Ich will euch gern ein Gläschen geben. *Leise.*
Doch wenn es dieser Mann unvorbereitet trinkt,
So kann er, wißt Ihr wohl, nicht eine Stunde leben.

MEPHISTOPHELES.
Es ist ein guter Freund, dem es gedeihen soll;
Ich gönn ihm gern das Beste deiner Küche.
Zieh deinen Kreis, sprich deine Sprüche,
Und gib ihm eine Tasse voll!

DIE HEXE *mit seltsamen Gebärden, zieht einen Kreis und stellt
wunderbare Sachen hinein; indessen fangen die Gläser an zu klingen,
der Kessel zu tönen, und machen Musik. Zuletzt bringt sie ein großes
Buch, stellt die Meerkatzen in den Kreis, die ihr zum Pult dienen und
die Fackel halten müssen. Sie winkt Fausten, zu ihr zu treten.*

FAUST *zu Mephistopheles.* Nein, sage mir: was soll das werden?
Das tolle Zeug, die rasenden Gebärden,
Der abgeschmackteste Betrug,
Sind mir bekannt, verhaßt genug.

MEPHISTOPHELES. Ei, Possen! Das ist nur zum Lachen;
Sei nur nicht ein so strenger Mann!
Sie muß als Arzt ein Hokuspokus machen,
Damit der Saft dir wohl gedeihen kann.

Er nötigt Fausten, in den Kreis zu treten.

DIE HEXE, *mit großer Emphase, fängt an, aus dem Buche zu dekla-
mieren.*
Du mußt verstehn!
Aus Eins mach Zehn,
Und Zwei laß gehn,
Und Drei mach gleich,
So bist du reich.
Verlier die Vier!

Aus Fünf und Sechs –
So sagt die Hex –
Mach Sieben und Acht,
So ists vollbracht:
Und Neun ist Eins.
Und Zehn ist keins.
Das ist das Hexen-Einmaleins!
FAUST. Mich dünkt, die Alte spricht im Fieber.
MEPHISTOPHELES. Das ist noch lange nicht vorüber,
Ich kenn es wohl, so klingt das ganze Buch!
Ich habe manche Zeit damit verloren;
Denn ein vollkommner Widerspruch
Bleibt gleich geheimnisvoll für Kluge wie für Toren.
Mein Freund, die Kunst ist alt und neu.
Es war die Art zu allen Zeiten,
Durch Drei und Eins und Eins und Drei
Irrtum statt Wahrheit zu verbreiten.
So schwätzt und lehrt man ungestört;
Wer will sich mit den Narrn befassen?
Gewöhnlich glaubt der Mensch, wenn er nur Worte hört,
Es müsse sich dabei doch auch was denken lassen.
Die HEXE *fährt fort.* Die hohe Kraft
Der Wissenschaft,
Der ganzen Welt verborgen!
Und wer nicht denkt,
Dem wird sie geschenkt:
Er hat sie ohne Sorgen.
FAUST. Was sagt sie uns für Unsinn vor?
Es wird mir gleich der Kopf zerbrechen.
Mich dünkt, ich hör ein ganzes Chor
Von hunderttausend Narren sprechen.
MEPHISTOPHELES. Genug, genug, o treffliche Sibylle!
Gib deinen Trank herbei und fülle
Die Schale rasch bis an den Rand hinan!
Denn meinem Freund wird dieser Trunk nicht schaden:
Er ist ein Mann von vielen Graden,
Der manchen guten Schluck getan.

DIE HEXE, *mit vielen Zeremonien, schenkt den Trank in eine Schale; wie sie Faust an den Mund bringt, entsteht eine leichte Flamme.*

MEPHISTOPHELES. Nur frisch hinunter! immer zu!
Es wird dir gleich das Herz erfreuen.
Bist mit dem Teufel du und du
Und willst dich vor der Flamme scheuen?

DIE HEXE *löst den Kreis. Faust tritt heraus.*

MEPHISTOPHELES. Nun frisch hinaus! Du darfst nicht ruhn.

DIE HEXE. Mög Euch das Schlückchen wohl behagen!

MEPH. *zur Hexe.* Und kann ich dir was zu Gefallen tun,
So darfst du mirs nur auf Walpurgis sagen.

DIE HEXE. Hier ist ein Lied! Wenn Ihrs zuweilen singt,
So werdet ihr besondre Wirkung spüren.

MEPHISTOPHELES *zu Faust.*
Komm nur geschwind und laß dich führen:
Du mußt notwendig transpirieren,
Damit die Kraft durch Inn- und Äußres dringt.
Den edlen Müßiggang lehr ich hernach dich schätzen,
Und bald empfindest du mit innigem Ergetzen,
Wie sich Cupido regt und hin- und widerspringt.

FAUST. Laß mich nur schnell noch in den Spiegel schauen!
Das Frauenbild war gar zu schön!

MEPH. Nein! nein! Du sollst das Muster aller Frauen
Nun bald leibhaftig vor dir sehn. *Leise.*
Du siehst mit diesem Trank im Leibe
Bald Helenen in jedem Weibe.

Strasse

Faust · Margarete vorübergehend

FAUST. Mein schönes Fräulein, darf ich wagen,
   Meinen Arm und Geleit Ihr anzutragen?
MARGARETE. Bin weder Fräulein weder schön,
   Kann ungeleitet nach Hause gehn. *Sie macht sich los und ab.*
FAUST. Beim Himmel, dieses Kind ist schön!
   So etwas hab ich nie gesehn.
   Sie ist so sitt- und tugendreich
   Und etwas schnippisch doch zugleich.
   Der Lippe Rot, der Wange Licht,
   Die Tage der Welt vergeß ichs nicht!
   Wie sie die Augen niederschlägt,
   Hat tief sich in mein Herz geprägt;
   Wie sie kurz angebunden war,
   Das ist nun zum Entzücken gar!
Mephistopheles tritt auf
FAUST. Hör, du mußt mir die Dirne schaffen!
MEPHISTOPHELES. Nun, welche?
FAUST. Sie ging just vorbei.
MEPHISTOPHELES. Da die? Sie kam von ihrem Pfaffen,
   Der sprach sie aller Sünden frei;
   Ich schlich mich hart am Stuhl vorbei:
   Es ist ein gar unschuldig Ding,
   Das eben für nichts zur Beichte ging;
   über die hab ich keine Gewalt!
FAUST. Ist über vierzehn Jahr doch alt.
MEPHISTOPHELES. Du sprichst ja wie Hans Liederlich:
   Der begehrt jede liebe Blum für sich,
   Und dünkelt ihm, es wär kein Ehr
   Und Gunst, die nicht zu pflücken wär!
   Geht aber doch nicht immer an.
FAUST. Mein Herr Magister Lobesan,
   Laß Er mich mit dem Gesetz in Frieden!
   Und das sag ich Ihm kurz und gut:

Wenn nicht das süße junge Blut
Heut nacht in meinen Armen ruht,
So sind wir um Mitternacht geschieden.
MEPHISTOPHELES. Bedenk, was gehn und stehen mag!
Ich brauche wenigstens vierzehn Tag,
Nur die Gelegenheit auszuspüren.
FAUST. Hätt ich nur sieben Stunden Ruh,
Brauchte den Teufel nicht dazu,
So ein Geschöpfchen zu verführen.
MEPHISTOPHELES. Ihr sprecht schon fast wie ein Franzos!
Doch bitt ich, laßts Euch nicht verdrießen:
Was hilfts, nur grade zu genießen?
Die Freud ist lange nicht so groß,
Als wenn Ihr erst herauf, herum,
Durch allerlei Brimborium,
Das Püppchen geknetet und zugericht't,
Wies lehrt manche welsche Geschicht.
FAUST. Hab Appetit auch ohne das.
MEPHISTOPHELES. Jetzt ohne Schimpf und ohne Spaß!
Ich sag Euch: mit dem schönen Kind
Gehts ein- für allemal nicht geschwind.
Mit Sturm ist da nichts einzunehmen;
Wir müssen uns zur List bequemen.
FAUST. Schaff mir etwas vom Engelsschatz!
Führ mich an ihren Ruheplatz!
Schaff mir ein Halstuch von Ihrer Brust,
Ein Strumpfband meiner Liebeslust!
MEPHISTOPHELES. Damit Ihr seht, daß ich Eurer Pein
Will förderlich und dienstlich sein,
Wollen wir keinen Augenblick verlieren,
Will Euch noch heut in ihr Zimmer führen.
FAUST. Und soll sie sehn? sie haben?
MEPHISTOPHELES. Nein!
Sie wird bei einer Nachbarin sein.
Indessen könnt Ihr ganz allein
An aller Hoffnung künftger Freuden
In ihrem Dunstkreis satt Euch weiden.

FAUST. Können wir hin?

MEPHISTOPHELES. Es ist noch zu früh.

FAUST. Sorg du mir für ein Geschenk für sie! *Ab.*

MEPH. Gleich schenken? Das ist brav! Das wird er reüssieren!

    Ich kenne manchen schönen Platz

    Und manchen alt-vergrabnen Schatz;

    Ich muß ein bißchen revidieren. *Ab.*

Abend

Ein kleines, reinliches Zimmer

MAGARETE *ihre Zöpfe flechtend und aufbindend.*
　Ich gab was drum, wenn ich nur wüßt,
　Wer heut der Herr gewesen ist!
　Er sah gewiß recht wacker aus
　Und ist aus einem edlen Haus;
　Das könnt ich ihm an der Stirne lesen –
　Er war auch sonst nicht so keck gewesen. *Ab.*

Mephistopheles · Faust

MEPHISTOPHELES. Herein, ganz leise, nur herein!
FAUST *nach einigem Stillschweigen.* Ich bitte dich, laß mich allein!
MEPHISTOPHELES. *herumspürend.*
　Nicht jedes Mädchen hält so rein. *Ab.*
FAUST *rings aufschauend.*
　Willkommen, süßer Dämmerschein,
　Der du dies Heiligtum durchwebst!
　Ergreif mein Herz, du süße Liebespein,
　Die du vom Tau der Hoffnung schmachtend lebst!
　Wie atmet rings Gefühl der Stille,
　Der Ordnung der ZufriedenheitS
　In dieser Armut welche Fülle!
　In diesem Kerker welche Seligkeit!
Er wirft sich auf den ledernen Sessel am Bette.
　O nimm mich auf, der du die Vorwelt schon
　Bei Freud und Schmerz im offnen Arm empfangen!
　Wie oft, ach! hat an diesem Väterthron
　Schon eine Schar von Kindern rings gehangen!
　Vielleicht hat, dankbar für den heilgen Christ,
　Mein Liebchen hier, mit vollen Kinderwangen,
　Dem Ahnherrn fromm die welke Hand geküßt.
　Ich fühl, o Mädchen, deinen Geist
　Der Füll und Ordnung um mich säuseln,
　Der mütterlich dich täglich unterweist,

Den Teppich auf den Tisch dich reinlich breiten heißt,
Sogar den Sand zu deinen Füßen krausem.
O liebe Hand! so göttergleich!
Die Hütte wird durch dich ein Himmelreich.
Und hier! *Er hebt einen Bettvorhang auf.*
Was faßt mich für ein Wonnegraus!
Hier möcht ich volle Stunden säumen.
Natur, hier bildetest in leichten Träumen
Den eingebornen Engel aus!
Hier lag das Kind, mit warmem Leben
Den zarten Busen angefüllt,
Und hier mit heilig-reinem Weben
Entwirkte sich das Götterbild!
Und du? Was hat dich hergeführt?
Wie innig fühl ich mich gerührt!
Was willst du hier? Was wird das Herz dir schwer?
Armseliger Faust, ich kenne dich nicht mehr!
Umgibt mich hier ein Zauberduft?
Mich drangs, so grade zu genießen,
Und fühle mich in Liebestraum zerfließen!
Sind wir ein Spiel von jedem Druck der Luft?
Und träte sie den Augenblick herein,
Wie würdest du für deinen Frevel büßen!
Der große Hans, ach, wie so klein!
Läg, hingeschmolzen, ihr zu Füßen.
MEPHISTOPHELES. Geschwind! ich seh sie unten kommen.
FAUST. Fort! fort! Ich kehre nimmermehr!
MEPHISTOPHELES. Hier ist ein Kästchen, leidlich schwer;
Ich habs woanders hergenommen.
Stellts hier nur immer in den Schrein!
Ich schwör euch, ihr vergehn die Sinnen:
Ich tat Euch Sächelchen hinein,
Um eine andre zu gewinnen!
Zwar Kind ist Kind, und Spiel ist Spiel.
FAUST. Ich weiß nicht: soll ich?
MEPHISTOPHELES. Fragt Ihr viel?
Meint Ihr vielleicht den Schatz zu wahren?

Dann rat ich Eurer Lüsternheit,
Die liebe, schöne Tageszeit
Und mir die weitre Müh zu sparen.
Ich hoff nicht, daß Ihr geizig seid!
Ich kratz den Kopf, reib an den Händen,
Er stellt das Kästchen in den Schrein und drückt das Schloß wieder zu.
– Nun fort! geschwind! –
Um Euch das süße, junge Kind
Nach Herzens Wunsch und Will zu wenden,
Und Ihr seht drein,
Als solltet Ihr in den Hörsaal hinein,
Als stünden grauleibhaftig vor Euch da
Physik und Metaphysika!
Nun fort! *Ab.*
MARGARETE *mit einer Lampe.* Es ist so schwül, so dumpfig hie,
Sie macht das Fenster auf.
Und ist doch eben so warm nicht drauß.
Es wird mir so, ich weiß nicht wie –
Ich wollt, die Mutter käm nach Haus!
Mir läuft ein Schauer übern ganzen Leib –
Bin doch ein töricht-furchtsam Weib!
Sie fängt an zu singen, indem sie sich auszieht.
Es war ein König in Thule,
Gar treu bis an das Grab,
Dem sterbend seine Buhle
Einen goldnen Becher gab.
Es ging ihm nichts darüber,
Er leert ihn jeden Schmaus;
Die Augen gingen ihm über,
So oft er trank daraus.
Und als er kam zu sterben,
Zählt er seine Stadt im Reich,
Gönnt alles seinem Erben,
Den Becher nicht zugleich.
Er saß beim Königsmahle,
Die Ritter um ihn her,
Auf hohem Vätersaale,

Dort auf dem Schloß am Meer.
Dort stand der alte Zecher,
Trank letzte Lebensglut,
Und warf den heiigen Becher
Hinunter in die Flut.
Er sah ihn stürzen, trinken,
Und sinken tief ins Meer,
Die Augen täten ihm sinken,
Trank nie einen Tropfen mehr.

Sie öffnet den Schrein, ihre Kleider einzuräumen, und erblickt das
Schmuckkästchen.

Wie kommt das schöne Kästchen hier herein?
Ich schloß doch ganz gewiß den Schrein.
Es ist doch wunderbar! Was mag wohl drinne sein?
Vielleicht brachts jemand als ein Pfand,
Und meine Mutter lieh darauf.
Da hängt ein Schlüsselchen am Band:
Ich denke wohl, ich mach es auf!
Was ist das? Gott im Himmel! Schau,
So was hab ich mein Tage nicht gesehn!
Ein Schmuck! Mit dem könnt eine Edelfrau
Am höchsten Feiertage gehn.
Wie sollte mir die Kette stehn?
Wem mag die Herrlichkeit gehören?

Sie putzt sich damit auf und tritt vor den Spiegel.

Wenn nur die Ohrring meine wären!
Man sieht doch gleich ganz anders drein.
Was hilft Euch Schönheit, junges Blut?
Das ist wohl alles schön und gut,
Allein man läßts auch alles sein;
Man lobt Euch halb mit Erbarmen.
Nach Golde drängt,
Am Golde hängt
Doch alles! Ach, wir Armen!

Spaziergang

Faust in Gedanken auf und ab gehend. Zu ihm Mephistopheles

MEPHISTOPHELES.
  Bei aller verschmähten Liebe! Beim höllischen Elemente!
  Ich wollt, ich wüßte was Ärgers, daß ichs fluchen könnte!
FAUST. Was hast? was kneipt dich denn so sehr?
  So kein Gesicht sah ich in meinem Leben!
MEPH. Ich möcht mich gleich dem Teufel übergeben,
  Wenn ich nur selbst kein Teufel wär!
FAUST. Hat sich dir was im Kopf verschoben?
  Dich kleidets, wie ein Rasender zu toben!
MEPH. Denkt nur: den Schmuck, für Gretchen angeschafft,
  Den hat ein Pfaff hinweggerafft! –
  Die Mutter kriegt das Ding zu schauen,
  Gleich fängts ihr heimlich an zu grauen:
  Die Frau hat gar einen feinen Geruch,
  Schnuffelt immer im Gebetbuch
  Und riechts einem jeden Möbel an,
  Ob das Ding heilig ist oder profan.
  Und an dem Schmuck da spürt sies klar,
  Daß dabei nicht viel Segen war.
  »Mein Kind«, rief sie, »ungerechtes Gut
  Befängt die Seele, zehrt auf das Blut.
  Wollens der Mutter Gottes weihen,
  Wird uns mit Himmels-Manna erfreuen!«
  Margretlein zog ein schiefes Maul;
  Ist halt, dacht sie, ein geschenkter Gaul,
  Und wahrlich! gottlos ist nicht der,
  Der ihn so fein gebracht hierher.
  Die Mutter ließ einen Pfaffen kommen;
  Der hatte kaum den Spaß vernommen,
  Ließ sich den Anblick wohl behagen.
  Er sprach: »So ist man recht gesinnt!
  Wer überwindet, der gewinnt.
  Die Kirche hat einen guten Magen,

Hat ganze Länder aufgefressen
Und doch noch nie sich übergessen;
Die Kirch allein, meine lieben Frauen,
Kann ungerechtes Gut verdauen.«
FAUST. Das ist ein allgemeiner Brauch;
Ein Jud und König kann es auch.
MEPHISTOPHELES. Strich drauf ein Spange, Kett und Ring,
Als wärens eben Pfifferling,
Dankt nicht weniger und nicht mehr,
Als obs ein Korb voll Nüsse wär,
Versprach ihnen allen himmlischen Lohn –
Und sie waren sehr erbaut davon.
FAUST. Und Gretchen?
MEPHISTOPHELES. Sitzt nun unruhvoll,
Weiß weder, was sie will noch soll,
Denkt ans Geschmeide Tag und Nacht,
Noch mehr an den, ders ihr gebracht.
FAUST. Des Liebchens Kummer tut mir leid.
Schaff du ihr gleich ein neu Geschmeid!
Am ersten war ja so nicht viel.
MEPHISTOPHELES. O ja, dem Herrn ist alles Kinderspiel!
FAUST. Und mach und richts nach meinen Sinn!
Häng dich an ihre Nachbarin!
Sei, Teufel, doch nur nicht wie Brei
Und schaff einen neuen Schmuck herbei!
MEPHISTOPHELES. Ja, gnädger Herr, von Herzen gerne!
Faust ab.
MEPHISTOPHELES. So ein verliebter Tor verpufft
Euch Sonne, Mond und alle Sterne
Zum Zeitvertreib dem Liebchen in die Luft. *Ab.*

Der Nachbarin Haus

MARTHE *allein*. Gott verzeihs meinem lieben Mann,
Er hat an mir nicht wohlgetan!
Geht da stracks in die Welt hinein
Und läßt mich auf dem Stroh allein.
Tät ihn doch wahrlich nicht betrüben,
Tät ihn, weiß Gott! recht herzlich lieben. *Sie weint.*
Vielleicht ist er gar tot! – O Pein! – –
Hätt ich nur einen Totenschein!

Margarete kommt
MARGARETE. Frau Marthe!
MARTHE. Gretelchen, was solls?
MARGARETE. Fast sinken mir die Kniee nieder!
Da find ich so ein Kästchen wieder
In meinem Schrein, von Ebenholz,
Und Sachen, herrlich ganz und gar,
Weit reicher, als das erste war!
MARTHE. Das muß Sie nicht der Mutter sagen!
Täts wieder gleich zur Beichte tragen.
MARGARETE. Ach, seh Sie nur! ach, schau Sie nur!
MARTHE *putzt sie auf.* O du glückselge Kreatur!
MARGARETE. Darf mich leider nicht auf der Gassen
Noch in der Kirche mit sehen lassen.
MARTHE. Komm du nur oft zu mir herüber
Und leg den Schmuck hier heimlich an!
Spazier ein Stündchen lang dem Spiegelglas vorüber:
Wir haben unsre Freude dran!
Und dann gibts einen Anlaß, gibts ein Fest,
Wo mans so nach und nach den Leuten sehen läßt:
Ein Kettchen erst, die Perle dann ins Ohr –
Die Mutter siehts wohl nicht, man macht ihr auch was vor.
MARGARETE. Wer konnte nur die beiden Kästchen bringen?
Es geht nicht zu mit rechten Dingen! *Es klopft.*
MARGARETE. Ach Gott! mag das meine Mutter sein?
MARTHE *durchs Vorhängel guckend.*
Es ist ein fremder Herr! – Herein!

Mephistopheles tritt auf
MEPHISTOPHELES. Bin so frei, grad hereinzutreten,
  Muß bei den Frauen Verzeihn erbeten.
  Tritt ehrerbietig vor Margareten zurück.
  Wollte nach Frau Marthe Schwerdtlein fragen!
MARTHE. Ich bins! Was hat der Herr zu sagen?
MEPHISTOPHELES *leise zu ihr.*
  Ich kenne Sie jetzt, mir ist das genug;
  Sie hat da gar vornehmen Besuch.
  Verzeiht die Freiheit, die ich genommen!
  Will Nachmittage wiederkommen.
MARTHE *laut.* Denk, Kind, um alles in der Welt!
  Der Herr dich für ein Fräulein hält.
MARGARETE. Ich bin ein armes junges Blut;
  Ach Gott! der Herr ist gar zu gut:
  Schmuck und Geschmeide sind nicht mein.
MEPHISTOPHELES. Ach, es ist nicht der Schmuck allein!
  Sie hat ein Wesen, einen Blick so scharf! –
  Wie freut michs, daß ich bleiben darf!
MARTHE. Was bringt Er denn? Verlange sehr –
MEPHISTOPHELES. Ich wollt, ich hätt ein frohere Mär!
  Ich hoffe, Sie läßt michs drum nicht büßen:
  Ihr Mann ist tot und läßt Sie grüßen.
MARTHE. Ist tot? das treue Herz! O weh!
  Mein Mann ist tot! Ach, ich vergeh!
MARGARETE. Ach, liebe Frau, verzweifelt nicht!
MEPHISTOPHELES. So hört die traurige Geschicht!
MARGARETE. Ich möchte drum mein Tag nicht lieben;
  Würde mich Verlust zu Tode betrüben.
MEPHISTOPHELES. Freud muß Leid, Leid muß Freude haben.
MARTHE. Erzählt mir seines Lebens Schluß!
MEPHISTOPHELES. Er liegt in Padua begraben
  Beim heiligen Antonius,
  An einer wohlgeweihten Stätte
  Zum ewig-kühlen Ruhebette.
MARTHE. Habt Ihr sonst nichts an mich zu bringen?
MEPHISTOPHELES. Ja, eine Bitte, groß und schwer:

Laß Sie doch ja für ihn dreihundert Messen singen!
Im übrigen sind meine Taschen leer.
MARTHE. Was! Nicht eine Schaustück? kein Geschmeid?
Was jeder Handwerksbursch im Grund des Säckels spart,
Zum Angedenken aufbewahrt,
Und lieber hungert, lieber bettelt!
MEPHISTOPHELES. Madam, es tut mir herzlich leid;
Allein er hat sein Geld wahrhaftig nicht verzettelt.
Auch er bereute seine Fehler sehr,
Ja, und bejammerte sein Unglück noch viel mehr.
MARGARETE. Ach, daß die Menschen so unglücklich sind!
Gewiß, ich will für ihn manch Requiem noch beten.
MEPHISTOPHELES. Ihr wäret wert, gleich in die Eh zu treten:
Ihr seid ein liebenswürdig Kind.
MARGARETE. Ach nein, das geht jetzt noch nicht an.
MEPHISTOPHELES. Ists nicht ein Mann, seis derweil ein Galan!
's ist eine der größten Himmelsgaben,
So ein lieb Ding im Arm zu haben.
MARGARETE. Das ist des Landes nicht der Brauch.
MEPHISTOPHELES. Brauch oder nicht! Es gibt sich auch.
MARTHE. Erzählt mir doch!
MEPHISTOPHELES. Ich stand an seinem Sterbebette,
Es war was besser als von Mist:
Von halbgefaultem Stroh! allein er starb als Christ
Und fand, daß er weit mehr noch auf der Zeche hätte.
»Wie«, rief er, »muß ich mich von Grund aus hassen:
So mein Gewerb, mein Weib so zu verlassen!
Ach, die Erinnrung tötet mich!
Vergäb sie mir nur noch in diesem Leben – «
MARTHE weinend.
Der gute Mann! ich hab ihm längst vergeben.
MEPH. »Allein, weiß Gott! sie war mehr schuld als ich.«
MARTHE. Das lügt er! Was! am Rand des Grabs zu lügen!
MEPHISTOPHELES. Er fabelte gewiß in letzten Zügen,
Wenn ich nur halb ein Kenner bin.
»Ich hatte«, sprach er, »nicht zum Zeitvertreib zu gaffen,
Erst Kinder, und dann Brot für sie zu schaffen,

Und Brot im allerweitsten Sinn,
Und konnte nicht einmal mein Teil in Frieden essen.«
MARTHE. Hat er so aller Treu, so aller Lieb vergessen,
Der Plackerei bei Tag und Nacht!
MEPHISTOPHELES.
Nicht doch! er hat Euch herzlich dran gedacht.
Er sprach: »Als ich nun weg von Malta ging,
Da betet ich für Frau und Kinder brünstig;
Uns war denn auch der Himmel günstig,
Daß unser Schiff ein türkisch Fahrzeug fing,
Das einen Schatz des großen Sultans führte.
Da ward der Tapferkeit ihr Lohn,
Und ich empfing denn auch, wie sich gebührte,
Mein wohlgemeßnes Teil davon.«
MARTHE. Ei wie? ei wo? Hat ers vielleicht vergraben?
MEPHISTOPHELES.
Wer weiß, wo nun es die vier Winde haben!
Ein schönes Fräulein nahm sich seiner an,
Als er in Napel fremd umherspazierte:
Sie hat an ihm viel Liebs und Treus getan,
Daß ers bis an sein selig Ende spürte.
MARTHE. Der Schelm! der Dieb an seinen Kindern!
Auch alles Elend, alle Not
Konnt nicht sein schändlich Leben hindern!
MEPHISTOPHELES. Ja seht, dafür ist er nun tot!
War ich nun jetzt an Eurem Platze,
Betraurt ich ihn ein züchtig Jahr,
Visierte dann unterweil nach einem neuen Schatze.
MARTHE. Ach Gott! wie doch mein erster war,
Find ich nicht leicht auf dieser Welt den andern!
Es konnte kaum ein herziger Närrchen sein.
Er liebte nur das allzuviele Wandern,
Und fremde Weiber, und fremden Wein,
Und das verfluchte Würfelspiel!
MEPHISTOPHELES. Nun, nun, so konnt es gehn und stehen,
Wenn er Euch ungefähr so viel
Von seiner Seite nachgesehen.

Ich schwör Euch zu: mit dem Beding
Wechselt ich selbst mit Euch den Ring!

MARTHE. O es beliebt dem Herrn zu scherzen!

MEPHISTOPHELES *für sich.* Nun mach ich mich beizeiten fort!
Die hielte wohl den Teufel selbst beim Wort. *Zu Gretchen.*
Wie steht es denn mit Ihrem Herzen?

MARGARETE. Was meint der Herr damit?

MEPHISTOPHELES *für sich.* Du guts, unschuldigs Kind! *Laut.*
Lebt wohl, ihr Fraun!

MARGARETE. Lebt Wohl!

MARTHE. O sagt mir doch geschwind –
Ich möchte gern ein Zeugnis haben,
Wo, wie und wann mein Schatz gestorben und begraben!
Ich bin von je der Ordnung Freund gewesen,
Möcht ihn auch tot im Wochenblättchen lesen.

MEPHISTOPHELES. Ja, gute Frau, durch zweier Zeugen Mund
Wird allerwegs die Wahrheit kund.
Habe noch gar einen feinen Gesellen,
Den will ich Euch vor den Richter stellen.
Ich bring ihn her.

MARTHE. O tut das ja!

MEPHISTOPHELES. Und hier die Jungfrau ist auch da? –
Ein braver Knab! ist viel gereist,
Fräuleins alle Höflichkeit erweist.

MARGARETE. Müßte vor dem Herren schamrot werden.

MEPHISTOPHELES. Vor keinem Könige der Erden!

MARTHE. Da hinterm Haus in meinem Garten
Wollen wir der Herrn heut abend warten.

Strasse

Faust · Mephistopheles

FAUST. Wie ists? Wills fördern? wills bald gehn?
MEPHISTOPHELES. Ah bravo! Find ich Euch in Feuer?
    In kurzer Zeit ist Gretchen Euer!
    Heut abend sollt Ihr sie bei Nachbar' Marthen sehn:
    Das ist ein Weib wie auserlesen
    Zum Kuppler- und Zigeunerwesen!
FAUST. So recht!
MEPHISTOPHELES. Doch wird auch was von uns begehrt.
FAUST. Ein Dienst ist wohl des andern wert.
MEPHISTOPHELES. Wir legen nur ein gültig Zeugnis nieder,
    Daß ihres Ehherrn ausgereckte Glieder
    In Padua an heiiger Stätte ruhn.
FAUST. Sehr klug! Wir werden erst die Reise machen müssen!
MEPHISTOPHELES.
    Sancta simplicitas! Darum ists nicht zu tun;
    Bezeugt nur, ohne viel zu wissen!
FAUST. Wenn Er nichts Bessers hat, so ist der Plan zerrissen.
MEPHISTOPHELES. O heilger Mann! da wärt Ihrs nun!
    Ist es das erstemal in Eurem Leben,
    Daß Ihr falsch Zeugnis ablegt?
    Habt Ihr von Gott, der Welt, und was sich drin bewegt,
    Vom Menschen, was sich ihm in Kopf und Herzen regt,
    Definitionen nicht mit großer Kraft gegeben,
    Mit frecher Stirne, kühner Brust?
    Und wollt Ihr recht ins Innre gehen,
    Habt Ihr davon – Ihr müßt es grad gestehen! –
    So viel als von Herrn Schwerdtleins Tod gewußt?
FAUST. Du bist und bleibst ein Lügner, ein Sophiste.
MEPHISTOPHELES.
    Ja, wenn mans nicht ein bißchen tiefer wüßte!
    Denn morgen wirst, in allen Ehren,
    Das arme Gretchen nicht betören
    Und alle Seelenlieb ihr schwören?

FAUST. Und zwar von Herzen!
MEPHISTOPHELES. Gut und schön!
  Dann wird von ewiger Treu und Liebe,
  Von einzig-überallmächtgem Triebe –
  Wird das auch so von Herzen gehn?
FAUST. Laß das! Es wird! – Wenn ich empfinde,
  Für das Gefühl, für das Gewühl
  Nach Namen suche, keinen finde,
  Dann durch die Welt mit allen Sinnen schweife,
  Nach allen höchsten Worten greife
  Und diese Glut, von der ich brenne,
  Unendlich, ewig, ewig nenne,
  Ist das ein teuflisch Lügenspiel?
MEPHISTOPHELES. Ich hab doch recht!
FAUST. Hör! merk dir dies
  – Ich bitte dich – und schone meine Lunge:
  Wer recht behalten will und hat nur eine Zunge,
  Behälts gewiß.
  Und komm, ich hab des Schwätzens Überdruß,
  Denn du hast recht, vorzüglich weil ich muß!

Garten

*Margarete an Faustens Arm, Marthe mit Mephistopheles
auf und ab spazierend*

MARGARETE. Ich fühl es wohl, daß mich der Herr nur
schont,
  Herab sich läßt, mich zu beschämen.
  Ein Reisender ist so gewohnt,
  Aus Gütigkeit fürliebzunehmen;
  Ich weiß zu gut, daß solch erfahrnen Mann
  Mein arm Gespräch nicht unterhalten kann.
FAUST. Ein Blick von dir, Ein Wort mehr unterhält
  Als alle Weisheit dieser Welt. *Er küßt ihre Hand.*
MARGARETE.
  Inkommodiert Euch nicht! Wie könnt Ihr sie nur küssen?
  Sie ist so garstig, ist so rauh!
  Was hab ich nicht schon alles schaffen müssen!
  Die Mutter ist gar zu genau. *Gehn vorüber.*
MARTHE. Und Ihr, mein Herr, Ihr reist so immer fort?
MEPH. Ach, daß Gewerb und Pflicht uns dazu treiben!
  Mit wie viel Schmerz verläßt man manchen Ort
  Und darf doch nun einmal nicht bleiben!
MARTHE. In raschen Jahren gehts wohl an,
  So um und um frei durch die Welt zu streifen;
  Doch kömmt die böse Zeit heran,
  Und sich als Hagestolz allein zum Grab zu schleifen,
  Das hat noch keinem wohlgetan.
MEPHISTOPHELES. Mit Grausen seh ich das von weiten.
MARTHE. Drum, werter Herr, beratet Euch in Zeiten!
Gehn vorüber.
MARGARETE. Ja, aus den Augen, aus dem Sinn!
  Die Höflichkeit ist Euch geläufig;
  Allein Ihr habt der Freunde häufig,
  Sie sind verständiger, als ich bin.
FAUST. O Beste! glaube, was man so verständig nennt,
  Ist oft mehr Eitelkeit und Kurzsinn.

MARGARETE. Wie?

FAUST. Ach, daß die Einfalt, daß die Unschuld nie
Sich selbst und ihren heiigen Wert erkennt!
Daß Demut, Niedrigkeit, die höchsten Gaben
Der liebevoll austeilenden Natur –

MARGARETE. Denkt Ihr an mich ein Augenblickchen nur,
Ich werde Zeit genug an Euch zu denken haben.

FAUST. Ihr seid wohl viel allein?

MARGARETE. Ja, unsre Wirtschaft ist nur klein,
Und doch will sie versehen sein.
Wir haben keine Magd; muß kochen, fegen, stricken
Und nähn und laufen früh und spat,
Und meine Mutter ist in allen Stücken
So akkurat!
Nicht, daß sie just so sehr sich einzuschränken hat;
Wir könnten uns weit ehr als andre regen:
Mein Vater hinterließ ein hübsch Vermögen,
Ein Häuschen und ein Gärtchen vor der Stadt.
Doch hab ich jetzt so ziemlich stille Tage:
Mein Bruder ist Soldat,
Mein Schwesterchen ist tot.
Ich hatte mit dem Kind wohl meine liebe Not;
Doch übernähm ich gern noch einmal alle Plage,
So lieb war mir das Kind.

FAUST. Ein Engel, wenn dirs glich!

MARGARETE. Ich zog es auf, und herzlich liebt es mich.
Es war nach meines Vaters Tod geboren.
Die Mutter gaben wir verloren,
So elend wie sie damals lag,
Und sie erholte sich sehr langsam, nach und nach.
Da konnte sie nun nicht dran denken,
Das arme Würmchen selbst zu tränken,
Und so erzog ichs ganz allein,
Mit Milch und Wasser: so wards mein!
Auf meinem Arm, in meinem Schoß
Wars freundlich, zappelte, ward groß.

FAUST. Du hast gewiß das reinste Glück empfunden.

MARGARETE. Doch auch gewiß gar manche schwere Stunden.
Des Kleinen Wiege stand zu Nacht
An meinem Bett: es durfte kaum sich regen,
War ich erwacht!
Bald mußt ichs tränken, bald es zu mir legen,
Bald, wenns nicht schwieg, vom Bett aufstehn
Und tänzelnd in der Kammer auf und nieder gehn,
Und früh am Tage schon am Waschtrog stehn,
Dann auf dem Markt und an dem Herde sorgen,
Und immer fort wie heut so morgen.
Da gehts, mein Herr, nicht immer mutig zu;
Doch schmeckt dafür das Essen, schmeckt die Ruh.
Gehn vorüber.
MARTHE. Die armen Weiber sind doch übel dran:
Ein Hagestolz ist schwerlich zu bekehren.
MEPHISTOPHELES. Es käme nur auf Euresgleichen an,
Mich eines Bessern zu belehren.
MARTHE. Sagt grad, mein Herr: habt Ihr noch nichts gefunden?
Hat sich das Herz nicht irgendwo gebunden?
MEPHISTOPHELES. Das Sprichwort sagt: Ein eigner Herd,
Ein braves Weib sind Gold und Perlen wert.
MARTHE. Ich meine: ob Ihr niemals Lust bekommen?
MEPH. Man hat mich überall recht höflich aufgenommen.
MARTHE. Ich wollte sagen: wards nie Ernst in Eurem Herzen?
MEPH. Mit Frauen soll man sich nie unterstehn zu scherzen.
MARTHE. Ach, Ihr versteht mich nicht!
MEPHISTOPHELES. Das tut mir herzlich leid!
Doch ich versteh – daß Ihr sehr gütig seid. *Gehn vorüber.*
FAUST. Du kanntest mich, o kleiner Engel, wieder,
Gleich als ich in den Garten kam?
MARGARETE. Saht Ihr es nicht? ich schlug die Augen nieder.
FAUST. Und du verzeihst die Freiheit, die ich nahm?
Was sich die Frechheit unterfangen,
Als du jüngst aus dem Dom gegangen?
MARGARETE. Ich war bestürzt, mir war das nie geschehn;
Es konnte niemand von mir Übels sagen.
Ach, dacht ich, hat er in deinem Betragen

Was Freches, Unanständiges gesehn?
Es schien ihn gleich nur anzuwandeln,
Mit dieser Dirne gradehin zu handeln.
Gesteh ichs doch: ich wußte nicht, was sich
Zu Eurem Vorteil hier zu regen gleich begonnte;
Allein gewiß, ich war recht bös auf mich,
Daß ich auf Euch nicht böser werden konnte;
FAUST. Süß Liebchen!
MARGARETE. Laßt einmal!
Sie pflückt eine Sternblume und zupft die Blätter ab, eins nach dem andern.
FAUST. Was soll das? Einen Strauß?
MARGARETE. Nein, es soll nur ein Spiel.
FAUST. Wie?
MARGARETE. Geht! Ihr lacht mich aus.
Sie rupft und murmelt.
FAUST. Was murmelst du?
MARGARETE *halblaut*. Er liebt mich – liebt mich nicht –
FAUST. Du holdes Himmelsangesicht!
MARGARETE *fährt fort*.
   Liebt mich – nicht – liebt mich – nicht –
Das letzte Blatt ausrupfend, mit holder Freude.
   Er liebt mich!
FAUST. Ja, mein Kind! Laß dieses Blumenwort
   Dir Götterausspruch sein! Er liebt dich!
   Verstehst du, was das heißt? Er liebt dich!
Er faßt ihre beiden Hände.
MARGARETE. Mich überläufts!
FAUST. O schaudre nicht! Laß diesen Blick!
   Laß diesen Händedruck dir sagen,
   Was unaussprechlich ist:
   Sich hinzugeben ganz und eine Wonne
   Zu fühlen, die ewig sein muß!
   Ewig! – Ihr Ende würde Verzweiflung sein.
   Nein, kein Ende! kein Ende!
Margarete drückt ihm die Hände, macht sich los und läuft weg. Er steht einen Augenblick in Gedanken, dann folgt er ihr.

MARTHE *kommend*. Die Nacht bricht an.

MEPHISTOPHELES. Ja, und wir wollen fort.

MARTHE. Ich bät Euch, länger hierzubleiben;
Allein es ist ein gar zu böser Ort:
Es ist, als hätte niemand nichts zu treiben
Und nichts zu schaffen,
Als auf des Nachbarn Schritt und Tritt zu gaffen,
Und man kommt ins Gered, wie man sich immer stellt. –
Und unser Pärchen?

MEPHISTOPHELES.   Ist den Gang dort aufgeflogen.
Mutwillge Sommervögel!

MARTHE. Er scheint ihr gewogen.

MEPHISTOPHELES. Und sie ihm auch. Das ist der Lauf der
Welt.

109

Ein Gartenhäuschen

Margarete springt herein, steckt sich hinter die Tür, hält die Fingerspitze an die Lippen und guckt durch die Ritze

MARGARETE. Er kommt!
FAUST *kommt.* Ach Schelm, so neckst du mich!
   Treff ich dich! *Er küßt sie.*
MAGARETE *ihn fassend und den Kuß zurückgebend.*
   Bester Mann! von Herzen lieb ich dich!

Mephistopheles klopft an

FAUST *stampfend.* Wer da?
MEPHISTOPHELES. Gut Freund!
FAUST. Ein Tier!
MEPHISTOPHELES. Es ist wohl Zeit zu scheiden.
MARTHE *kommt.* Ja, es ist spät, mein Herr.
FAUST. Darf ich Euch nicht geleiten?
MARGARETE. Die Mutter würde mich –! Lebt wohl!
FAUST. Muß ich denn gehn?
   Lebt wohl!
MARTHE. Ade!
MARGARETE. Auf baldig Wiedersehn!

Faust und Mephistopheles ab.

MARGARETE. Du lieber Gott! was so ein Mann
   Nicht alles, alles denken kann!
   Beschämt nur steh ich vor ihm da
   Und sag zu allen Sachen Ja.
   Bin doch ein arm, unwissend Kind,
   Begreife nicht, was er an mir findt. *Ab.*

Wald und Höhle

FAUST *allein.*

Erhabner Geist, du gabst mir, gabst mir alles,
Warum ich bat. Du hast mir nicht umsonst
Dein Angesicht im Feuer zugewendet.
Gabst mir die herrliche Natur zum Königreich,
Kraft, sie zu fühlen, zu genießen. Nicht
Kalt staunenden Besuch erlaubst du nur,
Vergönnest mir, in ihre tiefe Brust
Wie in den Busen eines Freunds zu schauen.
Du führst die Reihe der Lebendigen
Vor mir vorbei und lehrst mich meine Brüder
Im stillen Busch, in Luft und Wasser kennen.
Und wenn der Sturm im Walde braust und knarrt,
Die Riesenfichte, stürzend, Nachbaräste
Und Nachbarbäume quetschend niederstreift
Und ihrem Fall dumpf-hohl der Hügel donnert,
Dann führst du mich zur sichern Höhle, zeigst
Mich dann mir selbst, und meiner eignen Brust
Geheime, tiefe Wunder öffnen sich.
Und steigt vor meinem Blick der reine Mond
Besänftigend herüber, schweben mir
Von Felswänden, aus dem feuchten Busch
Der Vorwelt silberne Gestalten auf
Und lindern der Betrachtung strenge Lust.
O daß dem Menschen nichts Vollkommnes wird
Empfind ich nun! Du gabst zu dieser Wonne,
Die mich den Göttern nah und näher bringt,
Mir den Gefährten, den ich schon nicht mehr
Entbehren kann, wenn er gleich, kalt und frech,
Mich vor mir selbst erniedrigt und zu Nichts,
Mit einem Worthauch, deine Gaben wandelt.
Er facht in meiner Brust ein wildes Feuer
Nach jenem schönen Bild geschäftig an.
So tauml ich von Begierde zu Genuß,
Und im Genuß verschmacht ich nach Begierde.

Mephistopheles tritt auf

MEPHISTOPHELES. Habt Ihr nun bald das Leben gnug geführt?
Wie kanns Euch in die Länge freuen?
Es ist wohl gut, daß mans einmal probiert;
Dann aber wieder zu was Neuen!
FAUST. Ich wollt, du hättest mehr zu tun,
Als mich am guten Tag zu plagen.
MEPHISTOPHELES. Nun, nun! ich laß dich gerne ruhn,
Du darfst mirs nicht im Ernste sagen.
An dir Gesellen, unhold, barsch und toll,
Ist wahrlich wenig zu verlieren.
Den ganzen Tag hat man die Hände voll!
Was ihm gefällt und was man lassen soll,
Kann man dem Herrn nie an der Nase spüren.
FAUST. Das ist so just der rechte Ton!
Er will noch Dank, daß er mich ennuyiert!
MEPHISTOPHELES. Wie hättst du, armer Erdensohn,
Dein Leben ohne mich geführt?
Vom Kribskrabs der Imagination
Hab ich dich doch auf Zeiten lang kuriert,
Und wär ich nicht, so wärst du schon
Von diesem Erdball abspaziert.
Was hast du da in Höhlen, Felsenritzen
Dich wie ein Schuhu zu versitzen?
Was schlurfst aus dumpfem Moos und triefendem Gestein
Wie eine Kröte Nahrung ein?
Ein schöner, süßer Zeitvertreib!
Dir steckt der Doktor noch im Leib!
FAUST. Verstehst du, was für neue Lebenskraft
Mir dieser Wandel in der Öde schafft?
Ja, würdest du es ahnen können,
Du wärest Teufel gnug, mein Glück mir nicht zu gönnen!
MEPHISTOPHELES. Ein überirdisches Vergnügen!
In Nacht und Tau auf den Gebirgen liegen
Und Erd und Himmel wonniglich umfassen,
Zu einer Gottheit sich aufschwellen lassen,

Der Erde Mark mit Ahnungsdrang durchwühlen,
Alle sechs Tagewerk im Busen fühlen,
In stolzer Kraft ich weiß nicht was genießen,
Bald liebewonniglich in alles überfließen,
Verschwunden ganz der Erdensohn,
Und dann die hohe Intuition – *Mit einer Gebärde* –
– Ich darf nicht sagen, wie – zu schließen!
FAUST. Pfui über dich!
MEPHISTOPHELES. Das will Euch nicht behagen;
Ihr habt das Recht, gesittet Pfui zu sagen.
Man darf das nicht vor keuschen Ohren nennen,
Was keusche Herzen nicht entbehren können.
Und kurz und gut: Ich gönn Ihm das Vergnügen,
Gelegentlich sich etwas vorzulügen;
Doch lange hält Er das nicht aus.
Du bist schon wieder abgetrieben
Und, währt es länger, aufgerieben
In Tollheit oder Angst und Graus.
Genug damit! – Dein Liebchen sitzt dadrinne,
Und alles wird ihr eng und trüb.
Du kommst ihr gar nicht aus dem Sinne,
Sie hat dich übermächtig lieb.
Erst kam deine Liebeswut übergeflossen,
Wie vom geschmolznen Schnee ein Bächlein übersteigt;
Du hast sie ihr ins Herz gegossen,
Nun ist dein Bächlein wieder seicht.
Mich dünkt: anstatt in Wäldern zu thronen,
Ließ es dem großen Herren gut,
Das arme, affenjunge Blut
Für seine Liebe zu belohnen!
Die Zeit wird ihr erbärmlich lang;
Sie steht am Fenster, sieht die Wolken ziehn
Über die alte Stadtmauer hin.
»Wenn ich ein Vöglein wär!« So geht ihr Gesang
Tage lang, halbe Nächte lang.
Einmal ist sie munter, meist betrübt,
Einmal recht ausgeweint,

Dann wieder ruhig, wies scheint –
Und immer verliebt!

FAUST. Schlange! Schlange!

MEPHISTOPHELES *für sich.* Gelt, daß ich dich fange!

FAUST. Verruchter! hebe dich von hinnen
Und nenne nicht das schönste Weib!
Bring die Begier zu ihrem süßen Leib
Nicht wieder vor die halb verrückten Sinnen!

MEPH. Was soll es denn? Sie meint, du seist entflohn,
Und halb und halb bist du es schon.

FAUST. Ich bin ihr nah, und wär ich noch so fern,
Ich kann sie nie vergessen, nie verlieren;
Ja, ich beneide schon den Leib des Herrn,
Wenn ihre Lippen ihn indes berühren!

MEPH. Gar wohl, mein Freund! Ich hab Euch oft beneidet
Ums Zwillingspaar, das unter Rosen weidet.

FAUST. Entfliehe, Kuppler!

MEPHISTOPHELES. Schön! Ihr schimpft, und ich muß lachen.
Der Gott, der Bub und Mädchen schuf,
Erkannte gleich den edelsten Beruf,
Auch selbst Gelegenheit zu machen.
Nun fort, es ist ein großer Jammer!
Ihr sollt in Eures Liebchens Kammer,
Nicht etwa in den Tod!

FAUST. Was ist die Himmelsfreud in ihren Armen?
Laß mich an ihrer Brust erwarmen:
Fühl ich nicht immer ihre Not?
Bin ich der Flüchtling nicht? der Unbehauste?
Der Unmensch ohne Zweck und Ruh,
Der wie ein Wassersturz von Fels- zu Felsen brauste,
Begierig wütend, nach dem Abgrund zu?
Und seitwärts sie, mit kindlich-dumpfen Sinnen,
Im Hüttchen auf dem kleinen Alpenfeld,
Und all ihr häusliches Beginnen
Umfangen in der kleinen Welt!
Und ich, der Gottverhaßte,
Hatte nicht genug,

Daß ich die Felsen faßte
Und sie zu Trümmern schlug:
Sie, ihren Frieden mußt ich untergraben!
Du, Hölle, mußtest dieses Opfer haben!
Hilf, Teufel, mir die Zeit der Angst verkürzen!
Was muß geschehn, mags gleich geschehn!
Mag ihr Geschick auf mich zusammenstürzen
Und sie mit mir zugrunde gehn!
MEPHISTOPHELES. Wies wieder siedet, wieder glüht!
Geh ein und tröste sie, du Tor!
Wo so ein Köpfchen keinen Ausgang sieht,
Stellt er sich gleich das Ende vor.
Es lebe, wer sich tapfer hält!
Du bist doch sonst so ziemlich eingeteufelt.
Nichts Abgeschmacktere find ich auf der Welt
Als einen Teufel, der verzweifelt.

Gretchens Stube

GRETCHEN *am Spinnrade, allein*

Meine Ruh ist hin,
Mein Herz ist schwer;
Ich finde sie nimmer
Und nimmermehr.
Wo ich ihn nicht hab,
Ist mir das Grab,
Die ganze Welt
Ist mir vergällt.
Mein armer Kopf
Ist mir verrückt,
Meiner armer Sinn
Ist mir zerstückt.
Meine Ruh ist hin,
Mein Herz ist schwer;
Ich finde sie nimmer
Und nimmermehr.
Nach ihm nur schau ich
Zum Fenster hinaus,
Nach ihm nur geh ich
Aus dem Haus.

Sein hoher Gang,
Sein edle Gestalt,
Seines Mundes Lächeln,
Seiner Augen Gewalt,
Und seiner Rede
Zauberfluß,
Sein Händedruck,
Und ach, sein Kuß!
Mein Ruh ist hin,
Mein Herz ist schwer;
Ich finde sie nimmer
Und nimmermehr.
Mein Busen drängt
Sich nach ihm hin:
Ach, dürft ich fassen
Und halten ihn
Und küssen ihn,
So wie ich wollt,
An seinen Küssen
Vergehen sollt!

Marthens Garten

Margarete · Faust

MARGARETE. Versprich mir, Heinrich!
FAUST. Was ich kann!
MARGARETE. Nun sag: wie hast dus mit der Religion?
   Du bist ein herzlich guter Mann,
   Allein ich glaub, du hältst nicht viel davon.
FAUST. Laß das, mein Kind! Du fühlst, ich bin dir gut;
   Für meine Lieben ließ ich Leib und Blut,
   Will niemand sein Gefühl und seine Kirche rauben.
MARGARETE. Das ist nicht recht, man muß dran glauben!
FAUST. Muß man?
MARGARETE. Ach, wenn ich etwas auf dich könnte!
   Du ehrst auch nicht die heiligen Sakramente.
FAUST. Ich ehre sie.
MARGARETE. Doch ohne Verlangen!
   Zur Messe, zur Beichte bist du lange nicht gegangen.
   Glaubst du an Gott?
FAUST. Mein Liebchen, wer darf sagen:
   Ich glaub an Gott!
   Magst Priester oder Weise fragen,
   Und ihre Antwort scheint nur Spott
   Über den Frager zu sein.
MARGARETE. So glaubst du nicht?
FAUST. Mißhör mich nicht, du holdes Angesicht!
   Wer darf ihn nennen
   Und wer bekennen:
   Ich glaub Ihn!
   Wer empfinden
   Und sich unterwinden
   Zu sagen: ich glaub Ihn nicht!
   Der Allumfasser,
   Der Allerhalter,
   Faßt und erhält Er nicht
   Dich, mich, sich selbst?

Wölbt sich der Himmel nicht dadroben?
Liegt die Erde nicht hierunten fest?
Und steigen freundlich blickend
Ewige Sterne nicht herauf?
Schau ich nicht Aug in Aug dir,
Und drängt nicht alles
Nach Haupt und Herzen dir
Und webt in ewigem Geheimnis
Unsichtbar-sichtbar neben dir?
Erfüll davon dein Herz, so groß es ist,
Und wenn du ganz in dem Gefühle selig bist,
Nenn es dann, wie du willst;
Nenns Glück! Herz! Liebe! Gott!
Ich habe keinen Namen
Dafür! Gefühl ist alles;
Name ist Schall und Rauch,
Umnebelnd Himmelsglut.

MARGARETE. Das ist alles recht schön und gut;
Ungefähr sagt das der Pfarrer auch,
Nur mit ein bißchen andern Worten.

FAUST. Es sagens allerorten
Alle Herzen unter dem himmlischen Tage,
Jedes in seiner Sprache:
Warum nicht ich in der meinen?

MARGARETE. Wenn mans so hört, möchts leidlich scheinen,
Steht aber doch immer schief darum;
Denn du hast kein Christentum.

FAUST. Liebes Kind!

MARGARETE. Es tut mir lang schon weh,
Daß ich dich in der Gesellschaft seh!

FAUST. Wieso?

MARGARETE. Der Mensch, den du da bei dir hast,
Ist mir in tiefer, innrer Seele verhaßt!
Es hat mir in meinem Leben
So nichts einen Stich ins Herz gegeben
Als des Menschen widrig Gesicht.

FAUST. Liebe Puppe, fürcht ihn nicht!;

MARGARETE. Seine Gegenwart bewegt mir das Blut.
Ich bin sonst allen Menschen gut;
Aber wie ich mich sehne, dich zu schauen,
Hab ich vor dem Menschen ein heimlich Grauen,
Und halt ihn für einen Schelm dazu!
Gott verzeih mirs, wenn ich ihm Unrecht tu!
FAUST. Es muß auch solche Käuze geben.
MARGARETE. Wollte nicht mit seinesgleichen leben!
Kommt er einmal zur Tür herein,
Sieht er immer so spöttisch drein
Und halb ergrimmt;
Man sieht, daß er an nichts keinen Anteil nimmt.
Es steht ihm an der Stirn geschrieben,
Daß er nicht mag eine Seele lieben.
Mir wirds so wohl in deinem Arm,
So frei, so hingegeben-warm,
Und seine Gegenwart schnürt mir das Innre zu.
FAUST. Du ahnungsvoller Engel du!
MARGARETE. Das übermannt mich so sehr,
Daß, wo er nur mag zu uns treten,
Mein ich sogar, ich liebte dich nicht mehr!
Auch, wenn er da ist, könnt ich nimmer beten,
Und das frißt mir ins Herz hinein:
Dir, Heinrich, muß es auch so sein.
FAUST. Du hast nun die Antipathie!
MARGARETE. Ich muß nun fort.
FAUST. Ach, kann ich nie
Ein Stündchen ruhig dir am Busen hängen
Und Brust an Brust und Seel in Seele drängen?
MARGARETE. Ach, wenn ich nur alleine schlief!
Ich ließ dir gern heut nacht den Riegel offen;
Doch meine Mutter schläft nicht tief,
Und würden wir von ihr betroffen,
Ich wär gleich auf der Stelle tot!
FAUST. Du Engel, das hat keine Not.
Hier ist ein Fläschchen! Drei Tropfen nur
In ihren Trank umhüllen

Mit tiefem Schlaf gefällig die Natur.

MARGARETE. Was tu ich nicht um deinetwillen?
Es wird ihr hoffentlich nicht schaden!

FAUST. Würd ich sonst, Liebchen, dir es raten?

MARGARETE. Seh ich dich, bester Mann, nur an,
Weiß nicht, was mich nach deinem Willen treibt;
Ich habe schon so viel für dich getan,
Daß mir zu tun fast nichts mehr übrigbleibt. *Ab.*

Mephistopheles tritt auf

MEPHISTOPHELES. Der Grasaff! ist er weg?

FAUST. Hast wieder spioniert?

MEPHISTOPHELES. Ich habs ausführlich wohl vernommen:
Herr Doktor wurden da katechisiert!
Hoff, es soll Ihnen wohl bekommen.
Die Mädels sind doch sehr interessiert,
Ob einer fromm und schlicht nach altem Brauch.
Sie denken: duckt er da, folgt er uns eben auch.

FAUST. Du Ungeheuer siehst nicht ein,
Wie diese treue, liebe Seele,
Von ihrem Glauben voll,
Der ganz allein
Ihr seligmachend ist, sich heilig quäle,
Daß sie den liebsten Mann verloren halten soll.

MEPHISTOPHELES. Du übersinnlicher, sinnlicher Freier,
Ein Mägdelein nasführt dich!

FAUST. Du Spottgeburt von Dreck und Feuer!

MEPH. Und die Physiognomie versteht sie meisterlich:
In meiner Gegenwart wirds ihr, sie weiß nicht wie!
Mein Mäskchen da weissagt verborgnen Sinn;
Sie fühlt, daß ich ganz sicher ein Genie,
Vielleicht wohl gar der Teufel bin. –
Nun, heute nacht –?

FAUST. Was geht dichs an?

MEPHISTOPHELES. Hab ich doch meine Freude dran!

Am Brunnen

Gretchen und Lieschen mit Krügen

LIESCHEN. Hast nichts von Bärbelchen gehört?
GRETCHEN. Kein Wort! Ich komm gar wenig unter Leute.
LIESCHEN. Gewiß, Sibylle sagt mirs heute:
   Die hat sich endlich auch betört!
   Das ist das Vörnehmtun!
GRETCHEN. Wieso?
LIESCHEN. Es stinkt!
   Sie füttert zwei, wenn sie nun ißt und trinkt.
GRETCHEN. Ach!
LIESCHEN. So ists ihr endlich recht ergangen.
   Wie lange hat sie an dem Kerl gehangen!
   Das war ein Spazieren,
   Auf Dorf und Tanzplatz Führen,
   Mußt überall die Erste sein,
   Kurtesiert ihr immer mit Pastetchen und Wein,
   Bildt sich was auf ihre Schönheit ein;
   War doch so ehrlos, sich nicht zu schämen,
   Geschenke von ihm anzunehmen.
   War ein Gekos und ein Geschleck:
   Da ist denn auch das Blümchen weg!
GRETCHEN. Das arme Ding!
LIESCHEN. Bedauerst sie noch gar!
   Wenn unsereins am Spinnen war,
   Uns nachts die Mutter nicht hinunterließ,
   Stand sie bei ihrem Buhlen süß;
   Auf der Türbank und im dunkeln Gang
   Ward ihnen keine Stunde zu lang.
   Da mag sie denn sich ducken nun,
   Im Sünderhemdchen Kirchbuß tun!
GRETCHEN. Er nimmt sie gewiß zu seiner Frau.
LIESCHEN. Er wär ein Narr! Ein flinker Jung
   Hat anderwärts noch Luft genung.
   Er ist auch fort.
GRETCHEN. Das ist nicht schön!

LIESCHEN. Kriegt sie ihn, solls ihr übel gehn:
Das Kränzel reißen die Buben ihr,
Und Häckerling streuen wir vor die Tür! *Ab.*
GRETCHEN *nach Hause gehend.*
Wie konnt ich sonst so tapfer schmälen,
Wenn tät ein armes Mägdlein fehlen!
Wie konnt ich über andrer Sünden
Nicht Worte gnug der Zunge finden!
Wie schien mirs schwarz, und schwärzts noch gar
Mirs immer doch nicht schwarz gnug war,
Und segnet mich und tat so groß,
Und bin nun selbst der Sünde bloß!
Doch – alles, was dazu mich trieb,
Gott! war so gut! ach, war so lieb!

Zwinger

In der Mauerhöhle ein Andachtsbild der Mater dolorosa, Blumenkrüge davor

GRETCHEN *steckt frische Blumen in die Krüge*
Ach, neige,
Du Schmerzensreiche,
Dein Antlitz gnädig meiner Not!
Das Schwert im Herzen,
Mit tausend Schmerzen
Blickst auf zu deines Sohnes Tod.
Zum Vater blickst du,
Und Seufzer schickst du
Hinauf um sein- und deine Not.
Wer fühlet,
Wie wühlet
Der Schmerz mir im Gebein?
Was mein armes Herz hier banget,
Was es zittert, was verlanget,
Weißt nur du, nur du allein!
Wohin ich immer gehe,
Wie weh, wie weh, wie wehe
Wird mir im Busen hier!
Ich bin, ach! kaum alleine,
Ich wein, ich wein, ich weine,
Das Herz zerbricht in mir.
Die Scherben vor meinem Fenster
Betaut ich mit Tränen, ach!
Als ich am frühen Morgen
Dir diese Blume brach.
Schien hell in meine Kammer
Die Sonne früh herauf,
Saß ich in allem Jammer
In meinem Bett schon auf.
Hilf! rette mich von Schmach und Tod!
Ach, neige,

Du Schmerzensreiche,
Dein Antlitz gnädig meiner Not!

Nacht

Straße vor Gretchens Türe

VALENTIN, *Soldat, Gretchens Bruder.*
  Wenn ich so saß bei einem Gelag,
  Wo mancher sich berühmen mag,
  Und die Gesellen mir den Flor
  Der Mägdlein laut gepriesen vor,
  Mit vollem Glas das Lob verschwemmt:
  Den Ellenbogen aufgestemmt,
  Saß ich in meiner sichern Ruh,
  Hört all dem Schwadronieren zu
  Und streiche lächelnd meinen Bart
  Und kriege das volle Glas zur Hand
  Und sage: Alles nach seiner Art!
  Aber ist Eine im ganzen Land,
  Die meiner trauten Gretel gleicht,
  Die meiner Schwester das Wasser reicht?
  Topp! Topp! Kling! Klang! das ging herum!
  Die einen schrien: »Er hat recht,
  Sie ist die Zier vom ganzen Geschlecht!«
  Da saßen alle die Lober stumm.
  Und nun! – um's Haar sich auszuraufen
  Und an den Wänden hinaufzulaufen!
  Mit Stichelreden, Naserümpfen
  Soll jeder Schurke mich beschimpfen!
  Soll wie ein böser Schuldner sitzen,
  Bei jedem Zufallswörtchen schwitzen!
  Und möcht ich sie zusammenschmeißen,
  Könnt ich sie doch nicht Lügner heißen.
  Was kommt heran? was schleicht herbei?

Irr ich nicht, es sind ihrer zwei.
Ist ers, gleich pack ich ihn beim Felle:
Soll nicht lebendig von der Stelle!

Faust · Mephistopheles

FAUST. Wie von dem Fenster dort der Sakristei
Aufwärts der Schein des ewgen Lämpchens flämmert
Und schwach und schwächer seitwärts dämmert,
Und Finsternis drängt ringsum bei!
So siehts in meinem Busen nächtig.
MEPHISTOPHELES. Und mir ists wie ein Kätzlein schmächtig,
Das an den Feuerleitern schleicht,
Sich leis dann um die Mauern streicht;
Mir ists ganz tugendlich dabei,
Ein bißchen Diebsgelüst, ein bißchen Rammelei.
So spukt mir schon durch alle Glieder
Die herrliche Walpurgisnacht.
Die kommt uns übermorgen wieder:
Da weiß man doch, warum man wacht.
FAUST. Rückt wohl der Schatz indessen in die Höh,
Den ich dorthinten flimmern seh.
MEPHISTOPHELES. Du kannst die Freude bald erleben,
Das Kesselchen herauszuheben.
Ich schielte neulich so hinein:
Sind herrliche Löwentaler drein.
FAUST. Nicht ein Geschmeide, nicht ein Ring,
Meine liebe Buhle damit zu zieren?
MEPHISTOPHELES. Ich sah dabei wohl so ein Ding
Als wie eine Art von Perlenschnüren.
FAUST. So ist es recht! Mir tut es weh,
Wenn ich ohne Geschenke zu ihr geh.
MEPHISTOPHELES. Es sollt Euch eben nicht verdrießen,
Umsonst auch etwas zu genießen. –
Jetzt, da der Himmel voller Sterne glüht,
Sollt Ihr ein wahres Kunststück hören:
Ich sing ihr ein moralisch Lied,
Um sie gewisser zu betören.

Singt zur Zither.

Was machst du mir	Nehmt euch in acht!
Vor Liebchens Tür,	Ist es vollbracht,
Kathrinchen, hier	Dann gute Nacht,
Bei frühem Tagesblicke?	Ihr armen, armen Dinger!
Laß, laß es sein!	Habt ihr euch lieb,
Er läßt dich ein,	Tut keinem Dieb
Als Mädchen ein,	Nur nichts zulieb
Als Mädchen nicht zurücke.	Als mit dem Ring am Finger!

VALENTIN *tritt vor.*

Wen lockst du hier? beim Element!
Vermaledeiter Rattenfänger!
Zum Teufel erst das Instrument!
Zum Teufel hinterdrein den Sänger!

MEPHISTOPH. Die Zither ist entzwei! an der ist nichts zu
halten.

VALENTIN. Nun soll es an ein Schädelspalten!

MEPHISTOPHELES *zu Faust.*

Herr Doktor! nicht gewichen! Frisch!
Hart an mich an, wie ich Euch führe!
Heraus mit Eurem Flederwisch!
Nur zugestoßen! ich pariere!

VALENTIN. Pariere den!

MEPHISTOPHELES. Warum denn nicht?

VALENTIN. Auch den!

MEPHISTOPHELES. Gewiß!

VALENTIN. Ich glaub, der Teufel ficht!
Was ist denn das? Schon wird die Hand mir lahm!

MEPHISTOPHELES zu Faust. Stoß zu!

VALENTIN *fällt.* O weh!

MEPHISTOPHELES. Nun ist der Lümmel zahm!
Nun aber fort! wir müssen gleich verschwinden;
Denn schon entsteht ein mörderlich Geschrei!
Ich weiß mich trefflich mit der Polizei,
Doch mit dem Blutbann schlecht mich abzufinden.

MARTHE *am Fenster.* Heraus! heraus!

GRETCHEN *am Fenster.* Herbei ein Licht!

MARTHE *wie oben.* Man schilt und rauft, man schreit und ficht!

VOLK. Da liegt schon einer tot!

MARTHE *heraustretend.* Die Mörder, sind sie denn entflohn?

GRETCHEN *heraustretend.* Wer liegt hier?

VOLK. Deiner Mutter Sohn!

GRETCHEN. Allmächtiger! welche Not!

VALENTIN. Ich sterbe! Das ist bald gesagt
Und bälder noch getan.
Was steht ihr, Weiber, heult und klagt?
Kommt her und hört mich an!

Alle treten um ihn.

Mein Gretchen, sieh! du bist noch jung,
Bist gar noch nicht gescheit genung,
Machst deine Sachen schlecht.
Ich sag dirs im Vertrauen nur:
Du bist doch nun einmal eine Hur;
So seis auch eben recht!

GRETCHEN. Mein Bruder! Gott! Was soll mir das?

VALENTIN. Laß unsern Herrgott aus dem Spaß!
Geschehn ist leider nun geschehn,
Und wie es gehn kann, so wirds gehn.
Du fingst mit Einem heimlich an,
Bald kommen ihrer mehre dran,
Und wenn dich erst ein Dutzend hat,
So hat dich auch die ganze Stadt.
Wenn erst die Schande wird geboren,
Wird sie heimlich zur Welt gebracht,
Und man zieht den Schleier der Nacht
Ihr über Kopf und Ohren;
Ja, man möchte sie gern ermorden.
Wächst sie aber und macht sich groß,
Dann geht sie auch bei Tage bloß
Und ist doch nicht schöner geworden.
Je häßlicher wird ihr Gesicht,
Je mehr sucht sie des Tages Licht.
Ich seh wahrhaftig schon die Zeit,
Daß alle brave Bürgersleut

Wie von einer angesteckten Leichen,
Von dir, du Metze! seitab weichen.
Dir soll das Herz im Leib verzagen,
Wenn sie dir in die Augen sehn!
Sollst keine goldne Kette mehr tragen!
In der Kirche nicht mehr am Altar stehn!
In einem schönen Spitzenkragen
Dich nicht beim Tanze Wohlbehagen!
In eine finstre Jammerecken
Unter Bettler und Krüppel dich verstecken,
Und wenn dir denn auch Gott verzeiht,
Auf Erden sein vermaledeit!

MARTHE. Befehlt Eure Seele Gott zu Gnaden!
Wollt Ihr noch Lästrung auf Euch laden?

VALENTIN. Könnt ich dir nur an den dürren Leib,
Du schändlich-kupplerisches Weib!
Da hofft ich aller meiner Sünden
Vergebung reiche Maß zu finden.

GRETCHEN. Mein Bruder! Welche Höllenpein!

VALENTIN. Ich sage, laß die Tränen sein!
Da du dich sprachst der Ehre los,
Gabst mir den schwersten Herzensstoß.
Ich gehe durch den Todesschlaf
Zu Gott ein als Soldat und brav. *Stirbt.*

Dom

Amt, Orgel und Gesang

Gretchen unter vielem Volke. Böser Geist hinter Gretchen

BÖSER GEIST. Wie anders, Gretchen, war dirs,
  Als du noch voll Unschuld
  Hier zum Altar tratst,
  Aus dem vergriffnen Büchelchen
  Gebete lalltest,
  Halb Kinderspiele,
  Halb Gott im Herzen!
  Gretchen!
  Wo steht dein Kopf?
  In deinem Herzen
  Welche Missetat?
  Betst du für deiner Mutter Seele, die
  Durch dich zur langen, langen Pein hinüberschlief?
  Auf deiner Schwelle wessen Blut? –
  Und unter deinem Herzen
  Regt sichs nicht quillend schon
  Und ängstet dich und sich
  Mit ahnungsvoller Gegenwart?
GRETCHEN. Weh! Weh!
  Wär ich der Gedanken los,
  Die mir herüber- und hinübergehen
  Wider mich!
CHOR. Dies irae, dies illa
  Sovet saeclum in favilla. *Orgelton.*
BÖSER GEIST. Grimm faßt dich!
  Die Posaune tönt!
  Die Gräber beben!
  Und dein Herz,
  Aus Aschenruh
  Zu Flammenqualen
  Wieder aufgeschaffen,
  Bebt auf!

GRETCHEN. Wär ich hier weg!
  Mir ist, als ob die Orgel mir
  Den Atem versetzte,
  Gesang mein Herz
  Im Tiefsten löste.
CHOR. Judex ergo cum sedebit,
  Quidquid latet adparebit,
  Nil inultum remanebit.
GRETCHEN. Mir wird so eng!
  Die Mauerpfeiler
  Befangen mich!
  Das Gewölbe
  Drängt mich! – Luft!
BÖSER GEIST. Verbirg dich! Sünd und Schande
  Bleibt nicht verborgen.
  Luft? Licht?
  Weh dir!
CHOR. Quid sum miser tunc dicturus?
  Quem patronum rogaturus,
  Cum vix justus sit securus?
BÖSER GEIST. Ihr Antlitz wenden
  Verklärte von dir ab.
  Die Hände dir zu reichen,
  Schauerts den Reinen.
  Weh!
CHOR. Quid sum miser tunc dicturus?
GRETCHEN. Nachbarin! Euer Fläschchen! –

Sie fällt in Ohnmacht.

Walpurgisnacht

Harzgebirge. Gegend von Schierke und Elend

Faust · Mephistopheles

MEPHISTOPHELES. Verlangst du nicht nach einem Besenstiele?
Ich wünschte mir den allerbesten Bock.
Auf diesem Weg sind wir noch weit vom Ziele.
FAUST. Solang ich mich noch frisch auf meinen Beinen fühle,
Genügt mir dieser Knotenstock.
Was hilfts, daß man den Weg verkürzt!
Im Labyrinth der Täler hinzuschleichen,
Dann diesen Felsen zu ersteigen,
Von dem der Quell sich ewig sprudelnd stürzt,
Das ist die Lust, die solche Pfade würzt!
Der Frühling webt schon in den Birken,
Und selbst die Fichte fühlt ihn schon;
Sollt er nicht auch auf unsre Glieder wirken?
MEPHISTOPHELES. Fürwahr, ich spüre nichts davon!
Mir ist es winterlich im Leibe,
Ich wünschte Schnee und Frost auf meiner Bahn.
Wie traurig steigt die unvollkommne Scheibe
Des roten Monds mit später Glut heran
Und leuchtet schlecht, daß man bei jedem Schritte
Vor einen Baum, vor einen Felsen rennt!
Erlaub, daß ich ein Irrlicht bitte!
Dort seh ich eins, das eben lustig brennt.
Heda, mein Freund! darf ich dich zu uns fodern?
Was willst du so vergebens lodern?
Sei doch so gut und leucht uns da hinauf!
IRRLICHT. Aus Ehrfurcht, hoff ich, soll es mir gelingen,
Mein leichtes Naturell zu zwingen;
Nur Zickzack geht gewöhnlich unser Lauf.
MEPH. Ei! ei! Er denkts den Menschen nachzuahmen.
Geh Er nur grad, ins Teufels Namen!
Sonst blas ich Ihm Sein Flackerleben aus.
IRRLICHT. Ich merke wohl, Ihr seid der Herr vom Haus,

Und will mich gern nach Euch bequemen.
Allein bedenkt: der Berg ist heute zaubertoll,
Und wenn ein Irrlicht Euch die Wege weisen soll,
So müßt Ihrs so genau nicht nehmen.

FAUST, MEPHISTOPHELES, IRRLICHT *im Wechselgesang*

In die Traum- und Zaubersphäre
Sind wir, scheint es, eingegangen.
Führ uns gut und mach dir Ehre,
Daß wir vorwärts bald gelangen
In den weiten, öden Räumen!
Seh die Bäume hinter Bäumen,
Wie sie schnell vorüberrücken,
Und die Klippen, die sich bücken,
Und die langen Felsennasen,
Wie sie schnarchen, wie sie blasen!
Durch die Steine, durch den Rasen
Eilet Bach und Bächlein nieder.
Hör ich Rauschen? hör ich Lieder?
Hör ich holde Liebesklage,
Stimmen jener Himmelstage?
Was wir hoffen, was wir lieben!
Und das Echo, wie die Sage
Alter Zeiten, hallet wider.
»Uhu! Schuhu!« tönt es näher:
Kauz und Kiebitz und der Häher,
Sind sie alle wachgeblieben?
Sind das Molche durchs Gesträuche?
Lange Beine, dicke Bäuche!
Und die Wurzeln, wie die Schlangen,
Winden sich aus Fels und Sande,
Strecken wunderliche Bande,
Uns zu schrecken, uns zu fangen:
Aus belebten, derben Masern
Strecken sie Polypenfasern
Nach dem Wandrer. Und die Mäuse,
Tausendfarbig, scharenweise,
Durch das Moos und durch die Heide!

Und die Funkenwürmer fliegen
Mit gedrängten Schwärmezügen
Zum verwirrenden Geleite.
Aber sag mir, ob wir stehen
Oder ob wir weitergehen!
Alles, alles, scheint zu drehen:
Fels und Bäume, die Gesichter
Schneiden, und die irren Lichter,
Die sich mehren, die sich blähen.
MEPHISTOPHELES. Fasse wacker meinen Zipfel!
Hier ist so ein Mittelgipfel,
Wo man mit Erstaunen sieht,
Wie im Berg der Mammon glüht.
FAUST. Wie seltsam glimmert durch die Gründe
Ein morgenrötlich-trüber Schein!
Und selbst bis in die tiefen Schlünde
Des Abgrunds wittert er hinein.
Da steigt ein Dampf, dort ziehen Schwaden,
Hier leuchtet Glut aus Dunst und Flor;
Dann schleicht sie wie ein zarter Faden,
Dann bricht sie wie ein Quell hervor.
Hier schlingt sie eine ganze Strecke
Mit hundert Adern sich durchs Tal,
Und hier in der gedrängten Ecke
Vereinzelt sie sich auf einmal.
Da sprühen Funken in der Nähe
Wie ausgestreuter goldner Sand.
Doch schau: in ihrer ganzen Höhe
Entzündet sich die Felsenwand!
MEPHISTOPHELES. Erleuchtet nicht zu diesem Feste
Herr Mammon prächtig den Palast?
Ein Glück, daß dus gesehen hast:
Ich spüre schon die ungestümen Gäste.
FAUST. Wie rast die Windsbraut durch die Luft!
Mit welchen Schlägen trifft sie meinen Nacken!
MEPHISTOPHELES. Du mußt des Felsen alte Rippen packen,
Sonst stürzt sie dich hinab in dieser Schlünde Gruft.

Ein Nebel verdichtet die Nacht.
Hör, wies durch die Wälder kracht!
Aufgescheucht fliegen die Eulen.
Hör, es splittern die Säulen
Ewig-grüner Paläste!
Girren und Brechen der Äste!
Der Stämme mächtiges Dröhnen!
Der Wurzeln Knarren und Gähnen!
Im fürchterlich-verworrenen Falle
Übereinander krachen sie alle,
Und durch die übertrümmerten Klüfte
Zischen und heulen die Lüfte.
Hörst du die Stimmen in der Höhe?
In der Ferne? in der Nähe?
Ja, den ganzen Berg entlang
Strömt ein wütender Zaubergesang!

HEXEN *im Chor.* Die Hexen zu dem Brocken ziehn,
Die Stoppel ist gelb, die Saat ist grün.
Dort sammelt sich der große Hauf,
Herr Urian sitzt obenauf.
So geht es über Stein und Stock,
Es farzt die Hexe, es stinkt der Bock.

STIMME. Die alte Baubo kommt allein;
Sie reitet auf einem Mutterschwein.

CHOR. So Ehre denn, wem Ehre gebührt!
Frau Baubo vor! und angeführt!
Ein tüchtig Schwein und Mutter drauf,
Da folgt der ganze Hexenhauf.

STIMME. Welchen Weg kommst du her?

STIMME. Übern Ilsenstein!
Da guckt ich der Eule ins Nest hinein.
Die macht ein Paar Augen!

STIMME. O fahre zur Hölle!
Was reitst du so schnelle!

STIMME. Mich hat sie geschunden:
Da sieh nur die Wunden!

HEXEN. CHOR. Der Weg ist breit, der Weg ist lang,
Was ist das für ein toller Drang!
Die Gabel sticht, der Besen kratzt,
Das Kind erstickt, die Mutter platzt.
HEXENMEISTER. HALBES CHOR.
Wir schleichen wie die Schneck im Haus
Die Weiber alle sind voraus.
Denn geht es zu des Bösen Haus,
Das Weib hat tausend Schritt voraus.
ANDRE HÄLFTE. Wir nehmen das nicht so genau:
Mit tausend Schritten machts die Frau;
Doch wie sie auch sich eilen kann,
Mit Einem Sprunge machts der Mann.
STIMME *oben.* Kommt mit, kommt mit vom Felsensee!
STIMME *von unten.* Wir möchten gerne mit in die Höh.
Wir waschen, und blank sind wir ganz und gar,
Aber auch ewig unfruchtbar.
BEIDE CHÖRE. Es schweigt der Wind, es flieht der Stern,
Der trübe Mond verbirgt sich gern.
Im Sausen sprüht das Zauberchor
Viel tausend Feuerfunken hervor.
STIMME *von unten.* Halte ! halte!
STIMME *von oben.* Wer ruft da aus der Felsenspalte?
STIMME *unten.* Nehmt mich mit! nehmt mich mit!
Ich steige schon dreihundert Jahr
Und kann den Gipfel nicht erreichen.
Ich wäre gern bei meinesgleichen.
BEIDE CHÖRE. Es trägt der Besen, trägt der Stock,
Die Gabel trägt, es trägt der Bock;
Wer heute sich nicht heben kann,
Ist ewig ein verlorner Mann!
HALBHEXE *unten.* Ich tripple nach so lange Zeit;
Wie sind die andern schon so weit!
Ich hab zu Hause keine Ruh
Und komme hier doch nicht dazu.
CHOR DER HEXEN. Die Salbe gibt den Hexen Mut,
Ein Lumpen ist zum Segel gut,

Ein gutes Schiff ist jeder Trog:
Der fliegt nie, der heut nicht flog!
BEIDE CHÖRE. Und wenn wir um den Gipfel ziehn,
So streichet an dem Boden hin
Und deckt die Heide weit und breit
Mit euerm Schwärm der Hexenheit!

Sie lassen sich nieder.

MEPHISTOPHELES.
Das drängt und stößt, das rutscht und klappert!
Das zischt und quirlt, das zieht und plappert!
Das leuchtet, sprüht und stinkt und brennt!
Ein wahres Hexenelement!
Nur fest an mir! sonst sind wir gleich getrennt.
Wo bist du?
FAUST *in der Ferne.* Hier!
MEPHISTOPHELES. Was! dort schon hingerissen?
Da werd ich Hausrecht brauchen müssen.
Platz! Junker Voland kommt. Platz! süßer Pöbel, Platz!
Hier, Doktor, fasse mich! und nun in Einem Satz
Laß uns aus dem Gedräng entweichen:
Es ist zu toll, sogar für meinesgleichen!
Dortneben leuchtet was mit ganz besondrem Schein,
Es zieht mich was nach jenen Sträuchen:
Komm, komm! wir schlupfen da hinein.
FAUST.
Du Geist des Widerspruchs! Nur zu! du magst mich führen.
Ich denke doch, das war recht klug gemacht;
Zum Brocken wandeln wir in der Walpurgisnacht,
Um uns beliebig nun hieselbst zu isolieren!
MEPHISTOPHELES. Da sieh nur: welche bunten Flammen!
Es ist ein muntrer Klub beisammen.
Im Kleinen ist man nicht allein.
FAUST. Doch droben möcht ich lieber sein!
Schon seh ich Glut und Wirbelrauch.
Dort strömt die Menge zu dem Bösen;
Da muß sich manches Rätsel lösen.

MEPHISTOPHELES. Doch manches Rätsel knüpft sich auch!
   Laß du die große Welt nur sausen,
   Wir wollen hier im Stillen hausen.
   Es ist doch lange hergebracht,
   Daß in der großen Welt man kleine Welten macht.
   Da seh ich junge Hexchen, nackt und bloß,
   Und alte, die sich klug verhüllen.
   Seid freundlich, nur um meinetwillen!
   Die Müh ist klein, der Spaß ist groß.
   Ich höre was von Instrumenten tönen!
   Verflucht Geschnarr! Mann muß sich dran gewöhnen.
   Komm mit! komm mit! Es kann nicht anders sein:
   Ich tret heran und führe dich herein,
   Und ich verbinde dich aufs neue. –
   Was sagst du, Freund? das ist kein kleiner Raum:
   Da sieh nur hin! du siehst das Ende kaum.
   Ein Hundert Feuer brennen in der Reihe;
   Man tanzt, man schwatzt, man kocht, man trinkt, man liebt –
   Nun sage mir, wo es was Bessers gibt!
FAUST. Willst du dich nun, um uns hier einzuführen,
   Als Zaubrer oder Teufel produzieren?
MEPH. Zwar bin ich sehr gewohnt, inkognito zu gehn;
   Doch läßt am Galatag man seinen Orden sehn.
   Ein Knieband zeichnet mich nicht aus,
   Doch ist der Pferdefuß hier ehrenvoll zu Haus.
   Siehst du die Schnecke da? sie kommt herangekrochen;
   Mit ihrem tastenden Gesicht
   Hat sie mir schon was abgerochen:
   Wenn ich auch will, verleugn ich hier mich nicht.
   Komm nur! von Feuer gehen wir zu Feuer;
   Ich bin der Werber, und du bist der Freier.
   Zu einigen, die um verglimmende Kohlen sitzen.
   Ihr alten Herrn, was macht ihr hier am Ende?
   Ich lob euch, wenn ich euch hübsch in der Mitte fände,
   Von Saus umzirkt und Jugendbraus;
   Genug allein ist jeder ja zu Haus.
GENERAL. Wer mag auf Nationen trauen,

Man habe noch so viel für sie getan!
Denn bei dem Volk wie bei den Frauen
Steht immerfort die Jugend obenan.
MINISTER. Jetzt ist man von dem Rechten allzu weit,
Ich lobe mir die guten Alten;
Denn freilich, da wir alles galten,
Da war die rechte goldne Zeit.
PARVENU. Wir waren wahrlich auch nicht dumm
Und taten oft, was wir nicht sollten;
Doch jetzo kehrt sich alles um und um,
Und eben da wirs fest erhalten wollten.
AUTOR. Wer mag wohl überhaupt jetzt eine Schrift
Von mäßig-klugem Inhalt lesen!
Und was das liebe junge Volk betrifft,
Das ist noch nie so naseweis gewesen.
MEPHISTOPHELES, *der auf einmal sehr alt erscheint.*
Zum Jüngsten Tag fühl ich das Volk gereift,
Da ich zum letzenmal den Hexenberg ersteige,
Und weil mein Fäßchen trübe läuft,
So ist die Welt auch auf der Neige.
TRÖDELHEXE. Ihr Herren, geht nicht so vorbei!
Laßt die Gelegenheit nicht fahren!
Aufmerksam blickt nach meinen Waren:
Es steht dahier gar mancherlei.
Und doch ist nichts in meinem Laden,
Dem keiner auf der Erde gleicht,
Das nicht einmal zum tüchtgen Schaden
Der Menschen und der Welt gereicht.
Kein Dolch ist hier, von dem nicht Blut geflossen,
Kein Kelch, aus dem sich nicht in ganz gesunden Leib
Verzehrend-heißes Gift ergossen,
Kein Schmuck, der nicht ein liebenswürdig Weib
Verführt, kein Schwert, das nicht den Bund gebrochen,
Nicht etwa hinterrücks den Gegenmann durchstochen.
MEPH. Frau Muhme, Sie versteht mir schlecht die Zeiten:
Getan, geschehn! Geschehn, getan!
Verleg Sie sich auf Neuigkeiten!

Nur Neuigkeiten ziehn uns an.

FAUST. Daß ich mich nur nicht selbst vergesse!
Heiß ich mir das doch eine Messe!

MEPHISTOPHELES. Der ganze Strudel strebt nach oben:
Du glaubst zu schieben, und du wirst geschoben.

FAUST. Wer ist denn das?

MEPHISTOPHELES. Betrachte sie genau!
Lilith ist das.

FAUST. Wer?

MEPHISTOPHELES. Adams erste Frau.
Nimm dich in acht vor ihren schönen Haaren,
Vor diesem Schmuck, mit dem sie einzig prangt!
Wenn sie damit den jungen Mann erlangt,
So läßt sie ihn so bald nicht wieder fahren.

FAUST. Da sitzen zwei, die Alte mit der Jungen;
Die haben schon was Rechts gesprungen!

MEPHISTOPHELES. Das hat nun heute keine Ruh.
Es geht zum neuen Tanz: nun komm! wir greifen zu.

FAUST *mit der Jungen tanzend.*
Einst hatt ich einen schönen Traum:
Da sah ich einen Apfelbaum,
Zwei schöne Äpfel glänzten dran;
Sie reizten mich, ich stieg hinan.

DIE SCHÖNE. Der Äpfelchen begehrt ihr sehr,
Und schon vom Paradiese her.
Von Freuden fühl ich mich bewegt,
Daß auch mein Garten solche trägt.

MEPHISTOPHELES *mit der Alten.*
Einst hatt ich einen wüsten Traum:
Da sah ich einen gespaltnen Baum,
Der hatt ein ungeheures Loch;
So groß es war, gefiel mirs doch.

DIE ALTE. Ich biete meinen besten Gruß
Dem Ritter mit dem Pferdefuß!
Halt Er einen rechten Pfropf bereit,
Wenn Er das große Loch nicht scheut.

139

PROKTPHANTASMIST.
Verfluchtes Volk! was untersteht ihr euch?
Hat man euch lange nicht bewiesen:
Ein Geist steht nie auf ordentlichen Füßen?
Nun tanzt ihr gar, uns andern Menschen gleich!
DIE SCHÖNE *tanzend*. Was will denn der auf unserm Ball?
FAUST *tanzend*. Ei! der ist eben überall.
Was andre tanzen, muß er schätzen.
Kann er nicht jeden Schritt beschwätzen,
So ist der Schritt so gut als nicht geschehn.
Am meisten ärgert ihn, sobald wir vorwärts gehn.
Wenn ihr euch so im Kreise drehen wolltet,
Wie ers in seiner alten Mühle tut,
Das hieß er allenfalls noch gut;
Besonders wenn ihr ihn darum begrüßen solltet.
PROKTPHANTASMIST.
Ihr seid noch immer da! nein, das ist unerhört.
Verschwindet doch! Wir haben ja aufgeklärt!
Das Teufelspack, es fragt nach keiner Regel.
Wir sind so klug, und dennoch spukts in Tegel.
Wie lange hab ich nicht am Wahn hinausgekehrt,
Und nie wirds rein! das ist doch unerhört!
DIE SCHÖNE. So hört doch auf, uns hier zu ennuyieren!
PROKTPHANTASMIST. Ich sags euch Geistern ins Gesicht:
Den Geistesdespotismus leid ich nicht!
Mein Geist kann ihn nicht exerzieren.
Er wird fortgetanzt.
Heut, seh ich, will mir nichts gelingen;
Doch eine Reise nehm ich immer mit
Und hoffe, noch vor meinem letzten Schritt
Die Teufel und die Dichter zu bezwingen.
MEPHISTOPHELES. Er wird sich gleich in eine Pfütze setzen:
Das ist die Art, wie er sich soulagier t,
Und wenn Blutegel sich an seinem Steiß ergetzen,
Ist er von Geistern und von Geist kuriert.
Zu Faust, der aus dem Tanz getreten ist.
Was lassest du das schöne Mädchen fahren,

Das dir zum Tanz so lieblich sang?

FAUST. Ach, mitten im Gesänge sprang
Ein rotes Mäuschen ihr aus dem Munde!

MEPH. Das ist was Rechts! das nimmt man nicht genau;
Genug, die Maus war doch nicht grau!
Wer fragt darnach in einer Schäferstunde!

FAUST. Dann sah ich –

MEPHISTOPHELES. Was?

FAUST. Mephisto, siehst du dort
Ein blasses, schönes Kind allein und ferne stehen?
Sie schiebt sich langsam nur vom Ort,
Sie scheint mit geschloßnen Füßen zu gehen.
Ich muß bekennen, daß mir deucht,
Daß sie dem guten Gretchen gleicht.

MEPH. Laß das nur stehn! dabei wirds niemand wohl.
Es ist ein Zauberbild, ist leblos, ein Idol.
Ihm zu begegnen, ist nicht gut:
Vom starren Blick erstarrt des Menschen Blut,
Und er wird fast in Stein verkehrt;
Von der Meduse hast du ja gehört.

FAUST. Fürwahr, es sind die Augen eines Toten,
Die eine liebende Hand nicht schloß!
Das ist die Brust, die Gretchen mir geboten,
Das ist der süße Leib, den ich genoß!

MEPH. Das ist die Zauberei, du leicht verführter Tor!
Denn jedem kommt sie wie sein Liebchen vor.

FAUST. Welch eine Wonne! welch ein Leiden!
Ich kann von diesem Blick nicht scheiden.
Wie sonderbar muß diesen schönen Hals
Ein einzig-rotes Schnürchen schmücken,
Nicht breiter als ein Messerrücken!

MEPHISTOPHELES. Ganz recht! ich seh es ebenfalls.
Sie kann das Haupt auch unterm Arme tragen;
Denn Perseus hats ihr abgeschlagen.
Nur immer diese Lust zum Wahn! –
Komm doch das Hügelchen heran:
Hier ists so lustig wie im Prater,

Und hat man mirs nicht angetan,
So seh ich wahrlich ein Theater!
Was gibts denn da?
SERVIBILIS. Gleich fängt man wieder an:
Ein neues Stück, das letzte Stück von sieben;
So viel zu geben, ist allhier der Brauch.
Ein Dilettant hat es geschrieben,
Und Dilettanten spielens auch.
Verzeiht, ihr Herrn, wenn ich verschwinde:
Mich dilettierts, den Vorhang aufzuziehn.
MEPHISTOPHELES. Wenn ich euch auf dem Blocksberg finde,
Das find ich gut; denn da gehört ihr hin!

Walpurgisnachtstraum

oder Oberons und Titanias goldne Hochzeit – Intermezzo

THEATERMEISTER. Heute ruhen wir einmal,
  Miedings wackre Söhne:
  Alter Berg und feuchtes Tal,
  Das ist die ganze Szene!
HEROLD. Daß die Hochzeit golden sei,
  Solln funfzig Jahr sein vorüber;
  Aber ist der Streit vorbei,
  Das Golden ist mir lieber.
OBERON. Seid ihr, Geister, wo ich bin,
  So zeigts in diesen Stunden!
  König und die Königin,
  Sie sind aufs neu verbunden.
PUCK. Kommt der Puck und dreht sich quer
  Und schleift den Fuß im Reihen;
  Hundert kommen hinterher,
  Sich auch mit ihm zu freuen.
ARIEL. Ariel bewegt den Sang
  In himmlisch-reinen Tönen;
  Viele Fratzen lockt sein Klang,
  Doch lockt er auch die Schönen.
OBERON. Gatten, die sich vertragen wollen,
  Lernens von uns beiden!
  Wenn sich zweie lieben sollen,
  Braucht man sie nur zu scheiden.
TITANIA. Schmollt der Mann und grillt die Frau,
  So faßt sie nur behende,
  Führt mir nach dem Mittag Sie,
  Und Ihn an Nordens Ende!
ORCHESTER. TUTTI. *Fortissimo.*
  Fliegenschnauz und Mückennas
  Mit ihren Anverwandten,
  Frosch im Laub und Grill im Gras,
  Das sind die Musikanten!
SOLO. Seht, da kommt der Dudelsack!

Es ist die Seifenblase.
Hört den Schneckeschnickeschnack
Durch seine stumpfe Nase!

GEIST, *der sich erst bildet.* Spinnenfuß und Krötenbauch
Und Flügelchen dem Wichtchen!
Zwar ein Tierchen gibt es nicht;
Doch gibt es ein Gedichtchen.

EIN PÄRCHEN. Kleiner Schritt und hoher Sprung
Durch Honigtau und Düfte!
Zwar du trippelst mir genung;
Doch gehts nicht in die Lüfte.

NEUGIERIGER REISENDER. Ist das nicht Maskeradenspott?
Soll ich den Augen trauen,
Oberon, den schönen Gott,
Auch heute hier zu schauen?

ORTHODOX. Keine Klauen, keinen Schwanz!
Doch bleibt es außer Zweifel:
So wie die Götter Griechenlands,
So ist auch er ein Teufel.

NORDISCHER KÜNSTLER. Was ich ergreife, das ist heut
Fürwahr nur skizzenweise;
Doch ich bereite mich beizeit
Zur italienschen Reise.

PURIST. Ach! mein Unglück führt mich her:
Wie wird nicht hier geludert!
Und von dem ganzen Hexenheer
Sind zweie nur gepudert.

JUNGE HEXE. Der Puder ist so wie ein Rock
Für alt- und graue Weibchen;
Drum sitz ich nackt auf meinem Bock
Und zeig ein derbes Leibchen.

MATRONE. Wir haben zu viel Lebensart,
Um hier mit euch zu maulen;
Doch hoff ich, sollt ihr jung und zart,
So wie ihr seid, verfaulen.

KAPELLMEISTER. Fliegenschnauz und Mückennas,
Umschwärmt mir nicht die Nackte!

Frosch im Laub und Grill im Gras,
So bleibt doch auch im Takte!
WINDFAHNE *nach der einen Seite.*
Gesellschaft, wie man wünschen kann:
Wahrhaftig lauter Bräute!
Und Junggesellen, Mann für Mann
Die hoffnungsvollsten Leute!
WINDFAHNE *nach der anderen Seite.*
Und tut sich nicht der Boden auf,
Sie alle zu verschlingen,
So will ich mit behendem Lauf
Gleich in die Hölle springen.
XENIEN. Als Insekten sind wir da
Mit kleinen, scharfen Scheren,
Satan, unsern Herrn Papa,
Nach Würden zu verehren.
HENNINGS. Seht, wie sie in gedrängter Schar
Naiv zusammen scherzen!
Am Ende sagen sie noch gar,
Sie hätten gute Herzen.
MUSAGET. Ich mag in diesem Hexenheer
Mich gar zu gern verlieren;
Denn freilich diese wüßt ich ehr
Als Musen anzuführen.
CI-DEVANT: GENIUS DER ZEIT.
Mit rechten Leuten wird man was.
Komm, fasse meinen Zipfel!
Der Blocksberg, wie der deutsche Parnaß,
Hat gar einen breiten Gipfel.
NEUGIERIGER REISENDER.
Sagt: wie heißt der steife Mann?
Er geht mit stolzen Schritten;
Er schnopert, was er schnopern kann. –
»Er spürt nach Jesuiten.«
KRANICH. In dem Klaren mag ich gern
Und auch im Trüben fischen;
Darum seht ihr den frommen Herrn

Sich auch mit Teufeln mischen.

WELTKIND. Ja, für die Frommen, glaubet mir,
Ist alles ein Vehikel;
Sie bilden auf dem Blocksberg hier
Gar manches Konventikel.

TÄNZER. Da kommt ja wohl ein neues Chor?
Ich höre ferne Trommeln. –
»Nur ungestört! es sind im Rohr
Die unisonen Dommeln.«

TANZMEISTER. Wie jeder doch die Beine lupft!
Sich, wie er kann, herauszieht!
Der Krumme springt, der Plumpe hupft,
Und frag nicht, wie es aussieht.

FIDELER. Das haßt sich schwer, das Lumpenpack,
Und gäb sich gern das Restchen;
Es eint sie hier der Dudelsack,
Wie Orpheus Leier die Bestien.

DOGMATIKER. Ich lasse mich nicht irreschrein,
Nicht durch Kritik noch Zweifel.
Der Teufel muß doch etwas sein;
Wie gäbs denn sonst auch Teufel?

IDEALIST. Die Phantasie in meinem Sinn
Ist diesmal gar zu herrisch.
Fürwahr, wenn ich das alles bin,
So bin ich heute närrisch!

REALIST. Das Wesen ist mir recht zur Qual
Und muß mich baß verdrießen;
Ich stehe hier zum erstenmal
Nicht fest auf meinen Füßen.

SUPERNATURALIST. Mit viel Vergnügen bin ich da
Und freue mich mit diesen;
Denn von den Teufeln kann ich ja
Auf gute Geister schließen.

SKEPTIKER. Sie gehn den Flämmchen auf der Spur
Und glaubn sich nah dem Schatze.
Auf Teufel reimt der Zweifel nur;
Da bin ich recht am Platze.

KAPELLMEISTER. Frosch im Laub und Grill im Gras,
　　Verfluchte Dilettanten!
　　Fliegenschnauz und Mückennas,
　　Ihr seid doch Musikanten!
DIE GEWANDTEN. Sanssouci, so heißt das Heer
　　Von lustigen Geschöpfen;
　　Auf den Füßen gehts nicht mehr,
　　Drum gehn wir auf den Köpfen.
DIE UNBEHÜLFLICHEN.
　　Sonst haben wir manchen Bissen erschranzt,
　　Nun aber Gott befohlen!
　　Unsere Schuhe sind durchgetanzt,
　　Wir laufen auf nackten Sohlen.
IRRLICHTER. Von dem Sumpfe kommen wir,
　　Woraus wir erst entstanden;
　　Doch sind wir gleich im Reihen hier
　　Die glänzenden Galanten.
STERNSCHNUPPE. Aus der Höhe schoß ich her
　　Im Stern- und Feuerscheine,
　　Liege nun im Grase quer:
　　Wer hilft mir auf die Beine?
DIE MASSIVEN. Platz und Platz! und ringsherum!
　　So gehn die Gräschen nieder;
　　Geister kommen, Geister auch,
　　Sie haben plumpe Glieder.
PUCK. Tretet nicht so mastig auf
　　Wie Elefantenkälber!
　　Und der Plumpst an diesem Tag
　　Sei Puck, der Derbe, selber!
ARIEL. Gab die liebende Natur,
　　Gab der Geist euch Flügel,
　　Folget meiner leichten Spur:
　　Auf zum Rosenhügel!
ORCHESTER. *Pianissiomo.* Wolkenzug und Nebelflor
　　Erhellen sich von oben.
　　Luft im Laub und Wind im Rohr –
　　Und alles ist zerstoben.

Trüber Tag · Feld

Faust · Mephistopheles

FAUST. Im Elend! Verzweifelnd! Erbärmlich auf der Erde lange
verirrt und nun gefangen! Als Missetäterin im Kerker zu
entsetzlichen Qualen eingesperrt das holde, unselige Geschöpf!
Bis dahin! dahin! – Verräterischer, nichtswürdiger Geist, und
das hast du mir verheimlicht! Steh nur, steh! wälze die teuflischen Augen ingrimmend im Kopf herum! Steh und trutze mir
durch deine unerträgliche Gegenwart! – Gefangen! Im unwiederbringlichen Elendl Bösen Geistern übergeben und der richtenden, gefühllosen Menschheit! – Und mich wiegst du indes
in abgeschmackten Zerstreuungen, verbirgst mir ihren wachsenden Jammer und lassest sie hülflos verderben!
MEPHISTOPHELES. Sie ist die Erste nicht!
FAUST. Hund! abscheuliches Untier! – Wandle ihn, du unend-
licher Geist! wandle den Wurm wieder in seine Hundsgestalt,
wie er sich oft nächtlicher Weile gefiel, vor mir herzutrotten,
dem harmlosen Wandrer vor die Füße zu kollern und sich dem
Niederstürzenden auf die Schultern zu hängen! Wandl ihn
wieder in seine Lieblingsbildung, daß er vor mir im Sand auf
dem Bauch krieche, ich ihn mit Füßen trete, den Verworfnen! – »Die Erste nicht!« Jammer! Jammer! von keiner Men-
schenseele zu fassen, daß mehr als Ein Geschöpf in die Tiefe
dieses Elends versank, daß nicht das erste genugtat für die
Schuld aller übrigen in seiner windenden Todesnot vor den
Augen des ewig Verzeihenden! Mir wühlt es Mark und Leben
durch, das Elend dieser Einzigen; du grinsest gelassen über das
Schicksal von Tausenden hin!
MEPHISTOPHELES. Nun sind wir schon wieder an der Grenze
unsres Witzes, da, wo euch Menschen der Sinn überschnappt.
Warum machst du Gemeinschaft mit uns, wenn du sie nicht
durchführen kannst? Willst fliegen und bist vorm Schwindel
nicht sicher? Drangen wir uns dir auf, oder du dich uns?
FAUST. Fletsche deine gefräßigen Zähne mir nicht so entgegen!
Mir ekelts! – Großer, herrlicher Geist, der du mir zu erscheinen

würdigtest, der du mein Herz kennest und meine Seele, warum
an den Schandgesellen mich schmieden, der sich am Schaden
weidet und am Verderben sich letzt?

MEPHISTOPHELES. Endigst du?

FAUST. Rette sie! oder weh dir! Den gräßlichsten Fluch über
dich auf Jahrtausende!

MEPHISTOPHELES. Ich kann die Bande des Rächers nicht
lösen, seine Riegel nicht öffnen. – »Rette sie!« – Wer wars, der
sie ins Verderben stürzte? Ich oder du?

FAUST *blickt wild umher.*

MEPHISTOPHELES. Greifst du nach dem Donner? Wohl, daß
er euch elenden Sterblichen nicht gegeben ward! Den unschuldig Entgegnenden zu zerschmettern, das ist so Tyrannenart,
sich in Verlegenheiten Luft zu machen.

FAUST. Bringe mich hin! Sie soll frei sein!

MEPHISTOPHELES. Und die Gefahr, der du dich aussetzest?
Wisse: noch liegt auf der Stadt Blutschuld von deiner Hand!
Über des Erschlagenen Stätte schweben rächende Geister und
lauern auf den wiederkehrenden Mörder.

FAUST. Noch das von dir? Mord und Tod einer Welt über dich
Ungeheuer! Führe mich hin, sag ich, und befreie sie!

MEPHISTOPHELES. Ich führe dich, und was ich tun kann,
höre! Habe ich alle Macht im Himmel und auf Erden? Des
Türners Sinne will ich umnebeln, bemächtige dich der Schlüssel und führe sie heraus mit Menschenhand! Ich wache! die
Zauberpferde sind bereit, ich entführe euch. Das vermag ich.

FAUST. Auf und davon!

Nacht · Offen Feld

Faust, Mephistopheles, auf schwarzen Pferden daherbrausend

FAUST. Was weben die dort um den Rabenstein?
MEPHISTOPHELES. Weiß nicht, was sie kochen und schaffen.
FAUST. Schweben auf, schweben ab, neigen sich, beugen sich.
MEPHISTOPHELES. Eine Hexenzunft!
FAUST. Sie streuen und weihen.
MEPHISTOPHELES. Vorbei! vorbei!

Kerker

FAUST, *mit einem Bund Schlüssel und einer Lampe, vor einem eisernen Türchen*
   Mich faßt ein längst entwöhnter Schauer,
   Der Menschheit ganzer Jammer faßt mich an.
   Hier wohnt sie, hinter dieser feuchten Mauer,
   Und ihr Verbrechen war ein guter Wahn!
   Du zauderst, zu ihr zu gehen?
   Du fürchtest, sie wiederzusehen?
   Fort! dein Zagen zögert den Tod heran.
Er greift das Schloß. Es singt inwendig:
   Meine Mutter, die Hur,
   Die mich umgebracht hat!
   Mein Vater, der Schelm,
   Der mich gessen hat!
   Mein Schwesterlein klein
   Hub auf die Bein
   An einem kühlen Ort –
   Da ward ich ein schönes Waldvögelein,
   Fliege fort, fliege fort!
FAUST *aufschließend.* Sie ahnet nicht, daß der Geliebte lauscht,
   Die Ketten klirren hört, das Stroh, das rauscht. *Er tritt ein.*
MARGARETE *sich auf dem Lager verbergend.*
   Weh! weh! sie kommen. Bittrer Tod!

FAUST *leise.* Still! still! ich komme, dich zu befreien.
MARGARETE *sich vor ihn hinwälzend.*
   Bist du ein Mensch, so fühle meine Not!
FAUST. Du wirst die Wächter aus dem Schlafe schreien!
Erfaßt die Ketten, sie aufzuschließen.
MARGARETE *auf den Knieen.*
   Wer hat dir, Henker, diese Macht
   Über mich gegeben?
   Du holst mich schon um Mitternacht!
   Erbarme dich und laß mich leben!
   Ists morgen früh nicht zeitig genung? *Sie steht auf.*
   Bin ich doch noch so jung, so jung!
   Und soll schon sterben!
   Schön war ich auch, und das war mein Verderben.
   Nah war der Freund, nun ist er weit;
   Zerrissen liegt der Kranz, die Blumen zerstreut.
   Fasse mich nicht so gewaltsam an!
   Schone mich! Was hab ich dir getan?
   Laß mich nicht vergebens flehen!
   Hab ich dich doch mein Tage nicht gesehen!
FAUST. Werd ich den Jammer überstehen?
MARGARETE. Ich bin nun ganz in deiner Macht.
   Laß mich nur erst das Kind noch tränken!
   Ich herzt es diese ganze Nacht;
   Sie nahmen mirs, um mich zu kränken,
   Und sagen nun, ich hätt es umgebracht,
   Und niemals werd ich wieder froh.
   Sie singen Lieder auf mich! Es ist bös von den Leuten!
   Ein altes Märchen endigt so,
   Wer heißt sies deuten?
FAUST *wirft sich nieder.* Ein Liebender liegt dir zu Füßen,
   Die Jammerknechtschaft aufzuschließen.
MARGARETE *wirft sich zu ihm.*
   O laß uns knien, die Heilgen anzurufen!
   Sieh: unter diesen Stufen,
   Unter der Schwelle
   Siedet die Hölle!

Der Böse,
Mit furchtbarem Grimme,
Macht ein Getöse!
FAUST *laut.* Gretchen! Gretchen!
MARGARETE *aufmerksam.* Das war des Freundes Stimme!
Sie springt auf. Die Ketten fallen ab.
Wo ist er? Ich hab ihn rufen hören!
Ich bin frei! mir soll niemand wehren.
An seinen Hals will ich fliegen,
An seinem Busen liegen!
Er rief: Gretchen! Er stand auf der Schwelle!
Mitten durchs Heulen und Klappen der Hölle,
Durch den grimmigen, teuflischen Hohn
Erkannt ich den süßen, den liebenden Ton.
FAUST. Ich bins!
MARGARETE. Du bists! O sag es noch einmal!
Ihn fassend.
Er ists! er ists! Wohin ist alle Qual?
Wohin die Angst des Kerkers? der Ketten?
Du bists! kommst, mich zu retten!
Ich bin gerettet! –
Schon ist die Straße wieder da,
Auf der ich dich zum ersten Mal sah,
Und der heitere Garten,
Wo ich und Marthe deiner warten.
FAUST *fortstrebend.* Komm mit! komm mit!
MARGARETE. O Weile!
Weil ich doch so gern, wo du weilest. *Liebkosend.*
FAUST. Eile!
Wenn du nicht eilest,
Werden wirs teuer büßen müssen.
MARGARETE. Wie? du kannst nicht mehr küssen?
Mein Freund, so kurz von mir entfernt,
Und hasts Küssen verlernt?
Warum wird mir an deinem Halse so bang,
Wenn sonst von deinen Worten, deinen Blicken
Ein ganzer Himmel mich überdrang

Und du mich küßtest, als wolltest du mich ersticken?
Küsse mich!
Sonst küß ich dich! *Sie umfaßt ihn.*
O weh, deine Lippen sind kalt,
Sind stumm!
Wo ist dein Lieben
Geblieben?
Wer brachte mich drum? *Sie wendet sich von ihm.*
FAUST. Komm! folge mir! Liebchen, fasse Mut!
Ich herze dich mit tausendfacher Glut;
Nur folge mir! Ich bitte dich nur dies!
MARGARETE *zu ihm gewendet.*
Und bist dus denn? und bist dus auch gewiß?
FAUST. Ich bins! Komm mit!
MARGARETE. Du machst die Fesseln los,
Nimmst wieder mich in deinen Schoß.
Wie kommt es, daß du dich vor mir nicht scheust? –
Und weißt du denn, mein Freund, wen du befreist?
FAUST. Komm! komm! Schon weicht die tiefe Nacht.
MARGARETE. Meine Mutter hab ich umgebracht,
Mein Kind hab ich ertränkt!
War es nicht dir und mir geschenkt?
Dir auch! – Du bists! ich glaub es kaum.
Gib deine Hand! Es ist kein Traum!
Deine liebe Hand! – Ach, aber sie ist feucht!
Wische sie ab! Wie mich deucht,
Ist Blut dran!
Ach Gott! was hast du getan!
Stecke den Degen ein!
Ich bitte dich drum.
FAUST. Laß das Vergangne vergangen sein!
Du bringst mich um.
MARGARETE. Nein, du mußt übrigbleiben!
Ich will dir die Gräber beschreiben,
Für die mußt du sorgen
Gleich morgen:
Der Mutter den besten Platz geben,

Meinen Bruder sogleich darneben,
Mich ein wenig beiseit,
Nur nicht gar zu weit!
Und das Kleine mir an die rechte Brust!
Niemand wird sonst bei mir liegen! –
Mich an deine Seite zu schmiegen,
Das war ein süßes, ein holdes Glück!
Aber es will mir nicht mehr gelingen:
Mir ists, als müßt ich mich zu dir zwingen,
Als stießest du mich von dir zurück,
Und doch bist dus und blickst so gut, so fromm.
FAUST. Fühlst du, daß ich es bin, so komm!
MARGARETE. Dahinaus?
FAUST. Ins Freie!
MARGARETE. Ist das Grab drauß,
Lauert der Tod, so komm!
Von hier ins ewige Ruhebett
Und weiter keinen Schritt! –
Du gehst nun fort? O Heinrich, könnt ich mit!
FAUST. Du kannst! so wolle nur! Die Tür steht offen.
MARGARETE. Ich darf nicht fort; für mich ist nichts zu hoffen.
Was hilft es, fliehn? Sie lauern doch mir auf!
Es ist so elend, betteln zu müssen,
Und noch dazu mit bösem Gewissen!
Es ist so elend, in der Fremde schweifen –
Und sie werden mich doch ergreifen!
FAUST. Ich bleibe bei dir.
MARGARETE. Geschwind! geschwind!
Rette dein armes Kind!
Fort! immer den Weg
Am Bach hinauf,
Über den Steg,
In den Wald hinein,
Links, wo die Planke steht,
Im Teich!
Faß es nur gleich!
Es will sich heben,

Es zappelt noch!
Rette! rette!
FAUST. Besinne dich doch!
Nur einen Schritt, so bist du frei!
MARGARETE. Wären wir nur den Berg vorbei!
Da sitzt meine Mutter auf einem Stein,
Es faßt mich kalt beim Schöpfe!
Da sitzt meine Mutter auf einem Stein
Und wackelt mit dem Kopfe:
Sie winkt nicht, sie nickt nicht, der Kopf ist ihr schwer,
Sie schlief so lange, sie wacht nicht mehr –
Sie schlief, damit wir uns freuten!
Es waren glückliche Zeiten!
FAUST. Hilft hier kein Flehen, hilft kein Sagen,
So wag ichs, dich hinwegzutragen.
MARGARETE. Laß mich! Nein, ich leide keine Gewalt!
Fasse mich nicht so mörderisch an!
Sonst hab ich dir ja alles zulieb getan.
FAUST. Der Tag graut! Liebchen! Liebchen!
MARGARETE. Tag! Ja, es wird Tag! der letzte Tag dringt herein!
Mein Hochzeittag sollt es sein!
Sag niemand, daß du schon bei Gretchen warst!
Weh meinem Kranze!
Es ist eben geschehn!
Wir werden uns wiedersehn –
Aber nicht beim Tanze.
Die Menge drängt sich, man hört sie nicht;
Der Platz, die Gassen
Können sie nicht fassen.
Die Glocke ruft, das Stäbchen bricht.
Wie sie mich binden und packen!
Zum Blutstuhl bin ich schon entrückt.
Schon zuckt nach jedem Nacken
Die Schärfe, die nach meinem zückt:
Stumm liegt die Welt wie das Grab!
FAUST. O wär ich nie geboren!
MEPHISTOPHELES *erscheint draußen.*

Auf! oder ihr seid verloren.
Unnützes Zagen! Zaudern und Plaudern!
Meine Pferde schaudern,
Der Morgen dämmert auf.

MARGARETE. Was steigt aus dem Boden herauf?
Der! der! Schick' ihn fort!
Was will der an dem heiligen Ort?
Er will mich!

FAUST. Du sollst leben!

MARGARETE. Gericht Gottes! dir hab ich mich übergeben!

MEPHISTOPHELES *zu Faust.* Komm! komm! Ich lasse dich mit
ihr im Stich.

MARGARETE. Dein bin ich, Vater! rette mich!
Ihr Engel, ihr heiligen Scharen,
Lagert euch umher, mich zu bewahren! –
Heinrich! mir grauts vor dir!

MEPHISTOPHELES. Sie ist gerichtet!

STIMME *von oben.* Ist gerettet!

MEPHISTOPHELES *zu Faust.* Her zu mir!

Verschwindet mit Faust.

STIMME *von innen, verhallend.* Heinrich! Heinrich!

Der Tragödie Zweiter Teil

in fünf Akten

ERSTER AKT

Anmutige Gegend

Faust, auf blumigen Rasen gebett, ermüdet, unruhig, schlafsuchend
Dämmerung

Geisterkreis, schwebend bewegt, anmutige kleine Gestalten

ARIEL. *Gesang, von Äolsharfen begleitet.*
  Wenn der Blüten Frühlingsregen
  Über alle schwebend sinkt,
  Wenn der Felder grüner Segen
  Allen Erdgebornen blinkt,
  Kleiner Elfen Geistergröße
  Eilet, wo sie helfen kann;
  Ob er heilig, ob er böse,
  Jammert sie der Unglücksmann.
  Die ihr dies Haupt umschwebt im luftgen Kreise,
  Erzeigt euch hier nach edler Elfen Weise:
  Besänftiget des Herzens grimmen Strauß!
  Entfernt des Vorwurfs glühend-bittre Pfeile,
  Sein Innres reinigt von erlebtem Graus!
  Vier sind die Pausen nächtiger Weile:
  Nun ohne Säumen füllt sie freundlich aus!
  Erst senkt sein Haupt aufs kühle Polster nieder,
  Dann badet ihn im Tau aus Lethes Flut!
  Gelenk sind bald die krampferstarrten Glieder,
  Wenn er gestärkt dem Tag entgegenruht.
  Vollbringt der Elfen schönste Pflicht:
  Gebt ihn zurück dem heiligen Licht!
CHOR. *Einzeln, zu zweien und vielen, abwechselnd und gesammelt.*
  Wenn sich lau die Lüfte füllen
  Um den grünumschränkten Plan,
  Süße Düfte, Nebelhüllen
  Senkt die Dämmerung heran,
  Lispelt leise süßen Frieden,
  Wiegt das Herz in Kindesruh,

Und den Augen dieses Müden
Schließt des Tages Pforte zu.
Nacht ist schon hereingesunken,
Schließt sich heilig Stern an Stern,
Große Lichter, kleine Funken
Glitzern nah und glänzen fern,
Glitzern hier im See sich spiegelnd,
Glänzen droben klarer Nacht;
Tiefsten Ruhens Glück besiegelnd,
Herrscht des Mondes volle Pracht.
Schon verloschen sind die Stunden,
Hingeschwunden Schmerz und Glück;
Fühl es vor: du wirst gesunden!
Traue neuem Tagesblick!
Täler grünen, Hügel schwellen,
Buschen sich zu Schattenruh,
Und in schwanken Silberwellen
Wogt die Saat der Ernte zu.
Wunsch um Wünsche zu erlangen,
Schaue nach dem Glänze dort!
Leise bist du nur umfangen,
Schlaf ist Schale, wirf sie fort!
Säume nicht, dich zu erdreisten,
Wenn die Menge zaudernd schweift!
Alles kann der Edle leisten,
Der versteht und rasch ergreift.

Ungeheures Getöse verkündet das Herannahen der Sonne.

ARIEL. Horchet! horcht dem Sturm der Horen!
  Tönend wird für Geistesohren
  Schon der neue Tag geboren.
  Felsentore knarren rasselnd,
  Phöbus Räder rollen prasselnd,
  Welch Getöse bringt das Licht!
  Es trommetet, es posaunet,
  Auge blinzt, und Ohr erstaunet,
  Unerhörtes hört Sich nicht.

Schlüpfet zu den Blumenkronen,
Tiefer, tiefer, still zu wohnen,
In die Felsen, unters Laub!
Trifft es euch, so seid ihr taub.

FAUST. Des Lebens Pulse schlagen frisch-lebendig,
Ätherische Dämmerung milde zu begrüßen;
Du, Erde, warst auch diese Nacht beständig
Und atmest neu erquickt zu meinen Füßen,
Beginnest schon mit Lust mich zu umgeben,
Du regst und rührst ein kräftiges Beschließen,
Zum höchsten Dasein immer fortzustreben. –
In Dämmerschein liegt schon die Welt erschlossen,
Der Wald ertönt von tausendstimmigem Leben;
Talaus, talein ist Nebelstreif ergossen,
Doch senkt sich Himmelsklarheit in die Tiefen,
Und Zweig und Äste, frisch erquickt, entsprossen
Dem duftgen Abgrund, wo versenkt sie schliefen;
Auch Farb an Farbe klärt sich los vom Grunde,
Wo Blum und Blatt von Zitterperle triefen:
Ein Paradies wird um mich her die Runde.
Hinaufgeschaut! – Der Berge Gipfelriesen
Verkünden schon die feierlichste Stunde;
Sie dürfen früh des ewigen Lichts genießen,
Das später sich zu uns herniederwendet.
Jetzt zu der Alpe grüngesenkten Wiesen
Wird neuer Glanz und Deutlichkeit gespendet,
Und stufenweis herab ist es gelungen –
Sie tritt hervor! – und leider, schon geblendet,
Kehr ich mich weg, vom Augenschmerz durchdrungen.
So ist es also, wenn ein sehnend Hoffen
Dem höchsten Wunsch sich traulich zugerungen,
Erfüllungspforten findet flügeloffen;
Nun aber bricht aus jenen ewigen Gründen
Ein Flammenübermaß, wir stehn betroffen:
Des Lebens Fackel wollten wir entzünden,
Ein Feuermeer umschlingt uns, welch ein Feuer!
Ists Lieb? ists Haß? die glühend uns umwinden,

Mit Schmerz und Freuden wechselnd ungeheuer,
So daß wir wieder nach der Erde blicken,
Zu bergen uns in jugendlichstem Schleier.
So bleibe denn die Sonne mir im Rücken!
Der Wassersturz, das Felsenriff durchbrausend,
Ihn schau ich an mit wachsendem Entzücken.
Von Sturz zu Sturzen wälzt er jetzt in tausend,
Dann abertausend Strömen sich ergießend,
Hoch in die Lüfte Schaum an Schäume sausend.
Allein wie herrlich, diesem Sturm ersprießend,
Wölbt sich des bunten Bogens Wechseldauer,
Bald rein gezeichnet, bald in Luft zerfließend,
Umher verbreitend duftig-kühle Schauer!
Der spiegelt ab das menschliche Bestreben.
Ihm sinne nach, und du begreifst genauer:
Am farbigen Abglanz haben wir das Leben.

Kaiserliche Pfalz

SAAL DES THRONES

Staatsrat in Erwartung des Kaisers

Trompeten · Hofgesinde aller Art, prächtig gekleidet, tritt vor.

Der Kaiser gelangt auf den Thron, zu seiner Rechten der Astrolog

KAISER. Ich grüße die Getreuen, Lieben,
    Versammelt aus der Näh und Weite. –
    Den Weisen seh ich mir zur Seite,
    Allein wo ist der Narr geblieben?
JUNKER. Gleich hinter deiner Mantelschleppe
    Stürzt er zusammen auf der Treppe;
    Man trug hinweg das Fettgewicht:
    Tot oder trunken? weiß man nicht.
ZWEITER JUNKER. Sogleich mit wunderbarer Schnelle
    Drängt sich ein andrer an die Stelle.
    Gar köstlich ist er aufgeputzt,
    Doch fratzenhaft, daß jeder stutzt;
    Die Wache hält ihm an der Schwelle
    Kreuzweis die Hellebarden vor –
    Da ist er doch, der kühne Tor!
MEPHISTOPHELES *am Throne knieend.*
    Was ist verwünscht und stets willkommen?
    Was ist ersehnt und stets verjagt?
    Was immerfort in Schutz genommen?
    Was hart gescholten und verklagt?
    Wen darfst du nicht herbeiberufen?
    Wen höret jeder gern genannt?
    Was naht sich deines Thrones Stufen?
    Was hat sich selbst hinweggebannt?
KAISER. Für diesmal spare deine Worte!
    Hier sind die Rätsel nicht am Orte,
    Das ist die Sache dieser Herrn. –
    Da löse du! das hört ich gern:
    Mein alter Narr ging, furcht ich, weit ins Weite;

Nimm seinen Platz und komm an meine Seite!

Mephistopheles steigt hinauf und stellt sich zur Linken.

GEMURMEL DER MENGE.
Ein neuer Narr – Zu neuer Pein –
Wo kommt er her? – Wie kam er ein? –
Der alte fiel – Der hat vertan –
Es war ein Faß – Nun ists ein Span –

KAISER. Und also, ihr Getreuen, Lieben,
Willkommen aus der Näh und Ferne!
Ihr sammelt euch mit günstigem Sterne:
Da droben ist uns Glück und Heil geschrieben.
Doch sagt, warum in diesen Tagen,
Wo wir den Sorgen uns entschlagen,
Schönbärte mummenschänzlich tragen
Und Heitres nur genießen wollten,
Warum wir uns ratschlagend quälen sollten!
Doch weil ihr meint, es ging nicht anders an,
Geschehen ists, so seis getan.

KANZLER. Die höchste Tugend, wie ein Heiligenschein,
Umgibt des Kaisers Haupt, nur er allein
Vermag sie gültig auszuüben:
Gerechtigkeit! Was alle Menschen lieben,
Was alle fordern, wünschen, schwer entbehren,
Es liegt an ihm, dem Volk es zu gewähren.
Doch ach! was hilft dem Menschengeist Verstand,
Dem Herzen Güte, Willigkeit der Hand,
Wenns fieberhaft durchaus im Staate wütet
Und Übel sich in Übeln überbrütet?
Wer schaut hinab von diesem hohen Raum
Ins weite Reich, ihm scheints ein schwerer Traum,
Wo Mißgestalt in Mißgestalten schaltet,
Das Ungesetz gesetzlich überwaltet
Und eine Welt des Irrtums sich entfaltet.
Der raubt sich Herden, der ein Weib,
Kelch, Kreuz und Leuchter vom Altare,
Berühmt sich dessen manche Jahre

Mit heiler Haut, mit unverletztem Leib.
Jetzt drängen Kläger sich zur Halle,
Der Richter prunkt auf hohem Pfühl,
Indessen wogt in grimmigem Schwalle
Des Aufruhrs wachsendes Gewühl.
Der darf auf Schand und Frevel pochen,
Der auf Mitschuldigste sich stützt,
Und: Schuldig! hörst du ausgesprochen,
Wo Unschuld nur sich selber schützt.
So will sich alle Welt zerstückeln,
Vernichtigen, was sich gebührt;
Wie soll sich da der Sinn entwickeln,
Der einzig uns zum Rechten führt?
Zuletzt ein wohlgesinnter Mann
Neigt sich dem Schmeichler, dem Bestecher;
Ein Richter, der nicht strafen kann,
Gesellt sich endlich zum Verbrecher.
Ich malte schwarz; doch dichtem Flor
Zög ich dem Bilde lieber vor. *Pause.*
Entschlüsse sind nicht zu vermeiden;
Wenn alle schädigen, alle leiden,
Geht selbst die Majestät zu Raub.
HEERMEISTER. Wie tobts in diesen wilden Tagen!
Ein jeder schlägt und wird erschlagen,
Und fürs Kommando bleibt man taub.
Der Bürger hinter seinen Mauern,
Der Ritter auf dem Felsennest
Verschwuren sich, uns auszudauern,
Und halten ihre Kräfte fest.
Der Mietsoldat wird ungeduldig,
Mit Ungestüm verlangt er seinen Lohn,
Und wären wir ihm nichts mehr schuldig,
Er liefe ganz und gar davon.
Verbiete wer, was alle wollten,
Der hat ins Wespennest gestört;
Das Reich, das sie beschützen sollten,
Es liegt geplündert und verheert.

Man läßt ihr Toben, wütend Hausen,
Schon ist die halbe Welt vertan;
Es sind noch Könige da draußen,
Doch keiner denkt, es ging ihn irgend an.

SCHATZMEISTER. Wer wird auf Bundesgenossen pochen!
Subsidien, die man uns versprochen,
Wie Röhrenwasser bleiben aus.
Auch, Herr, in deinen weiten Staaten
An wen ist der Besitz geraten?
Wohin man kommt, da hält ein Neuer Haus,
Und unabhängig will er leben;
Zusehen muß man, wie ers treibt:
Wir haben so viel Rechte hingegeben,
Daß uns auf nichts ein Recht mehr übrigbleibt.
Auch auf Parteien, wie sie heißen,
Ist heutzutage kein Verlaß;
Sie mögen schelten oder preisen,
Gleichgültig wurden Lieb und Haß.
Die Ghibellinen wie die Guelfen
Verbergen sich, um auszuruhn;
Wer jetzt will seinem Nachbar helfen?
Ein jeder hat für sich zu tun.
Die Goldespforten sind verrammelt,
Ein jeder kratzt und scharrt und sammelt,
Und unsre Kassen bleiben leer.

MARSCHALK. Welch Unheil muß auch ich erfahren!
Wir wollen alle Tage sparen
Und brauchen alle Tage mehr,
Und täglich wächst mir neue Pein.
Den Köchen tut kein Mangel wehe:
Wildschweine, Hirsche, Hasen, Rehe,
Welschhühner, Hühner, Gäns und Enten,
Die Deputate, sichre Renten,
Sie gehen noch so ziemlich ein;
Jedoch am Ende fehlts an Wein.
Wenn sonst im Keller Faß an Faß sich häufte
Der besten Berg und Jahresläufte,

So schlürft unendliches Gesäufte
Der edlen Herrn den letzten Tropfen aus.
Der Stadtrat muß sein Lager auch verzapfen,
Man greift zum Humpen, greift zu Napfen,
Und unterm Tische liegt der Schmaus.
Nun soll ich zahlen, alle lohnen;
Der Jude wird mich nicht verschonen:
Der schafft Antizipationen,
Die speisen Jahr um Jahr voraus.
Die Schweine kommen nicht zu Fette,
Verpfändet ist der Pfühl im Bette,
Und auf dem Tisch kommt vorgegessen Brot.
KAISER *nach einigem Nachdenken zu Mephistopheles.*
Sag, weißt du Narr nicht auch noch eine Not?
MEPH. Ich keineswegs! Den Glanz umher zu schauen,
Dich und die Deinen! – Mangelte Vertrauen,
Wo Majestät unweigerlich gebeut,
Bereite Macht Feindseliges zerstreut?
Wo guter Wille, kräftig durch Verstand,
Und Tätigkeit, vielfältige, zur Hand?
Was könnte da zum Unheil sich vereinen
Zur Finsternis, wo solche Sterne scheinen?
GEMURMEL. Das ist ein Schalk – Ders wohl versteht –
Er lügt sich ein – Solang es geht –
Ich weiß schon – Was dahintersteckt –
Und was denn weiter? – Ein Projekt –
MEPHISTOPHELES. Wo fehlts nicht irgendwo auf dieser Welt?
Dem dies, dem das, hier aber fehlt das Geld.
Vom Estrich zwar ist es nicht aufzuraffen;
Doch Weisheit weiß das Tiefste herzuschaffen.
In Bergesadern, Mauergründen
Ist Gold gemünzt und ungemünzt zu finden,
Und fragt ihr mich, wer es zutage schafft:
Begabten Manns Natur- und Geisteskraft!
KANZLER. Natur und Geist – so spricht man nicht zu Christen!
Deshalb verbrennt man Atheisten,
Weil solche Reden höchst gefährlich sind.

Natur ist Sünde, Geist ist Teufel,
Sie hegen zwischen sich den Zweifel,
Ihr mißgestaltet Zwitterkind.
Uns nicht so! – Kaisers alten Landen
Sind zwei Geschlechter nur entstanden,
Sie stützen würdig seinen Thron:
Die Heiligen sind es und die Ritter;
Sie stehen jedem Ungewitter
Und nehmen Kirch und Staat zum Lohn.
Dem Pöbelsinn verworrener Geister
Entwickelt sich ein Widerstand:
Die Ketzer sinds! die Hexenmeister!
Und sie verderben Stadt und Land.
Die willst du nun mit frechen Scherzen
In diese hohen Kreise schwärzen;
Ihr hegt euch an verderbtem Herzen:
Dem Narren sind sie nah verwandt.

MEPHISTOPHELES. Daran erkenn ich den gelehrten Herrn!
Was ihr nicht tastet, steht euch meilenfern,
Was ihr nicht faßt, das fehlt euch ganz und gar,
Was ihr nicht rechnet, glaubt ihr, sei nicht wahr,
Was ihr nicht wägt, hat für euch kein Gewicht,
Was ihr nicht münzt, das, meint ihr, gelte nicht!

KAISER. Dadurch sind unsre Mängel nicht erledigt;
Was willst du jetzt mit deiner Fastenpredigt?
Ich habe satt das ewige Wie und Wenn;
Es fehlt an Geld: nun gut, so schaff es denn!

MEPHISTOPHELES. Ich schaffe, was ihr wollt, und schaffe mehr;
Zwar ist es leicht, doch ist das Leichte schwer.
Es liegt schon da, doch um es zu erlangen,
Das ist die Kunst! Wer weiß es anzufangen?
Bedenkt doch nur: in jenen Schreckesläuften,
Wo Menschenfluten Land und Volk ersäuften,
Wie der und der, so sehr es ihn erschreckte,
Sein Liebstes da- und dortwohin versteckte.
So wars von je in mächtiger Römer Zeit,
Und so fortan, bis gestern, ja bis heut.

Das alles liegt im Boden still begraben:
Der Boden ist des Kaisers, der solls haben!
SCHATZMEISTER. Für einen Narren spricht er gar nicht schlecht;
Das ist fürwahr des alten Kaisers Recht.
KANZLER. Der Satan legt euch goldgewirkte Schlingen:
Es geht nicht zu mit frommen, rechten Dingen.
MARSCHALK. Schafft er uns nur zu Hof willkommne Gaben,
Ich wollte gern ein bißchen unrecht haben.
HEERMEISTER. Der Narr ist klug, verspricht, was jedem frommt;
Fragt der Soldat doch nicht, woher es kommt!
MEPH. Und glaubt ihr euch vielleicht durch mich betrogen:
Hier steht ein Mann! da, fragt den Astrologen!
In Kreis um Kreise kennt er Stund und Haus.
So sage denn: wie siehts am Himmel aus?
GEMURMEL. Zwei Schelme sinds – Verstehn sich schon –
Narr und Phantast – So nah dem Thron –
Ein mattgesungen – Alt Gedicht
Der Tor bläst ein – Der Weise spricht –
ASTROLOG, *spricht, Mephistopheles bläst ein.*
Die Sonne selbst, sie ist ein lautres Gold;
Merkur, der Bote, dient um Gunst und Sold;
Frau Venus hats euch allen angetan,
So früh als spat blickt sie euch lieblich an;
Die keusche Luna launet grillenhaft;
Mars, trifft er nicht, so dräut euch seine Kraft,
Und Jupiter bleibt doch der schönste Schein;
Saturn ist groß, dem Auge fern und klein;
Ihn als Metall verehren wir nicht sehr:
An Wert gering, doch im Gewichte schwer.
Ja, wenn zu Sol sich Luna fein gesellt,
Zum Silber Gold, dann ist es heitre Welt!
Das übrige ist alles zu erlangen:
Paläste, Gärten, Brüstlein, rote Wangen,
Das alles schafft der hochgelahrte Mann,
Der das vermag, was unser keiner kann.
KAISER. Ich höre doppelt, was er spricht,
Und dennoch überzeugts mich nicht.

GEMURMEL. Was soll uns das? – Gedroschner Spaß –
Kalenderei – Chymisterei –
Das hört ich oft – Und falsch gehofft –
Und kommt er auch – So ists ein Gauch –

MEPHISTOPHELES. Da stehen sie umher und staunen,
Vertrauen nicht dem hohen Fund;
Der eine faselt von Alraunen,
Der andre von dem schwarzen Hund.
Was soll es, daß der eine witzelt,
Ein andrer Zauberei verklagt,
Wenn ihm doch auch einmal die Sohle kitzelt,
Wenn ihm der sichre Schritt versagt!
Ihr alle fühlt geheimes Wirken
Der ewig-waltenden Natur,
Und aus den untersten Bezirken
Schmiegt sich herauf lebendge Spur.
Wenn es in allen Gliedern zwackt,
Wenn es unheimlich wird am Platz,
Nur gleich entschlossen grabt und hackt:
Da liegt der Spielmann, liegt der Schatz!

GEMURMEL. Mir liegts im Fuß wie Bleigewicht –
Mir krampfts im Arme – Das ist Gicht –
Mir krabbelts an der großen Zeh –
Mir tut der ganze Rücken weh –
Nach solchen Zeichen wäre hier
Das allerreichste Schatzrevier.

KAISER. Nur eilig! du entschlüpfst nicht wieder,
Erprobe deine Lügenschäume
Und zeig uns gleich die edlen Räume!
Ich lege Schwert und Zepter nieder
Und will mit eignen hohen Händen,
Wenn du nicht lügst, das Werk vollenden,
Dich, wenn du lügst, zur Hölle senden!

MEPHISTOPHELES. Den Weg dahin wüßt allenfalls zu finden! –
Doch kann ich nicht genug verkünden,
Was überall besitzlos harrend liegt.
Der Bauer, der die Furche pflügt,

Hebt einen Goldtopf mit der Scholle;
Salpeter hofft er von der Leimenwand
Und findet golden-goldne Rolle,
Erschreckt, erfreut, in kümmerlicher Hand.
Was für Gewölbe sind zu sprengen!
In welchen Klüften, welchen Gängen
Muß sich der Schatzbewußte drängen
Zur Nachbarschaft der Unterwelt!
In weiten, altverwahrten Kellern
Von goldnen Humpen, Schüsseln, Tellern
Sieht er sich Reihen aufgestellt;
Pokale stehen aus Rubinen,
Und will er deren sich bedienen,
Daneben liegt uraltes Naß.
Doch – werdet ihr dem Kundigen glauben? –
Verfault ist längst das Holz der Dauben:
Der Weinstein schuf dem Wein ein Faß.
Essenzen solcher edlen Weine,
Gold und Juwelen nicht alleine,
Umhüllen sich mit Nacht und Graus.
Der Weise forscht hier unverdrossen;
Am Tag erkennen, das sind Possen,
Im Finstern sind Mysterien zu Haus.

KAISER. Die laß ich dir! Was will das Düstre frommen?
Hat etwas Wert, es muß zutage kommen.
Wer kennt den Schelm in tiefer Nacht genau?
Schwarz sind die Kühe, so die Katzen grau.
Die Töpfe drunten, voll von Goldgewicht,
Zieh deinen Pflug und ackre sie ans Licht!

MEPHISTOPHELES. Nimm Hack und Spaten, grabe selber!
Die Bauernarbeit macht dich groß,
Und eine Herde goldner Kälber,
Sie reißen sich vom Boden los.
Dann ohne Zaudern, mit Entzücken
Kannst du dich selbst, wirst die Geliebte schmücken:
Ein leuchtend Farb- und Glanzgestein erhöht
Die Schönheit wie die Majestät.

KAISER. Nur gleich! nur gleich! Wie lange soll es währen!
ASTROLOG *wie oben*. Herr, mäßige solch dringendes Begehren!
   Laßt erst vorbei das bunte Freudenspiel!
   Zerstreutes Wesen führt uns nicht zum Ziel.
   Erst müssen wir in Fassung uns versühnen,
   Das Untre durch das Obere verdienen.
   Wer Gutes will, der sei erst gut,
   Wer Freude will, besänftige sein Blut,
   Wer Wein verlangt, der keltre reife Trauben,
   Wer Wunder hofft, der stärke seinen Glauben!
KAISER. So sei die Zeit in Fröhlichkeit vertan!
   Und ganz erwünscht kommt Aschermittwoch an.
   Indessen feiern wir, auf jeden Fall,
   Nur lustiger das wilde Karneval. *Trompeten. Exeunt.*
MEPHISTOPHELES. Wie sich Verdienst und Glück verketten,
   Das fällt den Toren niemals ein;
   Wenn sie den Stein der Weisen hätten,
   Der Weise mangelte dem Stein.

WEITLÄUFIGER SAAL

mit Nebengemächern, verziert und aufgeputzt zur Mummenschanz

HEROLD. Denkt nicht, ihr seid in deutschen Grenzen
   Von Teufels-, Narren- und Totentänzen!
   Ein heitres Fest erwartet euch.
   Der Herr, auf seinen Römerzügen,
   Hat, sich zu Nutz, euch zum Vergnügen,
   Die hohen Alpen überstiegen,
   Gewonnen sich ein heitres Reich.
   Der Kaiser, er, an heiligen Sohlen
   Erbat sich erst das Recht zur Macht,
   Und als er ging, die Krone sich zu holen,
   Hat er uns auch die Kappe mitgebracht.
   Nun sind wir alle neugeboren;
   Ein jeder weltgewandte Mann

Zieht sie behaglich über Kopf und Ohren:
Sie ähnlet ihn verrückten Toren,
Er ist darunter weise, wie er kann. –
Ich sehe schon, wie sie sich scharen,
Sich schwankend sondern, traulich paaren;
Zudringlich schließt sich Chor an Chor.
Herein, hinaus, nur unverdrossen!
Es bleibt doch endlich nach wie vor
Mit ihren hunderttausend Possen
Die Welt ein einzig-großer Tor.

GÄRTNERINNEN. *Gesang, begleitet von Mandolinen.*
Euren Beifall zu gewinnen,
Schmückten wir uns diese Nacht,
Junge Florentinerinnen,
Folgten deutschen Hofes Pracht;
Tragen wir in braunen Locken
Mancher heitern Blume Zier;
Seidenfäden, Seidenflocken
Spielen ihre Rolle hier.
Denn wir halten es verdienstlich,
Lobenswürdig ganz und gar:
Unsere Blumen, glänzend-künstlich,
Blühen fort das ganze Jahr.
Allerlei gefärbten Schnitzeln
Ward symmetrisch Recht getan;
Mögt ihr Stück für Stück bewitzeln,
Doch das Ganze zieht euch an.
Niedlich sind wir anzuschauen,
Gärtnerinnen und galant;
Denn das Naturell der Frauen
Ist so nah mit Kunst verwandt.

HEROLD. Laßt die reichen Körbe sehen,
Die ihr auf den Häupten traget,
Die sich bunt am Arme blähen!
Jede wähle, was behaget!
Eilig, daß in Laub- und Gängen
Sich ein Garten offenbare!

Würdig sind, sie zu umdrängen,
Krämerinnen wie die Ware.
GÄRTNERINNEN. Feilschet nun am heitern Orte,
Doch kein Markten finde statt!
Und mit sinnig-kurzem Worte
Wisse jeder, was er hat.
OLIVENZWEIG MIT FRÜCHTEN.
Keinen Blumenflor beneid ich,
Allen Widerstreit vermeid ich;
Mir ists gegen die Natur:
Bin ich doch das Mark der Lande
Und, zum sichern Unterpfande,
Friedenszeichen jeder Flur.
Heute, hoff ich, soll mirs glücken,
Würdig-schönes Haupt zu schmücken.
ÄHRENKRANZ *golden.* Ceres Gaben, euch zu putzen,
Werden hold und lieblich stehn:
Das Erwünschteste dem Nutzen
Sei als eure Zierde schön.
PHANTASIEKRANZ. Bunte Blumen, Malven ähnlich,
Aus dem Moos ein Wunderflor!
Der Natur ists nicht gewöhnlich,
Doch die Mode bringts hervor.
PHANTASIESTRAUSS. Meinen Namen euch zu sagen,
Würde Theophrast nicht wagen,
Und doch hoff ich, wo nicht allen,
Aber mancher zu gefallen,
Der ich mich wohl eignen möchte,
Wenn sie mich ins Haar verflöchte,
Wenn sie sich entschließen könnte,
Mir am Herzen Platz vergönnte.
ROSENKNOSPEN, *Ausforderung.*
Mögen bunte Phantasien
Für des Tages Mode blühen,
Wunderseltsam sein gestaltet,
Wie Natur sich nie entfaltet!
Grüne Stiele, goldne Glocken,

Blickt hervor aus reichen Locken! –
Doch wir halten uns versteckt;
Glücklich, wer uns frisch entdeckt!
Wenn der Sommer sich verkündet,
Rosenknospe sich entzündet,
Wer mag solches Glück entbehren?
Das Versprechen, das Gewähren,
Das beherrscht in Florens Reich
Blick und Sinn und Herz zugleich.

*Unter grünen Laubgängen putzen die Gärtnerinnen zierlich ihren
Kram auf*

GÄRTNER *Gesang, begleitet von Theorben*

Blumen sehet ruhig sprießen,
Reizend euer Haupt umzieren!
Früchte wollen nicht verführen,
Kostend mag man sie genießen.
Bieten bräunliche Gesichter
Kirschen, Pfirschen, Königspflaumen,
Kauft! denn gegen Zung und Gaumen
Hält sich Auge schlecht als Richter.
Kommt, von allerreifsten Früchten
Mit Geschmack und Luft zu speisen!
Über Rosen läßt sich dichten,
In die Äpfel muß man beißen.
Seis erlaubt, uns anzupaaren
Eurem reichen Jugendflor,
Und wir putzen reifer Waren
Fülle nachbarlich empor.
Unter lustigen Gewinden,
In geschmückter Lauben Bucht,
Alles ist zugleich zu finden:
Knospe, Blätter, Blume, Frucht.

*Unter Wechselgesang, begleitet von Gitarren und Theorben, fahren
beide Chöre fort, ihre Waren stufenweise in die Höhe zu schmücken
und auszubieten –*

Mutter und Tochter

MUTTER. Mädchen, als du kamst ans Licht,
  Schmückt ich dich im Häubchen;
  Warst so lieblich von Gesicht
  Und so zart am Leibchen.
  Dachte dich sogleich als Braut
  Gleich dem Reichsten angetraut,
  Dachte dich als Weibchen.

  Ach, nun ist schon manches Jahr
  Ungenützt verflogen,
  Der Sponsierer bunte Schar
  Schnell vorbeigezogen!
  Tanztest mit dem einen flink,
  Gabst dem andern seinen Wink
  Mit dem Ellenbogen.

  Welches Fest man auch ersann,
  Ward umsonst begangen:
  Pfänderspiel und Dritter Mann
  Wollten nicht verfangen;
  Heute sind die Narren los:
  Liebchen, öffne deinen Schoß!
  Bleibt wohl einer hangen.

*Gespielinnen, jung und schön, gesellen sich hinzu; ein vertrauliches
Geplauder wird laut –
Fischer und Vogelsteller mit Netzen, Angeln und Leimruten, auch
sonstigem Geräte, treten auf, mischen sich unter die schönen Kinder.
Wechselseitige Versuche, zu gewinnen, zu fangen, zu entgehen und
festzuhalten, geben zu den angenehmsten Dialogen Gelegenheit*

HOLZHAUER *treten ein, ungestüm und ungeschlacht*

Nur Platz! nur Blöße!	Denn wirkten Grobe
Wir brauchen Räume:	Nicht auch im Lande,
Wir fällen Bäume,	Wie kämen Feine
Die krachen, schlagen,	Für sich zustande,
Und wenn wir tragen,	So sehr sie witzten?
Da gibt es Stöße.	Des seid belehret!
Zu unserm Lobe	Denn ihr erfröret,
Bringt dies ins Reine;	Wenn wir nicht schwitzten.

PULCINELLE *täppisch, fast läppisch*

Ihr seid die Toren,
Gebückt geboren.
Wir sind die Klugen,
Die nie was trugen;
Denn unsre Kappen,
Jacken und Lappen
Sind leicht zu tragen,
Und mit Behagen
Wir immer müßig,
Pantoffelfüßig
Durch Markt und Haufen

Einherzulaufen,
Gaffend zu stehen,
Uns anzukrähen,
Auf solche Klänge
Durch Drang und Menge
Aalgleich zu schlüpfen,
Gesamt zu hüpfen,
Vereint zu toben.
Ihr mögt uns loben,
Ihr mög uns schelten,
Wir lassens gelten.

PARASITEN *schmeichelnd-lüstern*

Ihr wackern Träger
Und eure Schwäger,
Die Kohlenbrenner,
Sind unsre Männer;
Denn alles Bücken,
Bejahndes Nicken,
Gewundne Phrasen,
Das Doppelblasen,
Das wärmt und kühlet,
Wies einer fühlet,
Was könnt es frommen?
Es möchte Feuer
Selbst ungeheuer

Vom Himmel kommen,
Gab es nicht Scheite
Und Kohlentrachten,
Die Herdesbreite
Zur Glut entfachten.
Da bräts und prudelts,
Da kochts und strudelts!
Der wahre Schmecker,
Der Tellerlecker,
Er riecht den Braten,
Er ahnet Fische;
Das regt zu Taten
An Gönners Tische.

TRUNKNER *unbewußt*

Sei mir heute nicht zuwider!
Fühle mich so frank und frei;
Frische Luft und heitre Lieder,
Holt ich selbst sie doch herbei.
Und so trink ich! trinke! trinke!
Stoßet an, ihr! Tinke-tinke!
Du dorthinten, komm heran!
Stoßet an, so ists getan.
Schrie mein Weibchen doch entrüstet,
Rümpfte diesem bunten Rock

Und, wie sehr ich mich gebrüstet,
Schalt mich einen Maskenstock.
Doch ich trinke! trinke! trinke!
Angeklungen! Tinke-tinke!
Maskenstöcke, stoßet an!
Wenn es klingt, so ists getan.
Saget nicht, daß ich verirrt bin!
Bin ich doch, wo mirs behagt.
Borgt der Wirt nicht, borgt die Wirtin,
Und am Ende borgt die Magd.
Immer trink ich! trinke! trinke!
Auf, ihr andern! Tinke-tinke!
Jeder jedem, so fortan!
Dünkt michs doch, es sei getan.
Wie und wo ich mich vergnüge,
Mag es immerhin geschehn:
Laßt mich liegen, wo ich liege!
Denn ich mag nicht länger stehn.
CHOR. Jeder Bruder trinke! trinke!
Toastet frisch ein Tinke-tinke!
Sitzet fest auf Bank und Span!
Unterm Tisch, dem ists getan.

DER HEROLD

*kündigt verschiedene Poeten an, Naturdichter, Hof- und Rittersänger,
zärtliche sowie Enthusiasten. Im Gedräng von Mitwerbern aller Art
läßt keiner den andern zum Vortrag kommen*

Einer schleicht mit wenigen Worten vorüber:

SATIRIKER. Wißt ihr, was mich Poeten
Erst recht erfreuen sollte?
Dürft ich singen und reden,
Was niemand hören wollte.
*Die Nacht- und Grabdichter lassen sich entschuldigen, weil sie soeben im
interessantesten Gespräch mit einem frisch erstandenen Vampyren begriffen
seien, woraus eine neue Dichtart sich vielleicht entwickeln könnte; der He-*

rold muß es gelten lassen und ruft indessen die griechische Mythologie hervor, die selbst in moderner Maske weder Charakter noch Gefälliges verliert

DIE GRAZIEN

AGLAIA. Anmut bringen wir ins Leben;
   Leget Anmut in das Geben!
HEGEMONE. Leget Anmut ins Empfangen!
   Lieblich ists, den Wunsch erlangen.
EUPHROSYNE. Und in stiller Tage Schranken
   Höchst anmutig sei das Danken!

DIE PARZEN

ATTROPOS. Mich, die Älteste, zum Spinnen
   Hat man diesmal eingeladen;
   Viel zu denken, viel zu sinnen
   Gibts beim zarten Lebensfaden.
   Daß er euch gelenk und weich sei,
   Wüßt ich feinsten Flachs zu sichten;
   Daß er glatt und schlank und gleich sei,
   Wird der kluge Finger schlichten.
   Wolltet ihr bei Lust und Tänzen
   Allzu üppig euch erweisen,
   Denkt an dieses Fadens Grenzen!
   Hütet euch! er möchte reißen.
KLOTHO. Wißt, in diesen letzten Tagen
   Ward die Schere mir vertraut;
   Denn man war von dem Betragen
   Unsrer Alten nicht erbaut.
   Zerrt unnützeste Gespinste
   Lange sie an Licht und Luft,
   Hoffnung herrlichster Gewinste
   Schleppt sie schneidend zu der Gruft.
   Doch auch ich, im Jugendwalten,
   Irrte mich schon hundertmal;
   Heute mich im Zaum zu halten,

Schere steckt im Futteral.
Und so bin ich gern gebunden,
Blicke freundlich diesem Ort:
Ihr in diesen freien Stunden
Schwärmt nur immer fort und fort!

LACHESIS. Mir, die ich allein verständig,
Blieb das Ordnen zugeteilt;
Meine Weife, stets lebendig,
Hat noch nie sich übereilt.
Fäden kommen, Fäden weifen,
Jeden lenk ich seine Bahn,
Keinen laß ich überschweifen:
Füg er sich im Kreis heran!
Könnt ich einmal mich vergessen,
Wäf es um die Welt mir bang;
Stunden zählen, Jahre messen,
Und der Weber nimmt den Strang.

HEROLD. Die jetzo kommen, werdet ihr nicht kennen,
Wärt ihr noch so gelehrt in alten Schriften;
Sie anzusehn, die so viel Übel stiften,
Ihr würdet sie willkommne Gäste nennen.
Die Furien sind es! niemand wird uns glauben:
Hübsch, wohlgestaltet, freundlich, jung von Jahren!
Laßt euch mit ihnen ein: ihr sollt erfahren,
Wie schlangenhaft verletzen solche Tauben.
Zwar sind sie tückisch; doch am heutigen Tage,
Wo jeder Narr sich rühmet seiner Mängel,
Auch sie verlangen nicht den Ruhm als Engel,
Bekennen sich als Stadt- und Landesplage.

DIE FURIEN

ALEKTO. Was hilft es euch? ihr werdet uns vertrauen!
Denn wir sind hübsch und jung und Schmeichelkätzchen;
Hat einer unter euch ein Liebesschätzchen,
Wir werden ihm so lang die Ohren krauen,
Bis wir ihm sagen dürfen, Aug in Auge:

Daß sie zugleich auch dem und jenem winke,
Im Kopfe dumm, im Rücken krumm, und hinke
Und, wenn sie seine Braut ist, gar nichts tauge.
So wissen wir die Braut auch zu bedrängen:
Es hat sogar der Freund vor wenig Wochen
Verächtliches von ihr zu der gesprochen! –
Versöhnt man sich, so bleibt doch etwas hängen.
MEGÄRA. Das ist nur Spaß! denn sind sie erst verbunden,
Ich nehm es auf und weiß in allen Fällen
Das schönste Glück durch Grille zu vergällen;
Der Mensch ist ungleich, ungleich sind die Stunden,
Und niemand hat Erwünschtes fest in Armen,
Der sich nicht nach Erwünschterem töricht sehnte
Vom höchsten Glück, woran er sich gewöhnte;
Die Sonne flieht er, will den Frost erwarmen.
Mit diesem allen weiß ich zu gebaren
und führe her Asmodi, den Getreuen,
Zu rechter Zeit Unseliges auszustreuen,
Verderbe so das Menschenvolk in Paaren.
TISIPHONE. Gift und Dolch statt böser Zungen
Misch ich, schärf ich dem Verräter;
Liebst du andre: früher, später
Hat Verderben dich durchdrungen,
Muß der Augenblicke Süßtes
Sich zu Gischt und Galle wandeln!
Hier kein Markten, hier kein Handeln:
Wie er es beging, er büßt es.
Singe keiner vom Vergeben!
Felsen klag ich meine Sache,
Echo, horch! erwidert: Rache!
Und wer wechselt, soll nicht leben.
HEROLD. Belieb es euch, zur Seite wegzuweichen!
Denn was jetzt kommt, ist nicht von euresgleichen.
Ihr seht, wie sich ein Berg herangedrängt,
Mit bunten Teppichen die Weichen stolz behängt,
Ein Haupt mit langen Zähnen, Schlangenrüssel,
Geheimnisvoll, doch zeig ich euch den Schlüssel.

Im Nacken sitzt ihm zierlich-zarte Frau,
Mit feinem Stäbchen lenkt sie ihn genau;
Die andre, droben stehend herrlich-hehr,
Umgibt ein Glanz, der blendet mich zu sehr.
Zur Seite gehn gekettet edle Frauen,
Die eine bang, die andre froh zu schauen;
Die eine wünscht, die andre fühlt sich frei.
Verkünde jede, wer sie sei!

FURCHT. Dunstige Fackeln, Lampen, Lichter
Dämmern durchs verworrne Fest;
Zwischen diese Truggesichter
Bannt mich, ach! die Kette fest.
Fort, ihr lächerlichen Lacher!
Euer Grinsen gibt Verdacht;
Alle meine Widersacher
Drängen mich in dieser Nacht.
Hier: ein Freund ist Feind geworden,
Seine Maske kenn ich schon!
Jener wollte mich ermorden,
Nun, entdeckt, schleicht er davon.
Ach, wie gern in jeder Richtung
Flöh ich zu der Welt hinaus!
Doch von drüben droht Vernichtung,
Hält mich zwischen Dunst und Graus.

HOFFNUNG. Seid gegrüßt, ihr lieben Schwestern!
Habt ihr euch schon heut und gestern
In Vermummungen gefallen,
Weiß ich doch gewiß von allen:
Morgen wollt ihr euch enthüllen!
Und wenn wir bei Fackelscheine
Uns nicht sonderlich behagen,
Werden wir in heitern Tagen
Ganz nach unserm eignen Willen
Bald gesellig, bald alleine,
Frei durch schöne Fluren wandeln,
Nach Belieben ruhn und handeln
Und in sorgenfreiem Leben

Nie entbehren, stets erstreben.
Überall willkommne Gäste,
Treten wir getrost hinein:
Sicherlich, es muß das Beste
Irgendwo zu finden sein.

KLUGHEIT. Zwei der größten Menschenfeinde,
Furcht und Hoffnung, angekettet,
Halt ich ab von der Gemeinde –
Platz gemacht! – ihr seid gerettet.
Den lebendigen Kolossen
Führ ich, seht ihr, turmbeladen,
Und er wandelt unverdrossen
Schritt vor Schritt auf steilen Pfaden.
Droben aber auf der Zinne
Jene Göttin mit behenden,
Breiten Flügeln, zum Gewinne
Allerseits sich hinzuwenden:
Rings umgibt sie Glanz und Glorie,
Leuchtend fern nach allen Seiten,
Und sie nennet sich Viktorie,
Göttin aller Tätigkeiten.

ZOILO-THERSITES. Hu! hu! da komm ich eben recht!
Ich schelt euch allzusammen schlecht;
Doch was ich mir zum Ziel ersah,
Ist oben Frau Viktoria.
Mit ihrem weißen Flügelpaar
Sie dünkt sich wohl, sie sei ein Aar,
Und wo sie sich nur hingewandt,
Gehör ihr alles Volk und Land.
Doch wo was Rühmliches gelingt,
Es mich sogleich in Harnisch bringt.
Das Tiefe hoch, das Hohe tief,
Das Schiefe grad, das Grade schief,
Das ganz allein macht mich gesund;
So will ichs auf dem Erdenrund.

HEROLD. So treffe dich, du Lumpenhund,
Des frommen Stabes Meisterstreich!

Da krümm und winde dich sogleich!
Wie sich die Doppelzwerggestalt
So schnell zum eklen Klumpen ballt! –
Doch Wunder! Klumpen wird zum Ei,
Das bläht sich auf und platzt entzwei.
Nun fällt ein Zwillingspaar heraus:
Die Otter und die Fledermaus!
Die eine fort im Staube kriecht,
Die andre schwarz zur Decke fliegt.
Sie eilen draußen zum Verein;
Da möcht ich nicht der Dritte sein.
GEMURMEL. Frisch! dahinten tanzt man schon –
Nein! ich wollt, ich war davon –
Fühlst du, wie uns das umflicht,
Das gespenstische Gezücht? –
Saust es mir doch übers Haar –
Ward ichs doch am Fuß gewahr –
Keiner ist von uns verletzt –
Alle doch in Furcht gesetzt –
Ganz verdorben ist der Spaß –
Und die Bestien wollten das –
HEROLD. Seit mir sind die Maskeraden
Heroldspflichten aufgeladen,
Wach ich ernstlich an der Pforte,
Daß euch hier am lustigen Orte
Nichts Verderbliches erschleiche;
Weder wanke, weder weiche.
Doch ich fürchte, durch die Fenster
Ziehen luftige Gespenster,
Und von Spuk und Zaubereien
Wüßt ich euch nicht zu befreien,
Machte sich der Zwerg verdächtig,
Nun! dort hinten strömt es mächtig.
Die Bedeutung der Gestalten
Möcht ich amtsgemäß entfalten.
Aber was nicht zu begreifen,
Wüßt ich auch nicht zu erklären;

Helfet alle mich belehren! –
Seht ihrs durch die Menge schweifen?
Vierbespannt ein prächtiger Wagen
Wird durch alles durchgetragen;
Doch er teilet nicht die Menge,
Nirgend seh ich ein Gedränge.
Farbig glitzerts in der Ferne,
Irrend leuchten bunte Sterne
Wie von magischer Laterne,
Schnaubt heran mit Sturmgewalt.
Platz gemacht! Mich schauderts!
KNABE WAGENLENKER. Halt!
Rosse, hemmet eure Flügel,
Fühlet den gewohnten Zügel,
Meistert euch, wie ich euch meistre!
Rauschet hin, wenn ich begeistre! –
Diese Räume laßt uns ehren!
Schaut umher wie sie sich mehren,
Die Bewundrer, Kreis um Kreise!
Herold, auf! nach deiner Weise,
Ehe wir von euch entfliehen,
Uns zu schildern, uns zu nennen!
Denn wir sind Allegorien,
Und so solltest du uns kennen.
HEROLD. Wüßte nicht, dich zu benennen;
Eher könnt ich dich beschreiben.
KNABE LENKER. So probiers!
HEROLD. Man muß gestehen:
Erstlich bist du jung und schön.
Halbwüchsiger Knabe bist du; doch die Frauen,
Sie möchten dich ganz ausgewachsen schauen.
Du scheinest mir ein künftiger Sponsierer,
Recht so von Haus aus ein Verführer.
KNABE LENKER. Das läßt sich hören! Fahre fort,
Erfinde dir des Räsels heitres Wort!
HEROLD. Der Augen schwarzer Blitz, die Nacht der Locken.
Erheitert von juwelnem Band!

Und welch ein zierliches Gewand
Fließt dir von Schultern zu den Socken
Mit Purpursaum und Glitzertand!
Man könnte dich ein Mädchen schelten;
Doch würdest du, zu Wohl und Weh,
Auch jetzo schon bei Mädchen gelten:
Sie lehrten dich das ABC.

KNABE LENKER. Und dieser, der als Prachtgebilde
Hier auf dem Wagenthrone prangt?

HEROLD. Er scheint ein König, reich und milde;
Wohl dem, der seine Gunst erlangt!
Er hat nichts weiter zu erstreben;
Wos irgend fehlte, späht sein Blick,
Und seine reine Lust zu geben
Ist größer als Besitz und Glück.

KNABE LENKER. Hierbei darfst du nicht stehenbleiben,
Du mußt ihn recht genau beschreiben.

HEROLD. Das Würdige beschreibt sich nicht.
Doch das gesunde Mondgesicht,
Ein voller Mund, erblühte Wangen,
Die unterm Schmuck des Turbans prangen,
Im Faltenkleid ein reich Behagen!
Was soll ich von dem Anstand sagen?
Als Herrscher scheint er mir bekannt.

KNABE LENKER. Plutus, des Reichtums Gott, genannt!
Derselbe kommt in Prunk daher:
Der hohe Kaiser wünscht ihn sehr.

HEROLD. Sag von dir selber auch das Was und Wie!

KNABE LENKER. Bin die Verschwendung, bin die Poesie,
Bin der Poet, der sich vollendet,
Wenn er sein eigenst Gut verschwendet.
Auch ich bin unermeßlich reich
Und schätze mich dem Plutus gleich,
Beleb und schmück ihm Tanz und Schmaus;
Das, was ihm fehlt, das teil ich aus.

HEROLD. Das Prahlen steht dir gar zu schön;
Doch laß uns deine Künste sehen!

KNABE LENKER. Hier seht mich nur ein Schnippchen schlagen,
Schon glänzts und glitzerts um den Wagen:
Da springt eine Perlenschnur hervor!
Immerfort umherschnippend.
Nehmt goldne Spange für Hals und Ohr!
Auch Kamm und Krönchen ohne Fehl,
In Ringen köstlichstes Juwel!
Auch Flämmchen spend ich dann und wann,
Erwartend, wo es zünden kann.
HEROLD. Wie greift und hascht die liebe Menge!
Fast kommt der Geber ins Gedränge.
Kleinode schnippt er wie ein Traum,
Und alles hascht im weiten Raum.
Doch da erleb ich neue Pfiffe:
Was einer noch so emsig griffe,
Des hat er wirklich schlechten Lohn –
Die Gabe flattert ihm davon.
Es löst sich auf das Perlenband,
Ihm krabbeln Käfer in der Hand;
Er wirft sie weg, der arme Tropf,
Und sie umsummen ihm den Kopf.
Die andern statt solider Dinge
Erhaschen frevle Schmetterlinge.
Wie doch der Schelm so viel verheißt!
Und nur verleiht, was golden gleißt!
KNABE LENKER. Zwar Masken, merk ich, weißt du zu verkünden,
Allein der Schale Wesen zu ergründen,
Sind Herolds Hofgeschäfte nicht;
Das fordert schärferes Gesicht.
Doch hüt ich mich vor jeder Fehde;
An dich, Gebieter, wend ich Frag und Rede.
Zu Plutus gewendet. Hast du mir nicht die Windesbraut
Des Viergespannes anvertraut?
Lenk ich nicht glücklich, wie du leitest?
Bin ich nicht da, wohin du deutest?
Und wußt ich nicht auf kühnen Schwingen
Für dich die Palme zu erringen?

Wie oft ich auch für dich gefochten,
Mir ist es jederzeit geglückt:
Wenn Lorbeer deine Stirne schmückt,
Hab ich ihn nicht mit Sinn und Hand geflochten?
PLUTUS. Wenns nötig ist, daß ich dir Zeugnis leiste,
So sag ich gern: bist Geist von meinem Geiste.
Du handelst stets nach meinem Sinn,
Bist reicher, als ich selber bin.
Ich schätze, deinen Dienst zu lohnen,
Den grünen Zweig vor allen meinen Kronen.
Ein wahres Wort verkünd ich allen:
Mein lieber Sohn, an dir hab ich Gefallen!
KNABE LENKER *zur Menge.* Die größten Gaben meiner Hand,
Seht! hab ich rings umhergesandt:
Auf dem und jenem Kopfe glüht
Ein Flämmchen, das ich angesprüht.
Von einem zu dem andern hüpfts,
An diesem hält sichs, dem entschlüpfts,
Gar selten aber flammts empor
Und leuchtet rasch in kurzem Flor;
Doch vielen, eh mans noch erkannt,
Verlischt es, traurig ausgebrannt.
WEIBERGEKLATSCH. Dadroben auf dem Viergespann
Das ist gewiß ein Scharlatan,
Gekauzt da hintendrauf, Hanswurst,
Doch abgezehrt von Hunger und Durst,
Wie man ihn niemals noch erblickt;
Er fühlt wohl nicht, wenn man ihn zwickt.
DER ABGEMAGERTE. Vom Leibe mir, ekles Weibsgeschlecht!
Ich weiß, dir komm ich niemals recht. –
Wie noch die Frau den Herd versah,
Da hieß ich Avaritia;
Da stand es gut um unser Haus:
Nur viel herein und nichts hinaus!
Ich eiferte für Kist und Schrein;
Das sollte wohl gar ein Laster sein!
Doch als in allerneusten Jahren

Das Weib nicht mehr gewohnt zu sparen
Und wie ein jeder böser Zahler
Weit mehr Begierden hat als Taler,
Da bleibt dem Manne viel zu dulden:
Wo er nur hinsieht, da sind Schulden.
Sie wendets, kann sie was erspulen,
An ihren Leib, an ihren Buhlen,
Auch speist sie besser, trinkt noch mehr
Mit der Sponsierer leidigem Heer;
Das steigert mir des Goldes Reiz:
Bin männlichen Geschlechts, der Geiz!
HAUPTWEIB. Mit Drachen mag der Drache geizen;
Ists doch am Ende Lug und Trug!
Er kommt, die Männer aufzureizen;
Sie sind schon unbequem genug.
WEIBER IN MASSE. Der Strohmann! Reich ihm eine Schlappe!
Was will das Marterholz uns dräun?
Wir sollen seine Fratze scheun!
Die Drachen sind von Holz und Pappe:
Frisch an und dringt auf ihn hinein!
HEROLD. Bei meinem Stabe! Ruh gehalten! –
Doch braucht es meiner Hülfe kaum:
Seht, wie die grimmen Ungestalten,
Bewegt im rasch gewonnenen Raum,
Das Doppelflügelpaar entfalten!
Entrüstet schütteln sich der Drachen
Umschuppte, feuerspeiende Rachen;
Die Menge flieht, rein ist der Platz. *Plutus steigt vom Wagen.*
HEROLD. Er tritt herab, wie königlich!
Er winkt, die Drachen rühren sich;
Die Kiste haben sie vom Wagen
Mit Gold und Geiz herangetragen,
Sie steht zu seinen Füßen da:
Ein Wunder ist es, wies geschah.
PLUTUS *zum Lenker.* Nun bist du los der allzu lästigen Schwere,
Bist frei und frank: nun frisch zu deiner Sphäre!
Hier ist sie nicht! Verworren, scheckig, wild

Umdrängt uns hier ein fratzenhaft Gebild.
Nur wo du klar ins holde Klare schaust,
Dir angehörst und dir allein vertraust,
Dorthin, wo Schönes, Gutes nur gefällt,
Zur Einsamkeit! – Da schaffe deine Welt!
KNABE LENKER. So acht ich mich als werten Abgesandten,
So lieb ich dich als nächsten Anverwandten.
Wo du verweilst, ist Fülle; wo ich bin,
Fühlt jeder sich im herrlichsten Gewinn.
Auch schwankt er oft im widersinnigen Leben:
Soll er sich dir, soll er sich mir ergeben?
Die Deinen freilich können müßig ruhn;
Doch wer mir folgt, hat immer was zu tun.
Nicht insgeheim vollführ ich meine Taten:
Ich atme nur, und schon bin ich verraten.
So lebe wohl! du gönnst mir ja mein Glück;
Doch lisple leis, und gleich bin ich zurück. *Ab, wie er kam.*
PLUTUS. Nun ist es Zeit, die Schätze zu entfesseln!
Die Schlösser treff ich mit des Herolds Rute.
Es tut sich auf! schaut her: in ehrnen Kesseln
Entwickelt sichs und wallt von goldnem Blute,
Zunächst der Schmuck von Kronen, Ketten, Ringen;
Es schwillt und droht, ihn schmelzend zu verschlingen.
WECHSELGESCHREI DER MENGE.
Seht hier, o hin! wies reichlich quillt,
Die Kiste bis zum Rande füllt! –
Gefäße, goldne, schmelzen sich,
Gemünzte Rollen wälzen sich. –
Dukaten hüpfen wie geprägt:
O wie mir das den Busen regt! –
Wie schau ich alle mein Begehr!
Da kollern sie am Boden her. –
Man bietets euch, benutzts nur gleich
Und bückt euch nur und werdet reich! –
Wir andern, rüstig wie der Blitz,
Wir nehmen den Koffer in Besitz. –
HEROLD. Was solls, ihr Toren? soll mir das?

Es ist ja nur ein Maskenspaß.
Heut abend wird nicht mehr begehrt;
Glaubt ihr, man geb euch Gold und Wert?
Sind doch für euch in diesem Spiel
Selbst Rechenpfennige zu viel.
Ihr Täppischen! ein artiger Schein
Soll gleich die plumpe Wahrheit sein.
Was soll euch Wahrheit? Dumpfen Wahn
Packt ihr an allen Zipfeln an.
Vermummter Plutus, Maskenheld,
Schlag dieses Volk mir aus dem Feld!
PLUTUS. Dein Stab ist wohl dazu bereit,
Verleih ihn mir auf kurze Zeit! –
Ich tauch ihn rasch in Sud und Glut. –
Nun, Masken, seid auf eurer Hut!
Wies blitzt und platzt, in Funken sprüht!
Der Stab, schon ist er angeglüht.
Wer sich zu nah herangedrängt,
Ist unbarmherzig gleich versengt. –
Jetzt fang ich meinen Umgang an.
GESCHREI UND GEDRÄNG.
O weh! es ist um uns getan! –
Entfliehe, wer entfliehen kann! –
Zurück, zurück, du Hintermann! –
Mir sprüht es heiß ins Angesicht –
Mich drückt des glühenden Stabs Gewicht –
Verloren sind wir all und all –
Zurück, zurück, du Maskenschwall!
Zurück, zurück, unsinniger Häuf! –
O hätt ich Flügel, flög ich auf–
PLUTUS. Schon ist der Kreis zurückgedrängt,
Und niemand, glaub ich, ist versengt.
Die Menge weicht,
Sie ist verscheucht. –
Doch solcher Ordnung Unterpfand
Zieh ich ein unsichtbares Band.
HEROLD. Du hast ein herrlich Werk vollbracht;

Wie dank ich deiner klugen Macht!
PLUTUS. Noch braucht es, edler Freund, Geduld:
Es droht noch mancherlei Tumult.
GEIZ. So kann man doch, wenn es beliebt,
Vergnüglich diesen Kreis beschauen;
Denn immerfort sind vornenan die Frauen,
Wos was zu gaffen, was zu naschen gibt.
Noch bin ich nicht so völlig eingerostet!
Ein schönes Weib ist immer schön,
Und heute, weil es mich nichts kostet,
So wollen wir getrost sponsieren gehn.
Doch weil am überfüllten Orte
Nicht jedem Ohr vernehmlich alle Worte,
Versuch ich klug und hoff, es soll mir glücken,
Mich pantomimisch deutlich auszudrücken.
Hand, Fuß, Gebärde reicht mir da nicht hin,
Da muß ich mich um einen Schwank bemühn:
Wie feuchten Ton will ich das Gold behandeln;
Denn dies Metall läßt sich in alles wandeln.
HEROLD. Was fängt der an, der magre Tor?
Hat so ein Hungermann Humor?
Er knetet alles Gold zu Teig,
Ihm wird es untern Händen weich;
Wie er es drückt und wie es ballt,
Bleibts immer doch nur ungestalt.
Er wendet sich zu den Weibern dort:
Sie schreien alle, möchten fort,
Gebärden sich gar widerwärtig;
Der Schalk erweist sich übelfertig.
Ich fürchte, daß er sich ergetzt,
Wenn er die Sittlichkeit verletzt.
Dazu darf ich nicht schweigsam bleiben:
Gib meinen Stab, ihn zu vertreiben!
PLUTUS. Er ahnet nicht, was uns von außen droht! –
Laß ihn die Narrenteidung treiben!
Ihm wird kein Raum für seine Possen bleiben;
Gesetz ist mächtig, mächtiger ist die Not.

GETÜMMEL UND GESANG.
    Das wilde Heer, es kommt zumal
    Von Bergeshöh und Waldestal,
    Unwiderstehlich schreitets an:
    Sie feiern ihren großen Pan.
    Sie wissen doch, was keiner weiß,
    Und drängen in den leeren Kreis.
PLUTUS. Ich kenne euch wohl und euren großen Pan!
    Zusammen habt ihr kühnen Schritt getan.
    Ich weiß recht gut, was nicht ein jeder weiß,
    Und öffne schuldig diesen engen Kreis. –
    Mag sie ein gut Geschick begleiten!
    Das Wunderlichste kann geschehn;
    Sie wissen nicht, wohin sie schreiten,
    Sie haben sich nicht vorgesehn. –
WILDGESANG. Geputztes Volk, du Flitterschau!
    Sie kommen roh, sie kommen rauh,
    In hohem Sprung, in raschem Lauf,
    Sie treten derb und tüchtig auf.
FAUNEN. Die Faunenschar
    Im lustigen Tanz,
    Den Eichenkranz
    Im krausen Haar,
    Ein feines, zugespitztes Ohr
    Dringt an dem Lockenkopf hervor,
    Ein stumpfes Näschen, ein breit Gesicht,
    Das schadet alles bei Frauen nicht:
    Dem Faun, wenn er die Patsche reicht,
    Versagt die Schönste den Tanz nicht leicht.
SATYR. Der Satyr hüpft nun hinterdrein
    Mit Ziegenfuß und dürrem Bein,
    Ihm sollen sie mager und sehnig sein,
    Und gemsenartig auf Bergeshöhn
    Belustigt er sich umherzugehn.
    In Freiheitsluft: erquickt alsdann,
    Verhöhnt er Kind und Weib und Mann,
    Die tief in Tales Dampf und Rauch

Behaglich meinen, sie lebten auch,
Da ihm doch rein und ungestört
Die Welt dort oben allein gehört.
GNOMEN. Da trippelt ein die kleine Schar,
Sie hält nicht gern sich Paar an Paar;
Im moosigen Kleid mit Lämplein hell
Bewegt sichs durcheinander schnell,
Wo jedes für sich selber schafft,
Wie Leuchtameisen wimmelhaft,
Und wuselt emsig hin und her,
Beschäftigt in die Kreuz und Quer.
Den frommen Gütchen nah verwandt,
Als Felschirurgen wohlbekannt:
Die hohen Berge schröpfen wir,
Aus vollen Adern schöpfen wir;
Metalle stürzen wir zuhauf
Mit Gruß getrost: Glückauf! Glückauf!
Das ist von Grund aus wohlgemeint:
Wir sind der guten Menschen Freund.
Doch bringen wir das Gold zutag,
Damit man stehlen und kuppeln mag,
Nicht Eisen fehle dem stolzen Mann,
Der allgemeinen Mord ersann.
Und wer die drei Gebot veracht't,
Sich auch nichts aus den andern macht.
Das alles ist nicht unsre Schuld;
Drum habt so fort, wie wir, Geduld!
RIESEN. Die wilden Männer sind s' genannt,
Am Harzgebirge wohlbekannt;
Natürlich-nackt in aller Kraft,
Sie kommen sämtlich riesenhaft
Den Fichtenstamm in rechter Hand
Und um den Leib ein wulstig Band,
Den derbsten Schurz von Zweig und Blatt:
Leibwache, wie der Papst nicht hat.
NYMPHEN IM CHOR. *Sie umschließen den großen Pan.*
Auch kommt er an! –

Das All der Welt
Wird vorgestellt
Im großen Pan.
Ihr Heitersten, umgebet ihn,
Im Gaukeltanz umschwebet ihn!
Denn weil er ernst und gut dabei,
So will er, daß man fröhlich sei.
Auch unterm blauen Wölbedach
Verhielt er sich beständig wach;
Doch rieseln ihm die Bäche zu,
Und Lüftlein wiegen ihn mild in Ruh.
Und wenn er zu Mittage schläft,
Sich nicht das Blatt am Zweige regt;
Gesunder Pflanzen Balsamduft
Erfüllt die schweigsam-stille Luft;
Die Nymphe darf nicht munter sein,
Und wo sie stand, das schläft sie ein.
Wenn unerwartet mit Gewalt
Dann aber seine Stimm erschallt
Wie Blitzes Knattern, Meergebraus,
Dann niemand weiß, wo ein noch aus,
Zerstreut sich tapfres Heer im Feld,
Und im Getümmel bebt der Held.
So Ehre dem, dem Ehre gebührt!
Und Heil ihm, der uns hergeführt!

DEPUTATION DER GNOMEN *an den großen Pan.*

Wenn das glänzend-reiche Gute
Fadenweis durch Klüfte streicht,
Nur der klugen Wünschelrute
Seine Labyrinthe zeigt,
Wölben wir in dunklen Grüften
Troglodytisch unser Haus,
Und an reinen Tageslüften
Teilst du Schätze gnädig aus.
Nun entdecken wir hieneben
Eine Quelle wunderbar,
Die bequem verspricht zu geben,

Was kaum zu erreichen war.
Die vermagst du zu vollenden;
Nimm es, Herr, in deine Hut:
Jeder Schatz in deinen Händen
Kommt der ganzen Welt zugut.

PLUTUS *zum Herold.* Wir müssen uns im hohen Sinne fassen
Und, was geschieht, getrost geschehen lassen,
Du bist ja sonst des stärksten Mutes voll.
Nun wird sich gleich ein Greulichstes eräugnen,
Hartnäckig wird es Welt und Nachwelt leugnen:
Du schreib es treulich in dein Protokoll!

HEROLD *den Stab anfassend, welchen Plutus in der Hand behält.*
Die Zwerge fuhren den großen Pan
Zur Feuerquelle sacht heran;
Sie siedet auf vom tiefsten Schlund,
Dann sinkt sie wieder hinab zum Grund,
Und finster steht der offne Mund,
Wallt wieder auf in Glut und Sud.
Der große Pan steht wohlgemut,
Freut sich des wundersamen Dings,
Und Perlenschaum sprüht rechts und links.
Wie mag er solchem Wesen traun?
Er bückt sich, tief hineinzuschaun. –
Nun aber fällt sein Bart hinein! –
Wer mag das glatte Kinn wohl sein?
Die Hand verbirgt es unserm Blick. –
Nun folgt ein großes Ungeschick:
Der Bart entflammt und fliegt zurück,
Entzündet Kranz und Haupt und Brust,
Zu Leiden wandelt sich die Lust! –
Zu löschen läuft die Schar herbei;
Doch keiner bleibt von Flammen frei,
Und wie es patscht und wie es schlägt,
Wird neues Flammen aufgeregt:
Verflochten in das Element,
Ein ganzer Maskenklump verbrennt.
Was aber hör ich, wird uns kund

Von Ohr zu Ohr, von Mund zu Mund?
O ewig unglückselge Nacht,
Was hast du uns für Leid gebracht!
Verkünden wird der nächste Tag,
Was niemand willig hören mag;
Doch hör ich allerorten schrein:
»Der Kaiser leidet solche Pein!«
O wäre doch ein andres wahr!
Der Kaiser brennt und seine Schar!
Sie sei verflucht, die ihn verführt,
In harzig Reis sich eingeschnürt,
Zu toben her mit Brüllgesang
Zu allerseitigem Untergang!
O Jugend, Jugend, wirst du nie
Der Freude reines Maß bezirken?
O Hoheit, Hoheit, wirst du nie
Vernünftig wie allmächtig wirken?

Schon geht der Wald in Flammen auf,
Sie züngeln leckend spitz hinauf
Zum holzverschränkten Deckenband:
Uns droht ein allgemeiner Brand!
Des Jammers Maß ist übervoll,
Ich weiß nicht, wer uns retten soll.
Ein Aschenhaufen einer Nacht
Liegt morgen reiche Kaiserpracht!
PLUTUS. Schrecken ist genug verbreitet,
Hilfe sei nun eingeleitet! –
Schlage, heiigen Stabs Gewalt,
Daß der Boden bebt und schallt!
Du geräumig-weite Luft,
Fülle dich mit kühlem Duft!
Zieht heran, umherzuschweifen,
Nebeldünste, schwangre Streifen,
Deckt ein flammendes Gewühl
Rieselt, säuselt, Wölkchen kräuselt,
Schlüpfet wallend, leise dämpfet,
Löschend überall bekämpfet:

Ihr, die Lindernden, die Feuchten,
Wandelt in ein Wetterleuchten
Solcher eitlen Flamme Spiel! –
Drohen Geister, uns zu schädigen,
Soll sich die Magie betätigen.

LUSTGARTEN

Morgensonne

Der Kaiser, Hofleute

Faust, Mephistopheles, anständig, nicht auffallend, nach Sitte geklei-
det; beide knieen

FAUST. Verzeihst du, Herr, das Flammengaukelspiel?
KAISER *zum Aufstehn winkend.*
  Ich wünsche mir dergleichen Scherze viel. –
  Auf einmal sah ich mich in glühnder Sphäre:
  Es schien mir fast, als ob ich Pluto wäre.
  Aus Nacht und Kohlen lag ein Felsengrund,
  Von Flämmchen glühend. Dem und jenem Schlund
  Aufwirbelten viel tausend wilde Flammen
  Und flackerten in Ein Gewölb zusammen.
  Zum höchsten Dome züngelt es empor,
  Der immer ward und immer sich verlor.
  Durch fernen Raum gewundner Feuersäulen
  Sah ich bewegt der Völker lange Zeilen;
  Sie drängten sich im weiten Kreis heran
  Und huldigten, wie sie es stets getan.
  Von meinem Hof erkannt ich ein- und andern,
  Ich schien ein Fürst von tausend Salamandern.
MEPHISTOPHELES. Das bist du, Herr! weil jedes Element
  Die Majestät als unbedingt erkennt.
  Gehorsam Feuer hast du nun erprobt:
  Wirf dich ins Meer, wo es am wildsten tobt,
  Und kaum betrittst du perlenreichen Grund,

So bildet wallend sich ein herrlich Rund,
Siehst auf und ab lichtgrüne, schwanke Wellen
Mit Purpursaum zur schönsten Wohnung schwellen
Um dich, den Mittelpunkt. Bei jedem Schritt,
Wohin du gehst, gehn die Paläste mit.
Die Wände selbst erfreuen sich des Lebens,
Pfeilschnellen Wimmeins, Hin- und Wiederstrebens.
Meerwunder drängen sich zum neuen milden Schein,
Sie schießen an, und keines darf herein.
Da spielen farbig-goldbeschuppte Drachen,
Der Haifisch klafft: du lachst ihm in den Rachen.
Wie sich auch jetzt der Hof um dich entzückt,
Hast du doch nie ein solch Gedräng erblickt.
Doch bleibst du nicht vom Lieblichsten geschieden:
Es nahen sich neugierige Nereiden
Der prächtgen Wohnung in der ewgen Frische,
Die jüngsten scheu und lüstern wie die Fische,
Die spätem klug. Schon wird es Thetis kund:
Dem zweiten Peleus reicht sie Hand und Mund. –
Den Sitz alsdann auf des Olymps Revier –
KAISER. Die luftgen Räume, die erlaß ich dir:
Noch früh genug besteigt man jenen Thron.
MEPHISTOPHELES. Und, höchster Herr! die Erde hast du schon.
KAISER. Welch gut Geschick hat dich hieher gebracht,
Unmittelbar aus Tausendeiner Nacht?
Gleichst du an Fruchtbarkeit Scheherazaden,
Versichr ich dich der höchsten aller Gnaden.
Sei stets bereit, wenn eure Tageswelt,
Wies oft geschieht, mir widerlichst mißfällt!   [meinem Leben
MARSCHALK *tritt eilig auf.* Durchlauchtigster, ich dacht in
Vom schönsten Glück Verkündung nicht zu geben
Als diese, die mich hoch beglückt,
In deiner Gegenwart entzückt:
Rechnung für Rechnung ist berichtigt,
Die Wucherklauen sind beschwichtigt,
Los bin ich solcher Höllenpein;
Im Himmel kanns nicht heitrer sein.

HEERMEISTER *folgt eilig.* Abschläglich ist der Sold entrichtet,
Das ganze Heer aufs neu verpflichtet,
Der Lanzknecht fühlt sich frisches Blut,
Und Wirt und Dirnen habens gut.
KAISER. Wie atmet eure Brust erweitert!
Das faltige Gesicht erheitert!
Wie eilig tretet ihr heran!
SCHATZMEISTER *der sich einfindet.*
Befrage diese, die das Werk getan!
FAUST. Dem Kanzler ziemts, die Sache vorzutragen.
KANZLER *der langsam herankommt.*
Beglückt genug in meinen alten Tagen. –
So hört und schaut das schicksalschwere Blatt,
Das alles Weh in Wohl verwandelt hat! *Er liest.*
»Zu wissen sei es jedem, ders begehrt:
Der Zettel hier ist tausend Kronen wert.
Ihm liegt gesichert, als gewisses Pfand,
Unzahl vergrabnen Guts im Kaiserland.
Nun ist gesorgt, damit der reiche Schatz,
Sogleich gehoben, diene zum Ersatz.«
KAISER. Ich ahne Frevel, ungeheuren Trug!
Wer fälschte hier des Kaisers Namenszug?
Ist solch Verbrechen ungestraft geblieben?
SCHATZMEISTER. Erinnre dich: hast selbst es unterschrieben!
Erst heute nacht! Du standst als großer Pan,
Der Kanzler sprach mit uns zu dir heran:
»Gewähre dir das hohe Festvergnügen,
Des Volkes Heil, mit wenig Federzügen!«
Du zogst sie rein, dann wards in dieser Nacht
Durch Tausendkünstler schnell vertausendfacht.
Damit die Wohltat allen gleich gedeihe,
So stempelten wir gleich die ganze Reihe:
Zehn, Dreißig, Fünfzig, Hundert sind parat.
Ihr denkt euch nicht, wie wohls dem Volke tat.
Seht eure Stadt, sonst halb im Tod verschimmelt,
Wie alles lebt und lustgenießend wimmelt!
Obschon dein Name längst die Welt beglückt,

Man hat ihn nie so freundlich angeblickt.
Das Alphabet ist nun erst überzählig.
In diesem Zeichen wird nun jeder selig.

KAISER. Und meinen Leuten gilts für gutes Gold?
Dem Heer, dem Hofe gnügts zu vollem Sold?
So sehr michs wundert, muß ichs gelten lassen.

MARSCHALK. Unmöglich wärs, die Flüchtigen einzufassen;
Mit Blitzeswink zerstreute sichs im Lauf.
Die Wechslerbänke stehen sperrig auf:
Man honoriert daselbst ein jedes Blatt
Durch Gold und Silber, freilich mit Rabatt.
Nun gehts von da zum Fleischer, Bäcker, Schenken:
Die halbe Welt scheint nur an Schmaus zu denken,
Wenn sich die andre neu in Kleidern bläht;
Der Krämer schneidet aus, der Schneider näht.
Bei: »Hoch dem Kaiser!« sprudelts in den Kellern;
Dort kochts und bräts und klappert mit den Tellern.

MEPHISTOPHELES. Wer die Terrassen einsam abspaziert,
Gewahrt die Schönste, herrlich aufgeziert,
Ein Aug verdeckt vom Stolzen Pfauenwedel;
Sie schmunzelt uns und blickt nach solcher Schedel,
Und hurtger als durch Witz und Redekunst
Vermittelt sich die reichste Liebesgunst.
Man wird sich nicht mit Börs und Beutel plagen:
Ein Blättchen ist im Busen leicht zu tragen,
Mit Liebesbrieflein paarts bequem sich hier.
Der Priester trägts andächtig im Brevier,
Und der Soldat, um rascher sich zu wenden,
Erleichtert schnell den Gürtel seiner Lenden.
Die Majestät verzeihe, wenn ins Kleine
Das hohe Werk ich zu erniedern scheine!

FAUST. Das Übermaß der Schätze, das, erstarrt,
In deinen Landen tief im Boden harrt,
Liegt ungenutzt. Der weiteste Gedanke
Ist solches Reichtums kümmerlichste Schranke;
Die Phantasie, in ihrem höchsten Flug,
Sie strengt sich an und tut sich nie genug.

Doch fassen Geister, würdig, tief zu schauen,
Zum Grenzenlosen grenzenlos Vertrauen.
MEPHISTOPHELES. Ein solch Papier, an Gold und Perlen Statt,
Ist so bequem, man weiß doch, was man hat;
Man braucht nicht erst zu markten noch zu tauschen,
Kann sich nach Lust in Lieb und Wein berauschen.
Will man Metall: ein Wechsler ist bereit,
Und fehlt es da, so gräbt man eine Zeit.
Pokal und Kette wird verauktioniert,
Und das Papier, sogleich amortisiert,
Beschämt den Zweifler, der uns frech verhöhnt.
Man will nichts anders, ist daran gewöhnt;
So bleibt von nun an allen Kaiserlanden
An Kleinod, Gold, Papier genug vorhanden.
KAISER. Das hohe Wohl verdankt euch unser Reich;
Wo möglich sei der Lohn dem Dienste gleich.
Vertraut sei euch des Reiches innrer Boden,
Ihr seid der Schätze würdigste Kustoden.
Ihr kennt den weiten, wohlverwahrten Hort,
Und wenn man gräbt, so seis auf euer Wort.
Vereint euch nun, ihr Meister ünsres Schatzes,
Erfüllt mit Lust die Würden eures Platzes,
Wo mit der obern sich die Unterwelt,
In Einigkeit beglückt, zusammenstellt!
SCHATZMEISTER.
Soll zwischen uns kein fernster Zwist sich regen!
Ich liebe mir den Zaubrer zum Kollegen. *Ab mit Faust.*
KAISER. Beschenk ich nun bei Hofe Mann für Mann,
Gesteh er mir, wozu ers brauchen kann.
PAGE *empfangend.* Ich lebe lustig, heiter, guter Dinge.
EIN ANDRER *gleichfalls.*
Ich schaffe gleich dem Liebchen Kett und Ringe.
KÄMMERER *annehmend.*
Von nun an trink ich doppelt beßre Flasche.
EIN ANDRER *gleichfalls.*
Die Würfel jucken mich schon in der Tasche.
BANNERHERR *mit Bedacht.*

Mein Schloß und Feld, ich mach es schuldenfrei.

EIN ANDRER *gleichfalls.*

Es ist ein Schatz, den leg ich Schätzen bei.

KAISER. Ich hoffte Lust und Mut zu neuen Taten;
Doch wer euch kennt, der wird euch leicht erraten.
Ich merk es wohl: bei aller Schätze Flor,
Wie ihr gewesen, bleibt ihr nach wie vor.

NARR. Ihr spendet Gnaden: gönnt auch mir davon!

KAISER. Und lebst du wieder, du vertrinkst sie schon.

NARR. Die Zauberblätter! Ich verstehs nicht recht.

KAISER. Das glaub ich wohl; denn du gebrauchst sie schlecht.

NARR. Da fallen andere; weiß nicht, was ich tu.

KAISER. Nimm sie nur hin! sie fielen dir ja zu. *Ab.*

NARR. Fünftausend Kronen wären mir zuhanden!

MEPH. Zweibeiniger Schlauch, bist wieder auferstanden?

NARR. Geschieht mir oft, doch nicht so gut als jetzt.

MEPH. Du freust dich so, daß dichs in Schweiß versetzt.

NARR. Da seht nur her: ist das wohl Geldeswert?

MEPH. Du hast dafür, was Schlund und Bauch begehrt.

NARR. Und kaufen kann ich Acker, Haus und Vieh?

MEPHISTOPHELES. Versteht sich! biete nur: das fehlt dir nie.

NARR. Und Schloß mit Wald und Jagd und Fischbach?

MEPHISTOPHELES. Traun!
Ich möchte dich gestrengen Herrn wohl schaun!

NARR. Heut abend wieg ich mich im Grundbesitz! *Ab.*

MEPHISTOPHELES *solus.*

Wer zweifelt noch an unseres Narren Witz!

FINSTERE GALERIE

Faust · Mephistopheles

MEPHISTOPHELES.
Was ziehst du mich in diese düstern Gänge?
Ist nicht da drinnen Lust genug?
Im dichten, bunten Hofgedränge
Gelegenheit zu Spaß und Trug?

FAUST. Sag mir das nicht! du hasts in alten Tagen
    Längst an den Sohlen abgetragen!
    Doch jetzt dein Hin- und Wiedergehn
    Ist nur, um mir nicht Wort zu stehn.
    Ich aber bin gequält zu tun,
    Der Marschalk und der Kämmrer treibt mich nun.
    Der Kaiser will, es muß sogleich geschehn,
    Will Helena und Paris vor sich sehn;
    Das Musterbild der Männer so der Frauen
    In deutlichen Gestalten will er schauen.
    Geschwind ans Werk! ich darf mein Wort nicht brechen.
MEPHISTOPHELES. Unsinnig wars, leichtsinnig zu versprechen.
FAUST. Du hast, Geselle, nicht bedacht,
    Wohin uns deine Künste führen:
    Erst haben wir ihn reich gemacht,
    Nun sollen wir ihn amüsieren.
MEPHISTOPHELES. Du wähnst, es füge sich sogleich;
    Hier stehen wir vor steilern Stufen,
    Greifst in ein fremdestes Bereich,
    Machst frevelhaft am Ende neue Schulden,
    Denkst Helenen so leicht hervorzurufen
    Wie das Papiergespenst der Gulden. –
    Mit Hexenfexen, mit Gespenstgespinsten,
    Kielkröpfigen Zwergen steh ich gleich zu Diensten;
    Doch Teufelsliebchen, wenn auch nicht zu schelten,
    Sie können nicht für Heroinen gelten.
FAUST. Da haben wir den alten Leierton!
    Bei dir gerät man stets ins Ungewisse.
    Der Vater bist du aller Hindernisse,
    Für jedes Mittel willst du neuen Lohn.
    Mit wenig Murmeln, weiß ich, ists getan;
    Wie man sich umschaut, bringst du sie zur Stelle.
MEPHISTOPHELES. Das Heidenvolk geht mich nichts an:
    Es haust in seiner eignen Hölle;
    Doch gibts ein Mittel.
FAUST. Sprich, und ohne Säumnis!
MEPHISTOPHELES. Ungern entdeck ich höheres Geheimnis. –

Göttinnen thronen hehr in Einsamkeit,
Um sie kein Ort, noch weniger eine Zeit;
Von ihnen sprechen ist Verlegenheit.
Die Mütter sind es!
FAUST *aufgeschreckt.* Mütter!
MEPHISTOPHELES. Schauderts dich?
FAUST. Die Mütter! Mütter! – 's klingt so wunderlich!
MEPHISTOPHELES. Das ist es auch. Göttinnen, ungekannt
Euch Sterblichen, von uns nicht gern genannt.
Nach ihrer Wohnung magst ins Tiefste schürfen;
Du selbst bist schuld, daß ihrer wir bedürfen.
FAUST. Wohin der Weg?
MEPHISTOPHELES. Kein Weg! Ins Unbetretene,
Nicht zu Betretende! Ein Weg ans Unerbetene,
Nicht zu Erbittende! Bist du bereit? –
Nicht Schlösser sind, nicht Riegel wegzuschieben,
Von Einsamkeiten wirst umhergetrieben.
Hast du Begriff von Öd und Einsamkeit?
FAUST. Du spartest, dächt ich, solche Sprüche!
Hier witterts nach der Hexenküche,
Nach einer längst vergangnen Zeit.
Mußt ich nicht mit der Welt verkehren?
Das Leere lernen, Leeres lehren?
Sprach ich vernünftig, wie ichs angeschaut,
Erklang der Widerspruch gedoppelt laut.
Mußt ich sogar vor widerwärtigen Streichen
Zur Einsamkeit, zur Wildernis entweichen
Und, um nicht ganz versäumt, allein zu leben,
Mich doch zuletzt dem Teufel übergeben!
MEPH. Und hättest du den Ozean durchschwommen,
Das Grenzenlose dort geschaut,
So sähst du dort doch Well auf Welle kommen,
Selbst wenn es dir vorm Untergange graut.
Du sähst doch etwas! sähst wohl in der Grüne
Gestillter Meere streichende Delphine,
Sähst Wolken ziehn, Sonne, Mond und Sterne –
Nichts wirst du sehn in ewig leerer Ferne,

Den Schritt nicht hören, den du tust,
Nichts Festes finden, wo du ruhst!
FAUST. Du sprichst als erster aller Mystagogen,
Die treue Neophyten je betrogen;
Nun umgekehrt. Du sendest mich ins Leere,
Damit ich dort so Kunst als Kraft vermehre,
Behandelst mich, daß ich, wie jene Katze,
Dir die Kastanien aus den Gluten kratze.
Nur immer zu! wir wollen es ergründen:
In deinem Nichts hoff ich das All zu finden.
MEPHISTOPHELES.
Ich rühme dich, eh du dich von mir trennst,
Und sehe wohl, daß du den Teufel kennst.
Hier diesen Schlüssel nimm!
FAUST. Das kleine Ding!
MEPHISTOPHELES. Erst faß ihn an und schätz ihn nicht gering!
FAUST. Er wächst in meiner Hand! er leuchtet! blitzt!
MEPHISTOPHELES. Merkst du nun bald, was man an ihm besitzt
Der Schlüssel wird die rechte Stelle wittern;
Folg ihm hinab: er führt dich zu den Müttern!
FAUST *schaudernd.*
Den Müttern! Triffts mich immer wie ein Schlag!
Was ist das Wort, das ich nicht hören mag?
MEPHISTOPHELES.
Bist du beschränkt, daß neues Wort dich stört?
Willst du nur hören, was du schon gehört?
Dich störe nichts, wie es auch weiter klinge,
Schon längst gewohnt der wunderbarsten Dinge.
FAUST. Doch im Erstarren such ich nicht mein Heil:
Das Schaudern ist der Menschheit bestes Teil;
Wie auch die Welt ihm das Gefühl verteure,
Ergriffen, fühlt er tief das Ungeheure.
MEPHISTOPHELES.
Versinke denn! Ich könnt auch sagen: steige!
's ist einerlei. Entfliehe dem Entstandnen
In der Gebilde losgebundne Reiche!
Ergötze dich am längst nicht mehr Vorhandnen!

Wie Wolkenzüge schlingt sich das Getreibe:
Den Schlüssel schwinge, halte sie vom Leibe!
FAUST *begeistert.* Wohl! fest ihn fassend, fühl ich neue Stärke,
Die Brust erweitert, hin zum großen Werke.
MEPHISTOPHELES. Ein glühnder Dreifuß tut dir endlich kund,
Du seist im tiefsten, allertiefsten Grund.
Bei seinem Schein wirst du die Mütter sehn:
Die einen sitzen, andre stehn und gehn,
Wies eben kommt. Gestaltung, Umgestaltung
Des ewigen Sinnes ewige Unterhaltung.
Umschwebt von Bildern aller Kreatur,
Sie sehn dich nicht, denn Schemen sehn sie nur.
Da faß ein Herz, denn die Gefahr ist groß,
Und gehe grad auf jenen Dreifuß los,
Berühr ihn mit dem Schlüssel!
Faust macht eine entschieden-gebietende Attitüde mit dem Schlüssel.
MEPHISTOPHELES *ihn betrachtend.* So ists recht!
Er schließt sich an, er folgt als treuer Knecht;
Gelassen steigst du, dich erhebt das Glück,
Und eh sies merken, bist mit ihm zurück.
Und hast du ihn einmal hierher gebracht,
So rufst du Held und Heldin aus der Nacht,
Der erste, der sich jener Tat erdreistet:
Sie ist getan, und du hast es geleistet.
Dann muß fortan nach magischem Behandeln
Der Weihrauchsnebel sich in Götter wandern.
FAUST. Und nun was jetzt?
MEPHISTOPHELES. Dein Wesen strebe nieder!
Versinke stampfend, stampfend steigst du wieder.
Faust stampft und versinkt.
MEPHISTOPHELES.
Wenn ihm der Schlüssel nur zum besten frommt!
Neugierig bin ich, ob er wiederkommt.

HELL ERLEUCHTETE SÄLE

Kaiser und Fürsten · Hof in Bewegung

KÄMMERER zu *Mephistopheles*.
Ihr seid uns noch die Geisterszene schuldig;
Macht euch daran! der Herr ist ungeduldig.
MARSCHALK. Soeben fragt der Gnädigste darnach;
Ihr, zaudert nicht der Majestät zur Schmach!
MEPHISTOPHELES.
Ist mein Kumpan doch deshalb weggegangen;
Er weiß schon, wie es anzufangen,
Und laboriert verschlossen-still,
Muß ganz besonders sich befleißen;
Denn wer den Schatz, das Schöne, heben will,
Bedarf der höchsten Kunst: Magie der Weisen.
MARSCHALK.
Was ihr für Künste braucht, ist einerlei: ein klar Gesicht,
Der Kaiser will, daß alles fertig sei.
BLONDINE *zu Mephistopheles*. Ein Wort, mein Herr! Ihr seht
Jedoch so ists im leidigen Sommer nicht!
Da sprossen hundert bräunlich-rote Flecken,
Die zum Verdruß die weiße Haut bedecken.
Ein Mittel!
MEPHISTOPHELES. Schade! so ein leuchtend Schätzchen
Im Mai getupft wie euere Pantherkätzchen!
Nehmt Froschlaich, Krötenzungen, kohobiert,
Im vollsten Mondlicht sorglich distilliert
Und, wenn er abnimmt, reinlich aufgestrichen:
Der Frühling kommt, die Tupfen sind entwichen.
BRAUNE. Die Menge drängt heran, Euch zu umschranzen.
Ich bitt um Mittel! Ein erfrorner Fuß
Verhindert mich am Wandeln wie am Tanzen;
Selbst ungeschickt beweg ich mich zum Gruß.
MEPHISTOPHELES. Erlaubet einen Tritt von meinem Fuß!
BRAUNE. Nun, das geschieht wohl unter Liebesleuten.
MEPHISTOPHELES.
Mein Fußtritt, Kind! hat Größres zu bedeuten.

Zu Gleichem Gleiches, was auch einer litt!
Fuß heilet Fuß: so ists mit allen Gliedern.
Heran! Gebt acht! Ihr sollt es nicht erwidern.
BRAUNE *schreiend.*
Weh! weh! das brennt! das war ein harter Tritt,
Wie Pferdehuf!
MEPHISTOPHELES. Die Heilung nehmt Ihr mit.
Du kannst nunmehr den Tanz nach Lust verüben;
Bei Tafel schwelgend, füßle mit dem Lieben.
DAME *herandringend.*
Laßt mich hindurch! – Zu groß sind meine Schmerzen,
Sie wühlen siedend mir im tiefsten Herzen:
Bis gestern sucht Er Heil in meinen Blicken,
Er schwatzt mit Ihr und wendet mir den Rücken.
MEPHISTOPHELES. Bedenklich ist es, aber höre mich:
An ihn heran mußt du dich leise drücken;
Nimm diese Kohle, streich ihm einen Strich
Auf Ärmel, Mantel, Schulter, wie sichs macht:
Er fühlt im Herzen holden Reuestich.
Die Kohle doch mußt du sogleich verschlingen,
Nicht Wein, nicht Wasser an die Lippen bringen:
Er seufzt vor deiner Tür noch heute nacht.
DAME. Ist doch kein Gift?
MEPHISTOPHELES *entrüstet.* Respekt, wo sichs gebührt!
Weit müßtet Ihr nach solcher Kohle laufen;
Sie kommt von einem Scheiterhaufen,
Den wir sonst emsiger angeschürt.
PAGE. Ich bin verliebt, man hält mich nicht für voll.
MEPHISTOPHELES *beiseite.*
Ich weiß nicht mehr, wohin ich hören soll.
Zum Pagen.
Müßt Euer Glück nicht auf die Jüngste setzen.
Die Angejahrten wissen Euch zu schätzen. –
Andre drängen sich herzu.
Schon wieder Neue! welch ein harter Strauß!
Ich helfe mir zuletzt mit Wahrheit aus:
Der schlechteste Behelf! Die Not ist groß. –

209

O Mütter, Mütter! laßt nur Fausten los! *Umherschauend.*
Die Lichter brennen trübe schon im Saal,
Der ganze Hof bewegt sich auf einmal.
Anständig seh ich sie in Folge ziehn
Durch lange Gänge, ferne Galerien.
Nun! sie versammeln sich im weiten Raum
Des alten Rittersaals, er faßt sie kaum.
Auf breite Wände Teppiche spendiert,
Mit Rüstung Eck und Nischen ausgeziert.
Hier braucht es, dächt ich, keine Zauberworte:
Die Geister finden sich von selbst zum Orte.

RITTERSAAL

Dämmernde Beleuchtung
Kaiser und Hof sind eingezogen

HEROLD. Mein alt Geschäft, das Schauspiel anzukünden,
　　Verkümmert mir der Geister heimlich Walten;
　　Vergebens wagt man, aus verständigen Gründen
　　Sich zu erklären das verworrene Schalten.
　　Die Sessel sind, die Stühle schon zur Hand;
　　Den Kaiser setzt man grade vor die Wand;
　　Auf den Tapeten mag er da die Schlachten
　　Der großen Zeit bequemlichstens betrachten.
　　Hier sitzt nun alles, Herr und Hof im Runde,
　　Die Bänke drängen sich im Hintergrunde;
　　Auch Liebchen hat in düstern Geisterstunden
　　Zur Seite Liebchens lieblich Raum gefunden.
　　Und so, da alle schicklich Platz genommen,
　　Sind wir bereit: die Geister mögen kommen! *Posaunen.*
ASTROLOG. Beginne gleich das Drama seinen Lauf!
　　Der Herr befiehlts: ihr Wände, tut euch auf!
　　Nichts hindert mehr, hier ist Magie zur Hand:
　　Die Teppche schwinden, wie gerollt vom Brand;
　　Die Mauer spaltet sich, sie kehrt sich um,

Ein tief Theater scheint sich aufzustellen,
Geheimnisvoll ein Schein uns zu erhellen,
Und ich besteige das Proszenium.
MEPHISTOPHELES *aus dem Souffleurloche auftauchend.*
Von hier aus hoff ich allgemeine Gunst;
Einbläsereien sind des Teufels Redekunst. *Zum Astrologen.*
Du kennst den Takt, in dem die Sterne gehn,
Und wirst mein Flüstern meisterlich verstehn.
ASTROLOG. Durch Wunderkraft erscheint allhier zur Schau,
Massiv genug, ein alter Tempelbau.
Dem Atlas gleich, der einst den Himmel trug,
Stehn reihenweis der Säulen hier genug;
Sie mögen wohl der Felsenlast genügen,
Da zweie schon ein groß Gebäude trügen.
ARCHITEKT. Das war antik! ich wüßt es nicht zu preisen!
Es sollte plump und überlästig heißen.
Roh nennt man edel, unbehülflich groß.
Schmalpfeiler lieb ich, strebend, grenzenlos;
Spitzbögiger Zenit erhebt den Geist;
Solch ein Gebäu erbaut uns allermeist.
ASTROLOG. Empfangt mit Ehrfurcht sterngegönnte Stunden!
Durch magisch Wort sei die Vernunft gebunden;
Dagegen weitheran bewege frei
Sich herrliche, verwegne Phantasei!
Mit Augen schaut nun, was ihr kühn begehrt!
Unmöglich ists, drum eben glaubenswert.
Faust steigt auf der andern Seite des Proszeniums herauf.
ASTROLOG. Im Priesterkleid, bekränzt, ein Wundermann,
Der nun vollbringt, was er getrost begann!
Ein Dreifuß steigt mit ihm aus hohler Gruft,
Schon ahn ich aus der Schale Weihrauchduft.
Er rüstet sich, das hohe Werk zu segnen;
Es kann fortan nur Glückliches begegnen.
FAUST *großartig.* In eurem Namen, Mütter, die ihr thront
Im Grenzenlosen, ewig einsam wohnt,
Und doch gesellig! Euer Haupt umschweben
Des Lebens Bilder, regsam, ohne Leben.

Was einmal war in allem Glanz und Schein,
Es regt sich dort; denn es will ewig sein.
Und ihr verteilt es, allgewaltige Mächte,
Zum Zelt des Tages, zum Gewölb der Nächte.
Die einen faßt des Lebens holder Lauf,
Die andern sucht der kühne Magier auf;
In reicher Spende läßt er voll Vertrauen,
Was jeder wünscht, das Wunderwürdige schauen.

ASTROLOG. Der glühnde Schlüssel rührt die Schale kaum,
Ein dunstiger Nebel deckt sogleich den Raum;
Er schleicht sich ein, er wogt nach Wolkenart,
Gedehnt, geballt, verschränkt, geteilt, gepaart.
Und nun erkennt ein Geistermeisterstück:
So wie sie wandeln, machen sie Musik!
Aus luftgen Tönen quillt ein Weißnichtwie;
Indem sie ziehn, wird alles Melodie.
Der Säulenschaft, auch die Triglyphe klingt;
Ich glaube gar, der ganze Tempel singt!
Das Dunstige senkt sich; aus dem leichten Flor
Ein schöner Jüngling tritt im Takt hervor.
Hier schweigt mein Amt, ich brauch ihn nicht zu nennen:
Wer sollte nicht den holden Paris kennen!

DAME. Oh! welch ein Glanz aufblühender Jugendkraft!

ZWEITE. Wie eine Pfirsche frisch und voller Saft!

DRITTE. Die fein gezognen, süß geschwollnen Lippen!

VIERTE. Du möchtest wohl an solchem Becher nippen?

FÜNFTE. Er ist gar hübsch, wenn auch nicht eben fein.

SECHSTE. Ein bißchen könnt er doch gewandter sein.

RITTER. Den Schäferknecht glaub ich allhier zu spüren,
Vom Prinzen nichts und nichts von Hofmanieren.

ANDRER. Eh nun! halb nackt ist wohl der Junge schön;
Doch müßten wir ihn erst im Harnisch sehn!

DAME. Er setzt sich nieder, weichlich, angenehm.

RITTER. Auf seinem Schoße wär Euch wohl bequem?

ANDRE. Er lehnt den Arm so zierlich übers Haupt.

KÄMMERER. Die Flegelei! das find ich unerlaubt!

DAME. Ihr Herren wißt an allem was zu mäkeln.

DERSELBE. In Kaisers Gegenwart sich hinzuräkeln!
DAME. Er stellts nur vor! er glaubt sich ganz allein.
DERSELBE. Das Schauspiel selbst, hier sollt es höflich sein!
DAME. Sanft hat der Schlaf den Holden übernommen.
DERSELBE. Er schnarcht nun gleich! natürlich ists, vollkommen!
JUNGE DAME *entzückt.*
    Zum Weihrauchsdampf was duftet so gemischt,
    Das mir das Herz zum innigsten erfrischt?
ÄLTERE. Fürwahr! es dringt ein Hauch tief ins Gemüte:
    Er kommt von ihm!
ÄLTETSTE. Es ist des Wachstums Blüte,
    Im Jüngling als Ambrosia bereitet
    Und atmosphärisch ringsumher verbreitet.

Helena hervortretend.

MEPHISTOPHELES. Das war sie denn! Vor dieser hätt ich Ruh:
    Hübsch ist sie wohl, doch sagt sie mir nicht zu.
ASTROLOG. Für mich ist diesmal weiter nichts zu tun,
    Als Ehrenmann gesteh, bekenn ichs nun.
    Die Schöne kommt, und hätt ich Feuerzungen –
    Von Schönheit ward von jeher viel gesungen;
    Wem sie erscheint, wird aus sich selbst entrückt,
    Wem sie gehörte, ward zu hoch beglückt.
FAUST. Hab ich noch Augen? Zeigt sich tief im Sinn
    Der Schönheit Quelle reichlichstens ergossen?
    Mein Schreckensgang bringt seligsten Gewinn.
    Wie war die Welt mir nichtig, unerschlossen!
    Was ist sie nun seit meiner Priesterschaft?
    Erst wünschenswert, gegründet, dauerhaft!
    Verschwinde mir des Lebens Atemkraft,
    Wenn ich mich je von dir zurückgewöhne! –
    Die Wohlgestalt, die mich voreinst entzückte,
    In Zauberspiegelung beglückte,
    War nur ein Schaumbild solcher Schöne! –
    Du bists, der ich die Regung aller Kraft,
    Den Inbegriff der Leidenschaft,
    Dir Neigung, Lieb, Anbetung, Wahnsinn zolle!

MEPHISTOPHELES *aus dem Kasten.*
 So faßt Euch doch und fallt nicht aus der Rolle!
ÄLTERE DAME. Groß, wohlgestaltet, nur der Kopf zu klein.
JÜNGERE. Seht nur den Fuß! Wie könnt er plumper sein!
DIPLOMAT. Fürstinnen hab ich dieser Art gesehn;
 Mich deucht, sie ist von Kopf zum Fuße schön.
HOFMANN. Sie nähert sich dem Schläfer listig-mild.
DAME. Wie häßlich neben jugendreinem Bild!
POET. Von ihrer Schönheit ist er angestrahlt.
DAME. Endymion und Luna! wie gemalt!
DERSELBE. Ganz recht! Die Göttin scheint herabzusinken,
 Sie neigt sich über, seinen Hauch zu trinken:
 Beneidenswert! – Ein Kuß! – Das Maß ist voll.
DUENNA. Vor allen Leuten! Das ist doch zu toll!
FAUST. Furchtbare Gunst dem Knaben! –
MEPHISTOPHELES. Ruhig! Still!
 Laß das Gespenst doch machen, was es will!
HOFMANN. Sie schleicht sich weg, leichtfüßig; er erwacht.
DAME. Sie sieht sich um! Das hab ich wohl gedacht.
HOFMANN. Er staunt! Ein Wunder ists, was ihm geschieht.
DAME. Ihr ist kein Wunder, was sie vor sich sieht.
HOFMANN. Mit Anstand kehrt sie sich zu ihm herum.
DAME. Ich merke schon, sie nimmt ihn in die Lehre;
 In solchem Fall sind alle Männer dumm:
 Er glaubt wohl auch, daß er der Erste wäre.
RITTER. Laßt mir sie gelten! Majestätisch-fein!
DAME. Die Buhlerin! Das nenn ich doch gemein!
PAGE. Ich möchte wohl an seiner Stelle sein!
HOFMANN. Wer würde nicht in solchem Netz gefangen!
DAME. Das Kleinod ist durch manche Hand gegangen,
 Auch die Verguldung ziemlich abgebraucht.
ANDRE. Vom zehnten Jahr an hat sie nichts getaugt.
RITTER. Gelegentlich nimmt jeder sich das Beste;
 Ich hielte mich an diese schönen Reste.
GELAHRTER. Ich seh sie deutlich, doch gesteh ich frei:
 Zu zweiflen ist, ob sie die rechte sei.
 Die Gegenwart verführt ins Übertriebne,

Ich halte mich vor allem ans Geschriebne.
Da les ich denn, sie habe wirklich allen
Graubärten Trojas sonderlich gefallen,
Und wie mich dünkt, vollkommen paßt das hier:
Ich bin nicht jung, und doch gefällt sie mir.
ASTROLOG. Nicht Knabe mehr! Ein kühner Heldenmann,
Umfaßt er sie, die kaum sich wehren kann.
Gestärkten Arms hebt er sie hoch empor –
Entführt er sie wohl gar?
FAUST. Verwegner Tor!
Du wagst! du hörst nicht! halt! das ist zuviel!
MEPHISTOPHELES. Machst dus doch selbst, das Fratzengei-
sterspiel!
ASTROLOG. Nur noch ein Wort! Nach allem, was geschah,
Nenn ich das Stück den Raub der Helena.
FAUST. Was Raub! Bin ich für nichts an dieser Stelle?
Ist dieser Schlüssel nicht in meiner Hand?
Er führte mich durch Graus und Wog und Welle
Der Einsamkeiten her zum festen Strand.
Hier faß ich Fuß! Hier sind es Wirklichkeiten,
Von hier aus darf der Geist mit Geistern streiten,
Das Doppelreich, das große, sich bereiten.
So fern sie war, wie kann sie näher sein!
Ich rette sie, und sie ist doppelt mein.
Gewagt! Ihr Mütter! Mütter! müßts gewähren!
Wer sie erkannt, der darf sie nicht entbehren.
ASTROLOG. Was tust du, Fauste! Fauste! – Mit Gewalt
Faßt er sie an, schon trübt sich die Gestalt.
Den Schlüssel kehrt er nach dem Jüngling zu,
Berührt ihn! – Weh uns, Wehe! Nu! im Nu!
Explosion, Faust liegt auf dem Boden. Die Geister gehen in Dunst auf.
MEPHISTOPHELES, *der Fausten auf die Schulter nimmt.*
Da habt ihrs nun! Mit Narren sich beladen,
Das kommt zuletzt dem Teufel selbst zu Schaden.
Finsternis, Tumult.

ZWEITER AKT

Hochgewölbtes, enges gotisches Zimmer,

ehemals Faustens, unverändert

MEPHISTOPHELES, *hinter einem Vorhang hervortretend. Indem*
er ihn aufhebt und zurückzieht, erblickt man Fausten hingestreckt auf
einem altväterischen Bette

Hier lieg, Unseliger! verführt
Zu schwergelöstem Liebesbande!
Wen Helena paralysiert,
Der kommt so leicht nicht zu Verstande. *Sich umschauend.*
Blick ich hinauf, hierher, hinüber,
Allunverändert ist es, unversehrt;
Die bunten Scheiben sind, so dünkt mich, trüber,
Die Spinneweben haben sich vermehrt,
Die Tinte starrt, vergilbt ist das Papier,
Doch alles ist am Platz geblieben;
Sogar die Feder liegt noch hier,
Mit welcher Faust dem Teufel sich verschrieben.
Ja, tiefer in dem Rohre stockt
Ein Tröpflein Blut, wie ichs ihm abgelockt!
Zu einem solchen einzigen Stück
Wünscht ich dem größten Sammler Glück.
Auch hängt der alte Pelz am alten Haken,
Erinnert mich an jene Schnaken,
Wie ich den Knaben einst belehrt,
Woran er noch vielleicht als Jüngling zehrt.
Es kommt mir wahrlich das Gelüsten,
Rauchwarme Hülle, dir vereint
Mich als Dozent noch einmal zu erbrüsten,
Wie man so völlig recht zu haben meint.
Gelehrte Wissens zu erlangen,
Dem Teufel ist es längst vergangen.

Er schüttelt den herabgenommenen Pelz; Zikaden, Käfer und Farfarel-
len fahren heraus.

CHOR DER INSEKTEN. Willkommen! willkommen,
Du alter Patron!
Wir schweben und summen
Und kennen dich schon.
Nur einzeln im stillen
Du hast uns gepflanzt;
Zu Tausenden kommen wir,
Vater, getanzt.
Der Schalk in dem Busen
Verbirgt sich so sehr,
Vom Pelze die Läuschen
Enthüllen sich ehr.
MEPHISTOPHELES.
Wie überraschend mich die junge Schöpfung freut!
Man säe nur, man erntet mit der Zeit.
Ich schüttle noch einmal den alten Flaus:
Noch eines flattert hier und dort hinaus. –
Hinauf! umher! in hunderttausend Ecken
Eilt euch, ihr Liebchen, zu verstecken,
Dort, wo die alten Schachteln stehn,
Hier im bebräunten Pergamen,
In staubigen Scherben alter Töpfe,
Dem Hohlaug jener Totenköpfe!
In solchem Wust und Moderleben
Muß es für ewig Grillen geben. *Schlüpft in den Pelz*
Komm, decke mir die Schultern noch einmal!
Heut bin ich wieder Prinzipal.
Doch hilft es nichts, mich so zu nennen:
Wo sind die Leute, die mich anerkennen?

Er zieht die Glocke, die einen gellenden, durchdringenden Ton erschallen läßt, wovon die Hallen erbeben und die Türen aufspringen.

FAMULUS, *den langen, finstern Gang herwankend.*
Welch ein Tönen! welch ein Schauer!
Treppe schwankt, es bebt die Mauer;
Durch der Fenster buntes Zittern
Seh ich wetterleuchtend Wittern.

Springt das Estrich, und von oben
Rieselt Kalk und Schutt verschoben.
Und die Türe, fest verriegelt,
Ist durch Wunderkraft entsiegelt! –
Dort! wie fürchterlich! Ein Riese
Steht in Faustens altem Vliese!
Seinen Blicken, seinem Winken
Möcht ich in die Kniee sinken.
Soll ich fliehen? soll ich stehn?
Ach, wie wird es mir ergehn!
MEPHISTOPHELES *winkend*.
Heran, mein Freund! – Ihr heißet Nikodemus.
FAMULUS. Hochwürdiger Herr, so ist mein Nam. – Oremus.
MEPHISTOPHELES. Das lassen wir!
FAMULUS. Wie froh, daß Ihr mich kennt!
MEPHISTOPHELES.
Ich weiß es wohl: bejahrt und noch Student,
Bemooster Herr! Auch ein gelehrter Mann
Studiert so fort, weil er nicht anders kann.
So baut man sich ein mäßig Kartenhaus,
Der größte Geist bauts doch nicht völlig aus.
Doch Euer Meister, das ist ein Beschlagner:
Wer kennt ihn nicht, den edlen Doktor Wagner,
Den Ersten jetzt in der gelehrten Welt!
Er ists allein, der sie zusammenhält,
Der Weisheit täglicher Vermehrer.
Allwißbegierige Horcher, Hörer
Versammeln sich um ihn zuhauf.
Er leuchtet einzig vom Katheder;
Die Schlüssel übt er wie Sankt Peter,
Das Untre wie das Obre schließt er auf.
Wie er vor allen glüht und funkelt,
Kein Ruf, kein Ruhm hält weiter stand:
Selbst Faustus Name wird verdunkelt;
Er ist es, der allein erfand.
FAMULUS. Verzeiht, hochwürdiger Herr! wenn ich Euch sage,
Wenn ich zu widersprechen wage:

Von allem dem ist nicht die Frage;
Bescheidenheit ist sein beschieden Teil.
Ins unbegreifliche Verschwinden
Des hohen Manns weiß er sich nicht zu finden;
Von dessen Wiederkunft erfleht er Trost und Heil.
Das Zimmer, wie zu Doktor Faustus Tagen,
Noch unberührt, seitdem er fern,
Erwartet seinen alten Herrn.
Kaum wag ichs, mich hereinzuwagen. –
Was muß die Sternenstunde sein?
Gemäuer scheint mir zu erbangen;
Türpfosten bebten, Riegel sprangen,
Sonst kamt Ihr selber nicht herein.
MEPHISTOPHELES. Wo hat der Mann sich hingetan?
Führt mich zu ihm! bringt ihn heran!
FAMULUS. Ach, sein Verbot ist gar zu scharf!
Ich weiß nicht, ob ichs wagen darf.
Monatelang, des großen Werkes willen,
Lebt er im allerstillsten Stillen.
Der zarteste gelehrter Männer,
Er sieht aus wie ein Kohlenbrenner,
Geschwärzt vom Ohre bis zur Nasen,
Die Augen rot vom Feuerblasen:
So lechzt er jeden Augenblick;
Geklirr der Zange gibt Musik.
MEPHISTOPHELES. Sollt er den Zutritt mir verneinen?
Ich bin der Mann, das Glück ihm zu beschleunen.
Der Famulus geht ab, Mephistopheles setzt sich gravitätisch nieder.
Kaum hab ich Posto hier gefaßt,
Regt sich dort hinten, mir bekannt, ein Gast.
Doch diesmal ist er von den Neusten:
Er wird sich grenzenlos erdreusten.
BACCALAUREUS *den Gang herstürmend.*
Tor und Türe find ich offen!
Nun, da läßt sich endlich hoffen,
Daß nicht wie bisher im Moder
Der Lebendige wie ein Toter

Sich verkümmere, sich verderbe
Und am Leben selber sterbe.
Diese Mauern, diese Wände
Neigen, senken sich zum Ende,
Und wenn wir nicht bald entweichen,
Wird uns Fall und Sturz erreichen.
Bin verwegen wie nicht einer;
Aber weiter bringt mich keiner.
Doch was soll ich heut erfahren!
Wars nicht hier vor so viel Jahren,
Wo ich, ängstlich und beklommen,
War als guter Fuchs gekommen?
Wo ich diesen Bärtigen traute?
Mich an ihrem Schnack erbaute?
Aus den alten Bücherkrusten
Logen sie mir, was sie wußten,
Was sie wußten, selbst nicht glaubten,
Sich und mir das Leben raubten.
Wie? Dort hinten in der Zelle
Sitzt noch einer dunkel-helle!
Nahend seh ichs mit Erstaunen:
Sitzt er noch im Pelz, dem braunen,
Wahrlich, wie ich ihn verließ,
Noch gehüllt im rauhen Vlies!
Damals schien er zwar gewandt,
Als ich ihn noch nicht verstand;
Heute wird es nicht verfangen!
Frisch an ihn herangegangen!
Wenn, alter Herr! nicht Lethes trübe Fluten
Das schiefgesenkte, kahle Haupt durchschwömmen,
Seht anerkennend hier den Schüler kommen,
Entwachsen akademischen Ruten!
Ich find Euch noch, wie ich Euch sah;
Ein anderer bin ich wieder da.
MEPHISTOPHELES. Mich freut, daß ich Euch hergeläutet.
Ich schätzt Euch damals nicht gering;
Die Raupe schon, die Chrysalide deutet

Den künftigen bunten Schmetterling.
Am Lockenkopf und Spitzenkragen
Empfandet Ihr ein kindliches Behagen, –
Ihr trugt wohl niemals einen Zopf? –
Heut schau ich Euch im Schwedenkopf.
Ganz resolut und wacker seht Ihr aus;
Kommt nur nicht absolut nach Haus!

BACCALAUREUS. Mein alter Herr! wir sind am alten Orte;
Bedenkt jedoch erneuter Zeiten Lauf
Und sparet doppelsinnige Worte!
Wir passen nun ganz anders auf.
Ihr hänseltet den guten, treuen Jungen:
Das ist Euch ohne Kunst gelungen,
Was heutzutage niemand wagt.

MEPHISTOPHELES.
Wenn man der Jugend reine Wahrheit sagt,
Die gelben Schnäbeln keineswegs behagt,
Sie aber hinterdrein nach Jahren
Das alles derb an eigner Haut erfahren
Dann dünkeln sie, es käm aus eignem Schopf;
Da heißt es denn: der Meister war ein Tropf.

BACCALAUREUS.
Ein Schelm vielleicht! Denn welcher Lehrer spricht
Die Wahrheit uns direkt ins Angesicht?
Ein jeder weiß zu mehren wie zu mindern,
Bald ernst, bald heiter-klug zu frommen Kindern.

MEPHISTOPHELES. Zum Lernen gibt es freilich eine Zeit;
Zum Lehren seid Ihr, merk ich, selbst bereit.
Seit manchen Monden, einigen Sonnen
Erfahrungsfülle habt Ihr wohl gewonnen.

BACCALAUREUS. Erfahrungswesen! Schaum und Dust!
Und mit dem Geist nicht ebenbürtig!
Gesteht: was man von je gewußt,
Es ist durchaus nicht wissenswürdig!

MEPHISTOPHELES *nach einer Pause.*
Mich deucht es längst! Ich war ein Tor,
Nun komm ich mir recht schal und albern vor.

BACCALAUREUS.

Das freut mich sehr! da hör ich doch Verstand!

Der erste Greis, den ich vernünftig fand!

MEPH. Ich suchte nach verborgen-goldnem Schätzte,

Und schauerliche Kohlen trug ich fort.

BACCALAUREUS. Gesteht nur: Euer Schädel, Eure Glatze

Ist nicht mehr wert als jene hohlen dort?

MEPHISTOPHELES *gemütlich.*

Du weißt wohl nicht, mein Freund! wie grob du bist?

BACCALAUREUS.

Im Deutschen lügt man, wenn man höflich ist.

MEPHISTOPHELES, *der mit seinem Rollstuhle immer näher ins Proszenium rückt, zum Parterre.*

Hier oben wird mir Licht und Luft benommen;

Ich finde wohl bei Euch ein Unterkommen?

BACCALAUREUS.

Anmaßlich find ich, daß zur schlechtsten Frist

Man etwas sein will, wo man nichts mehr ist.

Des Menschen Leben lebt im Blut, und wo

Bewegt das Blut sich wie im Jüngling so?

Das ist lebendig Blut in frischer Kraft,

Das neues Leben sich aus Leben schafft.

Da regt sich alles, da wird was getan,

Das Schwache fällt, das Tüchtige tritt heran.

Indessen wir die halbe Welt gewonnen,

Was habt ihr denn getan? Genickt, gesonnen,

Geträumt, erwogen, Plan und immer Plan!

Gewiß, das Alter ist ein kaltes Fieber

Im Frost von grillenhafter Not.

Hat einer dreißig Jahr vorüber,

So ist er schon so gut wie tot.

Am besten wärs, euch zeitig totzuschlagen.

MEPHISTOPHELES. Der Teufel hat hier weiter nichts zu sagen.

BACCALAUREUS. Wenn ich nicht will, so darf kein Teufel sein.

MEPHISTOPHELES *abseits.*

Der Teufel stellt dir nächstens doch ein Bein.

BACCALAUREUS. Dies ist der Jugend edelster Beruf:
Die Welt, sie war nicht, eh ich sie erschuf!
Die Sonne führt ich aus dem Meer herauf;
Mit mir begann der Mond des Wechsels Lauf.
Da schmückte sich der Tag auf meinen Wegen,
Die Erde grünte, blühte mir entgegen.
Auf meinen Wink, in jener ersten Nacht,
Entfaltete sich aller Sterne Pracht.
Wer, außer mir, entband euch aller Schranken
Philisterhaft einklemmender Gedanken?
Ich aber, frei, wie mirs im Geiste spricht,
Verfolge froh mein innerliches Licht
Und wandle rasch, im eigensten Entzücken,
Das Helle vor mir, Finsternis im Rücken. *Ab.*
MEPH. Original, fahr hin in deiner Pracht! –
Wie würde dich die Einsicht kränken:
Wer kann was Dummes, wer was Kluges denken,
Das nicht die Vorwelt schon gedacht! –
Doch sind wir auch mit diesem nicht gefährdet,
In wenig Jahren wird es anders sein:
Wenn sich der Most auch ganz absurd gebärdet,
Es gibt zuletzt doch noch e' Wein.
Zu dem jüngern Parterre, das nicht applaudiert.
Ihr bleibt bei meinem Worte kalt,
Euch guten Kindern laß ichs gehen;
Bedenkt: der Teufel, der ist alt;
So werdet alt, ihn zu verstehen!

Laboratorium

im Sinne des Mittelalters; weitläufige, unbehülfliche Apparate zu phantastischen Zwecken

WAGNER *am Herde*
  Die Glocke tönt, die fürchterliche,
  Durchschauert die berußten Mauern.
  Nicht länger kann das Ungewisse
  Der ernstesten Erwartung dauern.
  Schon hellen sich die Finsternisse;
  Schon in der innersten Phiole
  Erglüht es wie lebendige Kohle,
  Ja, wie der herrlichste Karfunkel,
  Verstrahlend Blitze durch das Dunkel:
  Ein helles, weißes Licht erscheint!
  O daß ichs diesmal nicht verliere! –
  Ach Gott! was rasselt an der Türe?
MEPHISTOPHELES *eintretend.* Willkommen! es ist gutgemeint.
WAGNER *ängstlich.* Willkommen zu dem Stern der Stunde!
  Leise. Doch haltet Wort und Atem fest im Munde!
  Ein herrlich Werk ist gleich zustand gebracht.
MEPHISTOPHELES *leiser.* Was gibt es denn?
WAGNER *leiser.* Es wird ein Mensch gemacht.
MEPHISTOPHELES. Ein Mensch? Und welch verliebtes Paar
  Habt Ihr ins Rauchloch eingeschlossen?
WAGNER. Behüte Gott! wie sonst das Zeugen Mode war,
  Erklären wir für eitel Possen.
  Der zarte Punkt, aus dem das Leben sprang,
  Die holde Kraft, die aus dem Innern drang
  Und nahm und gab, bestimmt, sich selbst zu zeichnen,
  Erst Nächstes, dann sich Fremdes anzueignen,
  Die ist von ihrer Würde nun entsetzt;
  Wenn sich das Tier noch weiter dran ergötzt.
  So muß der Mensch mit seinen großen Gaben
  Doch künftig höhern, höhern Ursprung haben.
Zum Herd gewendet.

Es leuchtet! seht! – Nun läßt sich wirklich hoffen,
Daß, wenn wir aus viel hundert Stoffen
Durch Mischung – denn auf Mischung kommt es an –
Den Menschenstoff gemächlich komponieren,
In einem Kolben verlutieren
Und ihn gehörig kohobieren,
So ist das Werk im stillen abgetan.
Zum Herd gewendet. Es wird! die Masse regt sich klarer!
Die Überzeugung wahrer, wahrer:
Was man an der Natur Geheimnisvolles pries,
Das wagen wir verständig zu probieren,
Und was sie sonst organisieren ließ,
Das lassen wir kristallisieren.
MEPHISTOPHELES. Wer lange lebt, hat viel erfahren,
Nichts Neues kann für ihn auf dieser Welt geschehn.
Ich habe schon in meinen Wanderjahren
Kristallisiertes Menschenvolk gesehn.
WAGNER *bisher immer aufmerksam auf die Phiole.*
Es steigt, es blitzt, es häuft sich an,
Im Augenblick ist es getan.
Ein großer Vorsatz scheint im Anfang toll;
Doch wollen wir des Zufalls künftig lachen,
Und so ein Hirn, das trefflich denken soll,
Wird künftig auch ein Denker machen.
Entzückt die Phiole betrachtend.
Das Glas erklingt von lieblicher Gewalt,
Es trübt, es klärt sich: also muß es werden!
Ich seh in zierlicher Gestalt
Ein artig Männlein sich gebärden.
Was wollen wir, was will die Welt nun mehr?
Denn das Geheimnis liegt am Tage:
Gebt diesem Laute nur Gehör,
Er wird zur Stimme, wird zur Sprache.
HOMUNCULUS *in der Phiole zu Wagner.*
Nun, Väterchen! wie stehts? es war kein Scherz.
Komm, drücke mich recht zärtlich an dein Herz!
Doch nicht zu fest, damit das Glas nicht springe!

Das ist die Eigenschaft der Dinge:
Natürlichem genügt das Weltall kaum;
Was künstlich ist, verlangt geschloßnen Raum.
Zu Mephistopheles.
Du aber, Schalk, Herr Vetter, bist du hier?
Im rechten Augenblick! ich danke dir.
Ein gut Geschick führt dich zu uns herein;
Dieweil ich bin, muß ich auch tätig sein.
Ich möchte mich sogleich zur Arbeit schürzen;
Du bist gewandt, die Wege mir zu kürzen.
WAGNER. Nur noch Ein Wort! Bisher mußt ich mich schämen;
Denn alt und jung bestürmt mich mit Problemen.
Zum Beispiel nur: noch niemand konnt es fassen,
Wie Seel und Leib so schön zusammenpassen,
So fest sich halten, als um nie zu scheiden,
Und doch den Tag sich immerfort verleiden.
Sodann –
MEPHISTOPHELES. Halt ein! ich wollte lieber fragen:
Warum sich Mann und Frau so schlecht vertragen?
Du kommst, mein Freund, hierüber nie ins reine.
Hier gibts zu tun! das eben will der Kleine.
HOMUNCULUS. Was gibts zu tun?
MEPH. *auf eine Seitentüre deutend.* Hier zeige deine Gabe!
WAGNER *immer in die Phiole schauend.*
Fürwahr, du bist ein allerliebster Knabe!
Die Seitentür öffnet sich, man sieht Faust auf dem Lager hingestreckt.
HOMUNCULUS *erstaunt.* Bedeutend! –
*Die Phiole entschlüpft aus Wagners Händen, schwebt über Faust
und beleuchtet ihn.* Schön umgeben! Klar Gewässer
Im dichten Haine! Fraun, die sich entkleiden,
Die allerliebsten! Das wird immer besser.
Doch eine läßt sich glänzend unterscheiden:
Aus höchstem Helden –, wohl aus Götterstamme!
Sie setzt den Fuß in das durchsichtige Helle;
Des edlen Körpers holde Lebensflamme
Kühlt sich im schmiegsamen Kristall der Welle. –
Doch welch Getöse rasch bewegter Flügel?

Welch Sausen, Plätschern wühlt im glatten Spiegel?
Die Mädchen fliehn verschüchtert; doch allein
Die Königin, sie blickt gelassen drein
Und sieht mit stolzem, weiblichem Vergnügen
Der Schwäne Fürsten ihrem Knie sich schmiegen,
Zudringlich-zahm. Er scheint sich zu gewöhnen. –
Auf einmal aber steigt ein Dunst empor
Und deckt mit dichtgewebtem Flor
Die lieblichste von allen Szenen.

MEPHISTOPHELES. Was du nicht alles zu erzählen hast!
So klein du bist, so groß bist du Phantast.
Ich sehe nichts! –

HOMUNCULUS. Das glaub ich! Du aus Norden,
Im Nebelalter jung geworden,
Im Wust von Rittertum und Pfäfferei,
Wo wäre da dein Auge frei!
Im Düstern bist du nur zu Hause. *Umherschauend.*
Verbräunt Gestein, bemodert, widrig,
Spitzbögig, schnörkelhaftest, niedrig! –
Erwacht uns dieser, gibt es neue Not:
Er bleibt gleich auf der Stelle tot.
Waldquellen, Schwäne, nackte Schönen,
Das war sein ahnungsvoller Traum;
Wie wollt er sich hierher gewöhnen!
Ich, der Bequemste, duld es kaum.
Nun fort mit ihm!

MEPHISTOPHELES. Der Ausweg soll mich freuen.

HOMUNCULUS. Befiehl den Krieger in die Schlacht,
Das Mädchen führe du zum Reihen,
So ist gleich alles abgemacht.
Jetzt eben, wie ich schnell bedacht,
Ist klassische Walpurgisnacht:
Das Beste, was begegnen könnte,
Bringt ihn zu seinem Elemente.

MEPHISTOPHELES. Dergleichen hab ich nie vernommen.

HOMUNCULUS. Wie wollt es auch zu euren Ohren kommen?
Romantische Gespenster kennt ihr nur allein;

Ein echt Gespenst, auch klassich hats zu sein.

MEPHISTOPHELES. Wohin denn aber soll die Fahrt sich regen?
Mich widern schon antikische Kollegen.

HOMUNCULUS. Nordwestlich, Satan, ist dein Luftrevier,
Südöstlich diesmal aber segeln wir;
An großer Fläche fließt Peneios frei,
Umbuscht, umbaumt, in still- und feuchten Buchten;
Die Ebne dehnt sich zu der Berge Schluchten,
Und oben liegt Pharsalus, alt und neu.

MEPHISTOPHELES. O weh! hinweg! und laßt mir jene Streite
Von Tyrranei und Sklaverei beiseite!
Mich langeweilts; denn kaum ists abgetan,
So fangen sie von vorne wieder an,
Und keiner merkt: er ist doch nur geneckt
Vom Asmodeus, der dahintersteckt.
Sie streiten sich, so heißts um Freiheitsrechte:
Genau besehn, sinds Knechte gegen Knechte.

HOMUNCULUS. Den Menschen laß ihr widerspenstig Wesen!
Ein jeder muß sich wehren, wie er kann,
Vom Knaben auf, so wirds zuletzt ein Mann.
Hier fragt sichs nur, wie dieser kann genesen.
Hast du ein Mittel, so erprob es hier;
Vermagst dus nicht, so überlaß es mir!

MEPHISTOPHELES.
Manch Brockenstückchen wäre durchzuproben;
Doch Heidenriegel find ich vorgeschoben.
Das Griechenvolk, es taugte nie recht viel!
Doch blendets euch mit freiem Sinnenspiel,
Verlockt des Menschen Brust zu heitern Sünden;
Die unsern wird man immer düster finden.
Und nun was solls?

HOMUNCULUS. Du bist ja sonst nicht blöde,
Und wenn ich von thessalischen Hexen rede,
So, denk ich, hab ich was gesagt.

MEPHISTOPHELES *lüstern.*
Thessalische Hexen! Wohl! das sind Personen,
Nach denen hab ich lang gefragt.

Mit ihnen Nacht für Nacht zu wohnen,
Ich glaube nicht, daß es behagt;
Doch zum Besuch, Versuch –
HOMUNCULUS. Den Mantel her
Und um den Ritter umgeschlagen!
Der Lappen wird euch, wie bisher,
Den einen mit dem andern tragen;
Ich leuchte vor.
WAGNER *ängstlich.* Und ich?
HOMUNCULUS. Eh nun,
Du bleibst zu Hause, Wichtigstes zu tun.
Entfalte du die alten Pergamente,
Nach Vorschrift sammle Lebenselemente
Und füge sie mit Vorsicht eins ans andre,
Das Was bedenke, mehr bedenke Wie!
Indessen ich ein Stückchen Welt durchwandre,
Entdeck ich wohl das Tüpfchen auf das i.
Dann ist der große Zweck erreicht;
Solch einen Lohn verdient ein solches Streben:
Gold, Ehre, Ruhm, gesundes, langes Leben,
Und Wissenschaft und Tugend – auch vielleicht.
Leb wohl!
WAGNER *betrübt.* Leb wohl! Das drückt das Herz mir nieder.
Ich fürchte schon, ich seh dich niemals wieder.
MEPHISTOPHELES. Nun zum Peneios frisch hinab!
Herr Vetter ist nicht zu verachten. *Ad spectatores.*
Am Ende hängen wir doch ab
Von Kreaturen, die wir machten.

Klassische Walpurgisnacht

PHARSALISCHE FELDER

Finsternis

ERICHTHO.
Zum Schauderfest dieser Nacht, wie öfter schon,
Tret ich einher, Erichtho, ich, die Düstere:
Nicht so abscheulich, wie die leidigen Dichter mich
Im Übermaß verlästern. – Endigen sie doch nie
In Lob und Tadel! – Überbleicht erscheint mir schon
Von grauer Zelten Woge weit das Tal dahin,
Als Nachgesicht der sorg- und grauenvollsten Nacht.
Wie oft schon wiederholt sichs! wird sich immerfort
Ins Ewige wiederholen! Keiner gönnt das Reich
Dem andern, Dem gönnts keiner, ders mit Kraft erwarb
Und kräftig herrscht. Denn jeder, der sein innres Selbst
Nicht zu regieren weiß, regierte gar zu gern
Des Nachbarn Willen, eignem stolzen Sinn gemäß.
Hier aber ward ein großes Beispiel durchgekämpft:
Wie sich Gewalt Gewaltigerem entgegenstellt,
Der Freiheit holder, tausendblumiger Kranz zerreißt,
Der starre Lorbeer sich ums Haupt des Herrschers biegt.
Hier träumte Magnus früher Größe Blütentag,
Dem schwanken Zünglein lauschend, wachte Cäsar dort!
Das wird sich messen. Weiß die Welt doch, wems gelang!
Wachfeuer glühen, rote Flammen spendende;
Der Boden haucht vergoßnen Blutes Widerschein,
Und angelockt von seltnem Wunderglanz der Nacht,
Versammelt sich hellenischer Sage Legion.
Um alle Feuer schwankt unsicher oder sitzt
Behaglich alter Tage fabelhaft Gebild. –
Der Mond, zwar unvollkommen, aber leuchtend-hell,
Erhebt sich, milden Glanz verbreitend überall;
Der Zelten Trug verschwindet, Feuer brennen blau.

Doch, über mir! welch unerwartet Meteor?
Es leuchtet und beleuchtet körperlichen Ball.
Ich wittre Leben. Da geziemen will mirs nicht,
Lebendigem zu nahen, dem ich schädlich bin:
Das bringt mir bösen Ruf und frommt mir nicht.
Schon sinkt es nieder. Weich ich aus mit Wohlbedacht!
Entfernt sich.

DIE LUFTFAHRER OBEN

HOMUNCULUS. Schwebe noch einmal die Runde
  Über Flamm- und Schaudergrauen;
  Ist es doch in Tal und Grunde
  Gar gespenstisch anzuschauen.
MEPHISTOPHELES. Seh ich, wie durchs alte Fenster
  In des Nordens Wust und Graus,
  Ganz abscheuliche Gespenster,
  Bin ich hier wie dort zu Haus.
HOMUNCULUS. Sieh! da schreitet eine Lange
  Weiten Schrittes von uns hin.
MEPHISTOPHELES. Ist es doch, als war ihr bange:
  Sah uns durch die Lüfte ziehn.
HOMUNCULUS. Laß sie schreiten! – Setz ihn nieder,
  Deinen Ritter, und sogleich
  Kehret ihm das Leben wieder;
  Denn er suchts im Fabelreich.
FAUST *den Boden berührend.* Wo ist sie?
HOMUNCULUS. Wüßtens nicht zu sagen,
  Doch hier wahrscheinlich zu erfragen.
  In Eile magst du, eh es tagt,
  Von Flamm zu Flamme spürend gehen:
  Wer zu den Müttern sich gewagt,
  Hat weiter nichts zu überstehen.
MEPHISTOPHELES. Auch ich bin hier an meinem Teil;
  Doch wüßt ich Besseres nicht zu unserem Heil
  Als: jeder möge durch die Feuer

Versuchen sich sein eigen Abenteuer.
Dann, um uns wieder zu vereinen,
Laß deine Leuchte, Kleiner, tönend scheinen!
HOMUNCULUS. So soll es blitzen, soll es klingen!
Das Glas dröhnt und leuchtet gewaltig.
Nun frisch zu neuen Wunderdingen!
FAUST *allein.* Wo ist sie? – Frage jetzt nicht weiter nach!
Wärs nicht die Scholle, die sie trug,
Die Welle nicht, die ihr entgegenschlug,
So ists die Luft, die ihre Sprache sprach.
Hier! durch ein Wunder, hier in Griechenland!
Ich fühlte gleich den Boden, wo ich stand.
Wie mich, den Schläfer, frisch ein Geist durchglühte,
So steh ich, ein Antäus an Gemüte,
Und find ich hier das Seltsamste beisammen,
Durchforsch ich ernst dies Labyrinth der Flammen.
Entfernt sich.

AM OBERN PENEIOS

MEPHISTOPHELES *umherspürend.*
Und wie ich diese Feuerchen durchschweife,
So find ich mich doch ganz und gar entfremdet:
Fast alles nackt, nur hie und da behemdet,
Die Sphinxe schamlos, unverschämt die Greife,
Und was nicht alles, lockig und beflügelt,
Von vorn und hinten sich im Auge spiegelt! –
Zwar sind auch wir von Herzen unanständig,
Doch das Antike find ich zu lebendig;
Das müßte man mit neustem Sinn bemeistern
Und mannigfaltig modisch überkleistern.
Ein widrig Volk! Doch darf michs nicht verdrießen,
Als neuer Gast anständig sie zu grüßen. –
Glückzu den schönen Fraun, den klugen Greisen!
GREIF *schnarrend.*
Nicht Greisen! Greifen! – Niemand hört es gern,

Daß man ihn Greis nennt. Jedem Worte klingt
Der Ursprung nach, wo es sich her bedingt:
Grau, grämlich, griesgram, greulich, Gräber, grimmig,
Etymologisch gleicherweise stimmig,
Verstimmen uns.
MEPHISTOPHELES. Und doch, nicht abzuschweifen,
Gefällt das Grei im Ehrentitel Greifen.
GREIF *wie oben und immer so fort.*
Natürlich! Die Verwandtschaft ist erprobt,
Zwar oft gescholten, mehr jedoch gelobt;
Man greife nun nach Mädchen, Kronen, Gold,
Dem Greifenden ist meist Fortuna hold.
AMEISEN *von der kolossalen Art.*
Ihr sprecht von Gold: wir hatten viel gesammelt,
In Fels- und Höhlen heimlich eingerammelt!
Das Arimaspenvolk hats ausgespürt;
Sie lachen dort, wie weit sies weggeführt.
GREIFE. Wir wollen sie schon zum Geständnis bringen.
ARIMASPEN. Nur nicht zur freien Jubelnacht!
Bis morgen ists alles durchgebracht,
Es wird uns diesmal wohl gelingen.
MEPHISTOPHELES *hat sich zwischen die Sphinxe gesetzt.*
Wie leicht und gern ich mich hierher gewöhne!
Denn ich verstehe Mann für Mann.
SPHINX. Wir hauchen unsre Geistertöne,
Und ihr verkörpert sie alsdann.
Jetzt nenne dich, bis wir dich weiter kennen!
MEPH. Mit vielen Namen glaubt man mich zu nennen! –
Sind Briten hier? Sie reisen sonst so viel,
Schlachtfeldern nachzuspüren, Wasserfällen,
Gestürzten Mauern, klassisch-dumpfen Stellen;
Das wäre hier für sie ein würdig Ziel.
Sie zeugten auch: im alten Bühnenspiel
Sah man mich dort als Old Iniquity.
SPHINX. Wie kam man drauf?
MEPHISTOPHELES. Ich weiß es selbst nicht, wie.
SPHINX. Mag sein! Hast du von Sternen einige Kunde?

Was sagst du zu der gegenwärtigen Stunde?

MEPHISTOPHELES *aufschauend.*

Stern schießt nach Stern, beschnittner Mond scheint helle,
Und mir ist wohl an dieser trauten Stelle,
Ich wärme mich an deinem Löwenfelle.
Hinauf sich zu versteigen, wär zum Schaden;
Gib Rätsel auf, gib allenfalls Charaden!

SPHINX. Sprich nur dich selbst aus, wird schon Rätsel sein.
Versuch einmal, dich innigst aufzulösen:
»Dem frommen Manne nötig wie dem bösen,
Dem ein Plastron, asketisch zu rapieren,
Kumpan dem andern, Tolles zu vollführen,
Und beides nur, um Zeus zu amüsieren.«

ERSTER GREIF *schnarrend.* Den mag ich nicht!

ZWEITER GREIF *stärker schnarrend.* Was will uns Der?

BEIDE. Der Garstige gehöret nicht hierher!

MEPHISTOPHELES *brutal.* Du glaubst vielleicht, des Gastes
Nicht auch so gut wie deine scharfen Klauen?   [Nägel krauen
Versuchs einmal!

SPHINX *milde.* Du magst nur immer bleiben,
Wird dichs doch selbst aus unsrer Mitte treiben;
In deinem Lande tust dir was zugute,
Doch, irr ich nicht, hier ist dir schlecht zumute.

MEPHISTOPHELES. Du bist recht appetitlich oben anzu-
Doch untenhin – die Bestie macht mir Grauen.   [schauen;

SPHINX. Du Falscher kommst zu deiner bittern Buße:
Denn unsre Tatzen sind gesund,
Dir mit verschrumptem Pferdefuße
Behagt es nicht in unserem Bund.

Sirenen präludieren oben.

MEPHISTOPHELES. Wer sind die Vögel, in den Ästen
Des Pappelstromes hingewiegt?

SPHINX. Gewahrt Euch nur! Die Allerbesten
Hat solch ein Singsang schon besiegt.

SIRENEN. Ach, was wollt ihr euch verwöhnen
In dem Häßlich-Wunderbaren!
Horcht, wir kommen hier zu Scharen

Und in wohlgestimmten Tönen:
So geziemet es Sirenen!
SPHINXE *sie verspottend in derselben Melodie.*
Nötigt sie herabzusteigen!
Sie verbergen in den Zweigen
Ihre garstigen Habichtskrallen,
Euch verderblich anzufallen,
Wenn ihr euer Ohr verleiht.
SIRENEN. Weg! das Hassen, weg! das Neiden!
Sammeln wir die klarsten Freuden,
Unterm Himmel ausgestreut!
Auf dem Wasser, auf der Erde
Seis die heiterste Gebärde,
Die man dem Willkommnen beut.
MEPHISTOPHELES. Das sind die saubern Neuigkeiten,
Wo aus der Kehle, von den Saiten
Ein Ton sich um den andern flicht.
Das Trailern ist bei mir verloren:
Es krabbelt wohl mir um die Ohren,
Allein zum Herzen dringt es nicht.
SPHINXE. Sprich nicht vom Herzen! das ist eitel:
Ein lederner, verschrumpfter Beutel,
Das paßt dir eher zu Gesicht!
FAUST *herantretend.*
Wie wunderbar! das Anschaun tut mir Gnüge:
Im Widerwärtigen große, tüchtige Züge.
Ich ahne schon ein günstiges Geschick;
Wohin versetzt mich dieser ernste Blick!
Auf Sphinxe bezüglich.
Vor solchen hat einst Ödipus gestanden!
Auf Sirenen bezüglich.
Vor solchen krümmte sich Ulyß in hänfnen Banden!
Auf Ameisen bezüglich.
Von solchen war der höchste Schatz gespart,
Auf Greife bezüglich.
Von diesen treu und ohne Fehl bewahrt!
Vom frischen Geiste fühl ich mich durchdrungen:

Gestalten groß, groß die Erinnerungen.

MEPHISTOPHELES. Sonst hättest du dergleichen weggeflucht,
Doch jetzo scheint es dir zu frommen;
Denn wo man die Geliebte sucht,
Sind Ungeheuer selbst willkommen.

FAUST *zu den Sphinxen.*
Ihr Frauenbilder müßt mir Rede stehn:
Hat eins der euren Helena gesehn?

SPHINXE. Wir reichen nicht hinauf zu ihren Tagen,
Die letztesten hat Herkules erschlagen.
Von Chiron könntest dus erfragen;
Der sprengt herum in dieser Geisternacht;
Wenn er dir steht, so hast dus weit gebracht.

SIRENEN. Sollte dirs doch auch nicht fehlen!
Wie Ulyß bei uns verweilte,
Schmähend nicht vorübereilte,
Wüßt er vieles zu erzählen;
Würden alles dir vertrauen,
Wolltest du zu unsern Gauen
Dich ans grüne Meer verfügen.

SPHINXE. Laß dich, Edler, nicht betrügen!
Statt daß Ulyß sich binden ließ,
Laß unsern guten Rat dich binden!
Kannst du den hohen Chiron finden,
Erfährst du, was ich dir verhieß. *Faust entfernt sich.*

MEPHISTOPHELES *verdrießlich.*
Was krächzt vorbei mit Flügelschlag,
So schnell, daß man nicht sehen mag,
Und immer eins dem andern nach?
Den Jäger würden sie ermüden.

SPHINXE. Dem Sturm des Winterwinds vergleichbar,
Alcides Pfeilen kaum erreichbar:
Es sind die raschen Stymphaliden,
Und wohlgemeint ihr Krächzegruß,
Mit Geierschnabel und Gänsefuß.
Sie möchten gern in unsern Kreisen
Als Stammverwandte sich erweisen.

MEPHISTOPHELES *wie verschüchtert.*
Noch andres Zeug zischt zwischendrein.
SPHINXE. Vor diesen sei Euch ja nicht bange!
Es sind die Köpfe der Lernäischen Schlange,
Vom Rumpf getrennt, und glauben was zu sein. –
Doch sagt: was soll nur aus Euch werden?
Was für unruhige Gebärden?
Wo wollt Ihr hin? – Begebt Euch fort:
Ich sehe, jener Chorus dort
Macht Euch zum Wendehals. Bezwingt Euch nicht,
Geht hin! begrüßt manch reizendes Gesicht!
Die Lamien sinds! lustfeine Dirnen,
Mit Lächelmund und frechen Stirnen,
Wie sie dem Satyrvolk behagen;
Ein Bocksfuß darf dort alles wagen.
MEPHISTOPHELES.
Ihr bleibt doch hier, daß ich euch wiederfinde?
SPHINX. Ja! Mische dich zum luftigen Gesinde!
Wir, von Ägypten her, sind längst gewohnt,
Daß unsereins in tausend Jahre thront.
Und respektiert nur unsre Lage:
So regeln wir die Mond- und Sonnentage.
Sitzen vor den Pyramiden
Zu der Völker Hochgericht,
Überschwemmung, Krieg und Frieden –
Und verziehen kein Gesicht.

AM UNTERN PENEIOS

Peneios, umgeben von Gewässern und Nymphen

PENEIOS. Rege dich, du Schilfgeflüster!
Hauche leise, Rohrgeschwister,
Säuselt, leichte Weidensträuche,
Lispelt, Pappelzitterzweige,
Unterbrochnen Träumen zu!
Weckt mich doch ein grauslich Wittern,

Heimlich-allbewegend Zittern
Aus dem Wallestrom und Ruh.
FAUST *an den Fluß tretend.* Hör ich recht, so muß ich glauben:
Hinter den verschränkten Lauben
Dieser Zweige, dieser Stauden
Tönt ein menschenähnlich Lauten.
Scheint die Welle doch ein Schwätzen,
Lüftlein wie ein Scherzergötzen.
NYMPHEN *zu Faust.* Am besten geschah dir,
Du legtest dich nieder,
Erholtest im Kühlen
Ermüdete Glieder,
Genössest der immer
Dich meidenden Ruh;
Wir säuseln, wir rieseln,
Wir flüstern dir zu.
FAUST. Ich wache ja! O laßt sie walten,
Die unvergleichlichen Gestalten,
Wie sie dorthin mein Auge schickt!
So wunderbar bin ich durchdrungen!
Sinds Träume? sinds Erinnerungen?
Schon einmal warst du so beglückt.
Gewässer schleichen durch die Frische
Der dichten, sanft bewegten Büsche,
Nicht rauschen sie, sie rieseln kaum;
Von allen Seiten hundert Quellen
Vereinen sich im reinlich-hellen,
Zum Bade flach vertieften Raum.
Gesunde, junge Frauenglieder,
Vom feuchten Spiegel doppelt wieder
Ergötztem Auge zugebracht!
Gesellig dann und fröhlich badend,
Erdreistet schwimmend, furchtsam watend;
Geschrei zuletzt und Wasserschlacht.
Begnügen sollt ich mich an diesen,
Mein Auge sollte hier genießen;
Doch immer weiter strebt mein Sinn.

Der Blick dringt scharf nach jener Hülle:
Das reiche Laub der grünen Fülle
Verbirgt die hohe Königin.
Wundersam! auch Schwäne kommen
Aus den Buchten hergeschwommen,
Majestätisch-rein bewegt,
Ruhig schwebend, zart gesellig,
Aber stolz und selbstgefällig:
Wie sich Haupt und Schnabel regt! –
Einer aber scheint vor allen
Brüstend kühn sich zu gefallen,
Segelnd rasch durch alle fort;
Sein Gefieder bläht sich schwellend,
Welle selbst, auf Wogen wellend,
Dringt er zu dem heiligen Ort. –
Die andern schwimmen hin und wieder
Mit ruhig glänzendem Gefieder,
Bald auch in regem prächtigen Streit
Die scheuen Mädchen abzulenken,
Daß sie an ihren Dienst nicht denken,
Nur an die eigne Sicherheit.

NYMPHEN. Leget, Schwestern, euer Ohr
An des Ufers grüne Stufe!
Hör ich recht, so kommt mirs vor
Als der Schall von Pferdes Hufe.
Wüßt ich nur, wer dieser Nacht
Schnelle Botschaft zugebracht!

FAUST. Ist mir doch, als dröhnt die Erde,
Schallend unter eiligem Pferde!
Dorthin mein Blick!
Ein günstiges Geschick,
Soll es mich schon erreichen?
O Wunder ohnegleichen!
Ein Reiter kommt herangetrabt,
Er scheint von Geist und Mut begabt,
Von blendend weißem Pferd getragen –
Ich irre nicht, ich kenn ihn schon:

Der Philyra berühmter Sohn! –
Halt, Chiron! halt! Ich habe dir zu sagen –
CHIRON. Was gibts? was ists?
FAUST. Bezähme deinen Schritt!
CHIRON. Ich raste nicht!
FAUST. So, bitte, nimm mich mit!
CHIRON. Sitz auf! so kann ich nach Belieben fragen:
Wohin des Wegs? Du stehst am Ufer hier,
Ich bin bereit, dich durch den Fluß zu tragen.
FAUST *aufsitzend.* Wohin du willst. Für ewig dank ichs dir! –
Der große Mann, der edle Pädagog,
Der, sich zum Ruhm, ein Heldenvolk erzog,
Den schönen Kreis der edlen Argonauten
Und alle, die des Dichters Welt erbauten –
CHIRON. Das lassen wir an seinem Ort!
Selbst Pallas kommt als Mentor nicht zu Ehren;
Am Ende treiben sies nach ihrer Weise fort,
Als wenn sie nicht erzogen wären.
FAUST. Den Arzt, der jede Pflanze nennt,
Die Wurzeln bis ins Tiefste kennt,
Dem Kranken Heil, dem Wunden Lindrung schafft,
Umarm ich hier in Geist- und Körperkraft!
CHIRON. Ward neben mir ein Held verletzt,
Da wüßt ich Hülf und Rat zu schaffen;
Doch ließ ich meine Kunst zuletzt
Den Wurzelweibern und den Pfaffen.
FAUST. Du bist der wahre große Mann,
Der Lobeswort nicht hören kann:
Er sucht bescheiden auszuweichen
Und tut, als gab es seinesgleichen.
CHIRON. Du scheinest mir geschickt zu heucheln,
Dem Fürsten wie dem Volk zu schmeicheln.
FAUST. So wirst du mir denn doch gestehn:
Du hast die Größten deiner Zeit gesehn,
Dem Edelsten in Taten nachgestrebt,
Halbgöttlich-ernst die Tage durchgelebt.
Doch unter den heroischen Gestalten

Wen hast du für den Tüchtigsten gehalten?
CHIRON. Im hehren Argonautenkreise
    War jeder brav nach seiner eignen Weise,
    Und nach der Kraft, die ihn beseelte,
    Konnt er genügen, wos den andern fehlte.
    Die Dioskuren haben stets gesiegt,
    Wo Jugendfüll und Schönheit überwiegt.
    Entschluß und schnelle Tat zu andrer Heil,
    Den Boreaden wards zum schönen Teil.
    Nachsinnend, kräftig, klug, im Rat bequem,
    So herrschte Jason, Frauen angenehm.
    Dann Orpheus: zart und immer still-bedächtig,
    Schlug er die Leier, allen übermächtig.
    Scharfsichtig Lynkeus, der bei Tag und Nacht
    Das heilge Schiff durch Klipp und Strand gebracht.
    Gesellig nur läßt sich Gefahr erproben:
    Wenn einer wirkt, die andern alle loben.
FAUST. Von Herkules willst nichts erwähnen?
CHIRON. O weh! errege nicht mein Sehnen!
    Ich hatte Phöbus nie gesehn,
    Noch Ares, Hermes, wie sie heißen;
    Da sah ich mir vor Augen stehn,
    Was alle Menschen göttlich preisen.
    So war er ein geborner König,
    Als Jüngling herrlichst anzuschaun,
    Dem älteren Bruder untertänig
    Und auch den allerliebsten Fraun.
    Den zweiten zeugt nicht Gäa wieder,
    Nicht führt ihn Hebe himmelein;
    Vergebens mühen sich die Lieder,
    Vergebens quälen sie den Stein.
FAUST. So sehr auch Bilder auf ihn pochen,
    So herrlich kam er nie zur Schau.
    Vom schönsten Mann hast du gesprochen,
    Nun sprich auch von der schönsten Frau!
CHIRON. Was! Frauenschönheit will nichts heißen,
    Ist gar zu oft ein starres Bild;

Nur solch ein Wesen kann ich preisen,
Das froh und lebenslustig quillt.
Die Schöne bleibt sich selber selig;
Die Anmut macht unwiderstehlich,
Wie Helena, da ich sie trug.

FAUST. Du trugst sie?

CHIRON. Ja, auf diesem Rücken!

FAUST. Bin ich nicht schon verwirrt genug,
Und solch ein Sitz muß mich beglücken!

CHIRON. Sie faßte so mich in das Haar,
Wie du es tust.

FAUST. O ganz und gar
Verlier ich mich! Erzähle: wie?
Sie ist mein einziges Begehren!
Woher, wohin, ach! trugst du sie?

CHIRON. Die Frage läßt sich leicht gewähren.
Die Dioskuren hatten jener Zeit
Das Schwesterchen aus Räuberfaust befreit.
Doch diese, nicht gewohnt, besiegt zu sein,
Ermannten sich und stürmten hinterdrein.
Da hielten der Geschwister eiligen Lauf
Die Sümpfe bei Eleusis auf;
Die Brüder wateten, ich patschte, schwamm hinüber;
Da sprang sie ab und streichelte
Die feuchte Mähne, schmeichelte
Und dankte lieblich-klug und selbstbewußt.
Wie war sie reizend! jung! des Alten Lust!

FAUST. Erst zehen Jahr!

CHIRON. Ich seh, die Philologen,
Sie haben dich so wie sich selbst betrogen.
Ganz eigen ists mit mythologischer Frau:
Der Dichter bringt sie, wie ers braucht, zur Schau;
Nie wird sie mündig, wird nicht alt,
Stets appetitlicher Gestalt,
Wird jung entführt, im Alter noch umfreit;
Gnug, den Poeten bindet keine Zeit.

FAUST. So sei auch sie durch keine Zeit gebunden!

Hat doch Achill auf Pherä sie gefunden,
Selbst außer aller Zeit! Welch seltnes Glück:
Errungene Liebe gegen das Geschick!
Und sollt ich nicht, sehnsüchtigster Gewalt,
Ins Leben ziehn die einzigste Gestalt?
Das ewige Wesen, Göttern ebenbürtig,
So groß als zart, so hehr als liebenswürdig?
Du sahst sie einst, heut hab ich sie gesehn,
So schön wie reizend, wie ersehnt so schön!
Nun ist mein Sinn, mein Wesen streng umfangen:
Ich lebe nicht, kann ich sie nicht erlangen!
CHIRON. Mein fremder Mann, als Mensch bist du entzückt;
  Doch unter Geistern scheinst du wohl verrückt.
  Nun trifft sichs hier zu deinem Glücke;
  Denn alle Jahr, nur wenig Augenblicke,
  Pfleg ich bei Manto vorzutreten,
  Der Tochter Äskulaps; im stillen Beten
  Fleht sie zum Vater, daß, zu seiner Ehre,
  Er endlich doch der Ärzte Sinn verkläre
  Und vom verwegnen Totschlag sie bekehre –
  Die liebste mir aus der Sibyllengilde:
  Nicht fratzenhaft bewegt, wohltätig-milde;
  Ihr glückt es wohl, bei einigem Verweilen,
  Mit Wurzelkräften dich von Grund zu heilen.
FAUST. Geheilt will ich nicht sein, mein Sinn ist mächtig;
  Da wär ich ja wie andre niederträchtig.
CHIRON. Versäume nicht das Heil der edlen Quelle!
  Geschwind herab! Wir sind zur Stelle.
FAUST. Sag an: wohin hast du in grauser Nacht
  Durch Kiesgewässer mich ans Land gebracht?
CHIRON. Hier trotzen Rom und Griechenland im Streite,
  Peneios rechts, links den Olymp zur Seite,
  Das größte Reich, das sich im Sand verliert:
  Der König flieht, der Bürger triumphiert.
  Blick auf! hier steht, bedeutend-nah,
  Im Mondschein der ewige Tempel da.
MANTO *inwendig träumend.* Von Pferdes Hufe

Erklingt die heilige Stufe,
Halbgötter treten heran.

CHIRON. Ganz recht!
Nur die Augen aufgetan!

MANTO *erwachend.* Willkommen! Ich seh, du bleibst nicht aus.

CHIRON. Steht dir doch auch dein Tempelhaus!

MANTO. Streifst du noch immer unermüdet?

CHIRON. Wohnst du noch immer still umfriedet,
Indes zu kreisen mich erfreut.

MANTO. Ich harre, mich umkreist die Zeit. –
Und dieser?

CHIRON.   Die verrufene Nacht
Hat strudelnd ihn hierher gebracht.
Helenen, mit verrückten Sinnen,
Helenen will er sich gewinnen
Und weiß nicht, wie und wo beginnen:
Asklepischer Kur vor andern wert.

MANTO. Den lieb ich, der Unmögliches begehrt.

CHIRON *ist schon weit weg.*

MANTO. Tritt ein, Verwegner, sollst dich freuen!
Der dunkle Gang führt zu Persephoneien.
In des Olympus hohlem Fuß
Lauscht sie geheim-verbotnem Gruß.
Hier hab ich einst den Orpheus eingeschwärzt;
Benutz es besser! Frisch! beherzt! *Sie steigen hinab.*

AM OBERN PENEIOS

SIRENEN. *Am obern Peneios wie zuvor*
Stürzt euch in Peneios Flut!
Plätschernd ziemt es da zu schwimmen,
Lied um Lieder anzustimmen,
Dem unseligen Volk zugut.
Ohne Wasser ist kein Heil!
Führen wir mit hellem Heere
Eilig zum Ägäischen Meere,
Würd uns jede Lust zuteil. *Erdbeben.*

SIRENEN. Schäumend kehrt die Welle wieder,
Fließt nicht mehr im Bett darnieder;
Grund erbebt, das Wasser staucht,
Kies und Ufer berstend raucht.
Flüchten wir! Kommt alle, kommt!
Niemand, dem das Wunder frommt!
Fort, ihr edlen, frohen Gäste,
Zu dem seeisch-heitern Feste,
Blinkend wo die Zitterwellen,
Ufernetzend, leise schwellen,
Da, wo Luna doppelt leuchtet,
Uns mit heiigem Tau befeuchtet!
Dort ein freibewegtes Leben,
Hier ein ängstlich Erdebeben!
Eile jeder Kluge fort!
Schauderhaft ists um den Ort.
SEISMOS *in der Tiefe brummend und polternd.*
Einmal noch mit Kraft geschoben,
Mit den Schultern brav gehoben!
So gelangen wir nach oben,
Wo uns alles weichen muß.
SPHINXE. Welch ein widerwärtig Zittern,
Häßlich-grausenhaftes Wittern!
Welch ein Schwanken, welches Beben,
Schaukelnd Hin- und Wiederstreben!
Welch unleidlicher Verdruß!
Doch wir ändern nicht die Stelle
Bräche los die ganze Hölle.
Nun erhebt sich ein Gewölbe
Wundersam. Es ist derselbe,
Jener Alte, längst Ergraute,
Der die Insel Delos baute,
Einer Kreißenden zulieb
Aus der Wog empor sie trieb.
Er, mit Streben, Drängen, Drücken,
Arme straff, gekrümmt den Rücken,
Wie ein Atlas an Gebärde,

Hebt er Boden, Rasen, Erde,
Kies und Grieß und Sand und Letten,
Unsres Ufers stille Betten.
So zerreißt er eine Strecke
Quer des Tales ruhige Decke.
Angestrengtest, nimmer müde,
Kollossal – Karyatide,
Trägt ein furchtbar Steingerüste,
Noch im Boden bis zur Büste;
Weiter aber solls nicht kommen:
Sphinxe haben Platz genommen.

SEISMOS. Das hab ich ganz allein vermittelt,
Man wird mirs endlich zugestehn,
Und hätt ich nicht geschüttelt und gerüttelt,
Wie wäre diese Welt so schön!
Wie ständen eure Berge droben
In prächtig-reinem Ätherblau,
Hätt ich sie nicht hervorgeschoben
Zu malerisch-entzückter Schau!
Als, angesichts der höchsten Ahnen,
Der Nacht, des Chaos, ich mich stark betrug
Und in Gesellschaft der Titanen
Mit Pelion und Ossa als mit Ballen schlug:
Wir tollten fort in jugendlicher Hitze,
Bis, überdrüssig, noch zuletzt
Wir dem Parnaß als eine Doppelmütze
Die beiden Berge frevelnd aufgesetzt –
Apollen hält ein froh Verweilen
Dort nun mit seliger Musen Chor.
Selbst Jupitern und seinen Donnerkeilen
Hob ich den Sessel hoch empor.
Jetzt so, mit ungeheurem Streben,
Drang aus dem Abgrund ich herauf
Und fordere laut zu neuem Leben
Mir fröhliche Bewohner auf.

SPHINXE. Uralt, müßte man gestehen,
Sei das hier Emporgebürgte,

Hätten wir nicht selbst gesehen,
Wie sichs aus dem Boden würgte.
Bebuschter Wald verbreitet sich hinan,
Noch drängt sich Fels auf Fels bewegt heran;
Ein Sphinx wird sich daran nicht kehren:
Wir lassen uns im heiligen Sitz nicht stören.
GREIFE. Gold in Blättchen, Gold in Füttern
Durch die Ritzen seh ich zittern.
Laßt euch solchen Schatz nicht rauben!
Imsen, auf! es auszuklauben.
CHOR DER AMEISEN. Wie ihn die Riesigen
Emporgeschoben,
Ihr Zappelfüßigen,
Geschwind nach oben!
Behendest aus und ein!
In solchen Ritzen
Ist jedes Bröselein
Wert zu besitzen.
Das Allermindeste
Müßt ihr entdecken
Auf das geschwindeste
In allen Ecken!
Allemsig müßt ihr sein,
Ihr Wimmelscharen:
Nur mit dem Gold herein!
Den Berg laßt fahren!
GREIFE. Herein! herein! Nur Gold zuhauf!
Wir legen unsre Klauen drauf;
Sind Riegel von der besten Art:
Der größte Schatz ist wohl verwahrt.
PYGMÄEN. Haben wirklich Platz genommen,
Wissen nicht, wie es geschah.
Fraget nicht, woher wir kommen;
Denn wir sind nun einmal da!
Zu des Lebens lustigem Sitze
Eignet sich ein jedes Land;
Zeigt sich eine Felsenritze,

Ist auch schon der Zwerg zur Hand.
Zwerg und Zwergin, rasch zum Fleiße,
Musterhaft ein jedes Paar;
Weiß nicht, ob es gleicherweise
Schon im Paradiese war.
Doch wir findens hier zum besten,
Segnen dankbar unsern Stern;
Denn im Osten wie im Westen
Zeugt die Mutter Erde gern.

DAKTYLE. Hat sie in Einer Nacht
Die Kleinen hervorgebracht,
Sie wird die Kleinsten erzeugen;
Finden auch ihresgleichen.

PYGMÄEN-ÄLTESTE. Eilet, bequemen
Sitz einzunehmen!
Eilig zum Werke!
Schnelle für Stärke!
Noch ist es Friede:
Baut euch die Schmiede,
Harnisch und Waffen
Dem Heer zu schaffen!
Ihr Imsen alle,
Rührig im Schwalle,
Scharrt uns Metalle!
Und ihr Daktyle,
Kleinste, so viele,
Euch sei befohlen,
Hölzer zu holen!
Schichtet zusammen
Heimliche Flammen:
Schaffet uns Kohlen!

GENERALISSIMUS. Mit Pfeil und Bogen
Frisch ausgezogen!
An jenem Weiher
Schießt mir die Reiher,
Unzählig nistende,
Hochmütig brüstende,

Auf Einen Ruck
Alle wie Einen,
Daß wir erscheinen
Mit Helm und Schmuck!
IMSEN UND DAKTYLE. Wer wird uns retten!
Wir schaffen's Eisen,
Sie schmieden Ketten.
Uns loszureißen,
Ist noch nicht zeitig;
Drum seid geschmeidig!
DIE KRANICHE DES IBYKUS.
Mordgeschrei und Sterbeklagen!
Ängstlich Flügelflatterschlagen!
Welch ein Ächzen, welch Gestöhn
Dringt herauf zu unsern Höhn!
Alle sind sie schon ertötet,
See von ihrem Blut gerötet!
Mißgestaltete Begierde
Raubt des Reihers edle Zierde.
Weht sie doch schon auf dem Helme
Dieser Fettbauch- Krummbein-Schelme!
Ihr Genossen unsres Heeres,
Reihenwanderer des Meeres,
Euch berufen wir zur Rache
In so nahverwandter Sache.
Keiner spare Kraft und Blut:
Ewige Feindschaft dieser Brut!
Zerstreuen sich krächzend in den Lüften.
MEPHISTOPHELES *in der Ebne.*
Die nordischen Hexen wußt ich wohl zu meistern,
Mir wirds nicht just mit diesen fremden Geistern.
Der Blocksberg bleibt ein gar bequem Lokal:
Wo man auch sei, man findet sich zumal.
Frau Ilse wacht für uns auf ihrem Stein,
Auf seiner Höh wird Heinrich munter sein,
Die Schnarcher schnauzen zwar das Elend an,
Doch alles ist für tausend Jahr getan.

Wer weiß denn hier nur, wo er geht und steht,
Ob unter ihm sich nicht der Boden bläht?
Ich wandle lustig durch ein glattes Tal,
Und hinter mir erhebt sich auf einmal
Ein Berg, zwar kaum ein Berg zu nennen,
Von meinen Sphinxen mich jedoch zu trennen,
Schon hoch genug! – Hier zuckt noch manches Feuer
Das Tal hinab und flammt ums Abenteuer:
Noch tanzt und schwebt mir lockend, weichend vor,
Spitzbübisch gaukelnd, der galante Chor.
Nur sachte drauf! Allzu gewohnt ans Naschen,
Wo es auch sei, man sucht was zu erhaschen.

LAMIEN. *Mephistopheles nach sich ziehend.*

Geschwind! geschwinder!
Und immer weiter!
Dann wieder zaudernd,
Geschwätzig plaudernd!
Es ist so heiter,
Den alten Sünder
Uns nachzuziehen
Zu schwerer Buße!
Mit starrem Fuße
Kommt er geholpert,
Einhergestolpert;
Er schleppt das Bein,
Wie wir ihn fliehen,
Uns hinterdrein!

MEPHISTOPHELES *stillstehend.*

Verflucht Geschick! Betrogne Mannsen!
Von Adam her verführte Hansen!
Alt wird man wohl, wer aber klug?
Warst du nicht schon vernarrt genug?
Man weiß: das Volk taugt aus dem Grunde nichts,
Geschnürten Leibs, geschminkten Angesichts.
Nichts haben sie Gesundes zu erwidern,
Wo man sie anfaßt, morsch in allen Gliedern.
Man weiß, man siehts, man kann es greifen,

Und dennoch tanzt man, wenn die Luder pfeifen!

LAMIEN *innehaltend.* Halt! er besinnt sich, zaudert, steht!
Entgegnet ihm, daß er euch nicht entgeht!

MEPHISTOPHELES *fortschreitend.*
Nur zu! und laß dich ins Gewebe
Der Zweifelei nicht törig ein;
Denn wenn es keine Hexen gäbe,
Wer, Teufel! möchte Teufel sein!

LAMIEN *anmutigst.* Kreisen wir um diesen Helden!
Liebe wird in seinem Herzen
Sich gewiß für Eine melden.

MEPHISTOPHELES. Zwar mit Ungewissem Schimmer
Scheint ihr hübsche Frauenzimmer,
Und so möcht ich euch nicht schelten.

EMPUSE *eindringend.* Auch nicht mich! als eine solche
Laßt mich ein in eure Folge!

LAMIEN. Die ist in unserm Kreis zuviel,
Verdirbt doch immer unser Spiel.

EMPUSE *zu Mephistopheles.* Begrüßt von Mühmichen Empuse,
Der Trauten mit dem Eselsfuße!
Du hast nur einen Pferdefuß,
Und doch, Herr Vetter, schönsten Gruß!

MEPHISTOPHELES. Hier dacht ich lauter Unbekannte
Und finde leider Nahverwandte;
Es ist ein altes Buch zu blättern:
Vom Harz bis Hellas immer Vettern!

EMPUSE. Entschieden weiß ich gleich zu handeln,
In vieles könnt ich mich verwandeln;
Doch Euch zu Ehren hab ich jetzt
Das Eselsköpfchen aufgesetzt.

MEPHISTOPHELES. Ich merk, es hat bei diesen Leuten
Verwandtschaft Großes zu bedeuten;
Doch mag sich, was auch will, eräugnen,
Den Eselskopf möcht ich verleugnen.

LAMIEN. Laß diese Garstige! sie verscheucht,
Was irgend schön und lieblich deucht;
Was irgend schön und lieblich war,

Sie kommt heran: es ist nicht mehr!

MEPHISTOPHELES.

Auch diese Mühmchen, zart und schmächtig,
Sie sind mir allesamt verdächtig,
Und hinter solcher Wänglein Rosen
Furcht ich doch auch Metamorphosen.

LAMIEN. Versuch es doch! sind unsrer viele.

Greif zu! und hast du Glück im Spiele,
Erhasche dir das beste Los!
Was soll das lüsterne Geleier?
Du bist ein miserabler Freier,
Stolzierst einher und tust so groß! –
Nun mischt er sich in unsre Scharen:
Laßt nach und nach die Masken fahren
Und gebt ihm euer Wesen bloß!

MEPHISTOPHELES. Die Schönste hab ich mir erlesen –

Sie umfassend.

O weh mir! welch ein dürrer Besen!

Eine andere ergreifend.

Und diese? – Schmähliches Gesicht!

LAMIEN. Verdienst dus besser? dünk es nicht!

MEPHISTOPHELES. Die Kleine möcht ich mir verpfänden –

Lazerte schlüpft mir aus den Händen
Und schlangenhaft der glatte Zopf!
Dagegen faß ich mir die Lange –
Da pack ich eine Thyrsusstange,
Den Pinienapfel als den Kopf!
Wo wills hinaus? – Noch eine Dicke,
An der ich mich vielleicht erquicke!
Zum letztenmal gewagt! Es sei!
Recht quammig, quappig: das bezahlen
Mit hohem Preis Orientalen –
Doch ach! der Bovist platzt entzwei!

LAMIEN. Fahrt auseinander! schwankt und schwebet

Blitzartig! schwarzen Flugs umgebet
Den eingedrungenen Hexensohn!
Unsichre, schauderhafte Kreise!

Schweigsamen Fittichs, Fledermäuse!
Zu wohlfeil kommt er doch davon.
MEPHISTOPHELES *sich schüttelnd.*
  Viel klüger, scheint es, bin ich nicht geworden;
  Absurd ists hier, absurd im Norden,
  Gespenster hier und dort vertrackt,
  Volk und Poeten abgeschmackt.
  Ist eben hier eine Mummenschanz
  Wie überall ein Sinnentanz.
  Ich griff nach holden Maskenzügen
  Und faßte Wesen, daß michs schauerte –
  Ich möchte gerne mich betrügen,
  Wenn es nur länger dauerte.
Sich zwischen dem Gestein verirrend.
  Wo bin ich denn? wo wills hinaus?
  Das war ein Pfad, nun ists ein Graus.
  Ich kam daher auf glatten Wegen,
  Und jetzt steht mir Geröll entgegen.
  Vergebens klettr ich auf und nieder:
  Wo find ich meine Sphinxe wieder?
  So toll hätt ich mirs nicht gedacht:
  Ein solch Gebirg in Einer Nacht!
  Das heiß ich frischen Hexentritt:
  Die bringen ihren Blocksberg mit.
OREAS *vom Naturfels.* Herauf hier! Mein Gebirg ist alt,
  Steht in ursprünglicher Gestalt.
  Verehre schroffe Felsensteige,
  Des Pindus letztgedehnte Zweige!
  Schon stand ich unerschüttert so,
  Als über mich Pompejus floh.
  Daneben das Gebild des Wahns
  Verschwindet schon beim Krähn des Hahns.
  Dergleichen Märchen seh ich oft entstehn
  Und plötzlich wieder untergehn.
MEPHISTOPHELES. Sei Ehre dir, ehrwürdiges Haupt,
  Von hoher Eichenkraft umlaubt!
  Der allerklarste Mondenschein

Dringt nicht zur Finsternis herein. –
Doch neben am Gebüsche zieht
Ein Licht, das gar bescheiden glüht.
Wie sich das alles fügen muß!
Fürwahr, es ist Homunculus!
Woher des Wegs, du Kleingeselle!

HOMUNCULUS. Ich schwebe so von Stell zu Stelle
Und möchte gern im besten Sinn entstehn,
Voll Ungeduld, mein Glas entzweizuschlagen;
Allein was ich bisher gesehn,
Hinein da möcht ich mich nicht wagen.
Nur, um dirs im Vertraun zu sagen:
Zwei Philosophen bin ich auf der Spur!
Ich horchte zu, es hieß: »Natur! Natur!«
Von diesen will ich mich nicht trennen,
Sie müssen doch das irdische Wesen kennen,
Und ich erfahre wohl am Ende,
Wohin ich mich am allerklügsten wende.

MEPHISTOPHELES. Das tu auf deine eigne Hand!
Denn wo Gespenster Platz genommen,
Ist auch der Philosoph willkommen.
Damit man seiner Kunst und Gunst sich freue,
Erschafft er gleich ein Dutzend neue.
Wenn du nicht irrst, kommst du nicht zu Verstand!
Willst du entstehn, entsteh auf eigne Hand!

HOMUNCULUS. Ein guter Rat ist auch nicht zu verschmähn.

MEPHISTOPHELES. So fahre hin! Wir wollens weiter sehn.

Trennen sich.

ANAXAGORAS *zu Thales.*
Dein starrer Sinn will sich nicht beugen;
Bedarf es weitres, dich zu überzeugen?

THALES. Die Welle beugt sich jedem Winde gern;
Doch hält sie sich vom schroffen Felsen fern.

ANAXAGORAS. Durch Feuerdunst ist dieser Fels zu Handen.

THALES. Im Feuchten ist Lebendiges erstanden.

HOMUNCULUS *zwischen beiden.*
Laßt mich an eurer Seite gehn!

Mir selbst gelüstets zu entstehn.

ANAXAGORAS. Hast du, o Thales, je ein Einer Nacht
Solch einen Berg aus Schlamm hervorgebracht?

THALES. Nie war Natur und ihr lebendiges Fließen
Auf Tag und Nacht und Stunden angewiesen.
Sie bildet regelnd jegliche Gestalt,
Und selbst im Großen ist es nicht Gewalt.

ANAXAGORAS. Hier aber wars! Plutonisch-grimmig Feuer,
Äolischer Dünste Knallkraft, ungeheuer,
Durchbrach des flachen Bodens alte Kruste,
Daß neu ein Berg sogleich entstehen mußte.

THALES. Was wird dadurch nun weiter fortgesetzt?
Er ist auch da, und das ist gut zuletzt.
Mit solchem Streit verliert man Zeit und Weile
Und führt doch nur geduldig Volk am Seile.

ANAXAGORAS. Schnell quillt der Berg von Myrmidonen,
Die Felsenspalten zu bewohnen:

PYGMÄEN, Imsen, Däumerlinge
Und andre tätig-kleine Dinge.

Zum Homunculus.
Nie hast du Großem nachgestrebt,
Einsiedlerisch-beschränkt gelebt;
Kannst du zur Herrschaft dich gewöhnen,
So laß ich dich als König krönen.

HOMUNCULUS. Was sagt mein Thales?

THALES. Wills nicht raten!
Mit Kleinen tut man kleine Taten,
Mit Großen wird der Kleine groß.
Sieh hin! die schwarze Kranichwolke!
Sie droht dem aufgeregten Volke
Und würde so dem König drohn.
Mit scharfen Schnäbeln, krallen Beinen,
Sie stechen nieder auf die Kleinen;
Verhängnis wetterleuchtet schon.
Ein Frevel tötete die Reiher,
Umstellend ruhigen Friedensweiher.
Doch jener Mordgeschosse Regen

Schafft grausam-blutgen Rachesegen,
Erregt der Nahverwandten Wut
Nach der Pygmäen frevlem Blut.
Was nützt nun Schild und Helm und Speer?
Was hilft der Reiherstrahl den Zwergen?
Wie sich Daktyl und Imse bergen!
Schon wankt, es flieht, es stürzt das Heer.

ANAXAGORAS *nach einer Pause feierlich.*
Konnt ich bisher die Unterirdischen loben,
So wend ich mich in diesem Fall nach oben. –
Du droben, ewig Unveraltete,
Dreinamig-Dreigestaltete,
Dich ruf ich an bei meines Volkes Weh,
Diane, Luna, Hekate!
Du Brusterweiternde, im Tiefsten Sinnige,
Du Ruhigscheinende, Gewaltsam-Innige,
Eröffne deiner Schatten grausen Schlund!
Die alte Macht sei ohne Zauber kund!

Pause.   Bin ich zu schnell erhört?
        Hat mein Flehn
        Nach jenen Höhn
        Die Ordnung der Natur gestört?
Und größer, immer größer nahet schon
Der Göttin rundumschriebner Thron,
Dem Auge furchtbar, ungeheuer!
Ins Düstre rötet sich sein Feuer. –
Nicht näher! drohend-mächtige Runde,
Du richtest uns und Land und Meer zugrunde!
So wär es wahr, daß dich thessalische Frauen
In frevlend-magischem Vertrauen
Von deinem Pfad herabgesungen?
Verderblichstes dir abgerungen? –
Das lichte Schild hat sich umdunkelt:
Auf einmal reißts und blitzt und funkelt
Welch ein Geprassel! welch ein Zischen!
Ein Donnern, Windgetüm dazwischen! –
Demütig zu des Thrones Stufen! –

Verzeiht! ich hab es hergerufen!
Wirft sich aufs Angesicht.
THALES. Was dieser Mann nicht alles hört und sah!
Ich weiß nicht recht, wie uns geschah,
Auch hab ichs nicht mit ihm empfunden.
Gestehen wir: es sind verrückte Stunden,
Und Luna wiegt sich ganz bequem
An ihrem Platz so wie vordem.
HOMUNCULUS. Schaut hin nach der Pygmäen Sitz:
Der Berg war rund, jetzt ist er spitz!
Ich spürt ein ungeheures Prallen,
Der Fels war aus dem Mond gefallen;
Gleich hat er, ohne nachzufragen,
So Freund als Feind gequetscht, erschlagen.
Doch muß ich solche Künste loben,
Die schöpferisch, in Einer Nacht,
Zugleich von unten und von oben
Dies Berggebräu zustand gebracht.
THALES. Sei ruhig! Es war nur gedacht.
Sie fahre hin, die garstige Brut!
Daß du nicht König warst, ist gut.
Nun fort zum heitern Meeresfeste!
Dort hofft und ehrt man Wundergäste.
Entfernen sich.
MEPHISTOPHELES *an der Gegenseite kletternd.*
Da muß ich mich durch steile Felsengruppen,
Durch alter Eichen starre Wurzeln schleppen!
Auf meinem Harz der harzige Dunst
Hat was von Pech, und das hat meine Gunst
Zunächst dem Schwefel. – Hier, bei diesen Griechen,
Ist von dergleichen kaum die Spur zu riechen;
Neugierig aber wär ich, nachzuspüren,
Womit sie Höllenqual und -flamme schüren.
DRYAS. In deinem Lande sei einheimisch klug,
Im fremden bist du nicht gewandt genug.
Du solltest nicht den Sinn zur Heimat kehren,
Der heiligen Eichen Würde hier verehren!

257

MEPHISTOPHELES. Man denkt an das, was man verließ;
Was man gewohnt war, bleibt ein Paradies. –
Doch sagt: was in der Höhle dort
Bei schwachem Licht sich dreifach hingekauert?
DRYAS. Die Phorkyaden! Wage dich zum Ort
Und sprich sie an, wenn dich nicht schauert!
MEPHISTOPHELES.
Warum denn nicht! – Ich sehe was – und staune!
So stolz ich bin, muß ich mir selbst gestehn:
Dergleichen hab ich nie gesehn!
Die sind ja schlimmer als Alraune!
Wird man die urverworfnen Sünden
Im mindesten noch häßlich finden,
Wenn man dies Dreigetüm erblickt?
Wir litten sie nicht auf den Schwellen
Der grauenvollsten unsrer Höllen;
Hier wurzelts in der Schönheit Land,
Das wird mit Ruhm antik genannt! –
Sie regen sich, sie scheinen mich zu spüren,
Sie zwitschern pfeifend, Fledermaus-Vampyren.
PHORKYADEN. Gebt mir das Auge, Schwestern, daß es frage,
Wer sich so nah an unsre Tempel wage!
MEPHISTOPHELES. Verehrteste! erlaubt mir, euch zu nahen
Und euren Segen dreifach zu empfahen!
Ich trete vor, zwar noch als Unbekannter,
Doch, irr ich nicht, weitläufiger Verwandter.
Altwürdige Götter hab ich schon erblickt,
Vor Ops und Rhea tiefstens mich gebückt;
Die Parzen selbst, des Chaos, eure Schwestern
Ich sah sie gestern – oder ehegestern;
Doch euresgleichen hab ich nie erblickt!
Ich schweige nun und fühle mich entzückt.
PHORKYADEN. Er scheint Verstand zu haben, dieser Geist.
MEPHISTOPHELES.
Nun wunderts mich, daß euch kein Dichter preist.
Und sagt: wie kams, wie konnte das geschehn:
Im Bilde hab ich nie euch Würdigste gesehn!

Versuchs der Meißel doch, euch zu erreichen,
Nicht Juno, Pallas, Venus und dergleichen!
PHORKYADEN. Versenkt in Einsamkeit und stillste Nacht.
Hat unser Drei noch nie daran gedacht!
MEPHISTOPHELES.
Wie sollt es auch, da ihr, der Welt entrückt,
Hier niemand seht und niemand euch erblickt!
Da müßtet ihr an solchen Orten wohnen,
Wo Pracht und Kunst auf gleichem Sitze thronen,
Wo jeden Tag, behend, im Doppelschritt,
Ein Marmorblock als Held ins Leben tritt,
Wo –
PHORKYADEN. Schweige still und gib uns kein Gelüsten!
Was hülf es uns, und wenn wirs besser wüßten?
In Nacht geboren, Nächtlichem verwandt,
Beinah uns selbst, ganz allen unbekannt!
MEPHISTOPHELES. In solchem Fall hat es nicht viel zu sagen,
Man kann sich selbst auch andern übertragen.
Euch dreien gnügt Ein Auge, gnügt Ein Zahn;
Da ging es wohl auch mythologisch an,
In zwei die Wesenheit der drei zu fassen,
Der dritten Bildnis mir zu überlassen,
Auf kurze Zeit.
EINE. Wie dünkts euch? ging es an?
DIE ANDERN. Versuchen wirs – Doch ohn Aug und Zahn.
MEPHISTOPHELES.
Nun habt ihr grad das Beste weggenommen;
Wie würde da das strengste Bild vollkommen!
EINE. Drück du ein Auge zu, 's ist leicht geschehn,
Laß alsofort den einen Raffzahn sehn,
Und im Profil wirst du sogleich erreichen,
Geschwisterlich vollkommen uns zu gleichen.
MEPHISTOPHELES. Viel Ehr! Es sei!
PHORKYADEN. Es sei
MEPHISTOPHELES *als Phorkyas im Profil* Da steh ich schon,
Des Chaos vielgeliebter Sohn!
PHORKYADEN. Des Chaos Töchter sind wir unbestritten.

MEPHISTOPHELES.
Man schilt mich nun, o Schmach! Hermaphroditen.
PHORKYADEN. Im neuen Drei der Schwestern welche Schöne!
Wir haben zwei der Augen, zwei der Zähne!
MEPHISTOPHELES. Vor aller Augen muß ich mich verstecken,
Im Höllenpfuhl die Teufel zu erschrecken. *Ab.*

FELSBUCHTEN DES ÄGÄISCHEN MEERS

Mond, im Zenit verharrend

SIRENEN *auf den Klippen umhergelagert, flötend und singend.*
Haben sonst bei nächtigem Grauen
Dich thessalische Zauberfrauen
Frevelhaft herabgezogen,
Blicke ruhig von dem Bogen
Deiner Nacht auf Zitterwogen
Mildeblitzend Glanzgewimmel
Und erleuchte das Getümmel,
Das sich aus den Wogen hebt!
Dir zu jedem Dienst erbötig,
Schöne Luna, sei uns gnädig!
NEREIDEN UND TRITONEN *als Meerwunder.*
Tönet laut in schärfern Tönen,
Die das breite Meer durchdröhnen:
Volk der Tiefe ruft fortan!
Vor des Sturmes grausen Schlünden
Wichen wir zu stillsten Gründen:
Holder Sang zieht uns heran.
Seht, wie wir im Hochentzücken
Uns mit goldenen Ketten schmücken,
Auch zu Krön- und Edelsteinen
Spang und Gürtelschmuck vereinen!
Alles das ist eure Frucht:
Schätze, scheiternd hier verschlungen,
Habt ihr uns herangesungen,
Ihr Dämonen unsrer Bucht.

SIRENEN. Wissens wohl, in Meeresfrische
　　Glatt behagen sich die Fische,
　　Schwanken Lebens ohne Leid;
　　Doch, ihr festlich regen Scharen,
　　Heute möchten wir erfahren,
　　Daß ihr mehr als Fische seid.
NEREIDEN UND TRITONEN.
　　Ehe wir hieher gekommen,
　　Haben wirs zu Sinn genommen;
　　Schwestern, Brüder, jetzt geschwind!
　　Heut bedarfs der kleinsten Reise
　　Zum vollgültigsten Beweise,
　　Daß wir mehr als Fische sind.
Entfernen sich.
SIRENEN. Fort sind sie im Nu!
　　Nach Samothrake grade zu,
　　Verschwunden mit günstigem Wind.
　　Was denken sie zu vollführen
　　Im Reiche der hohen Kabiren?
　　Sind Götter, wundersam eigen,
　　Die sich immerfort selbst erzeugen
　　Und niemals wissen, was sie sind!
　　Bleibe auf deinen Höhn,
　　Holde Luna, gnädig stehn,
　　Daß es nächtig verbleibe,
　　Uns der Tag nicht vertreibe!
THALES *am Ufer zu Homunculus.*
　　Ich führte dich zum alten Nereus gern;
　　Zwar sind wir nicht von seiner Höhle fern,
　　Doch hat er einen harten Kopf,
　　Der widerwärtige Sauertopf.
　　Das ganze menschliche Geschlecht
　　Machts ihm, dem Griesgram, nimmer recht.
　　Doch ist die Zukunkt ihm entdeckt,
　　Dafür hat jedermann Respekt
　　Und ehret ihn auf seinem Posten;
　　Auch er hat manchem wohlgetan.

HOMUNCULUS. Probieren wirs und klopfen an!
Nicht gleich wirds Glas und Flamme kosten!
NEREUS. Sinds Menschenstimmen, die mein Ohr vernimmt?
Wie es mir gleich im tiefsten Herzen grimmt!
Gebilde, strebsam, Götter zu erreichen,
Und doch verdammt, sich immer selbst zu gleichen!
Seit alten Jahren konnt ich göttlich ruhn,
Doch trieb michs an, den Besten wohlzutun,
Und schaut ich dann zuletzt vollbrachte Taten,
So war es ganz, als hätt ich nicht geraten.
THALES. Und doch, o Greis des Meers, vertraut man dir;
Du bist der Weise, treib uns nicht von hier!
Schau diese Flamme: menschenähnlich zwar,
Sie deinem Rat ergibt sich ganz und gar!
NEREUS. Was Rat! hat Rat bei Menschen je gegolten?
Ein kluges Wort erstarrt im harten Ohr.
Sooft auch Tat sich grimmig selbst gescholten,
Bleibt doch das Volk selbstwillig wie zuvor.
Wie hab ich Paris väterlich gewarnt,
Eh sein Gelüst ein fremdes Weib umgarnt!
Am griechischen Ufer stand er kühnlich da,
Ihm kündet ich, was ich im Geiste sah:
Die Lüfte qualmend, überströmend Rot,
Gebälke glühend, unten Mord und Tod,
Trojas Gerichtstag, rhythmisch festgebannt,
Jahrtausenden so schrecklich als gekannt.
Des Alten Wort, dem Frechen schiens ein Spiel,
Er folgte seiner Lust, und Ilios fiel –
Ein Riesenleichnam, starr nach langer Qual,
Des Pindus Adlern gar willkommnes Mahl!
Ulyssen auch! sagt ich ihm nicht voraus
Der Circe Listen, des Cyklopen Graus?
Das Zaudern sein, der Seinen leichten Sinn?
Und was nicht alles! Bracht ihm das Gewinn?
Bis vielgeschaukelt ihn, doch spät genug,
Der Woge Gunst an gastlich Ufer trug.
THALES. Dem weisen Mann gibt solch Betragen Qual;

Der gute doch versucht es noch einmal.
Ein Quentchen Danks wird, hoch ihn zu vergnügen,
Die Zentner Undanks völlig überwiegen.
Denn nichts Geringes haben wir zu flehn:
Der Knabe da wünscht weislich zu entstehn.
NEREUS. Verderbt mir nicht den seltensten Humor!
Ganz andres steht mir heute noch bevor:
Die Töchter hab ich alle herbeschieden,
Die Grazien des Meeres, die Doriden.
Nicht der Olymp, nich euer Boden trägt
Ein schön Gebild, das sich so zierlich regt.
Sie werfen sich anmutigster Gebärde
Vom Wasserdrachen auf Neptunus Pferde,
Dem Element aufs zarteste vereint,
Daß selbst der Schaum sie noch zu heben scheint.
Im Farbenspiel von Venus Muschelwagen
Kommt Galatee, die Schönste nun, getragen,
Die, seit sich Kypris von uns abgekehrt,
In Paphos wird als Göttin selbst verehrt.
Und so besitzt die Holde lange schon
Als Erbin Tempelstadt und Wagenthron.
Hinweg! Es ziemt in Vaterfreudenstunde
Nicht Haß dem Herzen, Scheltwort nicht dem Munde.
Hinweg zu Proteus! Fragt den Wundermann,
Wie man entstehn und sich verwandeln kann!

Entfernt sich gegen das Meer.

THALES. Wir haben nichts durch diesen Schritt gewonnen:
Trifft man auch Proteus, gleich ist er zerronnen,
Und steht er euch, so sagt er nur zuletzt,
Was staunen macht und in Verwirrung setzt.
Du bist einmal bedürftig solchen Rats;
Versuchen wirs und wandlen unsres Pfads!

Entfernen sich.

SIRENEN *oben auf den Felsen.*
Was sehen wir von weiten
Das Wellental durchgleiten?
Als wie nach Windes Regel

Anzögen weiße Segel,
So hell sind sie zu schauen,
Verklärte Meeresfrauen!
Laßt uns hinunterklimmen!
Vernehmt ihr doch die Stimmen.
NEREIDEN UND TRITONEN. Was wir auf Händen tragen,
Soll allen euch behagen.
Chelonens Riesenschilde
Entglänzt ein streng Gebilde:
Sind Götter, die wir bringen!
Müßt hohe Lieder singen.
SIRENEN. Klein von Gestalt,
Groß von Gewalt,
Der Scheiternden Retter,
Uralt-verehrte Götter!
NEREIDEN UND TRITONEN. Wir bringen die Kabiren,
Ein friedlich Fest zu führen;
Denn wo sie heilig walten,
Neptun wird freundlich schalten.
SIRENEN. Wir stehen euch nach:
Wenn ein Schiff zerbrach,
Unwiderstehbar an Kraft,
Schützt ihr die Mannschaft.
NEREIDEN UND TRITONEN.
Drei haben wir mitgenommen,
Der vierte wollte nicht kommen;
Er sagte, er sei der Rechte;
Der für sie alle dächte.
SIRENEN. Ein Gott den andern Gott
Macht wohl zu Spott.
Ehrt ihr alle Gnaden!
Fürchtet jeden Schaden!
NEREIDEN UND TRITONEN. Sind eigentlich ihrer sieben!
SIRENEN. Wo sind die drei geblieben?
NEREIDEN UND TRITONEN. Wir wüßtens nicht zu sagen,
Sind im Olymp zu erfragen;
Dort west auch wohl der achte,

An den noch niemand dachte!
In Gnaden uns gewärtig,
Doch alle noch nicht fertig.
Diese Unvergleichlichen
Wollen immer weiter:
Sehnsuchtsvolle Hungerleider
Nach dem Unerreichlichen.

SIRENEN. Wir sind gewohnt,
Wo es auch thront,
In Sonn und Mond
Hinzubeten: es lohnt!

NEREIDEN UND TRITONEN.
Wie unser Ruhm zum höchsten prangt,
Dieses Fest anzuführen!

SIRENEN. Die Helden des Altertums
Ermangeln des Ruhms,
Wo und wie er auch prangt,
Wenn sie das Goldene Vlies erlangt,
Ihr die Kabiren.

Wiederholt als Allgesang.
Wenn sie das Goldne Vlies erlangt,
Wir
Ihr } die Kabiren!

Nereiden und Tritonen ziehen vorüber.

HOMUNCULUS. Die Ungestalten seh ich an
Als irden-schlechte Töpfe;
Nun stoßen sich die Weisen dran
Und brechen harte Köpfe.

THALES. Das ist es ja, was man begehrt:
Der Rost macht erst die Münze wert.

PROTEUS *unbemerkt.* So etwas freut mich alten Fabler!
Je wunderlicher, desto respektabler.

THALES. Wo bist du, Proteus?

PROTEUS *bauchrednerisch, bald nah, bald fern.* Hier! und hier!

THALES. Den alten Scherz verzeih ich dir;
Doch einem Freund nicht eitle Worte!

265

Ich weiß: du sprichst vom falschen Orte.

PROTEUS *ab aus der Ferne.* Leb wohl!

THALES *leise zu Homunculus.*

Er ist ganz nah. Nun leuchte frisch!

Er ist neugierig wie ein Fisch,

Und wo er auch gestaltet stockt,

Durch Flammen wird er hergelockt.

HOMUNCULUS. Ergieß ich gleich des Lichtes Menge,

Bescheiden doch, daß ich das Glas nicht sprenge.

PROTEUS *in Gestalt einer Riesenschildkröte.*

Was leuchtet so anmutig-schön?

THALES *den Homunculus verhüllend.*

Gut! Wenn du Lust hast, kannst dus näher sehn.

Die kleine Mühe laß dich nicht verdrießen

Und zeige dich auf menschlich beiden Füßen!

Mit unsern Gunsten seis, mit unserm Willen,

Wer schauen will, was wir verhüllen.

PROTEUS *edel gestaltet.* Weltweise Kniffe sind dir noch bewußt.

THALES. Gestalt zu wechseln bleibt noch deine Lust.

Hat den Homunculus enthüllt.

PROTEUS *erstaunt.* Ein leuchtend Zwerglein! Niemals noch
gesehn!

THALES. Es fragt um Rat und möchte gern entstehn.

Er ist, wie ich von ihm vernommen,

Gar wundersam nur halb zur Welt gekommen:

Ihm fehlt es nicht an geistigen Eigenschaften,

Doch gar zu sehr am Greiflich-Tüchtighaften.

Bis jetzt gibt ihm das Glas allein Gewicht;

Doch wär er gern zunächst verkörperlicht.

PROTEUS. Du bist ein wahrer Jungfernsohn!

Eh du sein solltest, bist du schon!

THALES *leise.* Auch scheint es mir von andrer Seite kritisch:

Er ist, mich dünkt, hermaphroditisch.

PROTEUS. Da muß es desto eher glücken;

So wie er anlangt, wird sichs schicken.

Doch gilt es hier nicht viel Besinnen:

Im weiten Meere mußt du anbeginnen!

Da fängt man erst im Kleinen an
Und freut sich, Kleinste zu verschlingen,
Man wächst so nach und nach heran
Und bildet sich zu höherem Vollbringen.
HOMUNCULUS. Hier weht gar eine weiche Luft,
Es grunelt so, und mir behagt der Duft!
PROTEUS. Das glaub ich, allerliebster Junge!
Und weiterhin wirds viel behäglicher,
Auf dieser schmalen Strandeszunge
Der Dunstkreis noch unsäglicher.
Da vorne sehen wir den Zug,
Der eben herschwebt, nah genug.
Kommt mit dahin!
THALES. Ich gehe mit.
HOMUNCULUS. Dreifach merkwürdiger Geisterschritt!
Teichinen von Rhodus auf Hippokampen und Meerdrachen, Neptu-
nens Dreizack handhabend.
CHOR. Wir haben den Dreizack Neptunen geschmiedet,
Womit er die regesten Wellen begütet.
Entfaltet der Donnrer die Wolken, die vollen,
Entgegnet Neptunus dem greulichen Rollen,
Und wie auch von oben es zackig erblitzt,
Wird Woge nach Woge von unten gespritzt;
Und was auch dazwischen in Ängsten gerungen,
Wird, lange geschleudert, vom Tiefsten verschlungen;
Weshalb er uns heute den Zepter gereicht:
Nun schweben wir festlich, beruhigt und leicht.
SIRENEN. Euch, dem Helios Geweihten,
Heiteren Tags Gebenedeiten,
Gruß zur Stunde, die bewegt
Lunas Hochverehrung regt!
TELCHINEN. Alllieblichste Göttin am Boden dadroben,
Du hörst mit Entzücken den Bruder beloben!
Der seligen Rhodus verleihst du ein Ohr,
Dort steigt ihm ein ewiger Päan hervor.
Beginnt er den Tagslauf und ist es getan,
Er blickt uns mit feurigem Strahlenblick an.

Die Berge, die Städte, die Ufer, die Welle
Gefallen dem Gotte, sind lieblich und helle.
Kein Nebel umschwebt uns, und schleicht er sich ein,
Ein Strahl und ein Lüftchen: die Insel ist rein!
Da schaut sich der Hohe in hundert Gebilden,
Als Jüngling, als Riesen, den Großen, den Milden.
Wir ersten, wir warens, die Göttergewalt
Aufstellten in würdiger Menschengestalt.
PROTEUS. Laß du sie singen, laß sie prahlen!
Der Sonne heiligen Lebestrahlen
Sind tote Werke nur ein Spaß.
Das bildet schmelzend, unverdrossen,
Und haben sies in Erz gegossen,
Dann denken sie, es wäre was.
Was ists zuletzt mit diesen Stolzen?
Die Götterbilder standen groß:
Zerstörte sie ein Erdestoß –
Längst sind sie wieder eingeschmolzen!
Das Erdetreiben, wies auch sei,
Ist immer doch nur Plackerei;
Dem Leben frommt die Welle besser;
Dich trägt ins ewige Gewässer
Proteus-Delphin.   *Er verwandelt sich.*
Schon ists getan!
Da soll es dir zum schönsten glücken:
Ich nehme dich auf meinen Rücken,
Vermähle dich dem Ozean.
THALES. Gib nach dem löblichen Verlangen,
Von vorn die Schöpfung anzufangen!
Zu raschem Wirken sei bereit!
Da regst du dich nach ewigen Normen
Durch tausend, abertausend Formen,
Und bis zum Menschen hast du Zeit.
Homunculus besteigt den Proteus-Delphin.
PROTEUS. Komm geistig mit in feuchte Weite!
Da lebst du gleich in Läng und Breite,
Beliebig regest du dich hier;

268

Nur strebe nicht nach höheren Orden:
Denn bist du erst ein Mensch geworden,
Dann ist es völlig aus mit dir.
THALES. Nachdem es kommt! 's ist auch wohl fein,
Ein wackrer Mann zu seiner Zeit zu sein.
PROTEUS *zu Thales.* So einer wohl von deinem Schlag!
Das hält noch eine Weile nach;
Denn unter bleichen Geisterscharen
Seh ich dich schon seit vielen hundert Jahren.
SIRENEN *auf dem Felsen.*
Welch ein Ring von Wölkchen rundet
Um den Mond so reichen Kreis?
Tauben sind es, liebentzündet,
Fittiche, wie Licht so weiß,
Paphos hat sie hergesendet,
Ihre brünstige Vogelschar;
Unser Fest, es ist vollendet:
Heitre Wonne voll und klar!
NEREUS *zu Thales tretend.* Nennte wohl ein nächtiger Wanderer
Diesen Mondhof Lufterscheinung;
Doch wir Geister sind ganz anderer
Und der einzig richtigen Meinung:
Tauben sind es, die begleiten
Meiner Tochter Muschelfahrt,
Wunderflugs besondrer Art,
Angelernt vor alten Zeiten.
THALES. Auch ich halte das fürs Beste,
Was dem wackern Mann gefällt,
Wenn im stillen, warmen Neste
Sich ein Heiliges lebend hält.
PSYLLEN UND MARSEN *auf Meerstieren, Meerkälbern und
-widdern*
In Cyperns rauhen Höhlegrüften,
Vom Meergott nicht verschüttet,
Vom Seismos nicht zerrüttet,
Umweht von ewigen Lüften,
Und, wie in den ältesten Tagen,

In still-bewußtem Behagen
Bewahren wir Cypriens Wagen
Und führen beim Säuseln der Nächte
Durch liebliches Wellengeflechte,
Unsichtbar dem neuen Geschlechte,
Die lieblichste Tocher heran.
Wir leise Geschäftigen scheuen
Weder Adler noch geflügelten Leuen,
Weder Kreuz noch Mond,
Wie es oben wohnt und thront,
Sich wechselnd wegt und regt,
Sich vertreibt und totschlägt,
Saaten und Städte niederlegt.
Wir, so fortan,
Bringen die lieblichste Herrin heran.

SIRENEN. Leichtbewegt, in mäßiger Eile,
Um den Wagen, Kreis um Kreis,
Bald verschlungen Zeil an Zeile,
Schlangenartig reihenweis,
Naht euch, rüstige Nereiden,
Derbe Fraun, gefällig-wild,
Bringet, zärtliche Doriden,
Galatee, der Mutter Bild:
Ernst, den Göttern gleich zu schauen,
Würdiger Unsterblichkeit,
Doch wie holde Menschenfrauen
Lockender Anmutigkeit.

DORIDEN *im Chor am Nereus vorbeiziehend, sämtlich auf Delphinen.*
Leih uns, Luna, Licht und Schatten,
Klarheit diesem Jugendflor!
Denn wir zeigen liebe Gatten
Unserm Vater bittend vor. *Zu Nereus.*
Knaben sinds, die wir gerettet,
Aus der Brandung grimmem Zahn,
Sie, auf Schilf und Moos gebettet,
Aufgewärmt zum Licht heran,
Die es nun mit heißen Küssen

Treulich uns verdanken müssen:
Schau die Holden günstig an!
NEREUS. Hoch ist der Doppelgewinn zu schätzen:
Barmherzig sein und sich zugleich ergötzen.
DORIDEN. Lobst du, Vater, unser Walten,
Gönnst uns wohlerworbene Lust;
Laß uns fest, unsterblich halten
Sie an ewiger Jugendbrust!
NEREUS. Mögt euch des schönen Fanges freuen,
Den Jüngling bildet euch als Mann!
Allein ich könnte nicht verleihen,
Was Zeus allein gewähren kann.
Die Welle, die euch wogt und schaukelt.
Läßt auch der Liebe nicht Bestand,
Und hat die Neigung ausgegaukelt,
So setzt gemächlich sie ans Land!
DORIDEN. Ihr, holde Knaben, seid uns wert,
Doch müssen wir traurig scheiden:
Wir haben ewige Treue begehrt,
Die Götter wollens nicht leiden.
DIE JÜNGLINGE. Wenn ihr uns nur so ferner labt,
Uns wackre Schifferknaben!
Wir habens nie so gut gehabt
Und wollens nicht besser haben.

Galatee auf dem Muschelwagen nähert sich.

NEREUS. Du bist es, mein Liebchen!
GALATEE. O Vater! das Glück!
Delphine, verweilet! mich fesselt der Blick.
NEREUS. Vorüber schon, sie ziehen vorüber
In kreisenden Schwunges Bewegung;
Was kümmert sie die innre, herzliche Regung!
Ach, nähmen sie mich mit hinüber!
Doch ein einziger Blick ergötzt,
Daß er das ganze Jahr ersetzt.
THALES. Heil! Heil aufs neue!
Wie ich mich blühend freue,

Vom Schönen, Wahren durchdrungen:
Alles ist aus dem Wasser entsprungen!!
Alles wir durch das Wasser erhalten!
Ozean, gönn uns dein ewiges Walten!
Wenn du nicht Wolken sendetest,
Nicht reiche Bäche spendetest,
Hin und her nicht Flüsse wendetest,
Die Ströme nicht vollendetest,
Was wären Gebirge, was Ebnen und Welt!
Du bists, der das frischeste Leben erhält!

ECHO. *Chorus der sämtlichen Kreise,*
Du bists, dem das frischeste Leben entquellt!

NEREUS. Sie kehren schwankend fern zurück,
Bringen nicht mehr Blick zu Blick;
In gedehnten Kettenkreisen
Sich festgemäß zu erweisen,
Windet sich die unzählige Schar.
Aber Galateas Muschelthron
Seh ich schon und aber schon:
Er glänzt wie ein Stern
Durch die Menge!
Geliebtes leuchtet durchs Gedränge:
Auch noch so fern
Schimmerts hell und klar,
Immer nah und wahr.

HOMUNCULUS. In dieser holden Feuchte,
Was ich auch hier beleuchte,
Ist alles reizend schön.

PROTEUS. In dieser Lebensfeuchte
Erglänzt erst deine Leuchte
Mit herrlichem Getön.

NEREUS. Welch neues Geheimnis in Mitte der Scharen
Will unseren Augen sich offenbaren?
Was flammt um die Muschel, um Galatees Füße?
Bald lodert es mächtig, bald lieblich, bald süße,
Als wär es von Pulsen der Liebe gerührt.

THALES. Homunculus ist es, von Proteus verführt!

Es sind die Symptome des herrischen Sehnens,
Mir ahnet das Ächzen beängsteten Dröhnens;
Er wird sich zerschellen am glänzenden Thron:
Jetzt flammt es, nun blitzt es, ergießet sich schon!
SIRENEN. Welch feuriges Wunder verklärt uns die Wellen,
Die gegeneinander sich funkelnd zerschellen?
So leuchtets und schwanket und hellet hinan:
Die Körper, sie glühen auf nächtlicher Bahn,
Und ringsum ist alles vom Feuer umronnen.
So herrsche denn Eros, der alles begonnen!

> Heil dem Meere! Heil den Wogen,
> Von dem heiligen Feuer umzogen!
> Heil dem Wasser! Heil dem Feuer!
> Heil dem seltnen Abenteuer!

ALL-ALLE!   Heil den mildgewogenen Lüften!
> Heil geheimnisreichen Grüften!
> Hochgefeiert seid allhier,
> Element ihr alle vier!

DRITTER AKT

Vor dem Palaste des Menelas zu Sparta

*Helena tritt auf und Chor gefangener Trojanerinnen
Panthalis, Chorführerin*

HELENA. Bewundert viel und viel gescholten, Helena,
  Vom Strande komm ich, wo wir erst gelandet sind,
  Noch immer trunken von des Gewoges regsamem
  Geschaukel, das vom phrygischen Blachgefild uns her
  Auf sträubig-hohem Rücken durch Poseidons Gunst
  Und Euros Kraft in vaterländische Buchten trug.
  Dortunten freuet nun der König Menelas
  Der Rückkehr samt den tapfersten seiner Krieger sich.
  Du aber heiße mich willkommen, hohes Haus,
  Das Tyndareos, mein Vater, nah dem Hange sich
  Von Pallas Hügel wiederkehrend aufgebaut
  Und, als ich hier mit Klytämnestren schwesterlich,
  Mit Castor auch und Pollux fröhlich spielend wuchs,
  Vor allen Häusern Spartas herrlich ausgeschmückt.
  Gegrüßt seid mir, der ehrnen Pforte Flügel ihr!
  Durch euer gastlich ladendes Weit-Eröffnen einst
  Geschahs, daß mir, erwählt aus vielen, Menelas
  In Bräutigamsgestalt entgegenleuchtete.
  Eröffnet mir sie wieder, daß ich ein Eilgebot
  Des Königs treu erfülle, wie der Gattin ziemt!
  Laßt mich hinein! und alles bleibe hinter mir,
  Was mich umstürmte bis hieher, verhängnisvoll!
  Denn seit ich diese Schwelle sorgenlos verließ,
  Cytherens Tempel besuchend, heiliger Pflicht gemäß,
  Mich aber dort ein Räuber griff, der phrygische,
  Ist viel geschehen, was die Menschen weit und breit
  So gern erzählen, aber der nicht gerne hört,
  Von dem die Sage wachsend sich zum Märchen spann.

CHOR.   Verschmähe nicht, o herrliche Frau,
          Des höchsten Gutes Ehrenbesitz!
          Denn das größte Glück ist dir einzig beschert:
          Der Schönheit Ruhm, der vor allen sich hebt.
          Dem Helden tönt sein Name voran,
          Drum schreitet er stolz;
          Doch beugt sogleich hartnäckigster Mann
          Vor der allbezwingenden Schöne den Sinn.

HELENA. Genug! mit meinem Gatten bin ich hergeschifft
Und nun von ihm zu seiner Stadt vorausgesandt;
Doch welchen Sinn er hegen mag, errat ich nicht.
Komm ich als Gattin? komm ich eine Königin?
Komm ich ein Opfer für des Fürsten bittern Schmerz
Und für den Griechen langerduldetes Mißgeschick?
Erobert bin ich; ob gefangen, weiß ich nicht!
Denn Ruf und Schicksal bestimmten fürwahr die Unsterblichen
Zweideutig mir, der Schöngestalt bedenkliche
Begleiter, die an dieser Schwelle mir sogar
Mit düster drohender Gegenwart zur Seite stehn.
Denn schon im hohlen Schiffe blickte mich der Gemahl
Nur selten an, auch sprach er kein erquicklich Wort.
Als wenn er Unheil sänne, saß er gegen mir.
Nun aber, als, des Eurotas tiefem Buchtgestad
Hinangefahren, der vordem Schiffe Schnäbel kaum
Das Land begrüßten, sprach er, wie vom Gott bewegt:
»Hier steigen meine Krieger nach der Ordnung aus;
Ich mustre sie, am Strand des Meeres hingereiht.
Du aber ziehe weiter, ziehe des heiligen
Eurotas fruchtbegabtem Ufer immer auf,
Die Rosse lenkend auf der feuchten Wiese Schmuck,
Bis daß zur schönen Ebene du gelangen magst,
Wo Lakedämon, einst ein fruchtbar-weites Feld,
Von ernsten Bergen nah umgeben, angebaut.
Betrete dann das hochgetürmte Fürstenhaus
Und mustre mir die Mägde, die ich dort zurück
Gelassen, samt der klugen, alten Schaffnerin!
Die zeige dir der Schätze reiche Sammlung vor,

Wie sie dein Vater hinterließ und die ich selbst
In Krieg und Frieden, stets vermehrend, aufgehäuft.
Du findest alles nach der Ordnung stehen: denn
Das ist des Fürsten Vorrecht, daß er alles treu
In seinem Hause, wiederkehrend, finde, noch
An seinem Platze jedes, wie ers dort verließ;
Denn nichts zu ändern hat für sich der Knecht Gewalt.«

CHOR.　　　Erquicke nun am herrlichen Schatz,
　　　　　Dem stets vermehrten, Augen und Brust!
　　　　　Denn der Kette Zier, der Krone Geschmuck,
　　　　　Da ruhn sie stolz, und sie bedünken sich was.
　　　　　Doch tritt nur ein und fordre sie auf:
　　　　　Sie rüsten sich schnell!
　　　　　Mich freuet zu sehn Schönheit in dem Kampf
　　　　　Gegen Gold und Perlen und Edelgestein.

HELENA. Sodann erfolgte des Herren ferneres Herrscherwort:
»Wenn du nun alles nach der Ordnung durchgesehn,
Dann nimm so manchen Dreifuß, als du nötig glaubst,
Und mancherlei Gefäße, die der Opfrer sich
Zur Hand verlangt, vollziehend heiligen Festgebrauch,
Die Kessel, auch die Schalen, wie das flache Rund!
Das reinste Wasser aus der heiligen Quelle sei
In hohen Krügen! ferner auch das trockne Holz,
Der Flammen schnell empfänglich, halte da bereit!
Ein wohlgeschliffnes Messer fehle nicht zuletzt;
Doch alles andre geb ich deiner Sorge hin.«
So sprach er, mich zum Scheiden drängend; aber nichts
Lebendigen Atems zeichnet mir der Ordnende,
Das er, die Olympier zu verehren, schlachten will.
Bedenklich ist es; doch ich sorge weiter nicht,
Und alles bleibe hohen Göttern heimgestellt,
Die das vollenden, was in ihrem Sinn sie deucht,
Es möge gut von Menschen oder möge bös
Geachtet sein; die Sterblichen, wir, ertragen das.
Schon manchmal hob das schwere Beil der Opfernde
Zu des erdgebeugten Tieres Nacken weihend auf
Und könnt es nicht vollbringen; denn ihn hinderte

Des nahen Feindes oder Gottes Zwischenkunft.
CHOR.   Was geschehen werde, sinnst du nicht aus!
     Königin, schreite dahin
     Guten Muts!
     Gutes und Böses kommt
     Unerwartet dem Menschen;
     Auch verkündet, glauben wirs nicht.
     Brannte doch Troja, sahen wir doch
     Tod vor Augen, schmählichen Tod,
     Und sind wir nicht hier
     Dir gesellt, dienstbar-freudig,
     Schauen des Himmels blendende Sonne
     Und das Schönste der Erde,
     Huldvoll, dich, uns Glücklichen?
HELENA. Seis wie es sei! Was auch bevorsteht, mir geziemt,
     Hinaufzusteigen ungesäumt in das Königshaus.
     Das, lang entbehrt und viel ersehnt und fast verscherzt,
     Mir abermals vor Augen steht, ich weiß nicht wie.
     Die Füße tragen mich so mutig nicht empor
     Die hohen Stufen, die ich kindisch übersprang.
CHOR.   Werfet, o Schwestern, ihr
     Traurig gefangenen,
     Alle Schmerzen ins Weite!
     Teilet der Herrin Glück,
     Teilet Helenens Glück,
     Welche zu Vaterhauses Herd,
     Zwar mit spät zurückkehrendem,
     Aber mit desto festerem
     Fuße freudig herannaht!
     Preiset die heiligen,
     Glücklich herstellenden
     Und heimführenden Götter!
     Schwebt der Entbundene
     Doch wie auf Fittichen
     Über das Rauhste, wenn umsonst
     Der Gefangene sehnsuchtsvoll
     Über die Zinne des Kerkers hin

Armausbreitend sich abhärmt.
Aber sie ergriff ein Gott,
Die Entfernte,
Und aus Ilios Schutt
Trug er hierher sie zurück
In das alte, das neugeschmückte
Vaterhaus,
Nach unsäglichen
Freuden und Qualen
Früher Jugendzeit
Angefrischt zu gedenken.

PANTHALIS *als Chorführerin.*
Verlasset nun des Gesanges freudumgebnen Pfad
Und wendet nach der Türe Flügeln euren Blick!
Was seh ich, Schwestern? Kehret nicht die Königin
Mit heftigen Schrittes Regung wieder zu uns her?
Was ist es, große Königin? Was konnte dir
In deines Hauses Hallen, statt der Deinen Gruß,
Erschütterndes begegnen? Du verbirgst es nicht;
Denn Widerwillen seh ich an der Stirne dir,
Ein edles Zürnen, das mit Überraschung kämpft.

HELENA, *welche die Türflügel offen gelassen hat, bewegt.*
Der Tochter Zeus geziemet nicht gemeine Furcht,
Und flüchtig-leise Schreckenshand berührt sie nicht;
Doch das Entsetzen, das, dem Schoß der alten Nacht
Vom Urbeginn entsteigend, vielgestaltet noch
Wie glühende Wolken aus des Berges Feuerschlund
Herauf sich wälzt, erschüttert auch des Helden Brust.
So haben heute grauenvoll die Stygischen
Ins Haus den Eintritt mir bezeichnet, daß ich gern
Von oftbetretner, langersehnter Schwelle mich,
Entlaßnem Gaste gleich, entfernend scheiden mag.
Doch nein! gewichen bin ich her ans Licht, und sollt
Ihr weiter nicht mich treiben, Mächte, wer ihr seid!
Auf Weihe will ich sinnen; dann gereinigt mag
Des Herdes Glut die Frau begrüßen wie den Herrn.

CHORFÜHRERIN. Entdecke deinen Dienerinnen, edle Frau,

Die dir verehrend beistehn, was begegnet ist!
HELENA. Was ich gesehen, sollt ihr selbst mit Augen sehn,
   Wenn ihr Gebilde nicht die alte Nacht sogleich
   Zurückgeschlungen in ihrer Tiefe Wunderschoß.
   Doch daß ihrs wisset, sag ichs euch mit Worten an:
   Als ich des Königshauses ernsten Binnenraum,
   Der nächsten Pflicht gedenkend, feierlich betrat,
   Erstaunt ich ob der öden Gänge Schweigsamkeit.
   Nicht Schall der emsig Wandernden begegnete
   Dem Ohr, nicht rasch-geschäftiges Eiligtun dem Blick,
   Und keine Magd erschien mir, keine Schaffnerin,
   Die jeden Fremden freundlich sonst Begrüßenden.
   Als aber ich dem Schoße des Herdes mich genaht,
   Da sah ich, bei verglommner Asche lauem Rest,
   Am Boden sitzen welch verhülltes großes Weib,
   Der Schlafenden nicht vergleichbar, wohl der Sinnenden.
   Mit Herrscherworten ruf ich sie zur Arbeit auf,
   Die Schaffnerin mir vermutend, die indes vielleicht
   Des Gatten Vorsicht hinterlassend angestellt;
   Doch eingefaltet sitzt die Unbewegliche.
   Nur endlich rührt sie auf mein Dräun den rechten Arm,
   Als wiese sie von Herd und Halle mich hinweg.
   Ich wende zürnend mich ab von ihr und eile gleich
   Den Stufen zu, worauf empor der Thalamos
   Geschmückt sich hebt und nah daran das Schatzgemach;
   Allein das Wunder reißt sich schnell vom Boden auf:
   Gebieterisch mir den Weg vertretend, zeigt es sich
   In hagrer Größe, hohlen, blutig-trüben Blicks,
   Seltsamer Bildung, wie sie Aug und Geist verwirrt.
   Doch red ich in die Lüfte; denn das Wort bemüht
   Sich nur umsonst, Gestalten schöpferisch aufzubaun.
   Da seht sie selbst! sie wagt sogar sich ans Licht hervor!
   Hier sind wir Meister, bis der Herr und König kommt.
   Die grausen Nachtgeburten drängt der Schönheitsfreund,
   Phöbus, hinweg in Höhlen oder bändigt sie.

Phorkyas auf der Schwelle zwischen den Türpfosten auftretend

CHOR.

Vieles erlebt ich, obgleich die Locke
Jugendlich wallet mir um die Schläfe!
Schreckliches hab ich vieles gesehen:
Kriegerischen Jammer, Ilios Nacht,
Als es fiel.
Durch das umwölkte, staubende Tosen
Drängender Krieger hört ich die Götter
Fürchterlich rufen, hört ich der Zwietracht
Eherne Stimme schallen durchs Feld,
Mauerwärts.
Ach, sie standen noch, Ilios
Mauern; aber die Flammenglut
Zog vom Nachbar zum Nachbar schon,
Sich verbreitend von hier und dort
Mit des eignen Sturmes Wehn
Über die nächtliche Stadt hin.
Flüchtend sah ich durch Rauch und Glut
Und der züngelnden Flamme Loh'n
Gräßlich zürnender Götter Nahn,
Schreitend Wundergestalten,
Riesengroß, durch düsteren,
Feuerumleuchteten Qualm hin.
Sah ichs? oder bildete
Mir der angstumschlungene Geist
Solches Verworrene? Sagen kann
Nimmer ichs, doch daß ich dies
Gräßliche hier mit Augen schau,
Solches gewiß ja weiß ich;
Könnt es mit Händen fassen gar,
Hielte von dem Gefährlichen
Nicht zurücke die Furcht mich!
Welche von Phorkys
Töchtern nur bist du?
Denn ich vergleiche dich
Diesem Geschlechte.
Bist du vielleicht der graugebornen,
Eines Auges und Eines Zahns

Wechselweis teilhaftigen
Graien eine gekommen?
Wagst du Scheusal,
Neben der Schönheit
Dich vor dem Kennerblick
Phöbus zu zeigen?
Tritt du dennoch hervor nur immer!
Denn das Häßliche schaut Er nicht,
Wie sein heilig Auge noch
Nie erblickte den Schatten.
Doch uns Sterbliche nötigt, ach!
Leider trauriges Mißgeschick
Zu dem unsäglichen Augenschmerz,
Den das Verwerfliche, ewig Unselige
Schönheitliebenden rege macht.
Ja, so höre denn, wenn du frech
Uns entgegenest, höre Fluch,
Hör jeglicher Schelte Drohn
Aus dem verwünschenden Munde der Glücklichen,
Die von Göttern gebildet sind!

PHORKYAS.
Alt ist das Wort, doch bleibet hoch und wahr der Sinn:
Daß Scham und Schönheit nie zusammen, Hand in Hand,
Den Weg verfolgen über der Erde grünen Pfad.
Tief eingewurzelt wohnt in beiden alter Haß,
Daß, wo sie immer irgend auch des Weges sich
Begegnen, jede der Gegnerin den Rücken kehrt.
Dann eilet jede wieder heftiger, weiter fort,
Die Scham betrübt, die Schönheit aber frech gesinnt,
Bis sie zuletzt des Orkus hohle Nacht umfängt,
Wenn nicht das Alter sie vorher gebändigt hat. –
Euch find ich nun, ihr Frechen, aus der Fremde her
Mit Übermut ergossen, gleich der Kraniche
Laut-heiser klingendem Zug, der über unser Haupt
In langer Wolke krächzend sein Getön herab
Schickt, das den stillen Wandrer über sich hinauf
Zu blicken lockt; doch ziehn sie ihren Weg dahin,

Er geht den seinen: also wirds mit uns geschehn.
Wer seid denn ihr, daß ihr des Königes Hochpalast
Mänadisch wild, Betrunknen gleich, umtoben dürft?
Wer seid ihr denn, daß ihr des Hauses Schaffnerin
Entgegenheulet wie dem Mond der Hunde Schar?
Wähnt ihr, verborgen sei mir, welch Geschlecht ihr seid,
Du kriegerzeugte, schlachterzogne junge Brut?
Mannlustige du, so wie verführt, verführende,
Entnervend beide, Kriegers auch und Bürgers Kraft!
Zu Hauf euch sehend, scheint mir ein Zikadenschwarm
Herabzustürzen, deckend grüne Feldersaat.
Verzehrerinnen fremden Fleißes! naschende
Vernichterinnen aufgekeimten Wohlstands ihr!
Erobert-marktverkauft-vertauschte Ware du!
HELENA. Wer gegenwarts der Frau die Dienerinnen schilt,
Der Gebietrin Hausrecht tastet er vermessen an;
Denn ihr gebührt allein, das Lobenswürdige
Zu rühmen, wie zu strafen, was verwerflich ist.
Auch bin des Dienstes ich wohl zufrieden, den sie mir
Geleistet, als die hohe Kraft von Ilios
Umlagert stand und fiel und lag, nicht weniger,
Als wir der Irrfahrt kummervolle Wechselnot
Ertrugen, wo sonst jeder sich der Nächste bleibt.
Auch hier erwart ich gleiches von der muntern Schar;
Nicht, was der Knecht sei, fragt der Herr, nur, wie er dient.
Drum schweige du und grinse sie nicht länger an!
Hast du das Haus des Königs wohl verwahrt bisher
Anstatt der Hausfrau, solches dient zum Ruhme dir;
Doch jetzo kommt sie selber: tritt nun du zurück,
Damit nicht Strafe werde statt verdienten Lohns!
PHORKYAS. Den Hausgenossen drohen bleibt ein großes Recht,
Das gottbeglückten Herrschers hohe Gattin sich
Durch langer Jahre weise Leistung wohl verdient.
Da du, nun Anerkannte, neu den alten Platz
Der Königin und Hausfrau wiederum betrittst,
So fasse längst erschlaffte Zügel, herrsche nun,
Nimm in Besitz den Schatz und sämtlich uns dazu!

Vor allem aber schütze mich, die Ältere,
Vor dieser Schar, die neben deiner Schönheit Schwan
Nur schlechtbefitticht-schnatterhafte Gänse sind!
CHORFÜHRERIN.
Wie häßlich neben Schönheit zeigt sich Häßlichkeit!
PHORKYAS. Wie unverständig neben Klugheit Unverstand!

Von hier an erwidern die Choretiden, einzeln aus dem Chor heraustretend.

CHORETIDE 1.
Von Vater Erebus melde, melde von Mutter Nacht!
PHORKYAS. So sprich von Scylla, leiblich dir Geschwisterkind!
CHORETIDE 2.
An deinem Stammbaum steigt manch Ungeheur empor.
PHORKYAS. Zum Orkus hin! da suche deine Sippschaft auf!
CHORETIDE 3. Die dort wohnen, sind dir alle viel zu jung.
PHORKYAS. Tiresias, den Alten, gehe buhlend an!
CHORETIDE 4. Orions Amme war die Ururenkelin.
PHORKYAS. Harpyen, wähn ich, fütterten dich im Unflat auf.
CHORETIDE 5. Mit was ernährst du so gepflegte Magerkeit?
PHORKYAS. Mit Blute nicht, wonach du allzu lüstern bist!
CHORETIDE 6. Begierig du auf Leichen, ekle Leiche selbst!
PHORKYAS. Vampyrenzähne glänzen dir im frechen Maul.
CHORFÜHRERIN.
Das deine stopf ich, wenn ich sage, wer du seist.
PHORKYAS. So nenne dich zuerst! das Rätsel hebt sich auf.
HELENA.
Nicht zürnend, aber trauernd schreit ich zwischen euch,
Verbietend solchen Wechselstreites Ungestüm.
Denn Schädlicheres begegnet nichts dem Herrscherherrn
Als treuer Diener heimlich-unterschworner Zwist.
Das Echo seiner Befehle kehrt alsdann nicht mehr
In schnell vollbrachter Tat wohlstimmig ihm zurück,
Nein, eigenwillig brausend tost es um ihn her,
Den selbst Verirrten, ins Vergebne Scheltenden.
Dies nicht allein! Ihr habt in sittelosem Zorn
Unseiger Bilder Schreckgestalten hergebannt,

Die mich umdrängen, daß ich selbst zum Orkus mich
Gerissen fühle, vaterländscher Flur zum Trutz.
Ists wohl Gedächtnis? war es Wahn, der mich ergreift?
War ich das alles? bin ichs? werd ichs künftig sein,
Das Traum- und Schreckbild jener Städteverwüstenden?
Die Mädchen schaudern; aber du, die Älteste,
Du stehst gelassen: rede mir verständig Wort!
PHORKYAS. Wer langer Jahre mannigfaltigen Glücks gedenkt,
Ihm scheint zuletzt die höchste Göttergunst ein Traum.
Du aber, hochbegünstigt, sonder Maß und Ziel,
In Lebensreihe sahst nur Liebesbrünstige,
Entzündet rasch zum kühnsten Wagstück jeder Art.
Schon Theseus haschte früh dich, gierig aufgeregt,
Wie Herakles stark, ein herrlich schön geformter Mann.
HELENA. Entführte mich, ein zehnjährig-schlankes Reh,
Und mich umschloß Aphidnus Burg in Attika.
PHORKYAS. Durch Castor und durch Pollux aber bald befreit,
Umworben standst du ausgesuchter Heldenschar.
HELENA. Doch stille Gunst vor allen, wie ich gern gesteh,
Gewann Patroklus, er, des Peliden Ebenbild.
PHORKYAS. Doch Vaterwille traute dich an Menelas,
Den kühnen Seedurchstreicher, Hausbewahrer auch.
HELENA. Die Tochter gab er, gab des Reichs Bestellung ihm.
Aus ehlichem Beisein sproßte dann Hermione.
PHORKYAS. Doch als er fern sich Kretas Erbe kühn erstritt,
Dir Einsamen da erschien ein allzu schöner Gast.
HELENA. Warum gedenkst du jener halben Witwenschaft,
Und welch Verderben gräßlich mir daraus erwuchs!
PHORKYAS. Auch jene Fahrt, mir freigebornen Kreterin
Gefangenschaft erschuf sie, lange Sklaverei.
HELENA. Als Schaffnerin bestellt er dich sogleich hieher,
Vertrauend vieles, Burg und kühn erworbnen Schatz.
PHORKYAS. Die du veließest, Ilios umtürmter Stadt
Und unerschöpften Liebesfreuden zugewandt!
HELENA. Gedenke nicht der Freuden! allzu herben Leids
Unendlichkeit ergoß sich über Brust und Haupt.

PHORKYAS.
Doch sagt man: du erschienst ein doppelhaft Gebild,
In Ilios gesehn und in Ägypten auch.
HELENA. Verwirre wüsten Sinnes Aberwitz nicht gar!
Selbst jetzo, welche denn ich sei, ich weiß es nicht.
PHORKYAS. Dann sagen sie: aus hohlem Schattenreich herauf
Gesellte sich inbrünstig noch Achill zu dir,
Dich früher liebend gegen allen Geschicks Beschluß!
HELENA. Ich als Idol ihm dem Idol verband ich mich.
Es war ein Traum, so sagen ja die Worte selbst.
Ich schwinde hin und werde selbst mir ein Idol.

Sinkt dem Halbchor in die Arme

CHOR.   Schweige! schweige,
              Mißblickende, Mißredende du!
              Aus so gräßlichen, einzahnigen
              Lippen, was enthaucht wohl
              Solchem furchtbaren Greuelschlund!
              Denn der Bösartige, wohltätig erscheinend,
              Wolfesgrimm unter scharwolligem Vlies,
              Mir ist er weit schrecklicher als des drei-
              köpfigen Hundes Rachen.
              Ängstlich lauschend stehn wir da:
              Wann, wie, wo nur brichts hervor,
              Solcher Tücke
              Tiefauflauerndes Ungetüm?
              Nun denn statt freundlich mit Trost reichbegabten,
              Letheschenkenden, hold-mildesten Worts
              Regest du auf aller Vergangenheit
              Bösestes mehr denn Gutes
              Und verdüsterst allzugleich
              Mit dem Glanz der Gegenwart
              Auch der Zukunft
              Mild aufschimmerndes Hoffnungslicht.
              Schweige! schweige!
              Daß der Königin Seele,
              Schon zu entfliehen bereit,

Sich noch halte, festhalte
Die Gestalt aller Gestalten,
Welche die Sonne jemals beschien.

Helena hat sich erholt und steht wieder in der Mitte

PHORKYAS.
Tritt hervor aus flüchtigen Wolken, hohe Sonne dieses Tags,
Die verschleiert schon entzückte, blendend nun im Glanze herrscht!
Wie die Welt sich dir entfaltet, schaust du selbst mit holdem Blick.
Schelten sie mich auch für häßlich, kenn ich doch das Schöne wohl.
HELENA.
Tret ich schwankend aus der Öde, die im Schwindel mich umgab,
Pflegt ich gern der Ruhe wieder, denn so müd ist mein Gebein;
Doch es ziemet Königinnen, allen Menschen ziemt es wohl,
Sich zu fassen, zu ermannen, was auch drohend überrascht.
PHORKYAS.
Stehst du nun in deiner Großheit, deiner Schöne vor uns da,
Sagt dein Blick, daß du befiehlest! Was befiehlst du? sprich es aus!
HELENA. Eures Haders frech Versäumnis auszugleichen, seid bereit!
Eilt, ein Opfer zu bestellen, wie der König mir gebot!
PHORKYAS.
Alles ist bereit im Hause: Schale, Dreifuß, scharfes Beil,
Zum Besprengen, zum Beräuchern! das zu Opfernde zeig an!
HELENA. Nicht bezeichnet es der König.
PHORKYAS. Sprachs nicht aus? O Jammerwort!
HELENA. Welch ein Jammer überfällt dich?
PHORKYAS. Königin, du bist gemeint!
HELENA. Ich?
PHORKYAS. Und diese!
CHOR. Weh und Jammer!
PHORKYAS. Fallen wirst du durch das Beil!
HELENA. Gräßlich! doch geahnt! Ich Arme!
PHORKYAS. Unvermeidlich scheint es mir.
CHOR. Ach! und uns? was wird begegnen?
PHORKYAS. Sie stirbt einen edlen Tod;
Doch am hohen Balken drinnen, der des Daches Giebel trägt,
Wie im Vogelfang die Drosseln zappelt ihr der Reihe nach.

Helena und Chor stehen erstaunt und erschreckt, in bedeutender, wohl vorbereiteter Gruppe.

PHORKYAS. Gespenster! – Gleich erstarrten Bildern steht ihr da,
Geschreckt, vom Tag zu scheiden, der euch nicht gehört.
Die Menschen, die Gespenster sämtlich gleich wie ihr,
Entsagen auch nicht willig hehrem Sonnenschein;
Doch bittet oder rettet niemand sie vom Schluß:
Sie wissens alle, wenigen doch gefällt es nur.
Genug, ihr seid verloren! Also frisch ans Werk!
Klatscht in die Hände; darauf erscheinen an der Pforte vermummte Zwerggestalten, welche die ausgesprochenen Befehle alsobald mit Behendigkeit ausführen.
Herbei, du düstres, kugelrundes Ungetüm!
Wälzt euch hieher: zu schaden gibt es hier nach Lust!
Dem Tragaltar, dem goldgehörnten, gebet Platz!
Das Beil, es liege blinkend über dem Silberrand!
Die Wasserkrüge füllet, abzuwaschen gibts
Des schwarzen Blutes greuelvolle Besudelung!
Dem Teppich breitet köstlich hier am Staube hin,
Damit das Opfer niederkniee königlich
Und, eingewickelt, zwar getrennten Haupts, sogleich,
Anständig-würdig aber doch, bestattet sei!
CHORFÜHRERIN. Die Königin steht sinnend an der Seite hier,
Die Mädchen welken gleich gemähtem Wiesengras;
Mir aber deucht, der Ältesten, heiliger Pflicht gemäß,
Mit dir das Wort zu wechseln, Ururälteste.
Du bist erfahren, weise, scheinst uns gut gesinnt,
Obschon verkennend hirnlos diese Schar dich traf.
Drum sage, was du möglich noch von Rettung weißt!
PHORKYAS. Ist leicht gesagt! Von der Königin hängt allein es ab
Sich selbst zu erhalten, euch Zugaben auch mit ihr.
Entschlossenheit ist nötig und die behendeste.
CHOR. Ehrenwürdigste der Parzen, weiseste Sibylle du,
Halte gesperrt die goldne Schere, dann verkünd uns Tag und
Heil!
Denn wir fühlen schon im Schweben, Schwanken, Bammeln
unergetzlich

Unsere Gliederchen, die lieber erst im Tanze sich ergetzten,
Ruhten drauf an Liebchens Brust.

HELENA.

Laß diese bangen! Schmerz empfind ich, keine Furcht;
Doch kennst du Rettung, dankbar sei sie anerkannt!
Dem Klugen, Weitumsichtigen zeigt fürwahr sich oft
Unmögliches noch als möglich. Sprich und sag es an!

CHOR. Sprich und sage, sag uns eilig: wie entrinnen wir den grausen,
Garstigen Schlingen, die bedrohlich, als die schlechtesten Geschmeide,
Sich um unsre Hälse ziehen? Vorempfinden wirs, die Armen,
Zum Entatmen, zum Ersticken, wenn du, Rhea, aller Götter
Hohe Mutter, dich nicht erbarmst!

PHORKYAS. Habt ihr Geduld, des Vortrags langgedehnten Zug
Still anzuhören? Mancherlei Geschichten sinds.

CHOR. Geduld genug! Zuhörend leben wir indes.

PHORKYAS. Dem, der zu Hause verharrend edlen Schatz bewahrt
Und hoher Wohnung Mauern auszukitten weiß,
Wie auch das Dach zu sichern vor des Regens Drang,
Dem wird es wohlgehn lange Lebenstage durch;
Wer aber seiner Schwelle heilige Richte leicht
Mit flüchtigen Sohlen überschreitet freventlich,
Der findet wiederkehrend wohl den alten Platz,
Doch umgeändert alles, wo nicht gar zerstört.

HELENA. Wozu dergleichen wohlbekannte Sprüche hier?
Du willst erzählen: rege nicht an Verdrießliches!

PHORKYAS. Geschichtlich ist es, ist ein Vorwurf keineswegs.
Raubschiffend ruderte Menelas von Bucht zu Bucht;
Gestad und Inseln, alles streift er feindlich an,
Mit Beute wiederkehrend, wie sie drinnen starrt.
Vor Ilios verbracht er langer Jahre zehn;
Zur Heimfahrt aber weiß ich nicht, wie viel es war.
Allein wie steht es hier am Platz um Tyndareos
Erhabnes Haus? wie stehet es mit dem Reich umher?

HELENA. Ist dir denn so das Schelten gänzlich einverleibt,
Daß ohne Tadeln du keine Lippe regen kannst?

PHORKYAS. So viele Jahre stand verlassen das Talgebirg,
Das hinter Sparta nordwärts in die Höhen steigt,

Taygetos im Rücken, wo als muntrer Bach
Herab Eurotas rollt und dann, durch unser Tal
An Rohren breit hinfließend, eure Schwäne nährt.
Dorthinten still im Gebirgstal hat ein kühn Geschlecht
Sich angesiedelt, dringend aus cimmerischer Nacht,
Und unersteiglich-feste Burg sich aufgetürmt,
Von da sie Land und Leute placken, wies behagt.
HELENA. Das konnten sie vollführen? Ganz unmöglich scheints.
PHORKYAS. Sie hatten Zeit: vielleicht an zwanzig Jahre sinds.
HELENA. Ist Einer Herr? sinds Räuber viel, verbündete?
PHORKYAS. Nicht Räuber sind es, Einer aber ist der Herr.
Ich schelt ihn nicht, und wenn er schon mich heimgesucht.
Wohl konnt er alles nehmen; doch begnügt er sich
Mit wenigen Freigeschenken, nannt ers nicht Tribut.
HELENA. Wie sieht er aus?
PHORKYAS. Nicht übel! mir gefällt er schon.
Es ist ein munterer, kecker, wohlgebildeter,
Wie unter Griechen wenig, ein verständger Mann.
Man schilt das Volk Barbaren; doch ich dächte nicht,
Daß grausam einer wäre, wie vor Ilios
Gar mancher Held sich menschenfresserisch erwies.
Ich acht auf seine Großheit, ihm vertrau ich mich.
Und seine Burg! die solltet ihr mit Augen sehn!
Das ist was anderes gegen plumpes Mauerwerk,
Das eure Väter, mir nichts dir nichts, aufgewälzt,
Cyklopisch wie Cyklopen, rohen Stein sogleich
Auf rohe Steine stürzend! Dort hingegen, dort
Ist alles senk- und waagerecht und regelhaft.
Von außen schaut sie: himmelan sie strebt empor,
So starr, so wohl in Fugen, spiegelglatt wie Stahl!
Zu klettern hier – ja selbst der Gedanke gleitet ab!
Und innen großer Höfe Raumgelasse, rings
Mit Baulichkeit umgeben aller Art und Zweck.
Da seht ihr Säulen, Säulchen, Bogen, Bögelchen,
Atlane, Galerien, zu schauen aus und ein,
Und Wappen.
CHOR. Was sind Wappen?

PHORKYAS. Ajax führte ja
Geschlungne Schlang im Schilde, wie ihr selbst gesehn.
Die Sieben dort vor Theben trugen Bildnerein
Ein jeder auf seinem Schilde, reich-bedeutungsvoll.
Da sah man Mond und Stern am nächtigen Himmelsraum,
Auch Göttin, Held und Leiter, Schwerter, Fackeln auch,
Und was Bedrängliches guten Städten grimmig droht.
Ein solch Gebilde führt auch unsre Heldenschar
Von seinen Ururahnen her in Farbenglanz.
Da seht ihr Löwen, Adler, Klau und Schnabel auch,
Dann Büffelhörner, Flügel, Rosen, Pfauenschweif,
Auch Streifen, gold und schwarz und silbern, blau und rot.
Dergleichen hängt in Sälen Reih an Reihe fort,
In Sälen, grenzenlosen, wie die Welt so weit:
Da könnt ihr tanzen!
CHOR. Sage: gibts auch Tänzer da?
PHORKYAS. Die besten! Goldgelockte, frische Bubenschar!
Die duften Jugend! Paris duftete einzig so,
Als er der Königin zu nahe kam.
HELENA. Du fällst
Ganz aus der Rolle; sage mir das letzte Wort!
PHORKYAS.
Du sprichst das letzte, sagst mit Ernst vernehmlich Ja!
Sogleich umgeb ich dich mit jener Burg!
CHOR. O sprich!
Das kurze Wort und rette dich und uns zugleich!
HELENA. Wie? sollt ich fürchten, daß der König Menelas
So grausam sich verginge, mich zu schädigen?
PHORKYAS. Hast du vergessen, wie er deinen Deiphobus,
Des totgekämpfen Paris Bruder, unerhört
Verstümmelte, der starrsinnig Witwe dich erstritt
Und glücklich kebste? Nas und Ohren schnitt er ab
Und stümmelte mehr so: Greuel war es anzuschaun.
HELENA. Das tat er jenem, meinetwegen tat er das.
PHORKYAS. Um jenes willen wird er dir das gleiche tun!
Unteilbar ist die Schönheit; der sie ganz besaß,
Zerstört sie lieber, fluchend jedem Teilbesitz.

Trompeten in der Ferne; der Chor fährt zusammen.
    Wie scharf der Trompete Schmettern Ohr und Eingeweid
    Zerreißend anfaßt, also krallt sich Eifersucht
    Im Busen fest des Mannes, der das nie vergißt,
    Was einst er besaß und nun verlor, nicht mehr besitzt.
CHOR. Hörst du nicht die Hörner schallen? siehst der Waffen
    Blitze nicht?
PHORKYAS. Sei willkommen, Herr und König! gerne geb ich
    Rechenschaft.
CHOR. Aber wir?
PHORKYAS. Ihr wißt es deutlich: seht vor Augen ihren Tod,
    Merkt den eurigen dadrinne! nein, zu helfen ist euch nicht.
Pause.
HELENA. Ich sann mir aus das Nächste, was ich wagen darf.
    Ein Widerdämon bist du, das empfind ich wohl,
    Und fürchte, Gutes wendest du zum Bösen um.
    Vor allem aber folgen will ich dir zur Burg;
    Das andre weiß ich; was die Königin dabei
    In tiefem Busen geheimnisvoll verbergen mag,
    Sei jedem unzugänglich! – Alte, geh voran!
CHOR.   O wie gern gehen wir hin,
            Eilenden Fußes!
            Hinter uns Tod,
            Vor uns abermals
            Ragender Feste
            Unzugängliche Mauer!
            Schütze sie eben so gut,
            Eben wie Ilios Burg,
            Die doch endlich nur
            Niederträchtiger List erlag!

Nebel verbreiten sich, umhüllen den Hintergrund, auch die Nähe, nach
Belieben

            Wie? aber wie?
            Schwestern, schaut euch um!
            War es nicht heiterer Tag
            Nebel schwanken streifig empor

Aus Eurotas heiiger Flut:
Schon entschwand das liebliche,
Schilfumkränzte Gestade dem Blick!
Auch die frei, zierlich-stolz,
Sanft hingleitenden Schwäne
In geseliger Schwimmlust
Seh ich, ach, nicht mehr!
Doch, aber doch
Tönen hör ich sie,
Tönen fern heiseren Ton!
Tod verkündenden, sagen sie
Ach, daß uns er nur nicht auch
Statt verheißener Rettung Heil
Untergang verkünde zuletzt,
Uns, den Schwangleichen, Lang-
Schön-Weißhalsigen, und ach!
Unsrer Schwanerzeugten!
Weh uns, weh, weh!
Alles deckte sich schon
Rings mit Nebel umher.
Sehen wir doch einander nicht!
Was geschieht? gehen wir?
Schweben wir nur
Trippelnden Schrittes am Boden hin?
Siehst du nichts? schwebt nicht etwa gar
Hermes voran? blinkt nicht der goldne Stab
Heischend, gebietend uns wieder zurück
Zu dem unerfreulichen, grautagenden,
Ungreifbarer Gebilde vollen,
Überfüllten, ewig leeren,Hades?

Ja, auf einmal wird es düster, ohne Glanz entschwebt der Nebel,
Dunkelgräulich, mauerbräunlich. Mauern stellen sich dem Blicke,
Freiem Blicke, starr entgegen. Ists ein Hof? ists tiefe Grube?
Schauerlich in jedem Falle! Schwestern, ach! wir sind gefangen,
So gefangen wie nur je!

Innerer Burghof

Umgeben von reichen, phantastischen Gebäuden des Mittelalters

CHORFÜHRERIN.
Vorschnell und töricht, echt-wahrhaftes Weibsgebild!
Vom Augenblicke abhängig, Spiel der Witterung,
Des Glücks und Unglücks: keines von beiden wißt ihr je
Zu bestehn mit Gleichmut! Eine widerspricht ja stets
Der andern heftig, überquer die andern ihr;
In Freud und Schmerz nur heult und lacht ihr gleichen Tons.
Nun schweigt und wartet horchend, was die Herrscherin
Hochsinnig hier beschließen mag für sich und uns!
HELENA. Wo bist du, Pythonissa? heiße, wie du magst,
Aus diesen Gewölben tritt hervor der düstern Burg!
Gingst etwa du, dem wunderbaren Heldenherrn
Mich ankündigen, Wohlempfang bereitend mir,
So habe Dank und führe schnell mich ein zu ihm!
Beschluß der Irrfahrt wünsch ich, Ruhe wünsch ich nur.
CHORFÜHRERIN.
Vergebens blickst du, Königin, allseits um dich her:
Verschwunden ist das leidige Bild, verblieb vielleicht
Im Nebel dort, aus dessen Busen wir hieher,
Ich weiß nicht wie, gekommen, schnell und sonder Schritt.
Vielleicht auch irrt sie zweifelhaft im Labyrinth
Der wundersam aus vielen einsgewordenen Burg,
Dem Herrn erfragend fürstlicher Hochbegrüßung halb.
Doch sieh: dort oben regt in Menge allbereits,
In Galerien, am Fenster, in Portalen rasch
Sich hin und her bewegend, viele Dienerschaft;
Vornehm-willkommnen Gastempfang verkündet es.
CHOR. Aufgeht mir das Herz! o seht nur dahin,
Wie so sittig herab mit verweilendem Tritt
Jungholdeste Schar anständig bewegt
Den geregelten Zug! Wie, auf wessen Befehl
Nur erscheinen, gereiht und gebildet so früh,
Von Jünglingsknaben das herrliche Volk?

Was bewundr ich zumeist? Ist es zierlicher Gang,
Etwa des Haupts Lockhaar um die blendende Stirn,
Etwa der Wänglein Paar, wie die Pfirsiche rot
Und eben auch so weichwollig beflaumt?
Gern biß ich hinein; doch ich schaudre davor:
Denn in ähnlichem Fall, da erfüllte der Mund
Sich, gräßlich zu sagen! mit Asche.
Aber die Schönsten,
Sie kommen daher:
Was tragen sie nur?
Stufen zum Thron,
Teppich und Sitz,
Umhang und zelt-
artigen Schmuck!
Überüberwallt er,
Wolkenkränze bildend,
Unsrer Königin Haupt;
Denn schon bestieg sie,
Eingeladen, herrlichen Pfühl.
Tretet heran,
Stufe für Stufe
Reihet euch ernst!
Würdig, o würdig, dreifach würdig
Sei gesegnet ein solcher Empfang!

Alles vom Chor Ausgesprochene geschieht nach und nach.

FAUST. *Nachdem Knaben und Knappen in langem Zug herabgestie-*
gen, erscheint er oben an der Treppe in ritterlicher Hofkleideidung des
Mittelalters und kommt langsam-würdig herunter.
CHORFÜHRERIN *ihn aufmerksam beschauend.*
Wenn diesem nicht die Götter, wie sie öfter tun,
Für wenige Zeit nur wundernswürdige Gestalt,
Erhabnen Anstand, liebenswerte Gegenwart
Vorübergänglich liehen, wird ihm jedesmal,
Was er beginnt, gelingen, seis in Männerschlacht,
So auch im kleinen Kriege mit den schönsten Fraun.
Er ist fürwahr gar vielen andern vorzuziehn,

Die ich doch auch als hochgeschätzt mit Augen sah.
Mit langsam-ernstem, ehrfurchtsvoll gehaltnem Schritt
Seh ich den Fürsten: wende dich, o Königin!
FAUST *herantretend, einen Gefesselten zur Seite.*
Statt feierlichsten Grußes, wie sich ziemte,
Statt ehrfurchtsvollem Willkomm bring ich dir
In Ketten hart geschlossen solchen Knecht,
Der, Pflicht verfehlend, mir die Pflicht entwand.
Hier kniee nieder, dieser höchsten Frau
Bekenntnis abzulegen deiner Schuld!
Dies ist, erhabne Herrscherin, der Mann,
Mit seltnem Augenblitz vom hohen Turm
Umherzuschaun bestellt, dort Himmelsraum
Und Erdenbreite scharf zu überspähn,
Was etwa da und dort sich melden mag,
Vom Hügelkreis ins Tal zur festen Burg
Sich regen mag, der Herden Woge seis,
Ein Heereszug vielleicht: wir, schützen jene,
Begegnen diesem. Heute: welch Versäumnis!
Du kommst heran, er meldets nicht! verfehlt
Ist ehrenvoller, schuldigster Empfang
So hohen Gastes. Freventlich verwirkt
Das Leben hat er, läge schon im Blut
Verdienten Todes; doch nur du allein
Bestrafst, begnadigst, wie dirs wohlgefällt.
HELENA. So hohe Würde, wie du sie vergönnst,
Als Richterin, als Herrscherin, und wärs
Versuchend nur, wie ich vermuten darf –
So üb ich nun des Richters erste Pflicht:
Beschuldigte zu hören: Rede denn!

TURMWÄRTER LYNKEUS.
Laß mich knieen, laß mich schauen,
Laß mich sterben, laß mich leben,
Denn schon bin ich hingegeben
Dieser gottgegebnen Frauen!

Harrend auf des Morgens Wonne,
Östlich spähend ihren Lauf,
Ging auf einmal mir die Sonne
Wunderbar im Süden auf.

Zog den Blick nach jener Seite,
Statt der Schluchten, statt der Höhn,
Statt der Erd- und Himmelsweite
Sie, die Einzige, zu spähn.

Augenstrahl ist mir verliehen
Wie dem Luchs auf höchstem Baum;
Doch nun mußt ich mich bemühen
Wie aus tiefem, düsterm Traum.

Wüßt ich irgend mich zu finden?
Zinne? Turm? geschlossnes Tor?
Nebel schwanken, Nebel schwinden,
Solche Göttin tritt hervor!

Aug und Brust ihr zugewendet,
Sog ich an den milden Glanz;
Diese Schönheit, wie sie blendet,
Blendete mich Armen ganz.

Ich vergaß des Wächters Pflichten,
Völlig das beschworne Horn –
Drohe nur, mich zu vernichten!
Schönheit bändigt allen Zorn.

HELENA. Das Übel, das ich brachte, darf ich nicht
Bestrafen. Wehe mir! welch streng Geschick
Verfolgt mich, überall der Männer Busen
So zu betören, daß sie weder sich
Noch sonst ein Würdiges verschonten. Raubend jetzt,
Verführend, fechtend, hin und her entrückend,
Halbgötter, Helden, Götter, ja Dämonen,
Sie führten mich im Irren her und hin.
Einfach die Welt verwirrt ich, doppelt mehr;
Nun dreifach, vierfach bring ich Not auf Not. –
Entferne diesen Guten, laß ihn frei!
Den Gottbetörten treffe keine Schmach!
FAUST. Erstaunt, o Königin, seh ich zugleich

Die sicher Treffende, hier den Getroffnen:
Ich seh den Bogen, der den Pfeil entsandt,
Verwundet jenen. Pfeile folgen Pfeilen,
Mich treffend! Allwärts ahn ich überquer
Gefiedert schwirrend sie in Burg und Raum.
Was bin ich nun? Auf einmal machst du mir
Rebellisch die Getreusten, meine Mauern
Unsicher. Also fürcht ich schon: mein Heer
Gehorcht der siegend-unbesiegten Frau.
Was bleibt mir übrig, als mich selbst und alles
Im Wahn das Meine, dir anheimzugeben?
Zu deinen Füßen laß mich, frei und treu,
Dich Herrin anerkennen, die sogleich
Auftretend sich Besitz und Thron erwarb!

LYNKEUS *mit einer Kiste und Männer, die ihm andere nachtragen.*
Du siehst mich, Königin, zurück!
Der Reiche bettelt einen Blick,
Er sieht dich an und fühlt sogleich
Sich bettelarm und fürstenreich.
Was war ich erst? was bin ich nun?
Was ist zu wollen? was zu tun?
Was hilft der Augen schärfster Blitz!
Er prallt zurück an deinem Sitz.
Von Osten kamen wir heran,
Und um den Westen wars getan;
Ein lang- und breites Volksgewicht:
Der erste wußte vom letzten nicht.
Der erste fiel, der zweite stand,
Des dritten Lanze war zur Hand;
Ein jeder hundertfach gestärkt,
Erschlagne Tausend unbemerkt.
Wir drängten fort, wir stürmten fort,
Wir waren Herrn von Ort zu Ort,
Und wo ich herrisch heut befahl,
Ein andrer morgen raubt und stahl.
Wir schauten – eilig war die Schau:
Der griff die allerschönste Frau,

Der griff den Stier von festem Tritt,
Die Pferde mußten alle mit.
Ich aber liebte, zu erspähn
Das Seltenste, was man gesehn,
Und was ein andrer auch besaß,
Das war für mich gedörrtes Gras.
Den Schätzen war ich auf der Spur,
Den scharfen Blicken folgt ich nur,
In alle Taschen blickt ich ein,
Durchsichtig war mit jeder Schrein.
Und Haufen Goldes waren mein,
Am herrlichsten der Edelstein:
Nun der Smaragd allein verdient,
Daß er an deinem Herzen grünt.
Nun schwanke zwischen Ohr und Mund
Das Tropfenei aus Meeresgrund!
Rubinen werden gar verscheucht:
Das Wangenrot sie niederbleicht.
Und so den allergrößten Schatz
Versetz ich hier auf deinen Platz;
Zu deinen Füßen sei gebracht
Die Ernte mancher blutgen Schlacht.
So viele Kisten schlepp ich her,
Der Eisenkisten hab ich mehr;
Erlaube mich auf deiner Bahn,
Und Schatzgewölbe füll ich an.
Denn du bestiegest kaum den Thron,
So neigen schon, so beugen schon
Verstand und Reichtum und Gewalt
Sich vor der einzigen Gestalt.
Das alles hielt ich fest und mein:
Nun aber, lose, wird es dein!
Ich glaubt es würdig, hoch und bar:
Nun seh ich, daß es nichtig war!
Verschwunden ist, was ich besaß,
Ein abgemähtes, welkes Gras.
O gib mit einem heitern Blick

Ihm seinen ganzen Wert zurück!

FAUST. Entferne schnell die kühn erworbne Last,
Zwar nicht getadelt, aber unbelohnt!
Schon ist Ihr alles eigen, was die Burg
Im Schoß verbirgt: Besondres Ihr zu bieten,
Ist unnütz. Geh und häufe Schatz auf Schatz
Geordnet an! Der ungesehnen Pracht
Erhabnes Bild stell auf! Laß die Gewölbe
Wie frische Himmel blinken! Paradiese
Von lebelosem Leben richte zu!
Voreilend ihren Tritten, laß beblümt
An Teppich Teppiche sich wälzen: ihrem Tritt
Begegne sanfter Boden, ihrem Blick,
Nur Göttliche nicht blendend, höchster Glanz!

LYNKEUS. Schwach ist, was der Herr befiehlt;
Tuts der Diener, es ist gespielt:
Herrscht doch über Gut und Blut
Dieser Schönheit Übermut.
Schon das ganze Heer ist zahm,
Alle Schwerter stumpf und lahm,
Vor der herrlichen Gestalt
Selbst die Sonne matt und kalt,
Vor dem Reichtum des Gesichts
Alles leer und alles nichts. *Ab.*

HELENA *zu Faust.* Ich wünsche dich zu sprechen, doch herauf
An meine Seite komm! der leere Platz
Beruft den Herrn und sichert mir den meinen.

FAUST. Erst knieend laß die treue Widmung dir
Gefallen, hohe Frau! die Hand, die mich
An deine Seite hebt, laß mich sie küssen!
Bestärke mich als Mitregenten deines
Grenzunbewußten Reichs, gewinne dir
Verehrer, Diener, Wächter all in Einem!

HELENA. Vielfache Wunder seh ich, hör ich an.
Erstaunen trifft mich, fragen möcht ich viel.
Doch wünscht ich Unterricht, warum die Rede
Des Manns mir seltsam klang, seltsam und freundlich:

Ein Ton scheint sich dem andern zu bequemen,
Und hat ein Wort zum Ohre sich gesellt,
Ein andres kommt, dem ersten liebzukosen.
FAUST. Gefällt dir schon die Sprechart unsrer Völker,
O so gewiß entzückt auch der Gesang,
Befriedigt Ohr und Sinn im tiefsten Grunde.
Doch ist am sichersten, wir übens gleich:
Die Wechselrede lockt es, rufts hervor.
HELENA. So sage denn: wie sprech ich auch so schön?
FAUST. Das ist gar leicht: es muß von Herzen gehn!
Und wenn dir Brust von Sehnsucht überfließt,
Man sieht sich um und fragt –
HELENA. Wer mitgenießt.
FAUST. Nun schaut der Geist nicht vorwärts, nicht zurück;
Die Gegenwart allein –
HELENA. Ist unser Glück.
FAUST. Schatz ist sie, Hochgewinn, Besitz und Pfand;
Bestätigung, wer gibt sie?
HELENA. Meine Hand!
CHOR.   Wer verdächt es unsrer Fürstin,
Gönnet sie dem Herrn der Burg
Freundliches Erzeigen?
Denn gesteht: sämtliche sind wir
Ja Gefangene, wie schon öfter
Seit dem schmählichen Untergang
Ilios und der ängstlich –
Labyrinthischen Kummerfahrt.
Fraun, gewöhnt an Männerliebe,
Wählerinnen sind sie nicht,
Aber Kennerinnen!
Und wie goldlockigen Hirten
Vielleicht schwarzborstigen Faunen,
Wie es bringt die Gelegenheit,
Über die schwellenden Glieder
Vollerteilen sie gleiches Recht.
Nah und näher sitzen sie schon,
Aneinander gelehnt,

Schulter an Schulter, Knie an Knie;
Hand in Hand wiegen sie sich
Über des Throns
Aufgepolsterter Herrlichkeit.
Nicht versagt sich die Majestät
Heimlicher Freuden
Vor den Augen des Volkes
Übermütiges Offenbarsein.

HELENA. Ich fühle mich so fern und doch so nah,
Und sage nur zu gern: da bin ich! da!

FAUST. Ich atme kaum, mir zittert, stockt das Wort;
Es ist ein Traum, verschwunden Tag und Ort.

HELENA. Ich scheine mir verlebt und doch so neu,
In dich verwebt, dem Unbekannten treu.

FAUST. Durchgrüble nicht das einzigste Geschick!
Dasein ist Pflicht, und wärs ein Augenblick.

PHORKYAS *heftig eintretend.*
Buchstabiert in Liebesfibeln,
Tändelnd grübelt nur am Liebeln,
Müßig liebelt fort im Grübeln!
Doch dazu ist keine Zeit.
Fühlt ihr nicht ein dumpfes Wettern?
Hört nur die Trompete schmettern!
Das Verderben ist nicht weit:
Menelas mit Volkeswogen
Kommt auf euch herangezogen –
Rüstet euch zu herbem Streit!
Von der Siegerschar umwimmelt,
Wie Deiphobus verstümmelt,
Büßest du das Fraungeleit.
Bammelt erst die leichte Ware,
Dieser gleich ist am Altare
Neugeschliffnes Beil bereit.

FAUST. Verwegne Störung! widerwärtig dringt sie ein!
Auch nicht in Gefahren mag ich sinnlos Ungestüm.
Den schönsten Boten, Unglücksbotschaft häßlicht ihn;
Du Häßlichste gar, nur schlimme Botschaft bringst du gern.

301

Doch diesmal soll dirs nicht geraten; leeren Hauchs
Erschüttere du die Lüfte! Hier ist nicht Gefahr,
Und selbst Gefahr erschiene nur als eitles Dräun.

Signale, Explosionen von den Türmen, Trompeten und Zinnen, krie-
gerische Musik, Durchmarsch gewaltiger Heereskraft.

FAUST. Nein, gleich sollst du versammelt schauen
Der Helden ungetrennten Kreis:
Nur der verdient die Gunst der Frauen,
Der kräftigst sie zu schützen weiß.
Zu den Heerführern, die sich von den Kolonnen absondern und herantreten.
Mit angehaltnem stillen Wüten,
Das euch gewiß den Sieg verschafft,
Ihr, Nordens jugendliche Blüten,
Ihr, Ostens blumenreiche Kraft –
In Stahl gehüllt, vom Strahl umwittert,
Die Schar, die Reich um Reich zerbrach,
Sie treten auf, die Erde schüttert,
Sie schreiten fort, es donnert nach.
An Pylos traten wir zu Lande,
Der alte Nestor ist nicht mehr,
Und alle kleine Königsbande
Zersprengt das ungebundne Heer.
Drängt ungesäumt von diesen Mauern
Jetzt Menelas dem Meer zurück!
Dort irren mag er, rauben, lauern:
Ihm war es Neigung und Geschick.
Herzoge soll ich euch begrüßen,
Gebietet Spartas Königin;
Nun legt ihr Berg und Tal zu Füßen,
Und euer sei des Reichs Gewinn!
Germane du, Korinthus Buchten
Verteidige mit Wall und Schutz!
Achaja dann mit hundert Schluchten
Empfehl ich, Gote, deinem Trutz.
Nach Elis ziehn der Franken Heere,
Messene sei der Sachsen Los!

Normanne reinige die Meere
Und Argolis erschaff er groß!
Dann wird ein jeder häuslich wohnen,
Nach außen richten Kraft und Blitz;
Doch Sparta soll euch überthronen,
Der Königin verjährter Sitz.
All-Einzeln sieht sie euch genießen
Des Landes, dem kein Wohl gebricht,
Ihr sucht getrost zu ihren Füßen
Bestätigung und Recht und Licht.

Faust steigt herab, die Fürsten schließen einen Kreis um ihn, Befehl und
Anordnung näher zu vernehmen.

CHOR. Wer die Schönste für sich begehrt,
  Tüchtig vor allen Dingen
  Seh er nach Waffen weise sich um!
  Schmeichelnd wohl gewann er sich,
  Was auf Erden das Höchste;
  Aber ruhig besitzt ers nicht:
  Schleicher listig entschmeicheln sie ihm,
  Räuber kühnlich entreißen sie ihm;
  Dieses zu hindern, sei er bedacht!
  Unserm Fürsten lob ich drum,
  Schätz ihn höher vor andern;
  Wie er so tapfer-klug sich verband,
  Daß die Starken gehorchend stehn,
  Jeden Winkes gewärtig.
  Seinen Befehl vollziehn sie treu,
  Jeder sich selbst zu eignem Nutz
  Wie dem Herrscher zu lohnendem Dank,
  Beiden zu höchlichem Ruhmesgewinn.
  Denn wer entreißet sie jetzt
  Dem gewaltgen Besitzer?
  Ihm gehört sie, ihm sei sie gegönnt,
  Doppelt von uns gegönnt, die er
  Samt ihr zugleich innen mit sicherster Mauer,
  Außen mit mächtigstem Heer umgab.

FAUST. Die Gaben, diesen hier verliehen –
An jeglichen ein reiches Land! –
Sind groß und herrlich: laß sie ziehen!
Wir halten in der Mitte stand.
Und sie beschützen um die Wette,
Ringsum von Wellen angehüpft,
Nichtinsel dich, mit leichter Hügelkette
Europens letztem Bergast angeknüpft.
Das Land, vor aller Länder Sonnen,
Sei ewig jedem Stamm beglückt,
Nun meiner Königin gewonnen,
Das früh an ihr hinaufgeblickt,
Als mit Eurotas Schilfgeflüster
Sie leuchtend aus der Schale brach,
Der hohen Mutter, dem Geschwister
Das Licht der Augen überstach.
Dies Land, allein zu dir gekehret,
Entbietet seinen höchsten Flor;
Dem Erdkreis, der dir angehöret,
Dein Vaterland, o zieh es vor!
Und duldet auch auf seiner Berge Rücken
Das Zackenhaupt der Sonne kalten Pfeil,
Läßt nun der Fels sich angegrünt erblicken,
Die Ziege nimmt genäschig kargen Teil.
Die Quelle springt, vereinigt stürzen Bäche,
Und schon sind Schluchten, Hänge, Matten grün.
Auf hundert Hügeln unterbrochner Fläche
Siehst Wollenherden ausgebreitet ziehn.
Verteilt, vorsichtig-abgemessen schreitet
Gehörntes Rind hinan zum jähen Rand;
Doch Obdach ist den sämtlichen bereitet:
Zu hundert Höhlen wölbt sich Felsenwand.
Pan schützt sie dort, und Lebensnymphen wohnen
In buschiger Klüfte feucht-erfrischtem Raum,
Und, sehnsuchtsvoll nach höhern Regionen,
Erhebt sich zweighaft Baum gedrängt an Baum.
Altwälder sinds! Die Eiche starret mächtig,

Und eigensinnig zackt sich Ast an Ast;
Der Ahorn, mild, von süßem Safte trächtig,
Steigt rein empor und spielt mit seiner Last.
Und mütterlich im stillen Schattenkreise
Quillt laue Milch bereit für Kind und Lamm;
Obst ist nicht weit, der Ebnen reife Speise,
Und Honig trieft vom ausgehöhlten Stamm.
Hier ist das Wohlbehagen erblich,
Die Wange heitert wie der Mund,
Ein jeder ist an seinem Platz unsterblich:
Sie sind zufrieden und gesund.
Und so entwickelt sich am reinen Tage
Zu Vaterkraft das holde Kind.
Wir staunen drob; noch immer bleibt die Frage:
Obs Götter, ob es Menschen sind!
So war Apoll den Hirten zugestaltet,
Daß ihm der schönsten einer glich;
Denn wo Natur im reinen Kreise waltet,
Ergreifen alle Welten sich.

Neben ihr sitzend.

So ist es mir, so ist es dir gelungen;
Vergangenheit sei hinter uns getan!
O fühle dich vom höchsten Gott entsprungen!
Der ersten Welt gehörst du einzig an.
Nicht feste Burg soll dich umschreiben!
Noch zirkt in ewiger Jugendkraft,
Für uns zu wonnevollem Bleiben,
Arkadien in Spartas Nachbarschaft.
Gelockt, auf selgem Grund zu wohnen,
Du flüchtetest ins heitere Geschick!
Zur Laube wandeln sich die Thronen:
Arkadisch frei sei unser Glück!

Der Schauplatz verwandelt sich durchaus

An eine Reihe von Felsenhöhlen lehnen sich geschlossene Lauben. Schatti-
ger Hain bis an die rings umgebende Felsenteile hinan. Faust und Helena
werden nicht gesehen. Der Chor liegt schlafend verteilt umher.

PHORKYAS.
    Wie lange Zeit die Mädchen schlafen, weiß ich nicht;
    Ob sie sich träumen ließen, was ich hell und klar
    Vor Augen sah, ist ebenfalls mir unbekannt.
    Drum weck ich sie. Erstaunen soll das junge Volk,
    Ihr Bärtigen auch, die ihr dadrunten sitzend harrt,
    Glaubhafter Wunder Lösung endlich anzuschaun.
    Hervor! hervor! und schüttelt eure Locken rasch!
    Schlaf aus den Augen! Blinzt nicht so und hört mich an!
CHOR. Rede nur! erzähl, erzähle, was sich Wunderlichs begeben!
    Hören möchten wir am liebsten, was wir gar nicht glauben können;
    Denn wir haben lange Weile, diese Felsen anzusehn.
PHORKYAS.
    Kaum die Augen ausgerieben, Kinder, langeweilt ihr schon?
    So vernehmet: in diesen Höhlen, diesen Grotten, diesen Lauben
    Schutz und Schirmung war verliehen, wie idyllischem Liebespaare,
    Unserm Herrn und unsrer Frauen.
CHOR. Wie? dadrinnen?
PHORKYAS. Abgesondert
    Von der Welt, nur mich, die Eine, riefen sie zu stillem Dienste.
    Hochgeehrt stand ich zur Seite; doch wie es Vertrauten ziemet,
    Schaut ich um nach etwas andrem, wendete mich hier- und dorthin,
    Suchte Wurzeln, Moos und Rinden, kundig aller Wirksamkeiten:
    Und so blieben sie allein.
CHOR.
    Tust du doch, als ob dadrinnen ganze Weltenräume wären,
    Wald und Wiese, Bäche, Seen! welche Märchen spinnst du ab!
PHORKYAS.
    Allerdings, ihr Unerfahrnen! das sind unerforschte Tiefen:
    Saal an Sälen, Hof an Höfen; diese spür ich sinnend aus.
    Doch auf einmal ein Gelächter echot in den Höhlenräumen;

306

Schau ich hin: da springt ein Knabe von der Frauen Schoß zum Manne,
Von dem Vater zu der Mutter! das Gekose, das Getändel,
Töriger Liebe Neckereien, Scherzgeschrei und Lustgejauchze
Wechselnd übertäuben mich.
Nackt, ein Genius ohne Flügel, faunenartig ohne Tierheit,
Springt er auf den festen Boden; doch der Boden, gegenwirkend,
Schnellt ihn zu der luftgen Höhe, und im zweiten, dritten Sprunge
Rührt er an das Hochgewölb.
Ängstlich ruft die Mutter: »Springe wiederholt und nach Belieben,
Aber hüte dich zu fliegen! freier Flug ist dir versagt.«
Und so mahnt der treue Vater: »In der Erde liegt die Schnellkraft,
Die dich aufwärts treibt; berühre mit der Zehe nur den Boden,
Wie der Erdensohn Antäus bist du alsobald gestärkt.«
Und so hüpft er auf die Masse dieses Felsens, von der Kante
Zu dem andern und umher so, wie ein Ball geschlagen springt.
Doch auf einmal in der Spalte rauher Schlucht ist er verschwunden,
Und nun scheint er uns verloren! Mutter jammert, Vater tröstet,
Achselzuckend steh ich ängstlich. Doch nun wieder welch Erscheinen!
Liegen Schätze dort verborgen? Blumenstreifige Gewande
Hat er würdig angetan.
Quasten schwanken von den Armen, Binden flattern um den Busen;
In der Hand die goldne Leier, völlig wie ein kleiner Phöbus,
Tritt er wohlgemut zur Kante, zu dem Überhang: wir staunen,
Und die Eltern vor Entzücken werfen wechselnd sich ans Herz.
Denn wie leuchtets ihm zu Haupten? Was erglänzt, ist schwer zu sagen:
Ist es Goldschmuck? ist es Flamme übermächtiger Geisteskraft?
Und so regt er sich gebärdend, sich als Knabe schon verkündend
Künftigen Meister alles Schönen, dem die ewigen Melodien
Durch die Glieder sich bewegen, und so werdet ihr ihn hören,
Und so werdet ihr ihn sehn zu einzigster Bewunderung.
CHOR. Nennst du ein Wunder dies,
   Kretas Erzeugte?
   Dichtend belehrendem Wort
   Hast du gelaucht wohl nimmer?
   Niemals noch gehört Joniens,
   Nie vernommen auch Hellas
   Urväterlichen Sagen

Göttlich-heldenhaften Reichtum?
Alles, was je geschieht
Heutigen Tages,
Trauriger Nachklang ists
Herrlicher Ahnherrntage!
Nicht vergleicht sich dein Erzählen
em, was liebliche Lüge,
Glaubhaftiger als Wahrheit,
Von dem Sohne sang der Maja.
Diesen zierlich und kräftig, doch
Kaum geborenen Säugling
Faltet in reinster Windeln Flaum,
Strenget in köstlicher Wickeln Schmuck
Klatschender Wärterinnen Schar,
Unvernünftigen Wähnens.
Kräftig und zierlich aber zieht
Schon der Schalk die geschmeidigen,
Doch elastischen Glieder
Listig heraus, die purpurne,
Ängstlich drückende Schale
Lassend ruhig an seiner Statt,
Gleich dem fertigen Schmetterling,
Der aus starrem Puppenzwang,
Flügel entfaltend, behendig schlüpft,
Sonnedurchstrahlten Äther kühn
Und mutwillig durchflatternd.
So auch er, der Behendeste,
Daß er Dieben und Schälken,
Vorteilsuchenden allen auch
Ewig günstiger Dämon sei!
Dies betätigt er alsobald
Durch gewandteste Künste:
Schnell des Meeres Beherrscher stiehlt
Er den Trident, ja dem Ares selbst
Schlau das Schwert aus der Scheide,
Bogen und Pfeil dem Phöbus auch,
Wie dem Hephästos die Zange;

Selber Zeus, des Vaters, Blitz
Nahm er, schreckt ihn das Feuer nicht;
Doch dem Eros siegt er ob
In beinstellendem Ringerspiel,
Raubt auch Cyprien, wie sie ihm kost,
Noch vom Busen den Gürtel.

Ein reizendes, rein-melodisches Saitenspiel erklingt aus der Höhle. Alle merken auf und scheinen bald innig gerührt. Von hier an bis zur bemerkten Pause durchaus mit vollstimmiger Musik

PHORKYAS. Höret allerliebste Klänge!
  Macht euch schnell von Fabeln frei!
  Eurer Götter alt Gemenge,
  Laß es hin! es ist vorbei.
  Niemand will euch mehr verstehen,
  Fordern wir doch höhern Zoll:
  Denn es muß von Herzen gehen,
  Was auf Herzen wirken soll.

Sie zieht sich nach den Felsen zurück.

CHOR. Bist du, fürchterliches Wesen,
  Diesem Schmeichelton geneigt,
  Fühlen wir, als frisch genesen,
  Uns zur Tränenlust erweicht.
  Laß der Sonne Glanz verschwinden,
  Wenn es in der Seele tagt:
  Wir im eignen Herzen finden,
  Was die ganze Welt versagt.

Helena, Faust, Euphorion in dem oben beschriebenen Kostüm.

EUPHORION. Hört ihr Kindeslieder singen,
  Gleich ists euer eigner Scherz;
  Seht ihr mich im Takte springen,
  Hüpft euch elterlich das Herz.
HELENA. Liebe, menschlich zu beglücken,
  Nähert sie ein edles Zwei;
  Doch zu göttlichem Entzücken

309

Bildet sie ein köstlich Drei.

FAUST. Alles ist sodann gefunden:
Ich bin dein, und du bist mein,
Und so stehen wir verbunden;
Dürft es doch nicht anders sein!

CHOR. Wohlgefallen vieler Jahre
In des Knaben mildem Schein
Sammelt sich auf diesem Paare:
O wie rührt mich der Verein!

EUPHORION. Nun laßt mich hüpfen,
Nun laß mich springen!
Zu allen Lüften
Hinaufzudringen,
Ist mir Begierde:
Sie faßt mich schon.

FAUST. Nur mäßig! mäßig!
Nicht ins Verwegne,
Daß Sturz und Unfall
Dir nicht begegne,
Zugrunde uns richte
Der teure Sohn!

EUPHORION. Ich will nicht länger
Am Boden stocken:
Laßt meine Hände,
Laßt meine Locken,
Laßt meine Kleider!
Sie sind ja mein.

HELENA. O denk, o denke,
Wem du gehörest,
Wie es uns kränke,
Wie du zerstörest
Das schön errungene
Mein, Dein und Sein!

CHOR. Bald löst, ich fürchte,
Sich der Verein!

HELENA UND FAUST. Bändige, bändige,
Eltern zuliebe,

310

Überlebendige,
Heftige Triebe!
Ländlich im stillen
Ziere den Plan!
EUPHORION. Nur euch zu willen
Halt ich mich an.

Durch den Chor sich schlingend und ihn zum Tanze fortziehend.

Leichter umschweb ich hie
Muntres Geschlecht.
Ist nun die Melodie,
Ist die Bewegung recht?
HELENA. Ja, das ist wohlgetan!
Führe die Schönen an
Künstlichem Reihn!
FAUST. Wäre das doch vorbei!
Mich kann die Gaukelei
Gar nicht erfreun.

Euphorion und Chor, tanzend und singend, bewegen sich in verschlungenen Reihen.

(CHOR). Wenn du der Arme Paar
Lieblich bewegest,
Im Glanz dein lockig Haar
Schütternd erregest,
Wenn dir der Fuß so leicht
Über die Erde schleicht,
Dort und da wieder hin
Glieder um Glied sich ziehn,
Hast du dein Ziel erreicht,
Liebliches Kind!
All unsre Herzen sind
All dir geneigt. *Pause.*
EUPHORION. Ihr seid so viele
Leichtfüßige Rehe,
Zu neuem Spiele
Frisch aus der Nähe!

Ich bin der Jäger,
Ihr seid das Wild.
CHOR. Willst du uns fangen,
Sei nicht behende!
Denn wir verlangen
Doch nur am Ende,
Dich zu umarmen,
Du schönes Bild!
EUPHORION. Nur durch die Haine!
Zu Stock und Steine!
Das leicht Errungene,
Das widert mir,
Nur das Erzwungene
Ergötzt mich schier.
HELENA UND FAUST.
Welch ein Mutwill! welch ein Rasen!
Keine Mäßigung ist zu hoffen!
Klingt es doch wie Hörnerblasen
Über Tal und Wälder dröhnend:
Welch ein Unfug! welch Geschrei
CHOR *einzeln schnell eintretend.*
Uns ist er vorbeigelaufen!
Mit Verachtung uns verhöhnend
Schleppt er von dem ganzen Haufen
Nun die Wildeste herbei.
EUPHORION *ein junges Mädchen hereintragend.*
Schlepp ich her die derbe Kleine
Zu erzwungenem Genüsse!
Mir zur Wonne, mir zur Lust
Drück ich widerspenstige Brust,
Küß ich widerwärtigen Mund,
Tue Kraft und Willen kund.
MÄDCHEN. Laß mich los! In dieser Hülle
Ist auch Geistes Mut und Kraft;
Deinem gleich, ist unser Wille
Nicht so leicht hinweggerafft.
Glaubst du wohl mich im Gedränge?

Deinem Arm vertraust du viel!
Halte fest, und ich versenge
Dich, den Toren, mir zum Spiel.
Sie flammt auf und lodert in die Höhe.
Folge mir in leichte Lüfte,
Folge mir in starre Grüfte,
Hasche das verschwundne Ziel!
EUPHORION *die letzten Flammen abschüttelnd.*
Felsengedränge hier
Zwischen dem Waldgebüsch!
Was soll die Enge mir?
Bin ich doch jung und frisch!
Winde, sie sausen ja,
Wellen, sie brausen da,
Hör ich doch beides fern:
Nah war ich gern!
Er springt immer höher felsauf.
HELENA, FAUST UND CHOR.
Wolltest du den Gemsen gleichen?
Vor dem Falle muß uns graun.
EUPHORION. Immer höher muß ich steigen,
Immer weiter muß ich schaun!
Weiß ich nun, wo ich bin:
Mitten der Insel drin,
Mitten in Pelops Land,
Erde – wie seeverwandt!
CHOR. Magst nicht in Berg und Wald
Friedlich verweilen?
Suchen wir alsobald
Reben in Zeilen,
Reben am Hügelrand,
Feigen und Apfelgold.
Ach, in dem holden Land
Bleibe du hold!
EUPHORION. Träumt ihr den Friedenstag?
Träume, wer träumen mag!
Krieg ist das Losungswort!

Sieg! und so klingt es fort.

CHOR. Wer im Frieden
Wünschet sich Krieg zurück,
Der ist geschieden
Vom Hoffnungsglück.

EUPHORION. Welche dies Land gebar
Aus Gefahr in Gefahr,
Frei, unbegrenzten Muts,
Verschwendrisch eignen Bluts,
Den nicht zu dämpfenden
Heiligen Sinn
Alle den Kämpfenden
Bring es Gewinn!

CHOR. Seht hinauf wie hoch gestiegen!
Und erscheint uns doch nicht klein:
Wie im Harnisch, wie zum Siegen,
Wie von Erz und Stahl der Schein!

EUPHORION. Keine Wälle, keine Mauern,
Jeder nur sich selbst bewußt!
Feste Burg, um auszudauern,
Ist des Mannes ehrne Brust.
Wollt ihr unerobert wohnen,
Leicht bewaffnet rasch ins Feld!
Frauen werden Amazonen
Und ein jedes Kind ein Held.

CHOR. Heilige Poesie,
Himmelan steige sie!
Glänze, der schönste Stern,
Fern und so weiter fern!
Und sie erreicht uns doch
Immer, man hört sie noch,
Vernimmt sie gern.

EUPHORION. Nein, nicht ein Kind bin ich erschienen:
In Waffen kommt der Jüngling an!
Gesellt zu Starken, Freien, Kühnen,
Hat er im Geiste schon getan.
Nun fort!

Nun dort
Eröffnet sich zum Ruhm die Bahn.
HELENA UND FAUST. Kaum ins Leben eingerufen,
Heitrem Tag gegeben kaum,
Sehnest du von Schwindelstufen
Dich zu schmerzenvollem Raum.
Sind denn wir
Gar nichts dir?
Ist der holde Bund ein Traum?
EUPHORION. Und hört ihr donnern auf dem Meere?
Dort widerdonnern Tal um Tal,
In Staub und Wellen Heer dem Heere,
In Drang um Drang zu Schmerz und Qual!
Und der Tod
Ist Gebot:
Das versteht sich nun einmal.
HELENA, FAUST UND CHOR.
Welch Entsetzen! welches Grauen!
Ist der Tod denn dir Gebot?
EUPHORION. Sollt ich aus der Ferne schauen?
Nein, ich teile Sorg und Not!
DIE VORIGEN. Übermut und Gefahr!
Tödliches Los!
EUPHORION. Doch! – Und ein Flügelpaar
Faltet sich los!
Dorthin! Ich muß! ich muß!
Gönnt mir den Flug!
*Er wirft sich in die Lüfte, die Gewande tragen ihn einen Augenblick,
sein Haupt strahlt, ein Lichtschweif zieht nach.*

CHOR. Ikarus! Ikarus!
Jammer genug!

*Ein schöner Jüngling stürzt zu der Eltern Füßen, man glaubt in dem
Toten eine bekannte Gestalt zu erblicken; doch das Körperliche ver-
schwindet sogleich, die Aureole steigt wie ein Komet zum Himmel auf,
Kleid, Mantel und Lyra bleiben liegen.*

HELENA UND FAUST. Der Freude folgt sogleich
  Grimmige Pein.
EUPHORIONS STIMME *aus der Tiefe.*
  Laß mich im düstern Reich,
  Mutter, mich nicht allein!
Pause.
CHOR. *Trauergesang.*
  Nicht allein! – wo du auch weilest!
  Denn wir glauben dich zu kennen;
  Ach, wenn du dem Tag enteilest,
  Wird kein Herz von dir sich trennen.
  Wüßten wir doch kaum zu klagen,
  Neidend singen wir dein Los:
  Dir in klar- und trüben Tagen
  Lied und Mut war schön und groß.
  Ach, zum Erdenglück geboren,
  Hoher Ahnen, großer Kraft,
  Leider früh dir selbst verloren,
  Jugendblüte weggerafft!
  Scharfer Blick, die Welt zu schauen,
  Mitsinn jedem Herzensdrang,
  Liebesglut der besten Frauen
  Und ein eigenster Gesang.
  Doch du ranntest unaufhaltsam
  Frei ins willenlose Netz:
  So entzweitest du gewaltsam
  Dich mit Sitte, mit Gesetz;
  Doch zuletzt das höchste Sinnen
  Gab dem reinen Mut Gewicht,
  Wolltest Herrliches gewinnen,
  Aber es gelang dir nicht.
  Wem gelingt es? – Trübe Frage,
  Der das Schicksal sich vermummt,
  Wenn am unglückseligsten Tage
  Blutend alles Volk verstummt.
  Doch erfrischet neue Lieder,
  Steht nicht länger tief gebeugt:

Denn der Boden zeugt sie wieder,
Wie von je er sie gezeugt.
Völlige Pause. Die Musik hört auf.
HELENA *zu Faust.*
Ein altes Wort bewährt sich leider auch an mir:
Daß Glück und Schönheit dauerhaft sich nicht vereint.
Zerrissen ist des Lebens wie der Liebe Band;
Bejammernd beide, sag ich schmerzlich Lebewohl
Und werfe mich noch einmal in die Arme dir. –
Persephoneia, nimmt den Knaben auf und mich!
*Sie umarmt Faust, das Körperliche verschwindet, Kleid und Schleier
bleiben ihm in den Armen.*
PHORKYAS *zu Faust.* Halte fest, was dir von allem übrig blieb!
Das Kleid, laß es nicht los! Da zupfen schon
Dämonen an den Zipfeln, möchten gern
Zur Unterwelt es reißen. Halte fest!
Die Göttin ists nicht mehr, die du verlorst,
Doch göttlich ists! Bediene dich der hohen,
Unschätzbarn Gunst und hebe dich empor:
Es trägt dich über alles Gemeine rasch
Am Äther hin, solange du dauern kannst. –
Wir sehn uns wieder, weit, gar weit von hier.
*Helenens Gewande lösen sich in Wolken auf, umgeben Faust, heben
ihn in die Höhe und ziehen mit ihm vorüber.*
PHORKYAS *nimmt Euphorions Kleid, Mantel und Lyra von der
Erde, tritt ins Proszenium, hebt die Exuvien in die Höhe und spricht:*
Noch immer glücklich aufgefunden!
Die Flamme freilich ist verschwunden,
Doch ist mir um die Welt nicht leid.
Hier bleibt genug, Poeten einzuweihen,
Zu stiften Gild- und Handwerksneid,
Und kann ich die Talente nicht verleihen,
Verborg ich wenigstens das Kleid.
Sie setzt sich im Proszenium an eine Säule nieder.
PANTHALIS.
Nun eilig, Mädchen! Sind wir doch den Zauber los,
Der altthessalischen Vettel wüsten Geisteszwang,

So des Geklimpers vielverworrner Töne Rausch,
Das Ohr verwirrend, schlimmer noch den innern Sinn.
Hinab zum Hades! Eilte doch die Königin
Mit ernstem Gang hinunter. Ihrer Sohle sei
Unmittelbar getreuer Mägde Schritt gefügt!
Wir rinden sie am Throne der Unerforschlichen.
CHOR. Königinnen freilich, überall sind sie gern;
Auch im Hades stehen sie obenan,
Stolz zu ihresgleichen gesellt,
Mit Persephonen innigst vertraut;
Aber wir, im Hintergrunde
Tiefer Asphodeloswiesen,
Langgestreckten Pappeln,
Unfruchtbaren Weiden zugesellt,
Welchen Zeitvertreib haben wir?
Fledermausgleich zu piepsen,
Geflüster, unerfreulich, gespenstig.
PANTHALIS. Wer keinen Namen sich erwarb noch Edles will,
Gehört den Elementen an: so fahret hin!
Mit meiner Königin zu sein, verlangt mich heiß;
Nicht nur Verdienst, auch Treue wahrt uns die Person. *Ab.*
ALLE. Zurückgegeben sind wir dem Tageslicht,
Zwar Personen nicht mehr,
Das fühlen, das wissen wir,
Aber zum Hades kehren wir nimmer!
Ewig lebendige Natur
Macht auf uns Geister,
Wir auf sie vollgültigen Anspruch.
EIN TEIL DES CHORS.
Wir in dieser tausend Äste Flüsterzittern, Säuselschweben,
Reizen tändelnd, locken leise wurzelauf des Lebens Quellen
Nach den Zweigen; bald mit Blättern, bald mit Blüten überschwenglich
Zieren wie die Flatterhaare frei zu luftigem Gedeihn.
Fällt die Frucht, sogleich versammeln lebenslustig Volk und Herden
Sich zum Greifen, sich zum Naschen, eilig kommend, emsig drängend,
Und wie vor den ersten Göttern bückt sich alles um uns her.

EIN ANDERER TEIL.

Wir, an dieser Felsenwände weithin leuchtend-glattem Spiegel
Schmiegen wir, in sanften Wellen und bewegend, schmeichelnd an;
Horchen, lauschen jedem Laute, Vogelsängen, Röhrigflöten,
Sei es Pans furchtbarer Stimme: Antwort ist sogleich bereit.
Säuselts, säuseln wir erwidernd, donnerts, rollen unsre Donner
In erschütterndem Verdoppeln dreifach, zehnfach hintennach.

EIN DRITTER TEIL.

Schwestern, wir, bewegtern Sinnes, eilen mit den Bächen weiter;
Denn es reizen jener Ferne reichgeschmückte Hügelzüge.
Immer abwärts, immer tiefer wässern wir, mäandrisch wallend,
Jetzt die Wiese, dann die Matten, gleich den Garten um das Haus.
Dort bezeichnens der Zypressen schlanke Wipfel, über Landschaft,
Uferzug und Wellenspiegel nach dem Äther steigende.

EIN VIERTER TEIL.

Wallt ihr andern, wos beliebet: wir umzingeln, wir umrauschen
Den durchaus bepflanzten Hügel, wo am Stab die Rebe grünt;
Dort zu aller Tage Stunden läßt die Leidenschaft des Winzers
Uns des liebevollsten Fleißes zweifelhaft Gelingen sehn.
Bald mit Hacke, bald mit Spaten, bald mit Häufeln, Schneiden, Binden
Betet er zu allen Göttern, fördersamst zum Sonnengott.
Bacchus kümmert sich, der Weichling, wenig um den treuen Diener,
Ruht in Lauben, lehnt in Höhlen, faselnd mit dem jüngsten Faun.
Was zu seiner Träumereien halbem Rausch er je bedurfte,
Immer bleibt es ihm in Schläuchen, ihm in Krügen und Gefäßen,
Rechts und links der kühlen Grüfte, ewige Zeiten aufbewahrt.
Haben aber alle Götter, hat nun Helios vor allen,
Lüftend, feuchtend, wärmend, glutend, Beerenfüllhorn aufgehäuft,
Wo der stille Winzer wirkte, dort auf einmal wirds lebendig,
Und es rauscht in jedem Laube, raschelt um von Stock zu Stock.
Körbe knarren, Eimer klappern, Tragebutten ächzen hin,
Alles nach der großen Kufe zu der Keltrer kräftgem Tanz.
Und so wird die heilige Fülle reingeborner, saftiger Beeren
Frech zertreten: schäumend, sprühend, mischt sich widerlich zerquetscht.
Und nun gellt ins Ohr der Zimbeln mit der Becken Erzgetöne;
Denn es hat sich Dionysos aus Mysterien enthüllt,
Kommt hervor mit Ziegenfüßlern, schwenkend Ziegenfüßlerinnen,

Und dazwischen schreit unbändig grell Silenus öhrig Tier.
Nichts geschont! Gespaltne Klauen treten alle Sitte nieder,
Alle Sinne wirbeln taumlig, gräßlich übertäubt das Ohr.
Nach der Schale tappen Trunkne, überfüllt sind Kopf und Wänste;
Sorglich ist noch ein- und andrer, doch vermehrt er die Tumulte:
Denn um neuen Most zu bergen, leert man rasch den alten
Schlauch!

Der Vorhang fällt

Phorkyas, im Proszenium, richtet sich riesenhaft auf, tritt aber von den Kothurnen herunter, lehnt Maske und Schleier zurück und zeigt sich als Mephistopheles, um, insofern es nötig wäre, im Epilog das Stück zu kommentieren.

VIERTER AKT

Hochgebirg

Starre, zackige Felsengipfel

Eine Wolke zieht herbei, lehnt sich an, senkt sich auf eine vorstehende Platte herab. Sie teilt sich.

FAUST *tritt hervor.*
Der Einsamkeiten tiefste schauend unter meinem Fuß,
Betret ich wohlbedächtig dieser Gipfel Saum,
Entlassend meiner Wolke Tragewerk, die mich sanft
An klaren Tagen über Land und Meer geführt.
Sie löst sich langsam, nicht zerstiebend, von mir ab.
Nach Osten strebt die Masse mit geballtem Zug;
Ihr strebt das Auge staunend in Bewundrung nach.
Sie teilt sich wandelnd, wogenhaft, veränderlich;
Doch will sichs modeln.– Ja, das Auge trügt mich nicht!
Auf sonnbeglänzten Pfühlen herrlich hingestreckt,
Zwar riesenhaft, ein göttergleiches Fraungebild,
Ich sehs! Junonen ähnlich, Ledan, Helenen,
Wie majestätisch-lieblich mirs im Auge schwankt!
Ach! Schon verrückt sichsi Formlos-breit und aufgetürmt
Ruht es in Osten, fernen Eisgebirgen gleich,
Und spiegelt blendend flüchtger Tage großen Sinn.
Doch mir umschwebt ein zarter, lichter Nebelstreif
Noch Brust und Stirn, erheiternd, kühl und schmeichelhaft.
Nun steigt es leicht und zaudernd hoch und höher auf,
Fügt sich zusammen. – Täuscht mich ein entzückend Bild
Als jugenderstes, längstentbehrtes höchstes Gut?
Des tiefsten Herzens frühste Schätze quellen auf:
Aurorens Liebe, leichten Schwungs bezeichnets mir,
Den schnellempfundnen, ersten, kaum verstandnen Blick,
Der, festgehalten, überglänzte jeden Schatz.
Wie Seelenschönheit steigert sich die holde Form,
Löst sich nicht auf, erhebt sich in den Äther hin
Und zieht das Beste meines Innern mit sich fort.

Ein Siebenmeilenstiefel tappt auf. Ein anderer folgt alsbald.
Mephistopheles steigt ab. Die Stiefel schreiten eilig weiter.

MEPHISTOPHELES. Das heiß ich endlich vorgeschritten!
   Nun aber sag: was fällt dir ein?
   Stiegst ab in solcher Greuel Mitten,
   Im gräßlich gähnenden Gestein?
   Ich kenn es wohl, doch nicht an dieser Stelle;
   Denn eigentlich war das der Grund der Hölle.

FAUST. Es fehlt dir nie an närrischen Legenden;
   Fängst wieder an, dergleichen auszuspenden!

MEPHISTOPHELES *ernsthaft.*
   Als Gott der Herr – ich weiß auch wohl, warum –
   Uns aus der Luft in tiefste Tiefen bannte,
   Da, wo, zentralisch glühend, um und um,
   Ein ewig Feuer flammend sich durchbrannte,
   Wir fanden uns bei allzu großer Hellung
   In sehr gedrängter, unbequemer Stellung.
   Die Teufel fingen sämtlich an zu husten,
   Von oben und von unten auszupusten;
   Die Hölle schwoll von Schwefelstank und -säure:
   Das gab ein Gas! das ging ins Ungeheure,
   So daß gar bald der Länder flache Kruste,
   So dick sie war, zerkrachend bersten mußte.
   Nun haben wirs an einem andern Zipfel:
   Was ehmals Grund war, ist nun Gipfel.
   Sie gründen auch hierauf die rechten Lehren,
   Das Unterste ins Oberste zu kehren.
   Denn wir entrannen knechtisch-heißer Gruft
   Ins Übermaß der Herrschaft freier Luft.
   Ein offenbar Geheimnis, wohl verwahrt,
   Und wird nur spät den Völkern offenbart. *(Ephes. 6,12)*

FAUST. Gebirgesmasse bleibt mir edel-stumm;
   Ich frage nicht: woher? und nicht: warum?
   Als die Natur sich in sich selbst gegründet,
   Da hat sie rein den Erdball abgerundet,
   Der Gipfel sich, der Schluchten sich erfreut
   Und Fels an Fels und Berg an Berg gereiht,

Die Hügel dann bequem hinabgebildet,
Mit sanftem Zug sie in das Tal gemildet.
Da grünts und wächsts, und um sich zu erfreuen,
Bedarf sie nicht der tollen Strudeleien.
MEPHIST. Da sprecht Ihr so! das scheint Euch sonnenklar;
Doch weiß es anders, der zugegen war.
Ich war dabei, als noch dadrunten siedend
Der Abgrund schwoll und strömend Flammen trug,
Als Molochs Hammer, Fels an Felsen schmiedend,
Gebirgestrümmer in die Ferne schlug.
Noch starrt das Land von fremden Zentnermassen:
Wer gibt Erklärung solcher Schleudermacht?
Der Philosoph, er weiß es nicht zu fassen:
Da liegt der Fels, man muß ihn liegen lassen,
Zuschanden haben wir uns schon gedacht.
Das treu-gemeine Volk allein begreift
Und läßt sich im Begriff nicht stören;
Ihm ist die Weisheit längst gereift:
Ein Wunder ists, der Satan kommt zu Ehren.
Mein Wandrer hinkt an seiner Glaubenskrücke
Zum Teufelsstein, zur Teufelsbrücke.
FAUST. Es ist doch auch bemerkenswert zu achten,
Zu sehn, wie Teufel die Natur betrachten.
MEPHISTOPHELES. Was geht michs an! Natur sei, wie sie sei,
's ist Ehrenpunkt: der Teufel war dabei!
Wir sind die Leute, Großes zu erreichen!
Tumult, Gewalt und Unsinn! sieh das Zeichen! –
Doch daß ich endlich ganz verständlich spreche:
Gefiel dir nichts an unsrer Oberfläche?
Du übersahst in ungemessnen Weiten
Die Reiche der Welt und ihre Herrlichkeiten; *(Matth. 4)*
Doch, ungenügsam, wie du bist,
Empfandest du wohl kein Gelüst?
FAUST. Und doch! Ein Großes zog mich an.
Errate!
MEPHISTOPHELES. Das ist bald getan.
Ich suchte mir so eine Hauptstadt aus,

Im Kerne Bürgernahrungsgraus,
Krumm-enge Gäßchen, spitze Giebeln,
Beschränkter Markt, Kohl, Rüben, Zwiebeln,
Fleischbänke, wo die Schmeißen hausen,
Die fetten Braten anzuschmausen:
Da findest du zu jeder Zeit
Gewiß Gestank und Tätigkeit.
Dann weite Plätze, breite Straßen,
Vornehmen Schein sich anzumaßen,
Und endlich, wo kein Tor beschränkt,
Vorstädte, grenzenlos verlängt.
Da freut ich mich an Rollekutschen,
Am lärmigen Hin- und Widerrutschen,
Am ewigen Hin- und Widerlaufen
Zerstreuter Ameiswimmelhaufen,
Und wenn ich führe, wenn ich ritte,
Erschien ich immer ihre Mitte,
Von Hunderttausenden verehrt.
FAUST. Das kann micht nicht zufrieden stellen!
Man freut sich, daß das Volk sich mehrt,
Nach seiner Art behäglich nährt,
Sogar sich bildet, sich belehrt,
Und man erzieht sich nur Rebellen.
MEPHISTOPHELES. Dann baut ich, grandios, mir selbst bewußt,
Am lustigen Ort ein Schloß zur Lust.
Wald, Hügel, Flächen, Wiesen, Feld
Zum Garten prächtig umbestellt:
Vor grünen Wänden Sammetmatten,
Schnurwege, kunstgerechte Schatten,
Kaskadensturz, durch Fels zu Fels gepaart,
Und Wasserstrahlen aller Art:
Ehrwürdig steigt es dort; doch an den Seiten,
Da zischts und pißts in tausend Kleinigkeiten.
Dann aber ließ ich allerschönsten Frauen
Vertraut-bequeme Häuslern bauen,
Verbrächte da grenzenlose Zeit
In allerliebst-geselliger Einsamkeit.

Ich sage: Fraun! denn ein für allemal
Denk ich die Schönen im Plural.
FAUST. Schlecht und modern! Sardanapal!
MEPHISTOPHELES. Errät man wohl, wornach du strebtest?
Es war gewiß erhaben-kühn!
Der du dem Mond um so viel näher schwebtest,
Dich zog wohl deine Sucht dahin?
FAUST. Mitnichten! Dieser Erdenkreis
Gewährt noch Raum zu großen Taten.
Erstaunenswürdiges soll geraten!
Ich fühle Kraft zu kühnem, Fleiß.
MEPHISTOPHELES. Und also willst du Ruhm verdienen?
Man merkts: du kommst von Heroinen!
FAUST. Herrschaft gewinne ich, Eigentum!
Die Tat ist alles, nichts der Ruhm.
MEPHISTOPHELES. Doch werden sich Poeten finden,
Der Nachwelt deinen Glanz zu künden,
Durch Torheit Torheit zu entzünden.
FAUST. Von allem ist dir nichts gewährt.
Was weißt du, was der Mensch begehrt!
Dein widrig Wesen, bitter, scharf,
Was weiß es, was der Mensch bedarf!
MEPHISTOPHELES. Geschehe denn nach deinem Willen!
Vertraue mir den Umfang deiner Grillen!
MEPHISTOPHELES. Mein Auge war aufs hohe Meer gezogen:
Es schwoll empor, sich in sich selbst zu türmen,
Dann ließ es nach und schüttete die Wogen,
Des flachen Ufers Breite zu bestürmen.
Und das verdroß mich, wie der Übermut
Den freien Geist, der alle Rechte schätzt,
Durch leidenschaftlich aufgeregtes Blut
Ins Mißbehagen des Gefühls versetzt.
Ich hielts für Zufall, schärfte meinen Blick:
Die Woge stand und rollte dann zurück,
Entfernte sich vom stolz erreichten Ziel;
Die Stunde kommt, sie wiederholt das Spiel.
MEPHISTOPHELES *ad spectatores.*

Das ist für mich nichts Neues zu erfahren;
Das kenn ich schon seit hunderttausend Jahren.
FAUST *leidenschaftlich fortfahrend.*
Sie schleicht heran, an abertausend Enden,
Unfruchtbar selbst, Unfruchtbarkeit zu spenden;
Nun schwillts und wächst und rollt und überzieht
Der wüsten Strecke widerlich Gebiet.
Da herrschet Well auf Welle kraftbegeistet,
Zieht sich zurück, und es ist nichts geleistet!
Was zur Verzweiflung mich beängstigen könnte:
Zwecklose Kraft unbändiger Elemente!
Da wagt mein Geist, sich selbst zu überfliegen:
Hier möcht ich kämpfen, die möcht ich besiegen!
Und es ist möglich! Flutend, wie sie sei,
An jedem Hügel schmiegt sie sich vorbei;
Sie mag sich noch so übermütig regen,
Geringe Höhe ragt ihr stolz entgegen,
Geringe Tiefe zieht sie mächtig an.
Da faßt ich schnell im Geiste Plan auf Plan:
Erlange dir das köstliche Genießen,
Das herrische Meer vom Ufer auszuschließen,
Der feuchten Breite Grenzen zu verengen
Und weit hinein sie in sich selbst zu drängen!
Schon Schritt für Schritt wußt ich mirs zu erörtern;
Das ist mein Wunsch: den wage zu befördern!
*Trommeln und kriegerische Musik im Rücken der Zuschauer, aus der
Ferne, von der rechten Seite her.*
MEPHIST. Wie leicht ist das! – Hörst du die Trommeln fern?
FAUST. Schon wieder Krieg! Der Kluge hörts nicht gern.
MEPHISTOPHELES. Krieg oder Frieden: klug ist das Bemühen,
Zu seinem Vorteil etwas auszuziehen.
Man paßt, man merkt auf jedes günstige Nu.
Gelegenheit ist da: nun, Fauste, greife zu!
FAUST. Mit solchem Rätselkram verschone mich!
Und kurz und gut: was solls? Erkläre dich!
MEPHIST. Auf meinem Zuge blieb mir nicht verborgen:
Der gute Kaiser schwebt in großen Sorgen;

Du kennst ihn ja! Als wir ihn unterhielten,
Ihm falschen Reichtum in die Hände spielten,
Da war die ganze Welt ihm feil.
Denn jung ward ihm der Thron zuteil,
Und ihm beliebt es, falsch zu schließen:
Es könne wohl zusammengehn
Und sei recht wünschenswert und schön,
Regieren und zugleich genießen.
FAUST. Ein großer Irrtum! Wer befehlen soll,
Muß im Befehlen Seligkeit empfinden;
Ihm ist die Brust von hohem Willen voll,
Doch was er will, es darfs kein Mensch ergründen.
Was er den Treusten in das Ohr geraunt,
Es ist getan, und alle Welt erstaunt.
So wird er stets der Allerhöchste sein,
Der Würdigste! – Genießen macht gemein.
MEPHISTOPHELES. So ist er nicht! Er selbst genoß, und wie!
Indes zerfiel das Reich in Anarchie,
Wo groß und klein sich kreuz und quer befehdeten
Und Brüder sich vertrieben, töteten,
Burg gegen Burg, Stadt gegen Stadt,
Zunft gegen Adel Fehde hatt,
Der Bischof mit Kapitel und Gemeinde:
Was sich nur ansah, waren Feinde.
In Kirchen Mord und Totschlag, vor den Toren
Ist jeder Kauf- und Wandersmann verloren.
Und allen wuchs die Kühnheit nicht gering;
Denn leben hieß: sich wehren! – Nun, das ging.
FAUST. Es ging – es hinkte, fiel, stand wieder auf!
Dann überschlug sichs, rollte plump zuhauf.
MEPHIST. Und solchen Zustand durfte niemand schelten:
Ein jeder konnte, jeder wollte gelten.
Der Kleinste selbst, er galt für voll.
Doch wars zuletzt den Besten allzu toll.
Die Tüchtigen, sie standen auf mit Kraft
Und sagten: »Herr ist, der uns Ruhe schafft.
Der Kaiser kanns nicht, wills nicht – laßt uns wählen,

Den neuen Kaiser neu das Reich beseelen,
Indem er jeden sicherstellt,
In einer frischgeschaffnen Welt
Fried und Gerechtigkeit vermählen!«
FAUST. Das klingt sehr pfaffisch.
MEPHISTOPHELES. Pfaffen warens auch!
Sie sicherten den wohlgenährten Bauch;
Sie waren mehr als andere beteiligt.
Der Aufruhr schwoll, der Aufruhr ward geheiligt,
Und unser Kaiser, den wir froh gemacht,
Zieht sich hieher, vielleicht zur letzten Schlacht.
FAUST. Er jammert mich; er war so gut und offen.
mephist. Komm, sehn wir zu! der Lebende soll hoffen.
Befrein wir ihn aus diesem engen Tale!
Einmal gerettet, ists für tausend Male.
Wer weiß, wie noch die Würfel fallen!
Und hat er Glück, so hat er auch Vasallen.
Sie steigen über das Mittelgebirg herüber und beschauen die Anordnung
des Heeres im Tal. Trommeln und Kriegsmusik schallt von unten auf.
MEPHISTOPHELES.
Die Stellung, seh ich, gut ist sie genommen;
Wir treten zu, dann ist der Sieg vollkommen.
FAUST. Was kann da zu erwarten sein?
Trug! Zauberblendwerk! hohler Schein!
MEPHISTOPHELES. Kriegslist, um Schlachten zu gewinnen!
Befestige dich bei großen Sinnen,
Indem du deinen Zweck bedenkst!
Erhalten wir dem Kaiser Thron und Lande,
So kniest du nieder und empfängst
Die Lehn von grenzenlosem Strande.
FAUST. Schon manches hast du durchgemacht;
Nun, so gewinn auch eine Schlacht!
MEPHISTOPHELES. Nein, du gewinnst sie! Diesesmal
Bist du der Obergeneral.
FAUST. Das wäre mir die rechte Höhe,
Da zu befehlen, wo ich nichts verstehe!
MEPHISTOPHELES. Laß du den Generalstab sorgen,

Und der Feldmarschall ist geborgen.
Kriegsunrat hab ich längst verspürt,
Den Kriegsrat gleich voraus formiert
Aus Urgebirgs Urmenschenkraft;
Wohl dem, der sie zusammenrafft!

FAUST. Was seh ich dort, was Waffen trägt?
Hast du das Bergvolk aufgeregt?

MEPHISTOPHELES. Nein! aber gleich Herrn Peter Squenz
Vom ganzen Praß die Quintessenz.

Die Drei Gewaltigen treten auf (Sam. II, 23, 8)

MEPHISTOPHELES. Da kommen meine Bursche ja!
Du siehst: von sehr verschiedenen Jahren,
Verschiednem Kleid und Rüstung sind sie da;
Du wirst nicht schlecht mit ihnen fahren. *Ad spectatores.*
Es liebt sich jetzt ein jedes Kind
Den Harnisch und den Ritterkragen,
Und allegorisch, wie die Lumpe sind,
Sie werden nur um desto mehr behagen.

RAUFBOLD *jung, leicht bewaffnet, bunt gekleidet.*
Wenn einer mir ins Auge sieht,
Werd ich ihm mit der Faust gleich in die Fresse fahren,
Und eine Memme, wenn sie flieht,
Faß ich bei ihren letzten Haaren.

HABEBALD, *wohl bewaffnet, reich gekleidet.*
So leere Händel, das sind Possen,
Damit verdirbt man seinen Tag;
Im Nehmen sei nur unverdrossen,
Nach allem andern frag hernach!

HALTEFEST *bejahrt, stark bewaffnet, ohne Gewand.*
Damit ist auch nicht viel gewonnen!
Bald ist ein großes Gut zerronnen,
Es rauscht im Lebensstrom hinab.
Zwar Nehmen ist recht gut, doch besser ists: Behalten!
Laß du den grauen Kerl nur walten,
Und niemand nimmt dir etwas ab!

Sie steigen alle zusammen tiefer.

Auf dem Vorgebirg

Trommeln und kriegerische Musik von unten

Des Kaisers Zelt wird aufgeschlagen

Kaiser · Obergeneral · Trabanten

OBERGENERAL.
  Noch immer scheint der Vorsatz wohlerwogen,
  Daß wir in dies gelegene Tal
  Das ganze Heer gedrängt zurückgezogen;
  Ich hoffe fest: uns glückt die Wahl.
KAISER. Wie es nun geht, es muß sich zeigen;
  Doch mich verdrießt die halbe Flucht, das Weichen.
OBERGENERAL.
  Schau hier, mein Fürst, auf unsre rechte Flanke!
  Solch ein Terrain wünscht sich der Kriegsgedanke:
  Nicht steil die Hügel, doch nicht allzu gänglich,
  Den Unsern vorteilhaft, dem Feind verfänglich,
  Wir, halb versteckt, auf wellenförmigem Plan;
  Die Reiterei, sie wagt sich nicht heran.
KAISER. Mir bleibt nichts übrig als zu loben;
  Hier kann sich Arm und Brust erproben.
OBERGENERAL.
  Hier, auf der Mittelwiese flachen Räumlichkeiten,
  Siehst du den Phalanx, wohlgemut zu streiten.
  Die Piken blinken flimmernd in der Luft,
  Im Sonnenglanz, durch Morgennebelduft.
  Wie dunkel wogt das mächtige Quadrat!
  Zu Tausenden glühts hier auf große Tat.
  Du kannst daran der Masse Kraft erkennen;
  Ich trau ihr zu, der Feinde Kraft zu trennen.
KAISER. Den schönen Blick hab ich zum erstenmal.
  Ein solches Heer gilt für die Doppelzahl.
OBERGENERAL. Von unsrer Linken hab ich nichts zu melden:
  Den starren Fels besetzen wackre Helden;
  Das Steingeklipp, das jetzt von Waffen blitzt,

Den wichtigen Paß der engen Klause schützt.
Ich ahne schon: hier scheitern Feindeskräfte
Unvorgesehn im blutigen Geschäfte.

KAISER. Dort ziehn sie her, die falschen Anverwandten,
Wie sie mich Oheim, Vetter, Bruder nannten,
Sich immer mehr und wieder mehr erlaubten,
Dem Zepter Kraft, dem Thron Verehrung raubten,
Dann, unter sich entzweit, das Reich verheerten
Und nun, gesamt, sich gegen mich empörten!
Die Menge schwankt im Ungewissen Geist;
Dann strömt sie nach, wohin der Strom Sie reißt.

OBERGENERAL. Ein treuer Mann, auf Kundschaft ausgeschickt,
Kommt eilig felsenab; seis ihm geglückt!

ERSTER KUNDSCHAFTER. Glücklich ist sie uns gelungen,
Listig, mutig, unsre Kunst,
Daß wir hin- und hergedrungen;
Doch wir bringen wenig Gunst.
Viele schwören reine Huldigung
Dir, wie manche treue Schar;
Doch Untätigkeitsentschuldigung:
Innere Gärung, Volksgefahr.

KAISER. Sich selbst erhalten bleibt der Selbstsucht Lehre,
Nicht Dankbarkeit und Neigung, Pflicht und Ehre.
Bedenkt ihr nicht, wenn eure Rechnung voll,
Daß Nachbars Hausbrand euch verzehren soll?

OBERGENERAL.
Der zweite kommt, nur langsam steigt er nieder.
Dem müden Manne zittern alle Glieder.

ZWEITER KUNDSCHAFTER.
Erst gewahrten wir vergnüglich
Wilden Wesens irren Lauf;
Unerwartet, unverzüglich
Trat ein neuer Kaiser auf,
Und auf vorgeschriebenen Bahnen
Zieht die Menge durch die Flur;
Den entrollten Lügenfahnen
Folgen alle! – Schafsnatur!

KAISER. Ein Gegenkaiser kommt mir zum Gewinn:
Nun fühl ich erst, daß Ich der Kaiser bin!
Nur als Soldat legt ich den Harnisch an,
Zu höherem Zweck ist er nun umgetan.
Bei jedem Fest, wenns noch so glänzend war,
Nichts ward vermißt: mir fehlte die Gefahr!
Wie ihr auch seid, zum Ringspiel rietet ihr,
Mir schlug das Herz, ich atmete Turnier,
Und hättet ihr mir nicht vom Kriegen abgeraten,
Jetzt glänzt ich schon in lichten Heldentaten.
Selbständig fühl ich meine Brust besiegelt,
Als ich mich dort im Feuerreich bespiegelt:
Das Element drang gräßlich auf mich los;
Es war nur Schein, allein der Schein war groß.
Von Sieg und Ruhm hab ich verwirrt geträumt;
Ich bringe nach, was frevelhaft versäumt.
Die Herolde werden abgefertigt zur Herausforderung des Gegenkaisers.
Faust, geharnischt, mit halbgeschloßnem Helme. Die Drei Gewaltigen,
gerüstet und gekleidet wie oben.
FAUST. Wir treten auf und hoffen: ungescholten;
Auch ohne Not hat Vorsicht wohl gegolten.
Du weißt: das Bergvolk denkt und simuliert,
Ist in Natur- und Felsenschrift studiert.
Die Geister, längst dem flachen Land entzogen,
Sind mehr als sonst dem Felsgebirg gewogen.
Sie wirken still durch labyrinthische Klüfte
Im edlen Gas metallisch-reicher Düfte;
In stetem Sondern, Prüfen und Verbinden
Ihr einziger Trieb ist, Neues zu erfinden.
Mit leisem Finger geistiger Gewalten
Erbauen sie durchsichtige Gestalten;
Dann im Kristall und seiner ewigen Schweignis
Erblicken sie der Oberwelt Ereignis.
KAISER. Vernommen hab ichs, und ich glaube dir;
Doch, wackrer Mann, sag an: was soll das hier?
FAUST. Der Nekromant von Norcia, der Sabiner,
Ist dein getreuer, ehrenhafter Diener.

Welch greulich Schicksal droht ihm ungeheuer:
Das Reisig prasselte, schon züngelte das Feuer;
Die trocknen Scheite, ringsumher verschränkt,
Mit Pech und Schwefelruten untermengt;
Nicht Mensch noch Gott noch Teufel konnte retten –
Die Majestät zersprengte glühende Ketten!
Dort wars in Rom. Er bleibt dir hoch verpflichtet,
Auf deinen Gang in Sorge stets gerichtet
Von jener Stund an ganz vergaß er sich,
Er fragt den Stern, die Tiefe nur für dich.
Er trug uns auf als eiligstes Geschäfte,
Bei dir zu stehn. Groß sind des Berges Kräfte;
Da wirkt Natur so übermächtig frei,
Der Pfaffen Stumpfsinn schilt es Zauberei.

KAISER. Am Freudentag, wennwir die Gäste grüßen,
Die heiter kommen, heiter zu genießen,
Da freut uns jeder, wie er schiebt und drängt
Und, Mann für Mann, der Säle Raum verengt.
Doch höchst willkommen muß der Biedre sein,
Tritt er als Beistand kräfig zu uns ein
Zur Sorgenstunde, die bedenklich waltet,
Weil über ihr des Schicksals Wage schaltet.
Doch lenket hier, im hohen Augenblick,
Die starke Hand vom willigen Schwert zurück!
Ehrt den Moment, wo manche Tausend schreiten,
Für oder wider mich zu streiten!
Selbst ist der Mann! Wer Thron und Kron begehrt,
Persönlich sei er solcher Ehren wert!
Sei das Gespenst, das, gegen uns erstanden,
Sich Kaiser nennt und Herr von unsern Landen,
Des Heeres Herzog, Lehnsherr unsrer Großen,
Mit eigner Faust ins Totenreich gestoßen!

FAUST. Wie es auch sei, das Große zu vollenden,
Du tust nicht wohl, dein Haupt so zu verpfänden.
Ist nicht der Helm mit Kamm und Busch geschmückt?
Er schützt das Haupt, das unsern Mut entzückt.
Was, ohne Haupt, was förderten die Glieder?

Denn schläfert jenes, alle sinken nieder;
Wird es verletzt; gleich alle sind verwundet,
Erstehen frisch, wenn jenes rasch gesundet.
Schnell weiß der Arm sein starkes Recht zu nützen,
Er hebt den Schild, den Schädel zu beschützen;
Das Schwert gewahret seiner Pflicht sogleich,
Lenkt kräftig ab und wiederholt den Streich;
Der tüchtige Fuß nimmt teil an ihrem Glück,
Setzt dem Erschlagenen frisch sich ins Genick.

KAISER. Das ist mein Zorn, so möcht ich ihn behandeln,
Das stolze Haupt in Schemeltritt verwandeln!

HEROLDE *kommen zurück.*

Wenig Ehre, wenig Geltung
Haben wir daselbst genossen;
Unsrer kräftig-edlen Meldung
Lachten sie als schaler Possen:
»Euer Kaiser ist verschollen,
Echo dort im engen Tal!
Wenn wir sein gedenken sollen,
Märchen sagt: Es war einmal.«

FAUST. Dem Wunsch gemäß der Besten ists geschehn,
Die, fest und treu, an deiner Seite stehn.
Dort naht der Feind, die Deinen harren brünstig:
Befiehl den Angriff! Der Moment ist günstig.

KAISER. Auf das Kommando leist ich hier Verzicht.
Zum Obergeneral. In deinen Händen, Fürst, sei deine Pflicht!

OBERGENERAL. So trete denn der rechte Flügel an!
Des Feindes Linke, eben jetzt im Steigen,
Soll, eh sie noch den letzten Schritt getan,
Der Jugendkraft geprüfter Treue weichen.

FAUST. Erlaube denn, daß dieser muntre Held
Sich ungesäumt in deine Reihen stellt,
Sich deinen Reihen innigst einverleibt
Und, so gesellt, sein kräftig Wesen treibt!
Er deutet zur Rechten.

RAUFBOLD *tritt vor.*

Wer das Gesicht mir zeigt, der kehrts nicht ab

Als mit zerschlagnen Unter- und Oberbacken;
Wer mir den Rücken kehrt, gleich liegt ihm schlapp
Hals, Kopf und Schopf hinschlotternd graß im Nacken.
Und schlagen deine Männer dann
Mit Schwert und Kolben, wie ich wüte,
So stürzt der Feind, Mann für Mann,
Ersäuft im eigenen Geblüte. *Ab.*
OBERGENERAL. Der Phalanx unsrer Mitte folge sacht,
Dem Feind begegn er, klug mit aller Macht,
Ein wenig rechts! dort hat bereits, erbittert,
Der Unseren Streitkraft ihren Plan erschüttert.
FAUST *auf den Mittelsten deutend.*
So folge denn auch dieser deinem Wort!
Er ist behend, reißt alles mit sich fort.
HABEBALD *tritt hervor.* Dem Heldenmut der Kaiserscharen
Soll sich der Durst nach Beute paaren,
Und allen sei das Ziel gestellt:
Des Gegenkaisers reiches Zelt!
Er prahlt nicht lang auf seinem Sitze;
Ich ordne mich dem Phalanx an die Spitze.
EILEBEUTE, *Marketenderin, sich an ihn anschmiegend.*
Bin ich auch ihm nicht angeweibt,
Er mir der liebste Buhle bleibt.
Für uns ist solch ein Herbst gereift!
Die Frau ist grimmig, wenn sie greift,
Ist ohne Schonung, wenn sie raubt;
Im Sieg voran! und alles ist erlaubt. *Beide ab.*
OBERGENERAL. Auf unsre Linke wie vorauszusehn,
Stürzt ihre Rechte kräftig. Widerstehn
Wird Mann für Mann dem wütenden Beginnen,
Den engen Paß des Felswegs zu gewinnen.
FAUST *winkt nach der Linken.*
So bitte, Herr, auch diesen zu bemerken:
Es schadet nichts, wenn Starke sich verstärken.
HALTEFEST *tritt vor.* Dem linken Flügel keine Sorgen!
Da, wo ich bin, ist der Besitz geborgen;
In ihm bewähret sich der Alte:

Kein Strahlblitz spaltet, was ich halte. *Ab.*

MEPHISTOPHELES *von oben herunterkommend.*

Nun schauet, wie im Hintergrunde
Aus jedem zackigen Felsenschlunde
Bewaffnete hervor sich drängen,
Die schmalen Pfade zu verengen,
Mit Helm und Harnisch, Schwertern, Schilden
In unserm Rücken eine Mauer bilden,
Den Wink erwartend, zuzuschlagen!

Leise zu den Wissenden.

Woher das kommt, müßt ihr nicht fragen!
Ich habe freilich nicht gesäumt,
Die Waffensäle ringsum ausgeräumt:
Da standen sie zu Fuß, zu Pferde,
Als wären sie noch Herrn der Erde;
Sonst warens Ritter, König, Kaiser,
Jetzt sind es nichts als leere Schneckenhäuser;
Gar manch Gespenst hat sich darein geputzt,
Das Mittelalter lebhaft aufgestutzt.
Welch Teufelchen auch drinne steckt,
Für diesmal macht es doch Effekt. *Laut.*
Hört, wie sie sich voraus erbosen,
Blechklappernd aneinander stoßen!
Auch flattern Fahnenfetzen bei Standarten,
Die frischer Lüftchen ungeduldig harrten.
Bedenkt: hier ist ein altes Volk bereit
Und mischte gern sich auch zum neuen Streit.

Furchtbarer Posaunenschall von oben, im feindlichen Heere merkliche Schwankung.

FAUST. Der Horizont hat sich verdunkelt,
Nur hie und da bedeutend funkelt
Ein roter, ahnungsvoller Schein;
Schon blutig blinken die Gewehre,
Der Fels, der Wald, die Atmosphäre,
Der ganze Himmel mischt sich ein.

MEPHISTOPHELES. Die rechte Flanke hält sich kräftig;
Doch seh ich ragend unter diesen

Hans Raufbold, den behenden Riesen
Auf seine Weise rasch-geschäftig.
KAISER. Erst sah ich einen Arm erhoben,
Jetzt seh ich schon ein Dutzend toben;
Naturgemäß geschieht es nicht.
FAUST. Vernahmst du nichts von Nebelstreifen,
Die auf Siziliens Küsten schweifen?
Dort, schwankend-klar, im Tageslicht,
Erhoben zu den Mittellüften,
Gespiegelt in besondern Düften,
Erscheint ein seltsames Gesicht:
Da schwanken die Städte hin und wider,
Da steigen Gärten auf und nieder,
Wie Bild um Bild den Äther bricht.
KAISER. Doch wie bedenklich! Alle Spitzen
Der hohen Speere seh ich blitzen,
Auf unsers Phalanx blanken Lanzen
Seh ich behende Flämmchen tanzen:
Das scheint mir gar zu geisterhaft.
FAUST. Verzeih, o Herr, das sind die Spuren
Verschollner geistiger Naturen,
Ein Widerschein der Dioskuren,
Bei denen alle Schiffer schwuren:
Sie sammeln hier die letzte Kraft.
KAISER. Doch sage: wem sind wir verpflichtet,
Daß die Natur, auf uns gerichtet,
Das Seltenste zusammenrafft?
MEPHISTOPHELES. Wem als dem Meister, jenem hohen,
Der dein Geschick im Busen trägt?
Durch deiner Feinde starkes Drohen
Ist er im Tiefsten aufgeregt.
Sein Dank will dich gerettet sehen,
Und soll er selbst daran vergehen.
KAISER. Sie jubelten, mich pomphaft umzuführen;
Ich war nun was, das wollt ich auch probieren
Ich fands gelegen, ohne viel zu denken,
Dem weißen Barte kühle Luft zu schenken.

Dem Klerus hab ich eine Lust verdorben
Und ihre Gunst mir freilich nicht erworben.
Nun sollt ich seit so manchen Jahren
Die Wirkung frohen Tuns erfahren?
FAUST. Freiherzige Wohltat wuchert reich.
Laß deinen Blick sich aufwärts wenden!
Mich deucht, Er will ein Zeichen senden –
Gib acht: es deutet sich sogleich!
KAISER. Ein Adler schwebt im Himmelhohen,
Ein Greif ihm nach mit wildem Drohen.
FAUST. Gib acht: gar günstig scheint es mir!
Greif ist ein fabelhaftes Tier;
Wie kann er sich so weit vergessen,
Mit echtem Adler sich zu messen!
KAISER. Nunmehr, in weitgedehnten Kreisen,
Umziehn sie sich – in gleichem Nu
Sie fahren aufeinander zu,
Sich Brust und Hälse zu zerreißen.
FAUST. Nun merke, wie der leidige Greif,
Zerzerrt, zerzaust, nur Schaden findet
Und mit gesenktem Löwenschweif,
Zum Gipfelwald gestürzt, verschwindet.
KAISER. Seis, wie gedeutet, so getan!
Ich nehm es mit Verwunderung an.
MEPHISTOPHELES *gegen die Rechte.*
Dringend wiederholten Streichen
Müssen unsre Feinde weichen,
Und mit Ungewissem Fechten
Drängen sie nach ihren Rechten
Und verwirren so im Streite
Ihrer Hauptmacht linke Seite.
Unsers Phalanx feste Spitze
Zieht sich rechts, und gleich dem Blitze
Fährt sie in die schwache Stelle. –
Nun, wie sturmerregte Welle
Sprühend, wüten gleiche Mächte
Wild in doppeltem Gefechte:

Herrlichers ist nichts ersonnen,
Uns ist diese Schlacht gewonnen!
Kaiser an der linken Seite zu Faust.
Schau! Mir scheint es dort bedenklich:
Unser Posten steht verfänglich.
Keine Steine seh ich fliegen,
Niedre Felsen sind erstiegen,
Obre stehen schon verlassen.
Jetzt! – Der Feind, zu ganzen Massen
Immer näher angedrungen,
Hat vielleicht den Paß errungen:
Schlußerfolg unheiligen Strebens!
Eure Künste sind vergebens! *Pause.*
MEPHISTOPHELES. Da kommen meine beiden Raben:
Was mögen die für Botschaft haben?
Ich fürchte gar: es geht uns schlecht!
KAISER. Was sollen diese leidigen Vögel?
Sie richten ihre schwarzen Segel
Hierher vom heißen Felsgefecht.
MEPHISTOPHELES *zu den Raben.*
Setzt euch ganz nah zu meinen Ohren!
Wen ihr beschützt, ist nicht verloren;
Denn euer Rat ist folgerecht.
FAUST *zum KAISER.* Von Tauben hast du ja vernommen,
Die aus den fernsten Landen kommen
Zu ihres Nestes Brut und Kost.
Hier ists mit wichtigen Unterschieden:
Die Taubenpost bedient den Frieden,
Der Krieg befiehlt die Rabenpost.
MEPHISTOPHELES. Es meldet sich ein schwer Verhängnis:
Seht hin! gewahret die Bedrängnis
Um unsrer Helden Felsenrand!
Die nächsten Höhen sind erstiegen,
Und würden sie den Paß besiegen,
Wir hätten einen schweren Stand.
KAISER. So bin ich endlich doch betrogen!
Ihr habt mich in das Netz gezogen;

Mir graut, seitdem es mich umstrickt.

MEPHISTOPHELES. Nur Mut! Noch ist es nicht mißglückt.
Geduld und Pfiff zum letzten Knoten!
Gewöhnlich gehts am Ende scharf.
Ich habe meine sichern Boten;
Befehlt, daß ich befehlen darf!

OBERGENERAL, *der indessen herangekommen.*
Mit diesen hast du dich vereinigt,
Mich hats die ganze Zeit gepeinigt;
Das Gaukeln schafft kein festes Glück.
Ich weiß nichts an der Schlacht zu wenden;
Begannen sies, sie mögens enden:
Ich gebe meinen Stab zurück.

KAISER. Behalt ihn bis zu bessern Stunden,
Die uns vielleicht das Glück verleiht!
Mir schaudert vor dem garstigen Kunden
Und seiner Rabentraulichkeit.
Zu Mephistopheles. Den Stab kann ich dir nicht verleihen,
Du scheinst mir nicht der rechte Mann.
Befiehl und such uns zu befreien!
Geschehe, was geschehen kann!

Ab ins Zelt mit dem Obergeneral.

MEPHISTOPHELES. Mag ihn der stumpfe Stab beschützen!
Uns andern könnt er wenig nützen:
Es war so was vom Kreuz daran.

FAUST. Was ist zu tun?

MEPHISTOPHELES. Es ist getan! –
Nun, schwarze Vettern, rasch im Dienen,
Zum großen Bergsee! grüßt mir die Undinen
Und bittet sie um ihrer Fluten Schein!
Durch Weiberkünste, schwer zu kennen,
Verstehen sie, vom Sein den Schein zu trennen,
Und jeder schwört, das sei das Sein. *Pause.*

FAUST. Den Wasserfräulein müssen unsre Raben
Recht aus dem Grund geschmeichelt haben:
Dort fängt es schon zu rieseln an.
An mancher trocknen, kahlen Felsenstelle

Entwickelt sich die volle, rasche Quelle:
Um jener Sieg ist es getan!
MEPHISTOPHELES. Das ist ein wunderbarer Gruß!
Die kühnsten Kletterer sind konfus.
FAUST. Schon rauscht Ein Bach zu Bächen mächtig nieder,
Aus Schluchten kehren sie gedoppelt wieder,
Ein Strom nun wirft den Bogenstrahl;
Auf einmal legt er sich in flache Felsenbreite
Und rauscht und schäumt nach der und jener Seite,
Und stufenweise wirft er sich ins Tal.
Was hilft ein tapfres, heldenmäßiges Stemmen?
Die mächtige Woge strömt, sie wegzuschwemmen.
Mir schaudert selbst vor solchem wilden Schwall.
MEPHISTOPHELES. Ich sehe nichts von diesen Wasserlügen;
Nur Menschenaugen lassen sich betrügen,
Und mich ergötzt der wunderliche Fall.
Sie stürzen fort zu ganzen hellen Haufen:
Die Narren wähnen zu ersaufen,
Indem sie frei auf festem Lande schnaufen
Und lächerlich mit Schwimmgebärden laufen!
Nun ist Verwirrung überall.
Die Raben sind wiedergekommen.
Ich werd euch bei dem hohen Meister loben;
Wollt ihr euch nun als Meister selbst erproben,
So eilet zu der glühenden Schmiede,
Wo das Gezwergvolk, nimmer müde,
Metall und Stein zu Funken schlägt!
Verlangt, weitläufig sie beschwatzend,
Ein Feuer, leuchtend, blinkend, platzend,
Wie mans im hohen Sinne hegt!
Zwar Wetterleuchten in der weiten Ferne,
Blickschnelles Fallen allerhöchster Sterne
Mag jede Sommernacht geschehn;
Doch Wetterleuchten in verworrnen Büschen
Und Sterne, die am feuchten Boden zischen,
Das hat man nicht so leicht gesehn.
So müßt ihr, ohn euch viel zu quälen,

Zuvörderst bitten, dann befehlen.

Raben ab. Es geschieht wie vorgeschrieben.

MEPHISTOPHELES. Den Feinden dichte Finsternisse!
  Und Tritt und Schritt ins Ungewisse!
  Irrfunkenblick an allen Enden,
  Ein Leuchten, plötzlich zu verblenden!
  Das alles wäre wunderschön;
  Nun aber brauchts noch Schreckgetön.

FAUST. Die hohlen Waffen aus der Säle Grüften
  Empfinden sich erstarkt in freien Lüften;
  Dadroben klapperts rasselts lange schon:
  Ein wunderbarer falscher Ton.

MEPHISTOPHELES. Ganz recht! Sie sind nicht mehr zu zügeln:
  Schon schallts von ritterlichen Prügeln
  Wie in der holden alten Zeit!
  Armschienen wie der Beine Schienen,
  Als Guelfen und als Ghibellinen,
  Erneuern rasch den ewigen Streit.
  Fest, im ererbten Sinne wöhnlich,
  Erweisen sie sich unversöhnlich;
  Schon klingt das Tosen weit und breit.
  Zuletzt, bei allen Teufelsfesten,
  Wirkt der Parteihaß doch zum besten,
  Bis in den allerletzten Graus,
  Schallt wider-widerwärtig panisch,
  Mitunter grell und scharf satanisch,
  Erschreckend in das Tal hinaus.

Kriegstumult im Orchester, zuletzt übergehend in militärisch-heitre Weisen.

Des Gegenkaisers Zelt

Thron, reiche Umgebung

Habebald · Eilebeute

EILEBEUTE. So sind wir doch die ersten hier!
HABEBALD. Kein Rabe fliegt so schnell als wir.
EILEBEUTE. O! welch ein Schatz liegt hier zuhauf!
  Wo fang ich an? wo hör ich auf?
HABEBALD. Steht doch der ganze Raum so voll!
  Weiß nicht, wozu ich greifen soll.
EILEBEUTE. Der Teppich war mir eben recht!
  Mein Lager ist oft gar zu schlecht.
HABEBALD. Hier hängt von Stahl ein Morgenstern!
  Dergleichen hätt ich lange gern.
EILEBEUTE. Den roten Mantel, goldgesäumt,
  So etwas hatt ich mir geträumt.
HABEBALD *die Waffe nehmend.* Damit ist es gar bald getan:
  Man schlägt ihn tot und geht voran. –
  Du hast so viel schon aufgepackt
  Und doch nichts Rechtes eingesackt.
  Den Plunder laß an seinem Ort:
  Nehm eines dieser Kistchen fort!
  Dies ist des Heers beschiedner Sold,
  In seinem Bauche lauter Gold.
EILEBEUTE. Das hat ein mörderisch Gewicht!
  Ich heb es nicht, ich trag es nicht.
HABEBALD. Geschwinde duck dich! mußt dich bücken!
  Ich hucke dirs auf den starken Rücken.
EILEBEUTE. O weh! O weh, nun ists vorbei!
  Die Last bricht mir das Kreuz entzwei.

Das Kistchen stürzt und springt auf.

HABEBALD. Da liegt das rote Gold zuhauf:
  Geschwinde zu und raff es auf!
EILEBEUTE *kauert nieder.* Geschwinde nur zum Schoß hinein!
  Noch immer wirds zur Gnüge sein.

HABEBALD. Und so genug! und eile doch! *Sie steht auf.*
O weh, die Schürze hat ein Loch!
Wohin du gehst und wo du stehst,
Verschwenderisch die Schätze säst.

TRABANTEN *unsres Kaisers.*
Was schafft ihr hier am heiligen Platz?
Was kramt ihr in dem Kaiserschatz?

HABEBALD. Wir trugen unsre Glieder feil
Und holen unser Beuteteil.
In Feindeszelten ists der Brauch,
Und wir, Soldaten sind wir auch!

TRABANTEN. Das passet nicht in unsern Kreis:
Zugleich Soldat und Diebsgeschmeiß!
Und wer sich unserm Kaiser naht,
Der sei ein redlicher Soldat!

HABEBALD. Die Redlichkeit, die kennt man schon,
Sie heißet: Kontribution.
Ihr alle seid auf gleichem Fuß:
»Gib her!« das ist der Handwerksgruß.
Zu Eilebeute.
Mach fort und schleppe, was du hast!
Hier sind wir nicht willkommner Gast. *Ab.*

ERSTER TRABANT. Sag, warum gabst du nicht sogleich
Dem frechen Kerl einen Backenstreich?

ZWEITER. Ich weiß nicht, mir verging die Kraft:
Sie waren so gespensterhaft.

DRITTER. Mir ward es vor den Augen schlecht:
Da flimmert es, ich sah nicht recht.

VIERTER. Wie ich es nicht zu sagen weiß:
Es war den ganzen Tag so heiß,
So bänglich, so beklommen-schwül!
Der eine stand, der andre fiel,
Man tappte hin und schlug zugleich,
Der Gegner fiel vor jedem Streich;
Vor Augen schwebt es wie ein Flor,
Dann summts und sausts und zischt im Ohr.
Das ging so fort, nun sind wir da

Und wissen selbst nicht, wies geschah.

Kaiser mit vier Fürsten treten auf. Die Trabanten entfernen sich.

KAISER. Es sei nun, wie ihm sei! uns ist die Schlacht gewonnen,
Des Feinds zerstreute Flucht im flachen Feld zerronnen.
Hier steht der leere Thron; verräterischer Schatz,
Von Teppichen umhüllt, verengt umher den Platz.
Wir, ehrenvoll, geschützt von eigenen Trabanten,
Erwarten kaiserlich der Völker Abgesandten;
Von allen Seiten her kommt frohe Botschaft an:
Beruhigt sei das Reich, uns freudig zugetan.
Hat sich in unserm Kampf auch Gaukelei geflochten,
Am Ende haben wir uns nur allein gefochten.
Zufälle kommen ja den Streitenden zugut:
Vom Himmel fällt ein Stein, dem Feinde regnets Blut,
Aus Felsenhöhlen tönts von mächtigen Wunderklängen,
Die unsre Brust erhöhn, des Feindes Brust verengen.
Der Überwundne fiel, zu stets erneutem Spott;
Der Sieger, wie er prangt, preist den gewognen Gott,
Und alles stimmt mit ein – er braucht nicht zu befehlen –
»Herr Gott, dich loben wir!« aus Millionen Kehlen.
Jedoch zum höchsten Preis wend ich den frommen Blick,
Das selten sonst geschah, zur eignen Brust zurück.
Ein junger, muntrer Fürst mag seinen Tag vergeuden,
Die Jahre lehren ihn des Augenblicks Bedeuten.
Deshalb denn ungesäumt verbind ich mich sogleich
Mit euch vier Würdigen: für Haus und Hof und Reich.
Zum ersten.
Dein war, o Fürst! des Heers geordnet-kluge Schichtung,
Sodann im Hauptmoment heroisch-kühne Richtung:
Im Frieden wirke nun, wie es die Zeit begehrt!
Erzmarschall nenn ich dich, verleihe dir das Schwert.
ERZMARSCHALL.
Dein treues Heer, bis jetzt im Inneren beschäftigt,
Wenns an der Grenze dich und deinen Thron bekräftigt,
Dann sei es uns vergönnt, bei Festesdrang im Saal
Geräumiger Väterburg zu rüsten dir das Mahl!

345

Blank trag ichs dir dann vor, blank halt ich dirs zur Seite,
Der höchsten Majestät zu ewigem Geleite.

DER KAISER *zum zweiten.*

Der sich, als tapfrer Mann, auch zartgefallig zeigt,
Du, sei Erzkämmerer! der Auftrag ist nicht leicht.
Du bist der Oberste von allem Hausgesinde,
Bei deren innerm Streit ich schlechte Diener finde;
Dein Beispiel sei fortan in Ehren aufgestellt,
Wie man dem Herrn, dem Hof und allen wohlgefallt!

ERZKÄMMERER.

Des Herren großen Sinn zu fördern bringt zu Gnaden:
Den Besten hülfreich sein, den Schlechten selbst nicht schaden,
Dann klar sein ohne List und ruhig ohne Trug!
Wenn du mich, Herr, durchschaust, geschieht mir schon genug.
Darf sich die Phantasie auf jenes Fest erstrecken?
Wenn du zur Tafel gehst, reich ich das goldne Becken,
Die Ringe halt ich dir, damit zur Wonnezeit
Sich deine Hand erfrischt, wie mich dein Blick erfreut.

KAISER. Zwar fühl ich mich zu ernst, auf Festlichkeit zu sinnen;
Doch seis! Es fördert auch frohmütiges Beginnen.

Zum dritten.

Dich wähl ich zum Erztruchseß! Also sei fortan
Dir Jagd, Geflügelhof und Vorwerk Untertan!
Der Lieblingsspeisen Wahl laß mir zu allen Zeiten,
Wie sie der Monat bringt, und sorgsam zubereiten!

ERZTRUCHSESS.

Streng Fasten sei für mich die angenehmste Pflicht,
Bis, vor dich hingestellt, dich freut ein Wohlgericht!
Der Küche Dienerschaft soll sich mit dir vereinigen,
Das Ferne beizuziehn, die Jahrszeit zu beschleunigen.
Dich reizt nicht Fern und Früh, womit die Tafel prangt:
Einfach und Kräftig ists, wornach dein Sinn verlangt.

KAISER *zum vierten.*

Weil unausweichlich hier sich nur von Festen handelt,
So sei mir, junger Held, zum Schenken umgewandelt!
Erzschenke, sorge nun, daß unsre Kellerei
Aufs reichlichste versorgt mit gutem Weine sei!

346

Du selbst sei mäßig, laß nicht über Heiterkeiten
Durch der Gelegenheit Verlocken dich verleiten!
ERZSCHENK.
Mein Fürst, die Jugend selbst, wenn man ihr nur vertraut,
Steht, eh man sichs versieht, zu Männern auferbaut.
Auch ich versetzte mich zu jenem großen Feste:
Ein kaiserlich Büfett schmück ich aufs allerbeste
Mit Prachtgefäßen, gülden, silbern allzumal;
Doch wähl ich dir voraus den lieblichsten Pokal:
Ein blank venedisch Glas, worin Behagen lauschet,
Des Weins Geschmack sich stärkt und nimmermehr berauschet.
Auf solchen Wunderschatz vertraut man oft zu sehr;
Doch deine Mäßigkeit, du Höchster, schützt noch mehr.
KAISER. Was ich euch zugedacht in dieser ernsten Stunde,
Vernahmt ihr mit Vertraun aus zuverlässigem Munde.
Des Kaisers Wort ist groß und sichert jede Gift;
Doch zur Bekräftigung bedarfs der edlen Schrift,
Bedarfs der Signatur. Die förmlich zu bereiten,
Seh ich den rechten Mann zu rechter Stunde schreiten.
Der Erzbischof tritt auf.
KAISER. Wenn ein Gewölbe sich dem Schlußstein anvertraut,
Dann ists mit Sicherheit für ewige Zeit erbaut.
Du siehst vier Fürsten da! Wir haben erst erörtert,
Was den Bestand zunächst von Haus und Hof befördert.
Nun aber, was das Reich in seinem Ganzen hegt,
Sei mit Gewicht und Kraft der Fünfzahl auferlegt!
An Ländern sollen sie vor allen andern glänzen!
Deshalb erweitr ich gleich jetzt des Besitztums Grenzen
Vom Erbteil jener, die sich von uns abgewandt.
Euch Treuen sprech ich zu so manches schöne Land,
Zugleich das hohe Recht, euch nach Gelegenheiten
Durch Anfall, Kauf und Tausch ins Weitere zu verbreiten.
Dann sei bestimmt, vergönnt, zu üben ungestört,
Was von Gerechtsamen euch Landesherrn gehört:
Als Richter werdet ihr die Endurteile fällen,
Berufung gelte nicht von euern höchsten Stellen; ,
Dann Steuer, Zins und Beth, Lehn und Geleit und Zoll,

Berg-, Salz- und Münzregal euch angehören soll.
Denn meine Dankbarkeit vollgültig zu erproben,
Hab ich euch ganz zunächst der Majestät erhoben.
ERZBISCHOF. Im Namen aller sei dir tiefster Dank gebracht!
Du machst uns stark und fest und stärkest deine Macht.
KAISER. Euch fünfen will ich noch erhöhtere Würde geben.
Noch leb ich meinem Reich und habe Lust zu leben;
Doch hoher Ahnen Kette zieht bedächtigen Blick
Aus rascher Strebsamkeit ins Drohende zurück.
Auch werd ich seinerzeit mich von den Teuren trennen:
Dann sei es eure Pflicht, den Folger zu ernennen.
Gekrönt erhebt ihn hoch auf heiligem Altar,
Und friedlich ende dann, was jetzt so stürmisch war!
ERZBISCHOF. Mit Stolz in tiefster Brust, mit Demut an Gebärde,
Stehn Fürsten dir gebeugt, die ersten auf der Erde.
Solang das treue Blut die vollen Adern regt,
Sind wir der Körper, den dein Wille leicht bewegt.
KAISER. Und also sei zum Schluß, was wir bisher bestätigt,
Für alle Folgezeit durch Schrift und Zug bestätigt!
Zwar habt ihr den Besitz als Herren völlig frei,
Mit dem Beding jedoch, daß er unteilbar sei,
Und wie ihr auch vermehrt, was ihr von uns empfangen,
Es solls der älteste Sohn in gleichem Maß erlangen.
ERZBISCHOF. Dem Pergament alsbald vertrau ich wohlgemut,
Zum Glück dem Reich und uns, das wichtigste Statut;
Reinschrift und Sieglung soll die Kanzelei beschäftigen,
Mit heiliger Signatur wirst dus, der Herr, bekräftigen.
KAISER. Und so entlaß ich euch, damit den großen Tag
Gesammelt jedermann sich überlegen mag.
Die weltlichen Fürsten entfernen sich.
DER GEISTLICHE *bleibt und spricht pathetisch.*
Der Kanzler ging hinweg, der Bischof ist geblieben,
Vom ernsten Warnegeist zu deinem Ohr getrieben!
Sein väterliches Herz, von Sorge bangts um dich.
KAISER. Was hast du Bängliches zur frohen Stunde? sprich!
ERZBISCHOF. Mit welchem bittern Schmerz find ich in dieser Stunde
Dein hochgeheiligt Haupt mit Satanas im Bunde!

Zwar, wie es scheinen will, gesichert auf dem Thron,
Doch leider! Gott dem Herrn, dem Vater Papst zum Hohn.
Wenn dieser es erfährt, schnell wird er sträflich richten,
Mit heiligem Strahl dein Reich, das sündige, zu vernichten.
Denn noch vergaß er nicht, wie du, zur höchsten Zeit,
An deinem Krönungstag, den Zauberer befreit.
Von deinem Diadem, der Christenheit zum Schaden,
Traf das verfluchte Haupt der erste Strahl der Gnaden.
Doch schlag an deine Brust und gib vom frevlen Glück
Ein mäßig Scherflein gleich dem Heiligtum zurück;
Den breiten Hügelraum, da, wo dein Zelt gestanden,
Wo böse Geister sich zu deinem Schutz verbanden,
Dem Lügenfürsten du ein horchsam Ohr geliehn,
Den stifte, fromm belehrt, zu heiligem Bemühn,
Mit Berg und dichtem Wald, soweit sie sich erstrecken,
Mit Höhen, die sich grün zu fetter Weide decken,
Fischreichen, klaren Seen, dann Bächlein ohne Zahl,
Wie sie sich, eilig schlängelnd, stürzen ab zutal,
Das breite Tal dann selbst mit Wiesen, Gauen, Gründen!
Die Reue spricht sich aus, und du wirst Gnade finden.
KAISER. Durch meinen schweren Fehl bin ich so tief erschreckt;
  Die Grenze sei von dir nach eignem Maß gesteckt!
ERZBISCHOF.
  Erst: der entweihte Raum, wo man sich so versündigt,
  Sei alsobald zum Dienst des Höchsten angekündigt!
  Behende steigt im Geist Gemäuer stark empor:
  Der Morgensonne Blick erleuchtet schon das Chor,
  Zum Kreuz erweitert sich das wachsende Gebäude,
  Das Schiff erlängt, erhöht sich zu der Gläubigen Freude;
  Die strömen brünstig schon durchs würdige Portal:
  Der erste Glockenruf erscholl durch Berg und Tal!
  Von hohen Türmen tönts, wie sie zum Himmel streben,
  Der Büßer kommt heran zu neugeschaffnem Leben.
  Dem hohen Weihetag – er trete bald herein! –
  Wird deine Gegenwart die höchste Zierde sein.
KAISER. Mag ein so großes Werk den frommen Sinn verkündigen,
  Zu preisen Gott den Herrn so wie mich zu entsündigen!

Genug! Ich fühle schon, wie sich mein Sinn erhöht.

ERZBISCHOF.

Als Kanzler fördr ich nun Schluß und Formalität.

KAISER. Ein förmlich Dokument, der Kirche das zu eignen,
Du legst es vor, ich wills mit Freuden unterzeichnen.

ERZBISCHOF *hat sich beurlaubt, kehrt aber beim Ausgang um.*
Dann widmest du zugleich dem Werke, wies entsteht,
Gesamte Landsgefälle: Zehnten, Zinsen, Beth,
Für ewig! Viel bedarfs zu würdiger Unterhaltung,
Und schwere Kosten macht die sorgliche Verwaltung.
Zum schnellen Aufbau selbst auf solchem wüsten Platz,
Reichst du uns einiges Gold aus deinem Beuteschatz.
Daneben braucht man auch – ich kann es nicht verschweigen –
Entferntes Holz und Kalk und Schiefer und dergleichen.
Die Fuhren tut das Volk, vom Predigtstuhl belehrt:
Die Kirche segnet den, der ihr zu Diensten fährt. *Ab.*

KAISER. Die Sünd ist groß und schwer, womit ich mich beladen;
Das leidige Zaubervolk bringt mich in harten Schaden.

ERZBISCHOF *abermals zurückkehrend, mit tiefster Verbeugung.*
Verzeih, o Herr! Es ward dem sehr verrufnen Mann
Des Reiches Strand verliehn; doch diesen trifft der Bann,
Verleihst du reuig nicht der hohen Kirchenstelle
Auch dort den Zehnten, Zins und Gaben und Gefälle.

KAISER *verdrießlich.* Das Land ist noch nicht da: im Meere liegt
es breit!

ERZBISCHOF.

Wers Recht hat und Geduld, für den kommt auch die Zeit.
Für uns mög Euer Wort in seinen Kräften bleiben!

KAISER *allein.* So könnt ich wohl zunächst das ganze Reich
verschreiben!

FÜNFTER AKT

Offene Gegend

WANDERER. Ja! sie sinds, die dunklen Linden,
    Dort, in ihres Alters Kraft,
    Und ich soll sie wiederfinden
    Nach so langer Wanderschaft!
    Ist es doch die alte Stelle,
    Jene Hütte, die mich barg,
    Als die sturmerregte Welle
    Mich an jene Dünen warf!
    Meine Wirte möcht ich segnen,
    Hilfsbereit, ein wackres Paar,
    Das, um heut mir zu begegnen,
    Alt schon jener Tage war.
    Ach, das waren fromme Leute!
    Poch ich? ruf ich? – Seid gegrüßt,
    Wenn, gastfreundlich, auch noch heute
    Ihr des Wohltuns Glück genießt!
BAUCIS, *Mütterchen, sehr alt.*
    Lieber Kömmling, leise! leise!
    Ruhe! laß den Gatten ruhn!
    Langer Schlaf verleiht dem Greise
    Kurzen Wachens rasches Tun.
WANDERER. Sage, Mutter: bist dus eben,
    Meinen Dank noch zu empfahn,
    Was du für des Jünglings Leben
    Mit dem Gatten einst getan?
    Bist du Baucis, die geschäftig
    Halberstorben Mund erquickt?

Der Gatte tritt auf.

    Du Philemon, der so kräftig
    Meinen Schatz der Flut entrückt?
    Eure Flammen raschen Feuers,
    Eures Glöckchens Silberlaut:

Jenes grausen Abenteuers
Lösung war euch anvertraut.
Und nun laßt hervor mich treten,
Schaun das grenzenlose Meer!
Laßt mich knieen, laßt mich beten!
Mich bedrängt die Brust so sehr.

Es schreitet vorwärts auf der Düne.

PHILEMON *zu Baucis.*

Eile nur, den Tisch zu decken,
Wos im Gärtchen munter blüht!
Laß ihn rennen, ihn erschrecken!
Denn er glaubt nicht, was er sieht.

Neben dem Wandrer stehend.

Das Euch grimmig mißgehandelt,
Wog auf Woge, schäumend-wild,
Seht als Garten Ihr behandelt,
Seht ein paradiesisch Bild.
Älter, war ich nicht zuhanden,
Hülfreich nicht wie sonst bereit,
Und wie meine Kräfte schwanden,
War auch schon die Woge weit.
Kluger Herren kühne Knechte
Gruben Gräben, dämmten ein,
Schmälerten des Meeres Rechte,
Herrn an seiner Statt zu sein.
Schaue grünend Wies an Wiese,
Anger, Garten, Dorf und Wald! –
Komm nun aber und genieße;
Denn die Sonne scheidet bald! –
Dort im Fernsten ziehen Segel,
Suchen nächtlich sichern Port:
Kennen doch ihr Nest die Vögel;
Denn jetzt ist der Hafen dort.
So erblickst du in der Weite
Erst des Meeres blauen Saum,
Rechts und links, in aller Breite,
Dichtgedrängt bewohnten Raum.

Am Tische zu drei, im Gärtchen.

BAUCIS. Bleibst du stumm? und keinen Bissen
    Bringst du zum verlechzten Mund?

PHILEMON. Möcht er doch vom Wunder wissen!
    Sprichst so gerne: tus ihm kund!

BAUCIS. Wohl! ein Wunder ists gewesen!
    Läßt mich heute nicht in Ruh;
    Denn es ging das ganze Wesen
    Nicht mit rechten Dingen zu.

PHILEMON. Kann der Kaiser sich versündgen,
    Der das Ufer ihm verliehn?
    Täts ein Herold nicht verkündgen
    Schmetternd im Vorüberziehn?
    Nicht entfernt von unsern Dünen
    Ward der erste Fuß gefaßt:
    Zelte, Hütten! – Doch im Grünen
    Richtet bald sich ein Palast.

BAUCIS. Tags umsonst die Knechte lärmten.
    Hack und Schaufel, Schlag um Schlag;
    Wo die Flämmchen nächtig schwärmten,
    Stand ein Damm den andern Tag!
    Menschenopfer mußten bluten,
    Nachts erscholl des Jammers Qual;
    Meerab flossen Feuergluten:
    Morgens war es ein Kanal!
    Gottlos ist er, ihn gelüstet
    Unsre Hütte, unser Hain!
    Wie er sich als Nachbar brüstet,
    Soll man untertänig sein.

PHILEMON. Hat er uns doch angeboten
    Schönes Gut im neuen Land!

BAUCIS. Traue nicht dem Wasserboden!
    Halt auf deiner Höhe stand!

PHILEMON. Laß uns zur Kapelle treten,
    Letzten Sonnenblick zu schaun!
    Laß uns läuten, knieen, beten
    Und dem alten Gott vertraun!

Palast

Weiter Ziergarten · Großer, gradgeführter Kanal

Faust, im höchsten Alter wandelnd, nachdenkend

LYNKEUS DER TÜRMER *durchs Sprachrohr.*
Die Sonne sinkt, die letzten Schiffe,
Sie ziehen munter hafenein.
Ein großer Kahn ist im Begriffe,
Auf dem Kanale hier zu sein.
Die bunten Wimpel wehen fröhlich,
Die starren Masten stehn bereit:
In dir preist sich der Bootsmann selig,
Dich grüßt das Glück zur höchsten Zeit.

Das Glöckchen läutet auf der Düne.

FAUST *auffahrend.*
Verdammtes Läuten! Allzu schändlich
Verwundets, wie ein tückischer Schuß!
Vor Augen ist mein Reich unendlich,
Im Rücken neckt mich der Verdruß,
Erinnert mich durch neidische Laute:
Mein Hochbesitz, er ist nicht rein!
Der Lindenraum, die braune Baute,
Das morsche Kirchlein ist nicht mein.
Und wünscht ich, dort mich zu erholen,
Vor fremden Schatten schaudert mir,
Ist Dorn den Augen, Dorn den Sohlen –
O, wär ich weit hinweg von hier!
TÜRMER *wie oben.* Wie segelt froh der bunte Kahn
Mit frischem Abendwind heran!
Wie türmt sich sein behender Lauf
In Kisten, Kasten, Säcken auf!

*Prächtiger Kahn, reich und bunt beladen mit Erzeugnissen fremder
Weltgegenden.*

Mephistopheles. Die Drei gewaltigen Gesellen.

CHORUS.   Da landen wir,
            Da sind wir schon!
            Glückan dem Herren,
            Dem Patron!

Sie steigen aus, die Güter werden ans Land geschafft.

MEPHISTOPHELES. So haben wir uns wohl erprobt,
    Vergnügt, wenn der Patron es lobt.
    Nur mit zwei Schiffen ging es fort,
    Mit zwanzig sind wir nun im Port.
    Was große Dinge wir getan,
    Das sieht man unsrer Ladung an.
    Das freie Meer befreit den Geist;
    Wer weiß da, was Besinnen heißt!
    Da fördert nur ein rascher Griff:
    Man fängt den Fisch, man fängt ein Schiff,
    Und ist man erst der Herr zu drei,
    Dann hakelt man das vierte bei;
    Da geht es denn dem fünften schlecht,
    Man hat Gewalt, so hat man Recht.
    Man fragt ums Was und nicht ums Wie!
    Ich müßte keine Schiffahrt kennen:
    Krieg, Handel und Piraterie,
    Dreieinig sind sie, nicht zu trennen.
DIE DREI GEWALTIGEN GESELLEN.
    Nicht Dank und Gruß!
    Nicht Gruß und Dank!
    Als brächten wir
    Dem Herrn Gestank.
    Er macht ein
    Widerlich Gesicht:
    Das Königsgut
    Gefällt ihm nicht.
MEPHISTOPHELES. Erwartet weiter
    Keinen Lohn!
    Nahmt ihr doch
    Euren Teil davon.

DIE GESELLEN. Das ist nur für
   Die Langeweil;
   Wir alle fordern
   Gleichen Teil.
MEPHISTOPHELES. Erst ordnet oben,
   Saal an Saal,
   Die Kostbarkeiten
   Allzumal!
   Und tritt er zu
   Der reichen Schau,
   Berechnet er alles
   Mehr genau,
   Er sich gewiß
   Nicht lumpen läßt
   Und gibt der Flotte
   Fest nach Fest.
   Die bunten Vögel kommen morgen,
   Für die werd ich zum besten sorgen.

Die Ladung wird weggeschafft.

MEPHISTOPHELES *zu Faust.*
   Mit ernster Stirn, mit düstrem Blick
   Vernimmst du dein erhaben Glück.
   Die hohe Weisheit wird gekrönt:
   Das Ufer ist dem Meer versöhnt,
   Vom Ufer nimmt zu rascher Bahn
   Das Meer die Schiffe willig an.
   So sprich, daß hier, hier vom Palast
   Dein Arm die ganze Welt umfaßt!
   Von dieser Stelle ging es aus:
   Hier stand das erste Bretterhaus;
   Ein Gräbchen ward hinabgeritzt,
   Wo jetzt das Ruder emsig spritzt.
   Dein hoher Sinn, der Deinen Fleiß
   Erwerb des Meers, der Erde Preis.
   Von hieraus –

FAUST. Das verfluchte Hier!
Das eben, leidig lastets mir.
Dir Vielgewandtem muß ichs sagen:
Mir gibts im Herzen Stich um Stich,
Mir ists unmöglich zu ertragen!
Und wie ichs sage, schäm ich mich:
Die Alten droben sollten weichen,
Die Linden wünscht ich mir zum Sitz;
Die wenig Bäume, nicht mein eigen,
Verderben mir den Weltbesitz.
Dort wollt ich, weit umherzuschauen,
Von Ast zu Ast Gerüste bauen,
Dem Blick eröffnen weite Bahn,
Zu sehn, was alles ich getan,
Zu überschaun mit einem Blick
Des Menschengeistes Meisterstück,
Betätigend mit klugem Sinn
Der Völker breiten Wohngewinn.
So sind am härtsten wir gequält:
Im Reichtum fühlend, was uns fehlt!
Des Glöckchens Klang, der Linden Duft
Umfängt mich wie in Kirch und Gruft.
Des allgewaltigen Willens Kür
Bricht sich an diesem Sande hier.
Wie schaff ich mir es vom Gemüte?
Das Glöcklein läutet, und ich wüte.
MEPHISTOPHELES. Natürlich, daß ein Hauptverdruß
Das Leben dir vergällen muß!
Wer leugnets? Jedem edlen Ohr
Kommt das Geklingel widrig vor,
Und das verfluchte Bim-Baum-Bimmel,
Umnebelnd heitern Abendhimmel,
Mischt sich in jegliches Begebnis
Vom ersten Bad bis zum Begräbnis,
Als wäre zwischen Bim und Baum
Das Leben ein verschollner Traum.
FAUST. Das Widerstehn, der Eigensinn

Verkümmern herrlichsten Gewinn,
Daß man, zu tiefer, grimmiger Pein,
Ermüden muß, gerecht zu sein.
MEPHISTOPHELES. Was willst du dich denn hier genieren?
Mußt du nicht längst kolonisieren?
FAUST. So geht und schafft sie mir zur Seite! –
Das schöne Gütchen kennst du ja,
Das ich den Alten ausersah.
MEPHISTOPHELES. Man trägt sie fort und setzt sie nieder,
Eh man sich umsieht, stehn sie wieder;
Nach überstandener Gewalt
Versöhnt ein schöner Aufenthalt.
Er pfeift gellend. Die Drei treten auf.
MEPHISTOPHELES. Kommt, wie der Herr gebieten läßt!
Und morgen gibts ein Flottenfest.
die drei. Der alte Herr empfing uns schlecht,
Ein flottes Fest ist uns zu Recht.
MEPHISTOPHELES *ad spectatores.*
Auch hier geschieht, was längst geschah;
Denn Naboths Weinberg war schon da. (*Regum* I, 21)

TIEFE NACHT

LYNKEUS DER TÜRMER *auf der Schloßwarte singend.*
Zum Sehen geboren,
Zum Schauen bestellt,
Dem Turme geschworen,
Gefällt mir die Welt.
Ich blick in die Ferne,
Ich seh in der Näh,
Den Mond und die Sterne,
Den Wald und das Reh.
So seh ich in allen
Die ewige Zier,
Und wie mirs gefallen,
Gefall ich auch mir.

Ihr glücklichen Augen,
Was je ihr gesehn,
Es sei, wie es wolle,
Es war doch so schön! *Pause.*
Nicht allein mich zu ergötzen,
Bin ich hier so hoch gestellt:
Welch ein greuliches Entsetzen
Droht mir aus der finstern Welt!
Funkenblicke seh ich sprühen
Durch der Linden Doppelnacht;
Immer stärker wühlt ein Glühen,
Von der Zugluft angefacht.
Ach, die innre Hütte lodert,
Die bemoost und feucht gestanden!
Schnelle Hülfe wird gefordert,
Keine Rettung ist vorhanden.
Ach, die guten alten Leute,
Sonst so sorglich um das Feuer,
Werden sie dem Qualm zur Beute!
Welch ein schrecklich Abenteuer!
Flamme flammet, rot in Gluten
Steht das schwarze Moosgestelle;
Retteten sich nur die Guten
Aus der wildentbrannten Hölle!
Züngelnd lichte Blitze steigen
Zwischen Blättern, zwischen Zweigen;
Äste, dürr, die flackernd brennen,
Glühen schnell und stürzen ein.
Sollt ihr, Augen, dies erkennen!
Muß ich so weitsichtig sein!
Das Kapellchen bricht zusammen
Von der Äste Sturz und Last.
Schlängelnd sind mit spitzen Flammen
Schon die Gipfel angefaßt.
Bis zur Wurzel glühn die hohlen
Stämme, purpurrot im Glühn. –

Lange Pause, Gesang:

Was sich sonst dem Blick empfohlen,
Mit Jahrhunderten ist hin!

FAUST *auf dem Balkon, gegen die Dünen.*

Von oben welch ein singend Wimmern?
Das Wort ist hier, der Ton zu spat.
Mein Türmer jammert; mich im Innern
Verdrießt die ungeduldge Tat.
Doch sei der Lindenwuchs vernichtet
Zu halbverkohlter Stämme Graun,
Ein Luginsland ist bald errichtet,
Um ins Unendliche zu schaun.
Da seh ich auch die neue Wohnung,
Die jenes alte Paar umschließt,
Das im Gefühl großmütiger Schonung
Der späten Tage froh genießt.

MEPHISTOPHELES UND DIE DREIE *unten.*

Da kommen wir mit vollem Trab;
Verzeih: es ging nicht gütlich ab!
Wir klopften an, wir pochten an,
Und immer war nicht aufgetan.
Wir rüttelten, wir pochten fort:
Da lag die morsche Türe dort.
Wir riefen laut und drohten schwer;
Allein wir fanden kein Gehör,
Und wies in solchem Fall geschicht:
Sie hörten nicht, sie wollten nicht!
Wir aber haben nicht gesäumt,
Behende dir sie weggeräumt.
Das Paar hat sich nicht viel gequält:
Vor Schrecken fielen sie entseelt.
Ein Fremder, der sich dort versteckt
Und fechten wollte, ward gestreckt.
In wilden Kampfes kurzer Zeit
Von Kohlen, ringsumher gestreut,
Entflammte Stroh: nun loderts frei
Als Scheiterhaufen dieser drei.

FAUST. Wart ihr für meine Worte taub?
  Tausch wollt ich, wollte keinen Raub!
  Dem unbesonnenen, wilden Streich,
  Ihm fluch ich: teilt es unter euch!
CHORUS. Das alte Wort, das Wort erschallt:
  Gehorche willig der Gewalt!
  Und bist du kühn und hältst du Stich,
  So wage Haus und Hof und – dich! *Ab.*
FAUST *auf dem Balkon.* Die Sterne bergen Blick und Schein,
  Das Feuer sinkt und lodert klein;
  Ein Schauerwindchen fachelts an,
  Bringt Rauch und Dunst zu mir heran.
  Geboten schnell, zu schnell getan! –
  Was schwebet schattenhaft heran?

MITTERNACHT

Vier graue Weiber treten auf

ERSTE. Ich heiße der Mangel.
ZWEITE. Ich heiße die Schuld.
DRITTE. Ich heiße die Sorge.
VIERTE. Ich heiße die Not.
ZU DREI. Die Tür ist verschlossen, wir können nicht ein;
  Drin wohnet ein Reicher, wir mögen nicht 'nein.
MANGEL. Da werd ich zum Schatten.
SCHULD. Da werd ich zunicht.
NOT. Man wendet von mir das verwöhnte Gesicht.
SORGE. Ihr, Schwestern, ihr könnt nicht und dürft nicht hinein.
  Die Sorge, sie schleicht sich durchs Schlüsselloch ein.
Sorge verschwindet.
MANGEL. Ihr, graue Geschwister, entfernt euch von hier!
SCHULD. Ganz nah an der Seite verbind ich mich dir.
NOT. Ganz nah an der Ferse begleitet die Not.
ZU DREI. Es ziehen die Wolken, es schwinden die Sterne!
  Dahinten, dahinten! von ferne, von ferne,
  Da kommt er, der Bruder, da kommt er, der – – – Tod.

FAUST *im Palast.*

Vier sah ich kommen, drei nur gehn;
Den Sinn der Rede konnt ich nicht verstehn.
Es klang so nach, als hieße es: Not,
Ein düstres Reimwort folgte: Tod!
Es tönte hohl, gespensterhaft gedämpft.
Noch hab ich mich ins Freie nicht gekämpft.
Könnt ich Magie von meinem Pfad entfernen,
Die Zaubersprüche ganz und gar verlernen,
Stünd ich, Natur, vor dir ein Mann allein,
Da wärs der Mühe wert, ein Mensch zu sein!
Das war ich sonst, eh ichs im Düstern suchte,
Mit Frevelwort mich und die Welt verfluchte.
Nun ist die Luft von solchem Spuk so voll,
Daß niemand weiß, wie er ihn meiden soll.
Wenn auch Ein Tag uns klar-vernünftig lacht,
Im Traumgespinst verwickelt uns die Nacht!
Wir kehren froh von junger Flur zurück:
Ein Vogel krächzt! Was krächzt er? Mißgeschick!
Von Aberglauben früh und spat umgarnt:
Es eignet sich, es zeigt sich an, es warnt!
Und so verschüchtert, stehen wir allein. –
Die Pforte knarrt, und niemand kommt herein. *Erschüttert.*
Ist jemand hier?

SORGE. Die Frage fordert Ja!

FAUST. Und du, wer bist denn du?

SORGE. Bin einmal da.

FAUST. Entferne dich!

SORGE. Ich bin am rechten Ort.

FAUST *erst ergrimmt, dann besänftigt, für sich.*

Nimm dich in acht und sprich kein Zauberwort!

SORGE. Würde mich kein Ohr vernehmen,
Müßt es doch im Herzen dröhnen,
In verwandelter Gestalt
Üb ich grimmige Gewalt:
Auf den Pfaden, auf der Welle,
Ewig ängstlicher Geselle,

Stets gefunden, nie gesucht,
So geschmeichelt wie verflucht! –
Hast du die Sorge nie gekannt?
FAUST. Ich bin nur durch die Welt gerannt!
Ein jed Gelüst ergriff ich bei den Haaren,
Was nicht genügte, ließ ich fahren,
Was mir entwischte, ließ ich ziehn.
Ich habe nur begehrt und nur vollbracht
Und abermals gewünscht und so mit Macht
Mein Leben durchgestürmt: erst groß und mächtig,
Nun aber geht es weise, geht bedächtig.
Der Erdenkreis ist mir genug bekannt.
Nach drüben ist die Aussicht uns verrannt;
Tor, wer dorthin die Augen blinzelnd richtet,
Sich über Wolken seinesgleichen dichtet!
Er stehe fest und sehe hier sich um:
Dem Tüchtigen ist diese Welt nicht stumm!
Was braucht er in die Ewigkeit zu schweifen?
Was er erkennt, läßt sich ergreifen.
Er wandle so den Erdentag entlang;
Wenn Geister spuken, geh er seinen Gang,
Im Weiterschreiten find er Qual und Glück,
Er, unbefriedigt jeden Augenblick!
SORGE. Wen ich einmal mir besitze,
Dem ist alle Welt nichts nütze:
Ewiges Düstre steigt herunter,
Sonne geht nicht auf noch unter,
Bei vollkommnen äußern Sinnen
Wohnen Finsternisse drinnen,
Und er weiß von allen Schätzen
Sich nicht in Besitz zu setzen.
Glück und Unglück wird zur Grille,
Er verhungert in der Fülle,
Sei es Wonne, sei es Plage,
Schiebt ers zu dem andern Tage,
Ist der Zukunft nur gewärtig,
Und so wird er niemals fertig.

FAUST. Hör auf! so kommst du mir nicht bei!
Ich mag nicht solchen Unsinn hören.
Fahr hin! Die schlechte Litanei,
Sie könnte selbst den klügsten Mann betören.
SORGE. Soll er gehen? soll er kommen?
Der Entschluß ist ihm genommen;
Auf gebahnten Weges Mitte
Wankt er tastend halbe Schritte.
Er verliert sich immer tiefer,
Siehet alle Dinge schiefer,
Sich und andre lästig drückend,
Atem holend und erstickend,
Nicht erstickt und ohne Leben,
Nicht verzweifelnd, nicht ergeben.
So ein unaufhaltsam Rollen,
Schmerzlich Lassen, widrig Sollen,
Bald Befreien, bald Erdrücken,
Halber Schlaf und schlecht Erquicken
Heftet ihn an seine Stelle
Und bereitet ihn zur Hölle.
FAUST. Unselige Gespenster! so behandelt ihr
Das menschliche Geschlecht zu tausend Malen;
Gleichgültige Tage selbst verwandelt ihr
In garstigen Wirrwarr netzumstrickter Qualen.
Dämonen, weiß ich, wird man schwerlich los,
Das geistig-strenge Band ist nicht zu trennen;
Doch deine Macht, o Sorge, schleichend-groß,
Ich werde sie nicht anerkennen!
SORGE. Erfahre sie, wie ich geschwind
Mich mit Verwünschung von dir wende!
Die Menschen sind im ganzen Leben blind:
Nun, Fauste, werde dus am Ende!

Sie haucht ihn an.

FAUST *erblindet.* Die Nacht scheint tiefer tief hereinzudringen,
Allein im Innern leuchtet helles Licht:
Was ich gedacht, ich eil es zu vollbringen;

Des Herren Wort, es gibt allein Gewicht.
Vom Lager auf, ihr Knechte! Mann für Mann!
Laßt glücklich schauen, was ich kühn ersann!
Ergreift das Werkzeug! Schaufel rührt und Spaten!
Das Abgesteckte muß sogleich geraten.
Auf strenges Ordnen, raschen Fleiß
Erfolgt der allerschönste Preis;
Daß sich das größte Werk vollende,
Genügt Ein Geist für tausend Hände.

GROSSER VORHOF DES PALASTES

Fackeln

MEPHISTOPHELES *als Aufseher voran.*
  Herbei! herbei! Herein, herein!
  Ihr schlotternden Lemuren,
  Aus Bändern, Sehnen und Gebein
  Geflickte Halbnaturen!
LEMUREN *im Chor.* Wir treten dir sogleich zur Hand,
  Und wie wir halb vernommen,
  Es gilt wohl gar ein weites Land,
  Das sollen wir bekommen.
  Gespitzte Pfähle, die sind da,
  Die Kette lang fürs Messen;
  Warum an uns der Ruf geschah,
  Das haben wir vergessen.
MEPHISTOPHELES. Hier gilt kein künstlerisch Bemühn!
  Verfahret nur nach eignen Maßen:
  Der Längste lege längelang sich hin!
  Ihr andern lüftet ringsumher den Rasen!
  Wie mans für unsre Väter tat,
  Vertieft ein längliches Quadrat!
  Aus dem Palast ins enge Haus:
  So dumm läuft es am Ende doch hinaus.

LEMUREN *mit neckischen Gebärden grabend.*

Wie jung ich war und lebt und liebt,
Mich deucht, das war wohl süße!
Wos fröhlich klang und lustig ging,
Da rührten sich meine Füße.
Nun hat das tückische Alter mich
Mit seiner Krücke getroffen;
Ich stolperte über Grabes Tür:
Warum stand sie just offen!

FAUST *aus dem Palaste tretend, tastet an den Türpfosten.*

Wie das Geklirr der Spaten mich ergötzt!
Er ist die Menge, die mir frönet,
Die Erde mit sich selbst versöhnet,
Den Wellen ihre Grenze setzt,
Das Meer mit strengem Band umzieht.

MEPHISTOPHELES *beiseite.* Du bist doch nur für uns bemüht

Mit deinen Dämmen, deinen Buhnen;
Denn du bereitest schon Neptunen,
Dem Wasserteufel, großen Schmaus.
In jeder Art seid ihr verloren:
Die Elemente sind mit uns verschworen,
Und auf Vernichtung läufts hinaus.

FAUST. Aufseher!

MEPHISTOPHELES. Hier!

FAUST. Wie es auch möglich sei,

Arbeiter schaffe Meng auf Menge!
Ermuntere durch Genuß und Strenge!
Bezahle, locke, presse bei!
Mit jedem Tage will ich Nachricht haben,
Wie sich verlängt der unternommene Graben.

MEPHISTOPHELES *halblaut.*

Man spricht, wie man mir Nachricht gab,
Von keinem Graben, doch vom Grab.

FAUST. Ein Sumpf zieht am Gebirge hin,

Verpestet alles schon Errungene;
Den faulen Pfuhl auch abzuziehn,
Das letzte wär das Höchsterrungene.

Eröffn ich Räume vielen Millionen,
Nicht sicher zwar, doch tätig-frei zu wohnen.
Grün das Gefilde, fruchtbar! Mensch und Herde
Sogleich behaglich auf der neusten Erde,
Gleich angesiedelt an des Hügels Kraft,
Den aufgewälzt kühn-emsige Völkerschaft!
Im Innern hier ein paradiesisch Land:
Da rase draußen Flut bis auf zum Rand!
Und wie sie nascht, gewaltsam einzuschießen,
Gemeindrang eilt, die Lücke zu verschließen.
Ja! diesem Sinne bin ich ganz ergeben,
Das ist der Weisheit letzter Schluß:
Nur der verdient sich Freiheit wie das Leben,
Der täglich sie erobern muß!
Und so verbringt, umrungen von Gefahr,
Hier Kindheit, Mann und Greis sein tüchtig Jahr.
Solch ein Gewimmel möcht ich sehn!
Auf freiem Grund mit freiem Volke stehn!
Zum Augenblicke dürft ich sagen:
»Verweile doch, du bist so schön!
Es kann die Spur von meinen Erdetagen
Nicht in Äonen untergehn.« –
Im Vorgefühl von solchem hohen Glück
Genieß ich jetzt den höchsten Augenblick.

*Faust sinkt zurück, die Lemuren fassen ihn auf und legen ihn auf den
Boden.*

MEPHISTOPHELES.
Ihn sättigt keine Lust, ihm gnügt kein Glück,
So buhlt er fort nach wechselnden Gestalten;
Den letzten, schlechten, leeren Augenblick,
Der Arme wünscht ihn festzuhalten.
Der mir so kräftig widerstand,
Die Zeit wird Herr: der Greis hier liegt im Sand!
Die Uhr steht still, –
CHOR. Steht still! sie schweigt wie Mitternacht.
Der Zeiger fällt –

MEPHISTOPHELES. Er fällt! es ist vollbracht.

CHOR. Es ist vorbei!

MEPHISTOPHELES.

Vorbei! ein dummes Wort. Warum vorbei?
Vorbei und reines Nicht: vollkommnes Einerlei!
Was soll uns denn das ewge Schaffen?
Geschaffenes zu Nichts hinwegzuraffen?
»Da ists vorbei!« Was ist daran zu lesen?
Es ist so gut, als wär es nicht gewesen,
Und treibt sich doch im Kreis, als wenn es wäre!
Ich liebte mir dafür das Ewigleere.

Grablegung

LEMUR, *Solo.* Wer hat das Haus so schlecht gebaut
Mit Schaufeln und mit Spaten?

LEMUREN, *Chor.* Dir, dumpfer Gast im hänfnen Gewand,
Ists viel zu gut geraten.

LEMUR, *Solo.* Wer hat den Saal so schlecht versorgt?
Wo blieben Tisch und Stühle?

LEMUREN, *Chor.* Es war auf kurze Zeit geborgt;
Der Gläubiger sind so viele.

MEPHISTOPHELES.

Der Körper liegt, und will der Geist entfliehn,
Ich zeig ihm rasch den blutgeschriebnen Titel;
Doch leider hat man jetzt so viele Mittel,
Dem Teufel Seelen zu entziehn.
Auf altem Wege stößt man an,
Auf neuem sind wir nicht empfohlen;
Sonst hätt ich es allein getan,
Jetzt muß ich Helfershelfer holen.
Uns gehts in allen Dingen schlecht:
Herkömmliche Gewohnheit, altes Recht,
Man kann auf gar nichts mehr vertrauen!
Sonst mit dem letzten Atem fuhr sie aus,

Ich paßt ihr auf, und, wie die schnellste Maus,
Schnapps! hielt ich sie in festverschlossnen Klauen.
Nun zaudert sie und will den düstern Ort,
Des schlechten Leichnams ekles Haus nicht lassen;
Die Elemente, die sich hassen,
Die treiben sie am Ende schmählich fort.
Und wenn ich Tag und Stunden mich zerplage,
Wann? wie? und wo? das ist die leidige Frage;
Der alte Tod verlor die rasche Kraft:
Das Ob sogar ist lange zweifelhaft!
Oft sah ich lüstern auf die starren Glieder:
Es war nur Schein! das rührte, das regte sich wieder.

Phantastisch-flügelmännische Beschwörungsgebärden.

Nur frisch heran! verdoppelt euren Schritt,
Ihr Herrn vom graden, Herrn vom krummen Horne!
Von altem Teufelsschrot und -korne,
Bringt ihr zugleich den Höllenrachen mit!
Zwar hat die Hölle Rachen viele! viele!
Nach Standsgebühr und Würden schlingt sie ein;
Doch wird man auch bei diesem letzten Spiele
Ins künftige nicht so bedenklich sein.

Der greuliche Höllenrachen tut sich links auf.

Eckzähne klaffen; dem Gewölb des Schlundes
Entquillt der Feuerstrom in Wut,
Und in dem Siedequalm des Hintergrundes
Seh ich die Flammenstadt in ewiger Glut.
Die rote Brandung schlägt hervor bis an die Zähne,
Verdammte, Rettung hoffend, schwimmen an;
Doch kolossal zerknirscht sie die Hyäne,
Und sie erneuen ängstlich heiße Bahn.
In Winkeln bleibt noch vieles zu entdecken:
So viel Erschrecklichstes im engsten Raum!
Ihr tut sehr wohl, die Sünder zu erschrecken;
Sie haltens doch für Lug und Trug und Traum.

Zu den Dickteufeln vom kurzen, graden Horne.

Nun, wanstige Schuften mit den Feuerbacken,
Ihr glüht so recht vom Höllenschwefel feist!

Klotzartige, kurze, nie bewegte Nacken!
Hier unten lauert, obs wie Phosphor gleißt!
Das ist das Seelchen, Psyche mit den Flügeln:
Die rupft ihr aus, so ists ein garstiger Wurm!
Mit meinem Stempel will ich sie besiegeln,
Dann fort mit ihr im Feuerwirbelsturm!
Paßt auf die niedern Regionen,
Ihr Schläuche! das ist eure Pflicht.
Obs ihr beliebte, da zu wohnen,
So akkurat weiß man das nicht.
Im Nabel ist sie gern zu Haus:
Nehmt es in acht, sie wischt euch dort heraus!
Zu den Dürrteufeln vom langen, krummen Home.
Ihr Firlefanze, flügelmännische Riesen,
Greift in die Luft! versucht euch ohne Rast!
Die Arme strack, die Klauen scharf gewiesen,
Daß ihr die Flatternde, die Flüchtige faßt!
Es ist ihr sicher schlecht im alten Haus,
Und das Genie, es will gleich obenaus.

Glorie von oben, rechts.

HIMMLISCHE HEERSCHAR. Folget, Gesandte,
 Himmelsverwandte,
 Gemächlichen Flugs:
 Sündern vergeben,
 Staub zu beleben!
 Allen Naturen
 Freundliche Spuren
 Wirket im Schweben
 Des weilenden Zugs!
MEPHISTOPHELES. Mißtöne hör ich! garstiges Geklimper,
 Von oben kommts mit unwillkommnem Tag:
 Es ist das bübisch-mädchenhafte Gestümper,
 Wie frömmelnder Geschmack sichs lieben mag.
 Ihr wißt, wie wir in tiefverruchten Stunden
 Vernichtung sannen menschlichem Geschlecht:
 Das Schändlichste, was wir erfunden,

Ist ihrer Andacht eben recht.
Sie kommen gleisnerisch, die Laffen!
So haben sie uns manchen weggeschnappt!
Bekriegen uns mit unserm eignen Waffen:
Es sind auch Teufel, doch verkappt.
Hier zu verlieren, wär euch ewge Schande;
Ans Grab heran und haltet fest am Rande!

CHOR DER ENGEL, *Rosen streuend.*

Rosen, ihr blendenden,
Balsam versendenden!
Flatternde, schwebende,
Heimlich belebende,
Zweigleinbeflügelte,
Knospenentsiegelte,
Eilet zu blühn!
Frühling entsprieße,
Purpur und Grün!
Tragt Paradiese
Dem Ruhenden hin!

MEPHISTOPHELES *zu den Satanen.*

Was duckt und zuckt ihr? ist das Höllenbrauch?
So haltet stand und laßt sie streuen!
An seinen Platz ein jeder Gauch!
Sie denken wohl, mit solchen Blümeleien
Die heißen Teufel einzuschneien;
Das schmilzt und schrumpft vor eurem Hauch.
Nun pustet, Püstriche! – Genug, genug!
Vor eurem Brodem bleicht der ganze Flug.
Nicht so gewaltsam! schließet Maul und Nasen!
Fürwahr, ihr habt zu stark geblasen.
Daß ihr doch nie die rechten Maße kennt!
Das schrumpft nicht nur: es bräunt sich, dorrt, es brennt
Schon schwebts heran mit giftig-klaren Flammen:
Stemmt euch dagegen, drängt euch fest zusammen! –
Die Kraft erlischt! dahin ist aller Mut!
Die Teufel wittern fremde Schmeichelglut.

CHOR DER ENGEL. Blüten, die seligen,
Flammen, die fröhlichen,
Liebe verbreiten sie,
Wonne bereiten sie,
Herz wie es mag.
Worte, die wahren,
Äther im klaren
Ewigen Scharen
Überall Tag!

MEPHISTOPHELES. O Fluch! o Schande solchen Tröpfen!
Satane stehen auf den Köpfen,
Die Plumpen schlagen Rad auf Rad
Und stürzen ärschlings in die Hölle.
Gesegn euch das verdiente heiße Bad!
Ich aber bleib auf meiner Stelle. –

Sich mit den schwebenden Rosen herumschlagend.

Irrlichter, fort! Du, leuchte noch so stark,
Du bleibst, gehascht, ein ekler Gallertquark.
Was flatterst du? Willst du dich packen! –
Es klemmt wie Pech und Schwefel mir im Nacken.

CHOR DER ENGEL. Was euch nicht angehört,
Müsset ihr meiden!
Was euch das Innre stört,
Dürft ihr nicht leiden!
Dringt es gewaltig ein,
Müssen wir tüchtig sein.
Liebe nur Liebende
Führet herein!

MEPHISTOPHELES.
Mir brennt der Kopf, das Herz, die Leber brennt!
Ein überteuflisch Element!
Weit spritziger als Höllenfeuer! –
Drum jammert ihr so ungeheuer,
Unglückliche Verliebte! die, verschmäht,
Verdrehten Halses nach der Liebsten späht.
Auch mir! Was zieht den Kopf auf jene Seite?
Bin ich mit ihr doch in geschwornem Streite!

Der Anblick war mir sonst so feindlich scharf.
Hat mich ein Fremdes durch und durch gedrungen?
Ich mag sie gerne sehn, die allerliebsten Jungen;
Was hält mich ab, daß ich nicht fluchen darf? –
Und wenn ich mich betören lasse,
Wer heißt denn künftighin der Tor? –
Die Wetterbuben, die ich hasse,
Sie kommen mir doch gar zu lieblich vor! –
Ihr schönen Kinder, laßt mich wissen:
Seid ihr nicht auch von Luzifers Geschlecht?
Ihr seid so hübsch: fürwahr, ich möcht euch küssen!
Mir ists, als kämt ihr eben recht.
Es ist mir so behaglich, so natürlich,
Als hätt ich euch schon tausendmal gesehn,
So heimlich-kätzchenhaft begierlich:
Mit jedem Blick aufs neue schöner schön!
O nähert euch, o gönnt mir Einen Blick!

CHOR DER ENGEL.

Wir kommen schon, warum weichst du zurück?
Wir nähern uns, und wenn du kannst, so bleib!

Die Engel nehmen, umherziehend, den ganzen Raum ein.

MEPHISTOPHELES *der ins Proszenium gedrängt wird.*

Ihr scheltet uns verdammte Geister
Und seid die wahren Hexenmeister;
Denn ihr verführet Mann und Weib. –
Welch ein verfluchtes Abenteuer!
Ist dies das Liebeselement?
Der ganze Körper steht in Feuer,
Ich fühle kaum, daß es im Nacken brennt. –
Ihr schwanket hin und her: so senkt euch nieder!
Ein bißchen weltlicher bewegt die holden Glieder!
Fürwahr, der Ernst steht euch recht schön;
Doch möcht ich euch nur einmal lächeln sehn!
Das wäre mir ein ewiges Entzücken!
Ich meine so: wie wenn Verliebte blicken!
Ein kleiner Zug am Mund, so ists getan!

Dich, langer Bursche, dich mag ich am liebsten leiden,
Die Pfaffenmiene will dich gar nicht kleiden,
So sieh mich doch ein wenig lüstern an!
Auch könntet ihr anständig-nackter gehen:
Das lange Faltenhemd ist übersittlich!
Sie wenden sich – Von hinten anzusehen! –
Die Racker sind doch gar zu appetitlich!

CHOR DER ENGEL. Wendet zur Klarheit
Euch, liebende Flammen!
Die sich verdammen,
Heile die Wahrheit,
Daß sie vom Bösen
Froh sich erlösen,
Um in dem Allverein
Selig zu sein!

MEPHISTOPHELES *sich fassend.*
Wie wird mir! – Hiobsartig, Beul an Beule
Der ganze Kerl, dems vor sich selber graut,
Und triumphiert zugleich, wenn er sich ganz durchschaut,
Wenn er auf sich und seinen Stamm vertraut:
Gerettet sind die edlen Teufelsteile,
Der Liebespuk, er wirft sich auf die Haut!
Schon ausgebrannt sind die verruchten Flammen,
Und wie es sich gehört, fluch ich euch allzusammen!

CHOR DER ENGEL. Heilige Gluten,
Wen sie umschweben,
Fühlt sich im Leben
Selig mit Guten.
Alle vereinigt
Hebt euch und preist!
Luft ist gereinigt:
Atme der Geist!

Sie erheben sich, Faustens Unsterbliches entführend.

MEPHISTOPHELES *sich umsehend.*
Doch wie? – Wo sind sie hingezogen?
Unmündiges Volk, du hast mich überrascht!

Sind mit dar Beute himmelwärts entflogen;
Drum haben sie an dieser Gruft genascht!
Mir ist ein großer, einziger, Schatz entwendet:
Die hohe Seele, die sich mir verpfändet,
Die haben sie mir pfiffig weggepascht.
Bei wem soll ich mich nun beklagen?
Wer schafft mir mein erworbenes Recht?
Du bist getäuscht in deinen alten Tagen,
Du hasts verdient, es geht dir grimmig schlecht!
Ich habe schimpflich mißgehandelt,
Ein großer Aufwand, schmählich! ist vertan;
Gemein Gelüst, absurde Liebschaft wandelt
Den ausgepichten Teufel an.
Und hat mit diesem kindisch-tollen Ding
Der Klugerfahrene sich beschäftigt,
So ist fürwahr die Torheit nicht gering,
Die seiner sich am Schluß bemächtigt.

Bergschluchten

Wald, Fels, Einöde
Heilige Anachoreten gebirgauf verteilt, gelagert zwischen Klüften

CHOR UND ECHO.
  Waldung, sie schwankt heran,
  Felsen, sie lasten dran,
  Wurzeln, sie klammern an,
  Stamm dicht am Stamm hinan.
  Woge nach Woge spritzt,
  Höhle, die tiefste, schützt.
  Löwen, sie schleichen stumm –
  freundlich um uns herum,
  Ehren geweihten Ort,
  Heiligen Liebeshort.

PATER ECSTATICUS *auf- und abschweifend.*

Ewiger Wonnebrand,
Glühendes Liebeband,
Siedender Schmerz der Brust,
Schäumende Gotteslust!
Pfeile, durchdringet mich,
Lanzen, bezwinget mich,
Keulen, zerschmettert mich,
Blitze, durchwettert mich,
Daß ja das Nichtige
Alles verflüchtige,
Glänze der Dauerstern,
Ewiger Liebe Kern!

PATER PROFUNDUS. *Tiefe Region.*

Wie Felsenabgrund mir zu Füßen
Auf tiefem Abgrund lastend ruht,
Wie tausend Bäche strahlend fließen
Zum grausen Sturz des Schaums der Flut,
Wie strack, mit eignem kräftigen Triebe,
Der Stamm sich in die Lüfte trägt:
So ist es die allmächtige Liebe,
Die alles bildet, alles hegt.
Ist um mich her ein wildes Brausen,
Als wogte Wald und Felsengrund,
Und doch stürzt, liebevoll im Sausen,
Die Wasserfülle sich zum Schlund,
Berufen, gleich das Tal zu wässern;
Der Blitz, der flammend niederschlug,
Die Atmosphäre zu verbessern,
Die Gift und Dunst im Busen trug:
Sind Liebesboten! sie verkünden,
Was ewig schaffend uns umwallt.
Mein Innres mög es auch entzünden,
Wo sich der Geist, verworren-kalt,
Verquält in stumpfer Sinneschranken
Scharfangeschloßnem Kettenschmerz!
O Gott, beschwichtige die Gedanken,

Erleuchte mein bedürftig Herz!
PATER SERAPHICUS. *Mittlere Region.*
Welch ein Morgenwölkchen schwebet
Durch der Tannen schwankend Haar?
Ahn ich, was im Innern lebet?
Es ist junge Geisterschar.
CHOR SELIGER KNABEN. Sag uns, Vater, wo wir wallen,
Sag uns, Guter, wer wir sind!
Glücklich sind wir: allen, allen
Ist das Dasein so gelind.
PATER SERAPHICUS. Knaben, Mitternachtsgeborne,
Halb erschlossen Geist und Sinn,
Für die Eltern gleich Verlorne,
Für die Engel zum Gewinn!
Daß ein Liebender zugegen,
Fühlt ihr wohl: so naht euch nur!
Doch von schroffen Erdewegen,
Glückliche! habt ihr keine Spur.
Steigt herab in meiner Augen
Welt- und erdgemäß Organ!
Könnt sie als die euern brauchen:
Schaut euch diese Gegend an!
Er nimmt sie in sich.
Das sind Bäume, das sind Felsen,
Wasserstrom, der abestürzt
Und mit ungeheuerm Wälzen
Sich den steilen Weg verkürzt.
SELIGE KNABEN *von innen.*
Das ist mächtig anzuschauen;
Doch zu düster ist der Ort,
Schüttelt uns mit Schreck und Grauen:
Edler, Guter, laß uns fort!
PATER SERAPHICUS
Steigt hinan zu höhrem Kreise,
Wachset immer unvermerkt,
Wie nach ewig reiner Weise
Gottes Gegenwart verstärkt!

Denn das ist der Geister Nahrung,
Die im freisten Äther waltet:
Ewigen Liebens Offenbarung,
Die zur Seligkeit entfaltet.

CHOR SELIGER KNABEN *um die höchsten Gipfel kreisend.*
Hände verschlinget
Freudig zum Ringverein!
Regt euch und singet
Heiige Gefühle drein!
Göttlich belehret,
Dürft ihr vertrauen;
Den ihr verehret,
Werdet ihr schauen.

ENGEL *schwebend in der höhern Atmosphäre, Faustens Unsterbliches
tragend.*
Gerettet ist das edle Glied
Der Geisterwelt vom Bösen:
Wer immer strebend sich bemüht,
Den können wir erlösen!
Und hat an ihm die Liebe gar
Von oben teilgenommen,
Begegnet ihm die selige Schar
Mit herzlichem Willkommen.

DIE JÜNGEREN ENGEL. Jene Rosen, aus den Händen
Liebend-heiliger Büßerinnen,
Halfen uns den Sieg gewinnen,
Uns das hohe Werk vollenden,
Diesen Seelenschatz erbeuten.
Böse wichen, als wir streuten,
Teufel flohen, als wir trafen.
Statt gewohnter Höllenstrafen
Fühlten Liebesqual die Geister;
Selbst der alte Satansmeister
War von spitzer Pein durchdrungen.
Jauchzet auf! es ist gelungen.

DIE VOLLENDETEREN ENGEL. Uns bleibt ein Erdenrest
Zu tragen peinlich,

Und war er von Asbest,
Er ist nicht reinlich.
Wenn starke Geisteskraft
Die Elemente
An sich herangerafft,
Kein Engel trennte
Geeinte Zwienatur
Der innigen beiden:
Die ewige Liebe nur
Vermags zu scheiden.

DIE JÜNGEREN ENGEL. Nebelnd um Felsenhöh
Spür ich soeben
Regend sich in der Näh
Ein Geisterleben.
Die Wölkchen werden klar:
Ich seh bewegte Schar
Seliger Knaben,
Los von der Erde Druck,
Im Kreis gesellt,
Die sich erlaben
Am neuen Lenz und Schmuck
Der obern Welt.
Sei er zum Anbeginn,
Steigendem Vollgewinn
Diesen gesellt.

DIE SELIGEN KNABEN. Freudig empfangen wir
Diesen im Puppenstand;
Also erlangen wir
Englisches Unterpfand.
Löset die Flocken los,
Die ihn umgeben!
Schon ist er schön und groß
Von heiligem Leben.

DOCTOR MARIANUS. *In der höchsten, reinlichsten Zelle.*
Hier ist die Aussicht frei,
Der Geist erhoben.
Dort ziehen Fraun vorbei,

Schwebend nach oben.
Die Herrliche, mitteninn,
Im Sternenkranze,
Die Himmelskönigin:
Ich sehs am Glanze.

Entzückt.

Höchste Herrscherin der Welt,
Lasse mich im blauen
Ausgespannten Himmelszelt
Dein Geheimnis schauen!
Billige, was des Mannes Brust
Ernst und zart beweget
Und mit heiiger Liebeslust
Dir entgegenträget!
Unbezwinglich unser Mut,
Wenn du hehr gebietest;
Plötzlich mildert sich die Glut,
Wie du uns befriedest.
Jungfrau, rein im schönsten Sinn,
Mutter, Ehren würdig,
Uns erwählte Königin,
Göttern ebenbürtig.
Um sie verschlingen
Sich leichte Wölkchen:
Sind Büßerinnen,
Ein zartes Völkchen,
Um ihre Kniee
Den Äther schlürfend,
Gnade bedürfend.
Dir, der Unberührbaren,
Ist es nicht benommen,
Daß die leicht Verführbaren
Traulich zu dir kommen.
In die Schwachheit hingerafft,
Sind sie schwer zu retten:
Wer zerreißt aus eigener Kraft
Der Gelüste Ketten?

Wie entgleitet schnell der Fuß
Schiefem, glattem Boden!
Wen betört nicht Blick und Gruß,
Schmeichelhafter Odem?

Mater gloriosa schwebt einher.

CHOR DER BÜSSERINNEN. Du schwebst zu Höhen
Der ewigen Reiche;
Vernimm das Flehen,
Du Ohnegleiche,
Du Gnadenreiche!

MAGNA PECCATRIX. *(St. Lucae VII, 36.)*
Bei der Liebe, die den Füßen
Deines gottverklärten Sohnes
Tränen ließ zum Balsam fließen
Trotz des Pharisäerhohnes,
Beim Gefäße, das so reichlich
Tropfte Wohlgeruch hernieder,
Bei den Locken, die so weichlich
Trockneten die heiigen Glieder –

MULIER SAMARITANA. *(St Joh. IV.)*
Bei dem Bronn, zu dem schon weiland
Abram ließ die Herde führen,
Bei dem Eimer, der dem Heiland
Kühl die Lippe dürft berühren,
Bei der reinen, reichen Quelle,
Die nun dorther sich ergießet,
Überflüssig, ewig helle
Rings durch alle Welten fließet –

MARIA AEGYPTICA. *(Acta Sanctorum.)*
Bei dem hochgeweihten Orte,
Wo den Herrn man niederließ,
Bei dem Arm, der von der Pforte
Warnend mich zurückestieß,
Bei der vierzigjährigen Buße,
Der ich treu in Wüsten blieb,
Bei dem seligen Scheidegruße,

Den im Sand ich niederschrieb –
ZU DREI. Die du großen Sünderinnen
    Deine Nähe nicht verweigerst
    Und ein büßendes Gewinnen
    In die Ewigkeiten steigerst,
    Gönn auch dieser guten Seele,
    Die sich einmal nur vergessen,
    Die nicht ahnte, daß sie fehle,
    Dein Verzeihen angemessen!
UNA POENITENTIUM *sich anschmiegend. Sonst Gretchen genannt.*
    Neige, neige,
    Du Ohnegleiche,
    Du Strahlenreiche,
    Dein Antlitz gnädig meinem Glück!
    Der früh Geliebte,
    Nicht mehr Getrübte,
    Er kommt zurück.
SELIGE KNABEN *in Kreisbewegung sich nähernd.*
    Er überwächst uns schon
    An mächtigen Gliedern,
    Wird treuer Pflege Lohn
    Reichlich erwidern.
    Wir wurden früh entfernt
    Von Lebechören;
    Doch dieser hat gelernt:
    Er wird uns lehren.
DIE EINE BÜSSERIN, *sonst Gretchen genannt.*
    Vom edlen Geisterchor umgeben,
    Wird sich der Neue kaum gewahr,
    Er ahnet kaum das frische Leben,
    So gleicht er schon der heiligen Schar.
    Sieh, wie er jedem Erdenbande,
    Der alten Hülle sich entrafft
    Und aus ätherischem Gewande
    Hervortritt erste Jugendkraft!
    Vergönne mir, ihn zu belehren:
    Noch blendet ihn der neue Tag!

MATER GLORIOSA.

Komm, hebe dich zu höhern Sphären!
Wenn er dich ahnet, folgt er nach.

DOKTOR MARIANUS *auf dem Angesicht anbetend.*

Blicket auf zum Retterblick,
Alle reuig Zarten,
Euch zu seligem Geschick
Dankend umzuarten!
Werde jeder bessre Sinn
Dir zum Dienst erbötig!
Jungfrau, Mutter, Königin,
Göttin, bleibe gnädig!

CHORUS MYSTICUS.

Alles Vergängliche
Ist nur ein Gleichnis;
Das Unzulängliche
Hier wird's Ereignis;
Das Unbeschreibliche,
Hier ist's getan;
Das Ewigweibliche
Zieht uns hinan.

FINIS

Faust · Frühe Fassung
(Urfaust)

Nacht

In einem hochgewölbten engen gothischen Zimmer

FAUST *unruhig auf seinem Sessel am Pulten.*
Hab nun, ach! die Philosophey,
Medizin und Juristerey
Und leider auch die Theologie
Durchaus studirt mit heisser Müh.
Da steh ich nun, ich armer Tohr,
Und binn so klug als wie zuvor.
Heisse Docktor und Professor gar
Und ziehe schon an die zehen Jahr
Herauf, herab und queer und krumm
Meine Schüler an der Nas herum
Und seh, dass wir nichts wissen können:
Das will mir schier das Herz verbrennen.
Zwar binn ich gescheuter als alle die Laffen,
Docktors, Professors, Schreiber und Pfaffen,
Mich plagen keine Skrupel noch Zweifel,
Furcht mich weder vor Höll noch Teufel.
Dafür ist mir auch all Freud entrissen,
Bild mir nicht ein, was rechts zu wissen,
Bild mir nicht ein, ich könnt was lehren,
Die Menschen zu bessern und zu bekehren;
Auch hab ich weder Gut noch Geld
Noch Ehr und Herrlichkeit der Welt:
Es mögt kein Hund so länger leben!
Drum hab ich mich der Magie ergeben,
Ob mir durch Geistes Krafft und Mund
Nicht manch Geheimniss werde kund,
Dass ich nicht mehr mit saurem Schweis
Rede von dem, was ich nicht weis,
Dass ich erkenne, was die Welt
Im innersten zusammenhält,
Schau alle Würckungskrafft und Saamen
Und tuh nicht mehr in Worten kramen.

O sähst du, voller Mondenschein,
Zum letzten mal auf meine Pein,
Den ich so manche Mitternacht
An diesem Pult heran gewacht!
Dann über Bücher und Papier,
Trübseelger Freund, erschienst du mir.
Ach, könnt ich doch auf Berges Höhn
In deinem lieben Lichte gehn,
Um Bergeshöl mit Geistern schweben,
Auf Wiesen in deinem Dämmer weben,
Von allem Wissensqualm entladen,
In deinem Thau gesund mich baden!
Weh! steck ich in dem Kercker noch?
Verfluchtes dumpfes Mauerloch,
Wo selbst das liebe Himmels Licht
Trüb durch gemahlte Scheiben bricht,
Beschränckt von all dem Bücherhauff,
Den Würme nagen, staubbedeckt
Und biss ans hohe Gewölb hinauf
Mit angeraucht Papier besteckt,
Mit Gläsern, Büchsen rings bestellt,
Mit Instrumenten vollgepropft,
Urväter Hausrath drein gestopft:
Das ist deine Welt, das heisst eine Welt!
Und fragst du noch, warum dein Herz
Sich inn in deinem Busen klemmt?
Warum ein unerklärter Schmerz
Dir alle Lebensregung hemmt?
Statt all der lebenden Natur,
Da Gott die Menschen schuf hinein,
Umgiebt in Rauch und Moder nur
Dich Tiergeripp und Todtenbein.
Flieh! Auf hinaus ins weite Land!
Und dies geheimnissvolle Buch
Von Nostradamus eigner Hand
Ist dir das nicht Geleit genug?
Erkennest dann der Sterne Lauf,

Und wenn Natur dich unterweist,
Dann geht die Seelenkrafft dir auf,
Wie spricht ein Geist zum andern Geist.
Umsonst, dass trocknes Sinnen hier
Die heiigen Zeichen dir erklärt;
Ihr schwebt, ihr Geister, neben mir,
Antwortet mir wenn ihr mich hört!

er schlägt das Buch auf und erblickt das Zeichen des Makrokosmos
Ha! welche Wonne fliesst in diesem Blick
Auf einmal mir durch alle meine Sinnen!
Ich fühle iunges heilges Lebensglück,
Fühl neue Glut durch Nerv und Adern rinnen.
War es ein Gott, der diese Zeichen schrieb,
Die all das innre Toben stillen,
Das arme Herz mit Freude füllen
Und mit geheimnissvollem Trieb
Die Kräffte der Natur enthüllen?
Binn ich ein Gott? mir wird so licht!
Ich schau in diesen reinen Zügen
Die würckende Natur vor meiner Seele liegen.
Jezt erst erkenn ich, was der Weise spricht:
»Die Geister Welt ist nicht verschlossen,
Dein Sinn ist zu, dein Herz ist todt!
Auf! bade, Schüler, unverdrossen
Die irrdsche Brust im Morgenroth!«

er beschaut das Zeichen.
Wie alles sich zum Ganzen webt,
Eins in dem andern würckt und lebt!
Wie Himmelskräffte auf und nieder steigen
Und sich die goldnen Eimer reichen!
Mit Seegenduftenden Schwingen
Vom Himmel durch die Erde dringen,
Harmonisch all das All durchklingen!
Welch Schauspiel! aber ach, ein Schauspiel nur!
Wo fass ich dich, unendliche Natur?
Euch Brüste wo? Ihr Quellen alles Lebens,
An denen Himmel und Erde hängt,

Dahin die welcke Brust sich drängt,
Ihr quellt, ihr tränckt, und schmacht ich so vergebens?
er schlägt unwillig das Buch um und erblickt das Zeichen des Erdgeistes.
Wie anders würckt dies Zeichen auf mich ein!
Du, Geist der Erde, bist mir näher,
Schon fühl ich meine Kräffte höher,
Schon glüh ich wie vom neuen Wein.
Ich fühle Muth, mich in die Welt zu wagen,
All Erdenweh und all ihr Glück zu tragen,
Mit Stürmen mich herum zu schlagen
Und in des Schiffbruchs Knirschen nicht zu zagen.
Es wölckt sich über mir,
Der Mond verbirgt sein Licht!
Die Lampe schwindet!
Es dampft! Es zucken rothe Stralen
Mir um das Haupt. Es weht
Ein Schauer vom Gewölb herab
Und fasst mich an.
Ich fühls, du schwebst um mich,
Erflehter Geist!
Enthülle dich!
Ha! wies in meinem Herzen reisst!
Zu neuen Gefühlen
All meine Sinne sich erwühlen!
Ich fühle ganz mein Herz dir hingegeben!
Du musst! du musst! Und kostet es mein Leben.
er faßt das Buch und spricht das Zeichen des Geists geheimnissvoll aus.
Es zuckt eine röthliche Flamme, der Geist erscheint in der Flamme, in
wiederlicher Gestalt.

GEIST. Wer ruft mir?
FAUST *abwendend.* Schröckliches Gesicht!
GEIST. Du hast mich mächtig angezogen,
An meiner Sphäre lang gesogen,
Und nun –
FAUST. Weh! ich ertrag dich nicht!
GEIST. Du flehst erathmend, mich zu schauen,

Meine Stimme zu hören, mein Antlitz zu sehn,
Mich neigt dein mächtig Seelen Flehn:
Da binn ich! Welch erbärmlich Grauen
Fasst Uebermenschen dich! Wo ist der Seele Ruf?
Wo ist die Brust, die eine Welt in sich erschuf,
Und trug, und heegte, und mit Freude Beben
Erschwoll, sich uns, den Geistern, gleich zu heben?
Wo bist du, Faust, des Stimme mir erklang?
Der sich an mich mit allen Kräfften drang?
Du! der, den kaum mein Hauch umwittert,
In allen Lebenstiefen zittert,
Ein furchtsam weggekrümmter Warm.
FAUST. Soll ich dir, Flammenbildung, weichen?
Ich binns, binn Faust, binn deines gleichen!
GEIST. In Lebensfluthen, im Tahtensturm
Wall ich auf und ab,
Webe hin und her!
Geburt und Grab,
Ein ewges Meer,
Ein wechselnd Weben,
Ein glühend Leben!
So schaff ich am sausenden Webstuhl der Zeit
Und würcke der Gottheit lebendiges Kleid.
FAUST. Der du die weite Welt umschweiffst,
Geschäfftger Geist, wie nah fühl ich mich dir!
GEIST. Du gleichst dem Geist, den du begreiffst,
Nicht mir! *verschwindet*
FAUST *zusammenstürzend*. Nicht dir!
Wem denn?
Ich Ebenbild der Gottheit!
Und nicht einmal dir! *es klopft*.
O Todt! ich kenns, das ist mein Famulus.
Nun werd ich tiefer tief zu nichte!
Dass diese Fülle der Gesichte
Der trockne Schwärmer stören muss!

Wagner im Schlafrock und der Nachtmüzze, eine Lampe in der Hand.
Faust wendet sich unwillig.

WAGNER. Verzeiht! ich hört euch deklamiren.
Ihr last gewiss ein Griechisch Trauerspiel.
In dieser Kunst mögt ich was profitiren,
Denn heutzutage würckt das viel.
Ich hab es öfters rühmen hören,
Ein Kommödiant könnt einen Pfarrer lehren.
FAUST. Ja, wenn der Pfarrer ein Commödiant ist,
Wie das denn wohl zu Zeiten kommen mag.
WAGNER. Ach, wenn man in sein Museum gebannt ist
Und sieht die Welt kaum einen Feyertag,
Man weis nicht eigentlich, wie sie zu guten Dingen
Durch Überredung hinzubringen.
FAUST. Wenn ihrs nicht fühlt, ihr werdets nicht eriagen,
Wenns euch nicht aus der Seele dringt
Und mit urkräfftigem Behagen
Die Herzen aller Hörer zwingt.
Sizt ihr einweil und leimt zusammen,
Braut ein Ragout von andrer Schmaus
Und blast die kümmerlichen Flammen
Aus eurem Aschenhäufgen aus!
Bewundrung von Kindern und Affen,
Wenn euch darnach der Gaumen steht!
Doch werdet ihr nie Herz zu Herzen schaffen,
Wenn es euch nicht von Herzen geht.
WAGNER. Allein der Vortrag nüzt dem Redner viel.
FAUST. Was Vortrag! der ist gut im Puppenspiel.
Mein Herr Magister, hab er Krafft!
Sey er kein Schellenlauter Tohr!
Und Freundschafft, Liebe, Brüderschaft:,
Trägt die sich nicht von selber vor?
Und wenns euch Ernst ist, was zu sagen
Ists nöthig, Worten nachzuiagen?
Und all die Reden, die so blinckend sind,

In denen ihr der Menschheit Schnizzel kräuselt,
Sind unerquicklich wie der Nebelwind,
Der herbstlich durch die dürren Blätter säuselt.
WAGNER. Ach Gott, die Kunst ist lang
Und kurz ist unser Leben!
Mir wird bey meinem kritischen Bestreben
Doch offt um Kopf und Busen bang.
Wie schweer sind nicht die Mittel zu erwerben,
Durch die man zu den Quellen steigt,
Und eh man nur den halben Weeg erreicht,
Muss wohl ein armer Teufel sterben.
FAUST. Das Pergament ist das der heiige Bronnen,
Woraus ein Trunck den Durst auf ewig stillt?
Erquickung hast du nicht gewonnen,
Wenn sie dir nicht aus eigner Seele quillt.
WAGNER. Verzeiht! es ist ein gros Ergözzen,
Sich in den Geist der Zeiten zu versezzen,
Zu schauen, wie vor uns ein weiser Mann gedacht,
Und wie wirs dann zulezt so herrlich weit gebracht
FAUST. O ia, biss an die Sterne weit!
Mein Freund, die Zeiten der Vergangenheit
Sind uns ein Buch mit sieben Siegeln.
Was ihr den Geist der Zeiten heisst,
Das ist im Grund der Herren eigner Geist,
In dem die Zeiten sich bespiegeln.
Da ists denn warrlich offt ein Jammer!
Man läufft euch bey dem ersten Blick davon:
Ein Kehrichtfass und eine Rumpelkammer,
Und höchstens eine Haupt und Staats Acktion.
Mit trefflichen pragmatischen Maximen,
Wie sie den Puppen wohl im Munde ziemen.
WAGNER. Allein die Welt! des Menschen Herz und Geist!
Mögt ieglicher doch was davon erkennen.
FAUST. Ja, was man so erkennen heisst!
Wer darf das Kind beym rechten Nahmen nennen?
Die wenigen, die was davon erkannt,

393

Die Töhrig gnug ihr volles Herz nicht wahrten,
Dem Pöbel ihr Gefühl, ihr Schauen offenbaarten,
Hat man von ie gekreuzigt und verbrannt.
Ich bitt euch, Freund, es ist tief in der Nacht,
Wir müssen diesmal unterbrechen.

WAGNER. Ich hätte gern biss morgen früh gewacht,
Um so gelehrt mit euch mich zu besprechen, *ab.*

FAUST. Wie nur dem Kopf nicht alle Hoffnung schwindet,
Der immer fort an schaalem Zeuge klebt,
Mit gierger Hand nach Schäzzen gräbt
Und froh ist, wenn er Regenwürmer findet!

Mephistopheles im Schlafrock, eine grose Perrücke auf · Student

STUDENT. Ich binn alhier erst kurze Zeit
Und komme voll Ergebenheit,
Einen Mann zu sprechen und zu kennen,
Den alle wir mit Ehrfurcht nennen.

MEPHISTOPHELES. Eure Höflichkeit erfreut mich sehr,
Ihr seht einen Mann wie andre mehr.
Habt ihr euch hier schon umgetahn?

STUDENT. Ich bitt euch, nehmt euch meiner an!
Ich komm mit allem gutem Muth,
Eim leidlich Geld und frischem Blut.
Meine Mutter wollt mich kaum entfernen,
Mögte gern was rechts hier aussen lernen.

MEPHISTOPHELES. Da seyd ihr eben recht am Ort.

STUDENT. Aufrichtig! Mögt schon wieder fort!
Sieht all so trocken ringsum aus,
Als säs Heishunger in iedem Haus.

MEPHISTOPHELES. Bitt euch, dran euch nicht weiter kehrt!
Hier alles sich vom Studenten nährt.
Doch erst, wo werdet ihr logiren?
Das ist ein Hauptstück!

STUDENT. Wolltet mich fuhren!
Binn warrlich ganz ein irres Lamm.
Mögt gern das gute so allzusamm,

Mögt gern das böse mir all vom Leib,
Und Freyheit, auch wohl Zeitvertreib!
Mögt auch dabey studiren tief,
Dass mirs über Kopf und Ohren lief!
O Herr, helft, dass meiner Seel
Am guten Wesen nimmer fehl.
MEPHISTOPHELES *krazt sich.*
Kein Logie habt ihr, wie ihr sagt?
STUDENT. Hab noch nicht mal darnach gefragt.
Mein Wirthshaus nährt mich leidlich gut,
Feines Mägdlein drinn aufwarten tuht.
MEPHISTOPHELES. Behüte Gott, das führt euch weit!
Kaffee und Billard! Weh dem Spiel!
Die Mägdlein, ach, sie geilen viel!
Vertripplistreichelt eure Zeit.
Dagegen sehn wirs leidlich gern,
Dass alle Studiosi nah und fern
Uns wenigstens einmal die Wochen
Kommen untern Absaz gekrochen.
Will einer an unserm Speichel sich lezzen,
Den tuhn wir zu unsrer Rechten sezzen.
STUDENT. Mir wird ganz greulich vorm Gesicht!
MEPHISTOPHELES. Das schadt der guten Sache nicht.
Dann fördersamst mit dem Logie
Wüsst ich euch wohl nichts bessers hie,
Als geht zu Frau Sprizbierlein morgen:
Weis Studiosos zu versorgen,
Hats Haus von oben bis unten voll
Und versteht weidlich, was sie soll.
Zwar Noes Arche war saubrer gefacht,
Doch ists einmal so hergebracht.
Ihr zahlt, was andre vor euch zahlten,
Die ihren Nahm aufs Scheis Haus mahlten.
STUDENT. Wird mir fast so eng ums Herz herum
Als zu Haus im Collegium.
MEPHISTOPHELES. Euer Logie war nun bestellt.

Nun euren Tisch für leidlich Geld!

STUDENT. Mich dünckt, das gäb sich alle nach,
Wer erst von Geists Erweitrung sprach!

MEPHISTOPHELES. Mein Schaz, das wird euch wohl verziehn.
Kennt nicht den Geist der Akademien!
Der Mutter Tisch müsst ihr vergessen,
Klar Wasser, geschiedne Butter fressen,
Statt Hopfen Keim und iung Gemüs
Geniessen mit Danck Brennesseln süs,
Sie tuhn einen Gänse Stulgang treiben,
Aber eben drum nicht bass bekleiben,
Hammel und Kalb kühren ohne End
Als wie unsers Herr Gotts Firmament.
Doch zahlend wird von euch ergänzt,
Was Schwärmerian vor euch geschwänzt.
Müsst euren Beutel wohl versorgen,
Besonders keinem Freunde borgen,
Aber redlich zu allen Maalen
Wirth, Schneider und Professor zahlen.

STUDENT. Hochwürdger Herr, das findet sich.
Aber nun bitt ich: leitet mich!
Mir steht das Feld der Weisheit offen,
Wäre gern so grade zu geloffen,
Aber sieht drinn so bunt und kraus,
Auch seitwärts wüst und trocken aus.
Fern täht sichs mir vor die Sinnen stellen
Als wie ein Tempe voll frischer Quellen.

MEPHISTOPHELES. Sagt mir erst, eh ihr weiter geht:
Was wählt ihr für eine Fakultät?

STUDENT. Soll zwar ein Mediziner werden,
Doch wünscht ich rings von aller Erden,
Von allem Himmel und all Natur,
So viel mein Geist vermögt zu fassen.

MEPHISTOPHELES. Ihr seyd da auf der rechten Spur,
Doch müsst ihr euch nicht zerstreuen lassen.
Mein theurer Freund, ich rath euch drum

Zuerst Kollegium Logikum.
Da wird der Geist euch wohl dressirt,
In Spansche Stiefeln eingeschnürt,
Dass er bedächtger so fort an
Hinschleiche die Gedancken Bahn
Und nicht etwa die Kreuz und Queer
Irrlichtelire den Weeg daher.
Dann lehret man euch manchen Tag,
Dass, was ihr sonst auf Einen Schlag
Getrieben, wie Essen und Trincken frey,
Eins! Zwey! Drey! dazu nöthig sey.
Zwar ists mit der Gedancken Fabrick
Wie mit einem Weber Meisterstück,
Wo Ein Tritt tausend Fäden regt,
Die Schifflein rüber hinüber schiessen,
Die Fäden ungesehen fliessen,
Ein Schlag tausend Verbindungen schlägt.
Der Philosoph der tritt herein
Und beweist euch, es müsst so seyn:
Das erst wär so, das zweyte so
Und drum das dritt und vierte so,
Und wenn das erst und zweyt nicht wär,
Das dritt und viert war nimmermehr.
Das preisen die Schüler aller Orten,
Sind aber keine Weber worden.
Wer will was lebigs erkennen und beschreiben,
Muss erst den Geist herauser treiben,
Dann hat er die Theil in seiner Hand,
Fehlt leider nur das geistlich Band.
Encheiresin naturae nennts die Chimie!
Bohrt sich selbst einen Esel und weis nicht wie.
STUDENT. Kann euch nicht eben ganz verstehen.
MEPHISTOPHELES. Das wird nächstens schon besser gehen,
  Wenn ihr lernt alles reduziren
  Und gehörig klassifiziren.
STUDENT. Mir wird von allem dem so dumm,

Als ging mir ein Mühlrad im Kopf herum.

MEPHISTOPHELES. Nachher vor allen andern Sachen
Müsst ihr euch an die Metaphisick machen!
Da seht, dass ihr tiefsinnig fasst,
Was in des Menschen Hirn nicht passt!
Für was drein geht und nicht drein geht,
Ein prächtig Wort zu Diensten steht.
Doch vorerst dieses halbe Jahr
Nehmt euch der besten Ordnung wahr!
Fünf Stunden nehmt ihr ieden Tag,
Seyd drinne mit dem Glockenschlag,
Habt euch zu Hause wohl preparirt,
Paragraphos wohl einstudirt.
Damit ihr nachher besser seht,
Dass er nichts sagt, als was im Buche steht.
Doch euch des Schreibens ia befleisst,
Als dicktiert euch der heilig Geist!

STUDENT. Verzeiht! ich halt euch auf mit vielen Fragen,
Allein ich muss euch noch bemühn:
Wollt ihr mir von der Medizin
Nicht auch ein kräfftig Wörtgen sagen?
Drey Jahr ist eine kurze Zeit,
Und, Gott! das Feld ist gar zu weit.
Wenn man ein' Fingerzeig nur hat,
Lässt sichs schon ehe weiter fühlen.

MEPHISTOPHELES *vor sich.* Binn des Professor Tons nun satt,
Will wieder einmal den Teufel spielen, *laut*
Der Geist der Medizin ist leicht zu fassen:
Ihr durchstudirt die gros und kleine Welt,
Um es am Ende gehn zu lassen
Wies Gott gefällt.
Vergebens, dass ihr ringsum wissenschafftlich schweifft
Ein ieder lernt nur, was er lernen kann;
Doch der den Augenblick ergreifft,
Das ist der rechte Mann.
Ihr seyd noch ziemlich wohl gebaut,

An Kühnheit wirds euch auch nicht fehlen,
Und wenn ihr euch nur selbst vertraut,
Vertrauen euch die andern Seelen.
Besonders lernt die Weiber führen:
Es ist ihr ewig Weh und Ach,
So tausendfach,
Aus Einem Punckte zu kuriren,
Und wenn ihr halbweeg ehrbaar tuht,
Dann habt ihr sie all unterm Hut.
Ein Titel muss sie erst vertraulich machen,
Dass eure Kunst viel Künste übersteigt,
Zum Willkomm tappt ihr dann nach allen Siebensachen,
Um die ein andrer viele Jahre streicht,
Versteht das Pülslein wohl zu drücken
Und fasset sie mit feurig schlauen Blicken,
Wohl um die schlancke Hüfte frey,
Zu sehn, wie fest geschnürt sie sey.
STUDENT. Das sieht schon besser aus als die Philosophie!
MEPHISTOPHELES. Grau, theurer Freund, ist alle Theorie
Und grün des Lebens goldner Baum.
STUDENT. Ich schwör euch zu: mir ists als wie ein Traum!
Dürft ich euch wohl ein andermal beschweeren,
Von eurer Weisheit auf den Grund zu hören?
MEPHISTOPHELES. Was ich vermag soll gern geschehn.
STUDENT. Ich kann ohnmöglich wieder gehn,
Ich muss euch noch mein Stammbuch überreichen:
Gönn eure Gunst mir dieses Zeichen!
MEPHISTOPHELES. Sehr wohl, *er schreibt und giebts.*
STUDENT *liest.* Eritis sicut Deus scientes bonum et malum.
machts ehrbietig zu und empfielt sich.
MEPHISTOPHELES.
Folg nur dem alten Spruch von meiner Muhme, der Schlange,
Dir wird gewiss einmal bey deiner Gottähnlichkeit bange!

Auerbachs Keller in Leipzig

Zeche lustiger Gesellen

FROSCH. Will keiner sauffen? keiner lachen?
 Ich werd euch lehren, Gesichter machen!
 Ihr seyd ia heut wie nasses Stroh
 Und brennt sonst immer lichterloh.
BRANDNER. Das liegt an dir, du bringst ia nichts herbey,
 Nicht eine Dummheit, keine Sauerey.
FROSCH *giesst ihm ein Glas Wein übern Kopf.*
 Da hast du beydes!
BRANDNER. Esel! Schwein!
FROSCH. Muss man mit euch nicht beydes seyn?
SIEBEL. Drey Teufel! ruht! und singt runda! und drein gesoffen
 drein gekrischen. Holla he! Auf! He da!
ALTEN. Baumwolle her! der sprengt uns die Ohren.
SIEBEL. Kann ich davor, dass das verflucht niedrige Gewölbe
 so wiederschallt? Sing!
FROSCH. A! Tara! Tara! lara! di! – Gestimmt ist! Und was nun?
 Das liebe heiige Römsche Reich
 Wie hälts nur noch zusammen?
BRANDNER. Pfuy, ein garstig Lied! Ein politisch Lied ein leidig
 Lied. Danckt Gott, dass euch das heilige Römische Reich
 nichts angeht! Wir wollen einen Papst wählen.
FROSCH. Schwing dich auf, Frau Nachtigall,
 Grüs mein Liebgen zehntausendmal!
SIEBEL. Wetter und Todt! Grüs mein Liebgen! – Eine Ham-
 melmauspastete mit gestopften dürren Eichenblättern vom
 Blocksberg, durch einen geschundnen Haasen mit dem Hah-
 nenkopf überschickt, und keinen Grus von der Nachtigall!
 Hatt sie mich nicht – Meinen Stuzbart und alle Appartinen-
 zien – hinter die Tühre geworfen wie einen stumpfen Besen,
 und das um – Drey Teufel! Keinen Grus, sag ich, als die Fenster eingeschmissen!

FROSCH *den Krug auf den Tisch stossend.* Ruh iezt! – Ein neu
Lied, Kammeraden, ein alt Lied, wenn ihr wollt! – Aufgemerckt
und den Rundreim mit gesungen! Frisch und hoch auf! –

Es war ein Ratt im Keller Nest,
Lebt nur von Fett und Butter,
Hätt sich ein Ränzlein angemäst
Als wie der Docktor Luther.
Die Köchinn hätt ihr Gifft gestellt,
Da wards so eng ihr in der Welt,
Als hätt sie Lieb im Leibe.

CHORUS *iauchzend.* Als hätt sie Lieb im Leibe!

FROSCH. Sie fuhr herum, sie fuhr heraus
Und soff aus allen Pfüzzen,
Zernagt, zerkrazt das ganze Haus,
Wollt nichts ihr Wüthen nüzzen.
Sie täht so manchen Ängstesprung,
Bald hätt das arme Tier genung,
Als hätt es Lieb im Leibe.

CHORUS. Als hätt es Lieb im Leibe!

FROSCH. Sie kam vor Angst am hellen Tag
Der Küche zu gelauffen,
Fiel an den Heerd und zuckt und lag
Und täht erbärmlich schnauffen.
Da lachte die Vergifftrinn noch:
»Ha! sie pfeifft auf dem lezten Loch,
Als hätt sie Lieb im Leibe!«

CHORUS. Als hätt sie Lieb im Leibe!

SIEBEL. Und eine hinlängliche Portion Rattenpulver der Köchinn in die Suppe! Ich binn nit mitleidig, aber so eine Ratte
könnte einen Stein erbarmen.

BRANDNER. Selbst Ratte! Ich mögte den Schmeerbauch so
am Heerde sein Seelgen ausblasen sehn!

Faust · Mephistopheles

MEPHISTOPHELES. Nun schau, wie sies hier treiben! Wenn
dirs gefällt, dergleichen Societät schaff ich dir Nacht nächtlich.

FAUST. Guten Abend, ihr Herren.

ALLE. Grosen Danck!

SIEBEL. Wer ist der Storcher da?

BRANDNER. Still! das ist was vornehmes inkognito, sie haben
so was unzufriednes böses im Gesicht.

SIEBEL. Pah! Kommödianten, wenns hoch kommt.

MEPHISTOPHELES *leise.* Mercks! den Teufel vermuthen die
Kerls nie, so nah er ihnen immer ist.

FROSCH. Ich will 'en die Würme schon aus der Nase ziehn,
wo sie herkommen. – Ist der Weeg von Rippach herüber so
schlimm, dass ihr so tief in die Nacht habt reisen müssen?

FAUST. Wir kommen den Weeg nit.

FROSCH. Ich meynte etwa, ihr hättet bey dem berühmten
Hans drüben zu Mittag gespeisst.

FAUST. Ich kenn ihn nicht, *die andern lachen.*

FROSCH. O, er ist von altem Geschlecht. Hat eine weitläufige
Familie.

MEPHISTOPHELES. Ihr seyd wohl seiner Vettern einer.

BRANDNER *leise zu FROSCH.* Stecks ein! der versteht den
Rummel.

FROSCH. Bey Wurzen ists fatal, da muss man so lang auf die
Fähre manchmal warten.

FAUST. So?

SIEBEL *leise.* Sie kommen aus dem Reiche, man siehts'en an.
Lasst sie nur erst fidel werden! – Seyd ihr Freunde von einem
herzhafften Schluck? Herbey mit euch!

MEPHISTOPHELES. Immer zu. *sie stossen an und trincken.*

FROSCH. Nun, Herrn, ein Liedgen! Für einen Krug ein Liedgen, das ist billig.

FAUST. Ich habe keine Stimme.

MEPHISTOPHELES. Ich sing eins für mich, zwey für meinen
Kammeraden, hundert, wenn ihr wollt: wir kommen aus

Spanien, wo Nachts so viel Lieder gesungen werden als
Sterne am Himmel stehn.

BRANDNER. Das verbät ich mir, ich hasse das Geklimpere,
ausser wenn ich einen Rausch habe, und schlafe, dass die
Welt untergehen dürfte. – Für kleine Mädgen ists so was, die
nit schlafen können, und am Fenster stehen, Monden Küh-
lung einzusuckeln.

MEPHISTOPHELES. Es war einmal ein König,
Der hätt einen grosen Floh!

SIEBEL. Stille! Horch! Schöne Rarität! schöne Liebhaberey!

FROSCH. Noch einmal!

MEPHISTOPHELES. Es war einmal ein König,
Der hätt einen grosen Floh,
Den liebt er gar nit wenig,
Als wie sein eignen Sohn.
Da rief er seinen Schneider,
Der Schneider kam heran:
»Da mess dem Juncker Kleider
Und mess ihm Hosen an!«

SIEBEL. Wohl gemessen! Wohl! *Sie schlagen in ein Gelächter aus.*
Dass sie nur keine Falten werfen!

MEPHISTOPHELES. In Sammet und in Seide
War er nun angethan,
Hätte Bänder auf dem Kleide,
Hätt auch ein Kreuz daran.
Und war sogleich Minister
Und hätt einen grosen Stern,
Da wurden sein Geschwister
Bey Hof auch grose Herrn.
Und Herrn und Fraun am Hofe
Die waren sehr geplagt,
Die Königinn und die Zofe
Gestochen und genagt,
Und durften sie nicht knicken
Und weg sie iagen nicht:
Wir knicken und ersticken

Doch gleich, wenn einer sticht!

CHORUS *iauchzend.* Wir knicken und ersticken
Doch gleich, wenn einer sticht!

ALLE *durch einander.* Bravo! Bravo! Schön und trefflich! Noch
eins! Noch ein paar Krüge! Noch ein paar Lieder.

FAUST. Meine Herren! der Wein geht an! Geht an, wie in
Leipzig die Weine alle angehn müssen. Doch dünckt mich,
ihr würdet erlauben, dass man euch aus einem andern Fasse
zapfte.

SIEBEL. Habt ihr einen eignen Keller? Handelt ihr mit Weinen? Seyd ihr vielleicht von denen Schelmen ausm Reich? –

ALTEN. Wart ein bissgen! *er steht auf.* Ich hab so eine Probe,
ob ich weiter trincken darf, *er macht die Augen zu und steht eine
Weile.* Nun! nun! das Köpfgen schwanckt schon!

SIEBEL. Pah! eine Flasche! Ich wills vor Gott verantworten
und vor deiner Frauen. – Euren Wein!

FAUST. Schafft mir einen Bohrer!

FROSCH. Der Wirth hat so ein Körbel mit Werckzeug in der
Ecke stehn.

FAUST *nimmt den Bohrer.* Gut! Was verlangt ihr für Wein!

FROSCH. He?

FAUST. Was für ein Gläsgen mögtet ihr trincken? Ich schaffs euch!

FROSCH. He! He! So ein Glas Rheinwein, ächten Nieren-
steiner.

FAUST. Gut! *er bohrt in den Tisch an Froschens Seite.* Nun schafft
Wachs!

ALTEN. Da ein Kerzenstümpfgen!

FAUST. So! *er stopft das Loch.* Halt iezzo! – und ihr?

SIEBEL. Muskaten Wein! Spanischen Wein, sonst keinen
Tropfen! Ich will nur sehn, wo das hinaus läufft.

FAUST *bohrt und verstopft.* Was beliebt euch?

ALTEN. Rothen Wein! Einen Französchen! – Die Franzosen
kann ich nicht leiden, so grosen Respeckt ich vor ihren Wein
hab.

FAUST *wie oben.* Nun was schafft ihr?

BRANDNER. Hält er uns für'n Narren?

FAUST. Schnell, Herr! nennt einen Wein!

BRANDNER. Tockayer denn! – Soll er doch nicht aus dem Tische lauffen?

FAUST. Stille iunger Herr! – Nun aufgeschaut! Die Gläser untergehalten. Jeder ziehe den Wachspfropfen heraus! Dass aber kein Tropfen an die Erde fällt, sonst giebts ein Unglück!

ALTEN. Mir wirds unheimlich. Der hat den Teufel.

FAUST. Ausgezogen!

sie ziehn die Pfropfen, iedem läufft der verlangte Wein ins Glas.

FAUST. Zugestopft! Und nun versucht!

SIEBEL. Wohl! Trefflich wohl!

ALLE. Wohl! Majestätisch wohl! – Willkommner Gast!

sie trincken wiederhohlt.

MEPHISTOPHELES. Sie sind nun eingeschifft.

FAUST. Gehn wir!

MEPHISTOPHELES. Noch ein Moment.

ALLE *singen*. Uns ist gar kannibalisch wohl
Als wie fünfhundert Säuen!

sie trincken wiederhohlt, Siebel lässt den Pfropf fallen, es fliest auf die Steine und wird zur Flamme, die an Siebein hinauf lodert.

SIEBEL. Hölle und Teufel!

BRANDNER. Zauberey! Zauberey!

FAUST. Sagt ichs euch nicht?

er verstopft die Öffnung und spricht einige Worte, die Flamme flieht.

SIEBEL. Herr und Satan! – Meynt er, er dürft in ehrliche Gesellschaft sich machen und sein Höllisches Hokuspokus treiben?

FAUST. Stille Mastschwein!

SIEBEL. Mir Schwein? Du Besenstiel! Brüder! Schlagt ihn zusammen! Stost ihn nieder! *Sie ziehn die Messer.* Ein Zauberer ist Vogelfrey! Nach den Reichsgesezzen Vogelfrey!

sie wollen über Fausten her, er winckt, sie stehn in frohem Erstaunen auf einmal und sehn einander an.

SIEBEL. Was seh ich! Weinberge!

BRANDNER. Trauben um diese Jahrszeit!

ALTEN. Wie reif! Wie schön!

FROSCH. Halt, das ist die schönste!

sie greiffen zu, kriegen einander bey den Nasen und heben die Messer.

FAUST. Halt! – Geht und schlaft euern Rausch aus!

Faust und Mephistopheles ab. Es gehen ihnen die Augen auf, sie fahren mit Geschrey aus einander.

SIEBEL. Meine Nase! War das deine Nase? Waren das die Trauben? Wo ist er?

BRANDNER. Fort! Es war der Teufel selbst.

FROSCH. Ich hab ihn auf einem Fasse hinaus reiten sehn.

ALTEN. Hast du? Da ist gewiss auf dem Marckt nit sicher. – Wie kommen wir nach Hause?

BRANDNER. Siebel, geh zu erst!

SIEBEL. Kein Narr!

FROSCH. Kommt, wir wecken die Häscher unterm Rathhaus, für ein Trinckgeld tuhn die wohl ihre Schuldigkeit. Fort!

SIEBEL. Sollte wohl der Wein noch lauffen.

er visitirt die Pfropfen.

ALTEN. Bild dirs nicht ein! Trocken wie Holz!

FROSCH. Fort, ihr Bursche! Fort! *alle ab.*

Land Strase

Ein Kreuz am Weege, rechts auf dem Hügel ein altes Schloss, in der Ferne ein Bauerhüttgen

FAUST. Was giebts, Mephisto? hast du Eil?
Was schlägst vorm Kreuz die Augen nieder?

MEPHISTOPHELES. Ich weis es wohl, es ist ein Vorurtheil,
Allein genung, mir ists einmal zuwieder.

Faust · Margarethe vorübergehend

FAUST. Mein schönes Fräulein, darf ichs wagen,
Mein Arm und Geleit ihr anzutragen?
MARGARETHE. Binn weder Fräulein weder schön,
Kann ohngeleit nach Hause gehn. *sie macht sich los und ab.*
FAUST. Das ist ein herrlich schönes Kind!
Die hat was in mir angezündt.
Sie ist so sitt- und tugendreich
Und etwas schnippisch doch zugleich.
Der Lippen Roth, der Wange Licht,
Die Tage der Welt vergess ichs nicht!
Wie sie die Augen niederschlägt,
Hat tief sich in mein Herz geprägt;
Wie sie kurz angebunden war,
Das ist nun zum Entzücken gar.

Mephistopheles tritt auf

FAUST. Hör, du must mir die Dirne schaffen!
MEPHISTOPHELES. Nun welche?
FAUST. Sie ging iust vorbey.
MEPHISTOPHELES. Da die? Sie kam von ihrem Pfaffen,
Der sprach sie aller Sünden frey.
Ich schlich mich hart am Stul herbey.
Es ist ein gar unschuldig Ding,
Das eben für nichts zur Beichte ging;
Ueber die hab ich keine Gewalt.
FAUST. Ist über vierzehn Jahr doch alt.
MEPHISTOPHELES. Sprichst, ey, wie der Hans Lüderlich,
Der begehrt iede liebe Blum für sich,
Und dünckelt ihm, es wär kein Ehr
Und Gunst, die nicht zu pflücken war.
Geht aber doch nicht immer an.
FAUST. Mein Herr Magister Lobesan,

Lass er mich mit dem Gesez in Frieden!
Und das sag ich ihm kurz und gut:
Wenn nicht das süse iunge Blut
Heut Nacht in meinen Armen ruht,
So sind wir um Mitternacht geschieden.

MEPHISTOPHELES. Bedenckt, was gehn und stehen mag!
Gebt mir zum wenigst vierzehn Tag,
Nur die Gelegenheit zu spüren.

FAUST. Hätt ich nur sieben Tage Ruh,
Braucht keinen Teufel nicht dazu,
So ein Geschöpfgen zu verführen.

MEPHISTOPHELES. Ihr sprecht schon fast wie ein Franzos.
Drum bitt ich: lassts euch nicht verdriessen
Was hilft so grade zu geniessen?
Die Freud ist lange nicht so gros,
Als wenn ihr erst herauf herum
Durch allerley Brimborium
Das Püppgen geknät und zugericht,
Wies lehret manche welsch Geschieht.

FAUST. Hab Apetit auch ohne das.

MEPHISTOPHELES. Jezt ohne Schimpf und ohne Spas!
Ich sag euch: mit dem schönen Kind
Geht einvorallmal nicht geschwind.
Mit Sturm ist da nichts einzunehmen,
Wir müssen uns zur List bequeemen.

FAUST. Schaff mir etwas vom Engelsschaz,
Führ mich an ihren Ruheplatz,
Schaff mir ein Halstuch von ihrer Brust,
Ein Strumpfband meiner Liebes Lust!

MEPHISTOPHELES. Damit ihr seht dass ich eurer Pein
Will förderlich und dienstlich seyn,
Wollen wir keinen Augenblick verliehren,
Will euch noch heut in ihr Zimmer führen.

FAUST. Und soll sie sehn! Sie haben?

MEPHISTOPHELES. Nein!
Sie wird bey einer Nachbrinn seyn.

Indessen könnt ihr ganz allein
An aller Hoffnung künftger Freuden
In ihrem Dunstkreis satt euch weiden.

FAUST. Können wir hin.

MEPHISTOPHELES. Es ist noch zu früh.

FAUST. Sorg du mir für ein Geschenck für sie. *ab.*

MEPHISTOPHELES. Er tuht, als war er ein Fürsten Sohn.

Hätt Luzifer so ein Duzzend Prinzen,
Die sollten ihm schon was vermünzen;
Am Ende kriegt' er eine Comission. *ab.*

Abend

Ein kleines reinliches Zimmer

MARGRETE *ihre Zöpfe flechtend und aufbindend.*
  Ich gab was drum, wenn ich nur wüsst,
  Wer heut der Herr gewesen ist.
  Er sah gewiss recht wacker aus
  Und ist aus einem edlen Haus,
  Das könnt ich ihn an der Stirne lesen.
  Er war auch sonst nicht so keck gewesen, *ab.*

Mephistopheles · Faust

MEPHISTOPHELES. Herein, ganz leise nur herein!
FAUST *nach einigem Stillschweigen.* Ich bitte dich, lass mich allein!
MEPHISTOPHELES *herum spürend.*
  Nicht iedes Mädgen hält so rein. *ab.*
FAUST *rings aufschauend.* Willkommen, süser Dämmerschein,
  Der du dies Heiligthum durchwebst!
  Ergreif mein Herz, du süse Liebespein,
  Die du vom Thau der Hoffnung schmachtend lebst!
  Wie athmet rings Gefühl der Stille,
  Der Ordnung, der Zufriedenheit,
  In dieser Armuth welche Fülle!
  In diesem Kercker welche Seeligkeit!

er wirft sich auf den ledernen Sessel am Bett.

  O nimm mich auf, der du die Vorwelt schon
  In Freud und Schmerz in offnen Arm empfangen!
  Wie offt, ach! hat an diesem Väter Trohn
  Schon eine Schaar von Kindern rings gehangen!
  Vielleicht hat, danckbaar für den heiigen Krist,
  Mein Liebgen hier mit vollen Kinderwangen
  Dem Ahnherrn fromm die welcke Hand geküsst.
  Ich fühl, o Mädgen, deinen Geist
  Der Füll und Ordnung um mich säuseln,

Der Mütterlich dich täglich unterweist,
Den Teppich auf den Tisch dich reinlich breiten heisst,
Sogar den Sand zu deinen Füsen kräuseln!
O liebe Hand, so Göttergleich!
Die Hütte wird durch dich ein Himmelreich.
Und hier! *er hebt einen Bettvorhang auf.*
Was fasst mich für ein Wonnegraus!
Hier mögt ich volle Stunden säumen.
Natur! Hier bildetest in leichten Träumen
Den eingebohrnen Engel aus.
Hier lag das Kind, mit warmem Leben
Den zarten Busen angefüllt,
Und hier mit heilig reinem Weben
Entwürckte sich das Götterbild.
Und du? Was hat dich hergeführt?
Wie innig fühl ich mich gerührt!
Was willst du hie? Was wird das Herz dir schweer?
Armseelger Faust, ich kenne dich nicht mehr!
Umgiebt mich hier ein Zauberdufft?
Mich drangs, so grade zu geniessen,
Und fühle mich in Liebestraum zerfliessen!
Sind wir ein Spiel von iedem Druck der Lufft?
Und träte sie den Augenblick herein,
Wie würdest du für deinen Frevel büsen!
Der grose Hans, ach! wie so klein,
Lag weggeschmolzen ihr zu Füsen.
MEPHISTOPHELES. Geschwind! ich seh sie dortunten kommen.
FAUST. Komm, komm! ich kehre nimmermehr!
MEPHISTOPHELES. Hier ist ein Kästgen, leidlich schweer,
Ich habs wo anderswo genommen.
Stellts hier nur immer in den Schrein!
Ich schwör euch, ihr vergehn die Sinnen.
Ich sag euch: es sind Sachen drein,
Um eine Fürstinn zu gewinnen.
Zwar Kind ist Kind, und Spiel ist Spiel.
FAUST. Ich weis nicht, soll ich?

MEPHISTOPHELES. Fragt ihr viel?
Meynt ihr vielleicht den Schaz zu wahren?
Dann rath ich eurer Lüsternheit,
Die liebe schöne Tageszeit
Und mir die weitre Müh zu spaaren.
Ich hoff nicht, dass ihr geizig seyd.
Ich kraz den Kopf, reib an den Händen,

er stellt das Kästgen in Schrein und drückt das Schloss wieder zu.

– Nur fort geschwind! –
Um euch das süse iunge Kind
Nach eurem Herzens Will zu wenden,
Und ihr seht drein,
Als solltet ihr in Hörsaal 'nein,
Als stünden grau leibhafftig vor euch da
Phisick und Metaphisika.
Nur fort! – *ab.*
MARGARETHE *mit einer Lampe.*
Es ist so schwül und dumpfig hie, *sie macht das Fenster auf.*
Und macht doch eben so warm nicht draus.
Es wird mir so – Ich weis nicht wie!
Ich wollt, die Mutter kam nach Haus!
Mir läufft ein Schauer am ganzen Leib,
Binn doch ein töhrig furchtsam Weib!

Sie fängt an zu singen, indem sie sich auszieht.

Es war ein König in Tule,
Einen goldnen Bächer er hätt
Empfangen von seiner Bule
Auf ihrem Todtesbett.
Der Becher war ihm lieber,
Tranck draus bey iedem Schmaus.
Die Augen gingen ihm über,
So offt er tranck daraus.
Und als es kam zu sterben,
Zählt er seine Städt und Reich,

412

Gönnt alles seinen Erben,
Den Becher nicht zugleich.
Er sas beym Königs Mahle,
Die Ritter um ihn her,
Auf hohem Väter Saale
Dort auf dem Schloss am Meer.
Dort stand der alte Zecher,
Tranck lezte Lebensglut
Und warf den heiigen Becher
Hinunter in die Fluth.
Er sah ihn stürzen, trincken,
Und sincken tief ins Meer.
Die Augen tähten ihn sincken,
Tranck nie einen Tropfen mehr.

sie eröffnet den Schrein, ihre Kleider einzuräumen, und erblickt das Schmuckkästgen.

Wie kommt das schöne Kästgen hier herein?
Ich schloss doch ganz gewiss den Schrein.
Was Guckguck mag dadrinne seyn?
Vielleicht brachts iemand als ein Pfand,
Und meine Mutter lieh darauf?
Da hängt ein Schlüsselgen am Band,
Ich dencke wohl, ich mach es auf!
Was ist das? Gott im Himmel, schau!
So was hab ich mein Tage nicht gesehn!
Ein Schmuck! Drinn könnt eine Edelfrau
Am höchsten Feyertag gehn.
Wie sollte mir die Kette stehn?
Wem mag die Herrlichkeit gehören?

Sie putzt sich damit auf und tritt vor den Spiegel.

Wenn nur die Ohrring meine wären!
Man sieht doch gleich ganz anders drein.
Was hilft euch Schönheit, iunges Blut?
Das ist wohl alles schön und gut,

Allein man lässt auch alles seyn,
Man lobt euch halb mit Erbarmen.
Nach Golde drängt,
Am Golde hängt
Doch alles! Ach, wir Armen!

Allee

Faust in Gedancken auf und abgehend; zu ihm Mephistopheles

MEPHISTOPHELES
Bey aller verschmähten Lieb! Beym Höllischen Element!
Ich wollt, ich wüsst was ärgers, dass ichs fluchen könnt!
FAUST. Was hast? was pezt dich dann so sehr?
So kein Gesicht sah ich in meinem Leben.
MEPHISTOPHELES.
Ich mögt mich gleich dem Teufel übergeben,
Wenn ich nur selbst kein Teufel war.
FAUST. Hat sich dir was im Kopf verschoben?
Es kleidt dich gut das Rasen und das Toben.
MEPHISTOPHELES.
Denckt nur: den Schmuck, den ich Margreten schafft,
Den hat ein Pfaff hinweggerafft!
Hätt einer auch Engelsblut im Leibe,
Er würde da zum Heerings Weibe.
Die Mutter kriegt das Ding zu schauen,
Es fängt ihr heimlich an zu grauen.
Die Frau hat gar einen feinen Geruch,
Schnüffelt immer im Gebet Buch
Und riechts einem ieden Meubel an,
Ist das Ding heilig oder profan.
Und an dem Schmuck da spürt sies klar,
Dass dabey nit viel Seegen war.
»Mein Kind«, rief sie, »ungerechtes Gut

Befängt die Seel, zehrt auf das Blut!
Wollens der Mutter Gottes weihen,
Wird uns mit Himmels Mann' erfreuen.«
Margretlein zog ein schiefes Maul,
Ist halt, dacht sie, ein geschenckter Gaul,
Und warrlich! gottlos ist nicht der,
Der ihn so fein gebracht hier her.
Die Mutter lies einen Pfaffen kommen;
Der hatte kaum den Spas vernommen,
Lies sich den Anblick wohl behagen.
Er sprach: »Ach kristlich so gesinnt!
Wer überwindet, der gewinnt.
Die Kirche hat einen guten Magen,
Hatt ganze Länder aufgefressen
Und doch noch nie sich übergessen.
Die Kirch allein, meine Lieben Frauen,
Kann ungerechtes Gut verdauen.«
FAUST. Das ist ein allgemeiner Brauch,
  Ein Jud und König kann es auch.
MEPHISTOPHELES. Strich drauf ein Spange, Kett und Ring,
  Als wärens eben Pfifferling,
  Danckt nicht weniger und nicht mehr,
  Als wenns ein Korb voll Nüsse war,
  Versprach ihnen allen himmlischen Lohn:
  Sie waren sehr erbaut davon.
FAUST. Und Gretgen?
MEPHISTOPHELES. Sitzt nun unruhvoll,
  Weis weder was sie will noch soll,
  Denckt ans Geschmeide Tag und Nacht,
  Noch mehr an den, ders ihr gebracht.
FAUST. Des Liebgens Kummer tuht mir leid,
  Schaff du ihr gleich ein neu Geschmeid!
  Am ersten war ia so nicht viel.
MEPHISTOPHELES. O ia, dem Herrn ist alles Kinderspiel.
FAUST. Und mach und richte nach meinem Sinn,
  Häng dich an ihre Nachbaarinn!

Sey, Teufel, doch nur nicht wie Brey
Und schaff einen neuen Schmuck herbey!
MEPHISTOPHELES. Ja, gnädger Herr, von Herzen gerne.
Faust ab.
MEPHISTOPHELES. So ein verliebter Tohr verpufft
Euch Sonne, Mond und alle Sterne
Zum Zeitvertreib dem Liebgen in die Lufft. *ab.*

Nachbaarinn Haus

MARTHE. Gott verzeihs meinem lieben Mann,
Er hat an mir nicht wohl getahn!
Geht da stracks in die Welt hinein
Und lässt mich auf dem Stroh allein.
Tät ihn doch warrlich nicht betrüben,
Tät ihn, weis Gott, recht herzlich lieben, *sie weint.*
Vielleicht ist er gar todt! – O Pein! – – – –
Hätt ich nur einen Todtenschein!
MARGRETE *kommt.* Frau Marthe!
MARTHE. Gretgen, was solls?
MARGRETE. Fast sincken mir die Kniee nieder!
Da find ich so ein Kästgen wieder
In meinem Schrein, von Ebenholz,
Und Sachen herrlich ganz und gar,
Weit reicher, als das erste war!
MARTHE. Das muss sie nit der Mutter sagen,
Tähts wieder gleich zur Beichte tragen.
MARGARETHE. Ach seh sie nur! ach schau sie nur!
MARTHE *puzt sie auf.* O du glückseelige Kreatur!
MARGARETHE. Darf mich, ach! leider auf der Gassen,
Nicht in der Kirch mit sehen lassen.
MARTHE. Komm du nur offt zu mir herüber
Und leg den Schmuck hier heimlich an;
Spazier ein Stündgen lang dem Spiegelglas vorüber,

Wir haben unsre Freude dran.
Und dann giebts einen Anlas, giebts ein Fest,
Wo mans so nach und nach den Leuten sehen lässt:
Ein Kettgen erst, die Perle dann ins Ohr –
Die Mutter siehts wohl nicht, man macht ihr auch was vor.

es klopft.

MARGRETE. Ach Gott! mag das mein' Mutter seyn?
MARTHE *durchs Vorhängel guckend.*
　Es ist ein fremder Herr – Herein!
　mephistopheles *tritt auf.* Binn so frey, grad herein zu treten,
　Muss bey den Fraun Verzeihn erbeten.
Tritt ehrbietig vor Margreten zurück.
　Wollt nach Frau Marthe Schwerdlein fragen!
MARTHE. Ich binns, was hat der Herr zu sagen?
MEPHISTOPHELES *leise zu ihr.*
　Ich kenn sie iezt, mir ist das gnug.
　Sie hat da gar vornehmen Besuch.
　Verzeiht die Freyheit, die ich genommen,
　Will nach Mittage wiederkommen.
MARTHE *laut.* Denck, Kind, um alles in der Welt!
　Der Herr dich für ein Fräulein hält.
MARGARETHE. Ich binn ein armes iunges Blut,
　Ach Gott, der Herr ist gar zu gut.
　Der Schmuck und Schmeid, Herr, ist nicht mein!
MEPHISTOPHELES. Ach, es ist nicht der Schmuck allein.
　Sie hat ein Wesen, einen Blick so scharf –
　Wie freut michs, dass ich bleiben darf!
MARTHE. Was bringt er dann? Neugierde sehr.
MEPHISTOPHELES. Ach, wollt, hätt eine frohre Mähr!
　Ich hoff, sie lässt michs drum nicht büsen!
　Ihr Mann ist todt und lässt sie grüsen.
MARTHE. Ist todt! das treue Herz! O weh!
　Mein Mann ist todt, ach, ich vergeh!
MARGRETE. Ach, liebe Frau, verzweifelt nicht!
MEPHISTOPHELES. So hört die traurige Geschicht!

MARGRETE. Ich mögte drum mein Tag nicht lieben,
Würd mich Verlust zu Todt betrüben.
MEPHISTOPHELES. Freud muss Leid, Leid muss Freude
MARTHE. Erzählt mir seines Lebens Schluss!   [haben.
MEPHISTOPHELES. Er liegt in Padua begraben
Beym heiligen Antonius,
An einer wohlgeweihten Stätte
Zum ewig kühlen Ruhe Bette.
MARTHE. Habt ihr sonst nichts an mich zu bringen?
MEPHISTOPHELES. Ja, eine Bitte gros und schweer:
Lass sie doch ia für ihn dreyhundert Messen singen!
Im übrigen sind meine Taschen leer.
MARTHE. Was? nicht ein Schaustück? kein Geschmeid?
Was ieder Handwerckspursch im Grund des Seckels spaart,
Zum Angedencken aufbewahrt
Und lieber hungert, lieber bettelt!
MEPHISTOPHELES. Madam, es tuht mir herzlich leid,
Allein er hat sein Geld wahrhafftig nicht verzettelt.
Und er bereute seine Fehler sehr,
Ach, und beiammerte sein Unglück noch vielmehr.
MARGARETHE. Ach, dass die Menschen so unglücklich sind!
Gewiss, ich will für ihn manch Requiem noch beten.
MEPHISTOPHELES. Ihr wäret werth, gleich in die Eh zu treten,
Ihr seyd ein liebenswürdig Kind.
MARGRETE. Ach nein, das geht iezt noch nicht an.
MEPHISTOPHELES. Ists nicht ein Mann, seys derweil ein Galan.
Ist eine der grösten Himmelsgaben,
So ein lieb Ding im Arm zu haben.
MARGRETE. Das ist des Landes nicht der Brauch.
MEPHISTOPHELES. Brauch oder nicht! es giebt sich auch.
MARTHE. Erzählt mir doch!
MEPHISTOPHELES. Ich stand an seinem Sterbebette.
Es war was besser als von Mist:
Von halb gefaultem Stroh! allein er starb als Krist
Und fand, dass er weit mehr noch auf der Zeche hätte.
»Wie«, rief er, »muss ich mich von Grund aus hassen,

So mein Gewerb, mein Weib so zu verlassen!
Ach, die Erinnrung tödtet mich.
Vergab sie mir nur noch in diesem Leben!«
MARTHE *weinend.* Der gute Mann, ich hab ihm längst vergeben!
MEPH. »Allein, weis Gott, sie war mehr schuld als ich«.
MARTHE. Das lügt er! Was? am Rand des Todts zu lügen?
MEPHISTOPHELES. Er fabelte gewiss in lezten Zügen,
    Wenn ich nur halb ein Kenner binn.
    »Ich hatte«, sprach er, »nicht zum Zeitvertreib zu gaffen,
    Erst Kinder und dann Brodt für sie zu schaffen,
    Und Brodt im aller weitsten Sinn.
    Ich konnte nicht einmal mein Theil in Frieden essen!«
MARTHE. Hat er so aller Treu, so aller Lieb vergessen.
    Der Plakerey bey Tag und Nacht?
MEPH. Nicht doch, er hat recht herzlich dran gedacht.
    Er sprach: »Als ich nun weg von Malta ging,
    Da – betet ich für Frau und Kinder brünstig.
    Uns war denn auch der Himmel günstig,
    Dass unser Schiff ein Türckisch Fahrzeug fing,
    Das einen Schaz des grosen Sultans führte.
    Da ward der Tapferkeit ihr Lohn,
    Und ich empfing dann auch, wie sichs gebührte,
    Mein wohlgemessen Theil davon.«
MARTHE. Ey wie? Ey wo? hat ers vielleicht vergraben?
MEPHISTOPHELES.
    Wer weis, wo nun es die vier Winde haben!
    Ein schönes Fräulein nahm sich seiner an,
    Als er in Napel fremd umher spazierte,
    Sie hat an ihm – viel Liebs und Treu getahn,
    Dass ers biss an sein seelig Ende spürte.
MARTHE. Der Schelm! der Dieb an seinen Kindern!
    Auch alles Elend, alle Noth
    Könnt nicht sein schändlich Leben hindern.
MEPHISTOPHELES. Ja seht! dafür ist er nun Todt.
    War ich nun iezt an eurem Plazze,
    Betrauert ihn ein züchtig Jahr,

Visirt dann unterweil nach einem neuen Schazze.

MARTHE. Ach Gott! Wie doch mein erster war,
Find ich nicht leicht auf dieser Welt den andern.
Es konnte kaum ein herzger Närrgen seyn!
Ihm fehlte nichts als allzugern zu wandern,
Und fremde Weiber und der Wein,
Und das verfluchte Würfel Spiel.

MEPHISTOPHELES. Nun, nun, das konnte gehn und stehen,
Wenn er euch ohngefähr so viel
Von seiner Seite nachgesehen.
Ich schwör euch zu, um das Geding
Wechselt ich selbst mit euch den Ring.

MARTHE. O, es beliebt dem Herrn zu scherzen.

MEPHISTOPHELES *vor sich.*
Nun mach ich mich bey Zeiten fort,
Die hielte wohl den Teufel selbst beym Wort!
Zu Gretgen. Wie steht es denn mit ihrem Herzen?

MARGRETE. Was meynt der Herr damit?

MEPHISTOPHELES *vor sich.* Du guts unschuldigs Kind!
Laut. Lebt wohl, ihr Fraun!

MARTHE. O sagt mir doch geschwind:
Ich mögte gern ein Zeugniss haben,
Wo, wie und wenn mein Schaz gestorben und begraben.
Ich binn von ie der Ordnung Freund gewesen.
Mögt ihn auch todt im Wochenblättgen lesen.

MEPHISTOPHELES. Ja, gute Frau, durch zweyer Zeugen Mund
Wird alleweegs die Wahrheit kund.
Habe noch gar einen feinen Gesellen,
Den will ich euch vor den Richter stellen.
Ich bring ihn her.

MARTHE. O tuht das ia!

MEPHISTOPHELES. Und hier die Jungfer ist auch da?
Ein braver Knab, ist viel gereist,
Fräuleins alle Höflichkeit erweist.

MARGRETE. Müsst vor solch Herren schaamroth werden.

MEPHISTOPHELES. Vor keinem König der Erden!

MARTHE. Da hintern Haus in meinem Garten,
Wollen wir der Herrn heut Abend warten, *alle ab.*

Faust · Mephistopheles

FAUST. Wie ists? Wills fördern, wills bald gehn?
MEPHISTOPHELES. Ach Bravo! find ich euch im Feuer?
In kurzer Zeit ist Gretgen euer.
Heut Abend sollt ihr sie bey Nachbaar Marthen sehn.
Das ist ein Weib wie auserlesen
Zum Kuppler- und Zigeunerwesen.
FAUST. Sie ist mir lieb.
MEPHISTOPHELES. Doch gehts nicht ganz umsunst,
Eine Gunst ist werth der andern Gunst.
Wir legen nur ein gültig Zeugniss nieder,
Dass ihres Ehherrn ausgereckte Glieder
In Padua, an heiiger Stätte ruhn.
FAUST. Sehr klug! wir werden erst die Reise machen müssen.
MEPH. Sancta Simplicitas! Darum ists nicht zu tuhn.
Bezeugt nur, ohne viel zu wissen!
FAUST. Wenn er nichts bessers hat, so ist der Plan zerrissen.
MEPHISTOPHELES. O heliger Mann, da wärt ihrs nun!
Es ist gewiss das erst in eurem Leben,
Dass ihr falsch Zeugniss abgelegt.
Habt ihr von Gott, der Welt, und was sich drinne regt,
Vom Menschen, und was ihm in Kopf und Herzen schlägt,
Definitionen nicht mit groser Krafft gegeben?
Und habt davon in Geist und Brust
So viel als von Herrn Schwerdleins Todt gewusst.
FAUST. Du bist und bleibst ein Lügner, ein Sophiste.
MEPH. Ja, wenn mans nicht ein bissgen tiefer wüsste!
Denn morgen wirst in allen Ehren
Das arme Gretgen nicht betöhren?
Und alle Seelenlieb ihr schwören?
FAUST. Und zwar von Herzen.
MEPHISTOPHELES. Gut und schön!
Dann wird von ewger Treu und Liebe,

Von einzig überallmächtgem Triebe –
Wird das auch so von Herzen gehn?
FAUST. Lass das, es wird! Wenn ich empfinde
Und dem Gefühl
Und dem Gewühl
Vergebens Nahmen such und keine Nahmen finde
Und in der Welt mit allen Sinnen schweiffe
Und alle höchsten Worte greiffe
Und diese Glut, von der ich brenne,
Unendlich, ewig, ewig nenne,
Ist das ein teuflisch Lügenspiel?
MEPHISTOPHELES. Ich hab doch Recht!
FAUST. Hör, merck dir dies,
Ich bitte dich, und schone meine Lunge:
Wer Recht behalten will und hat nur eine Zunge,
Der hälts gewiss.
Und komm, ich hab des Schwäzzens Überdruss,
Denn du hast Recht, vorzüglich weil ich muss.

Garten

Margrete an Faustens Arm, Marthe mit Mephistopheles
auf und ab spazierend

MARGRETE. Ich fühl es wohl, dass mich der Herr nur schont,
  Herab sich lässt, biss zum Beschämen.
  Ein Reisender ist so gewohnt,
  Aus Gütigkeit vorlieb zu nehmen.
  Ich weis zu gut, dass solch erfahrnen Mann
  Mein arm Gespräch nicht unterhalten kann.
FAUST. Ein Blick von dir, ein Wort mehr unterhält
  Als alle Weisheit dieser Welt, *er küsst ihre Hand.*
MARG. Inkomodirt euch nicht! Wie könnt ihr sie nur küssen?
  Sie ist so garstig, ist so rauh.
  Was hab ich nicht schon alles schaffen müssen!
  Die Mutter ist gar zu genau, *gehn vorüber.*
MARTHE. Und ihr, mein Herr, ihr reist so immer fort?
MEPH. Ach, dass Gewerb und Pflicht uns dazu treiben!
  Mit wie viel Schmerz verlässt man manchen Ort
  Und darf doch nun einmal nicht bleiben.
MARTHE. In raschen Jahren gehts wohl an,
  So um und um frey durch die Welt zu streiffen;
  Doch kommt die böse Zeit heran,
  Und sich als Hagestolz allein zum Grab zu schleiften,
  Das hat noch keinem wohlgetahn.
MEPHISTOPHELES. Mit Grausen seh ich das von weiten.
MARTHE. Drum, werther Herr, berathet euch in Zeiten!
gehn vorüber.
MARGRETE. Ja, aus den Augen aus dem Sinn!
  Die Höflichkeit ist euch geläuffig.
  Allein ihr habt der Freunde häufig,
  Und weit verständger, als ich binn.
FAUST. O Beste! Glaube, dass, was man verständig nennt,
  Mehr Kurzsinn, Eigensinn und Eitelkeit ist.
MARGRETE. Wie?

FAUST. Ach, dass die Einfalt, dass die Unschuld nie
    Sich selbst und ihren heiigen Werth erkennt!
    Dass Demuth, Niedrigkeit, die höchsten Gaben
    Der Liebaustheilenden Natur –
MARGRETE. Denckt ihr an mich ein Augenblickgen nur,
    Ich werde Zeit genug, an euch zu dencken haben.
FAUST. Ihr seyd wohl viel allein?
MARGRETE. Ja, unsre Wirthschafft ist nur klein,
    Und doch will sie versehen seyn.
    Wir haben keine Magd, muss kochen, fegen, stricken
    Und nehn und lauffen früh und spat,
    Und meine Mutter ist in allen Stücken
    So akkurat.
    Nicht dass sie iust so sehr sich einzuschräncken hat,
    Wir könnten uns weit eh als andre regen:
    Mein Vater hinterlies ein hübsch Vermögen,
    Ein Häusgen und ein Gärtgen vor der Stadt.
    Doch hab ich iezt so ziemlich stille Tage;
    Mein Bruder ist Soldat, mein Schwestergen ist todt.
    Ich hatte mit dem Kind wohl meine liebe Noth,
    Doch übernahm ich gern noch einmal alle Plage,
    So lieb war mir das Kind.
FAUST. Ein Engel, wenn dirs glich!
MARGRETE. Ich zog es auf, und herzlich liebt es mich.
    Es war nach meines Vaters Todt gebohren,
    Die Mutter gaben wir verlohren,
    So elend wie sie damals lag,
    Und sie erhohlte sich sehr langsam nach und nach.
    Da konnte sie nun nicht dran dencken,
    Das arme Würmgen selbst zu träncken,
    Und so erzog ichs ganz allein
    Mit Wasser und mit Milch, und so wards mein.
    Auf meinem Arm, in meinem Schoos
    Wars freundlich, zappelich und gros.
FAUST. Du hast gewiss das reinste Glück empfunden!
MARGRETE. Doch auch gewiss gar manche schweere Stunden.

Des Kleinen Wiege stund zu Nacht
An meinem Bett, es durfte kaum sich regen,
War ich erwacht.
Bald musst ichs träncken, bald es zu mir legen,
Bald, wenns nicht schweigen wollt, vom Bett aufstehn
Und tänzelnd in der Kammer auf und nieder gehn –
Und früh am Tag schon an dem Waschtrog stehn,
Dann auf dem Marckt und an dem Heerde sorgen,
Und immer so fort heut und morgen.
Da gehts, mein Herr, nicht immer muthig zu,
Doch schmeckt dafür das Essen und die Ruh.

gehn vorüber.

MARTHE. Sagt grad, mein Herr, habt ihr noch nichts gefunden?
Hat sich das Herz nicht irgendwo gebunden?
MEPHISTOPHELES. Das Sprüchwort sagt: ein eigner Heerd,
Ein braves Weib sind Gold und Perlen werth.
MARTHE. Ich meyne: ob ihr niemals Lust bekommen.
MEPH. Man hat mich überall recht höflich aufgenommen.
MARTHE. Ich wollte sagen: wards nie Ernst in eurem Herzen?
MEPH. Mit Frauens soll man sich nie unterstehn zu scherzen.
MARTHE. Ach, ihr versteht mich nicht!
MEPHISTOPHELES. Das tuht mir herzlich leid,
Doch ich versteh – dass ihr sehr gütig seyd.

gehn vorüber.

FAUST. Du kanntest mich, o kleiner Engel, wieder,
Gleich als ich in den Garten kam?
MARGRETE. Saht ihr es nicht? ich schlug die Augen nieder.
FAUST. Und du verzeihst die Freyheit, die ich nahm?
Was sich die Frechheit unterfangen,
Als du lezt aus dem Dom gegangen?
MARGRETE. Ich war bestürzt, mir war das nie geschehn,
Es konnte niemand von dir übels sagen.
Ach, dacht ich, hat er in deinem Betragen
Was freches, unanständiges gesehn,
Dass ihm sogleich die Lust mogt wandeln,
Mit dieser Dirne gradehin zu handeln?

Gesteh ichs doch! Ich wusste nicht, was sich
    Zu euerm Vortheil hier zu regen gleich begonnte.
    Allein gewiss, ich war recht bös auf mich,
    Dass ich auf euch nicht böser werden konnte.
FAUST. Süs Liebgen!
MARGRETE.   Lasst einmal! *Sie pflückt eine Stern Blume*
    und zupft die Blätter ab eins nach dem andern.
FAUST. Was soll das? Keinen Straus?
MARGRETE. Nein, es soll nur ein Spiel.
FAUST. Wie?
MARGRETE. Geht, ihr lacht mich aus.
sie rupft und murmelt.
FAUST. Was murmelst du?
MARGRETE. *halb laut.* Er liebt mich – Liebt mich nicht.
FAUST. Du holdes Himmels Angesicht!
MARGRETE. *fährt fort.*
    Liebt mich – Nicht – Liebt mich – Nicht –
    Das lezte Blat ausrupfend mit holder Freude.
    Er liebt mich!
FAUST. Ja mein Kind! Lass dieses Blumenwort
    Dir Götter Ausspruch seyn: Er liebt dich!
    Verstehst du, was das heisst: Er liebt dich!
er fasst ihr beyde Hände.
MARGRETE. Mich überläuffts!
FAUST. O schaudre nicht! Lass diesen Blick,
    Lass diesen Händedruck dir sagen,
    Was unaussprechlich ist!
    Sich hinzugeben ganz und eine Wonne
    Zu fühlen, die ewig seyn muss!
    Ewig! – Ihr Ende würde Verzweiflung seyn.
    Nein, kein Ende! Kein Ende!

*Margrete drückt ihm die Hände, macht sich los und läufft weg. Er steht
einen Augenblick in Gedancken, dann folgt er ihr.*

MARTHE. Die Nacht bricht an.
MEPHISTOPHELES.   Ja, und wir wollen fort.
MARTHE. Ich bat euch, länger hier zu bleiben,

426

Allein es ist ein gar zu böser Ort.
Es ist, als hätte niemand nichts zu treiben
Und nichts zu schaffen,
Als auf des Nachbaarn Schritt und Tritt zu gaffen,
Und man kommt ins Gespräch, wie man sich immer stellt.
Und unser Pärgen?
MEPHISTOPHELES. Ist den Gang dort aufgeflogen.
Muthwillge Sommervögel!
MARTHE. Er scheint ihr gewogen.
MEPHISTOPHELES. Und sie ihm auch. Das ist der Lauf der
Welt.

Ein Gartenhäusgen

MARGRETE *mit Herzklopfen herein, steckt sich hinter die Tühre,*
hält die Fingerspizze an die Lippen und guckt durch die Rizze.
Er kommt!
FAUST. Ach Schelm, so neckst du mich?
Treff ich dich? *Er küsst sie.*
MARGRETE *ihn fassend und den Kuss zurückgebend.*
Bester Mann schon lange lieb ich dich!

Mephistopheles klopft an

FAUST *stampfend.* Wer da!
MEPHISTOPHELES. Gut Freund.
FAUST. Ein Tier!
MEPHISTOPHELES. Es ist wohl Zeit zu scheiden.
MARTHE. Ja, es ist spät, mein Herr.
FAUST. Darf ich euch nicht geleiten?
MARGRETE. Die Mutter würde mich! Lebt wohl!
FAUST. Muss ich dann gehn?
Lebt wohl!
MARTHE. Ade!
MARGRETE. Auf baldig Wiedersehn.

Faust, Mephistopheles ab.

MARGRETE. Du lieber Gott, was so ein Mann
Nit alles, alles dencken kann!
Beschämt nur steh ich vor ihm da
Und sag zu allen Sachen ia.
Binn doch ein arm unwissend Kind,
Begreif nicht, was er an mir findt. *ab.*

Gretgens Stube

GRETGEN *am Spinnrocken allein*

Meine Ruh ist hin,
Mein Herz ist schweer
Ich finde sie nimmer
Und nimmer mehr.

Wo ich ihn nicht hab,
Ist mir das Grab;
Die ganze Welt
Ist mir vergällt.

Mein armer Kopf
Ist mir verrückt,
Mein armer Sinn
Ist mir zerstückt.

Meine Ruh ist hin,
Mein Herz ist schweer,
Ich finde sie nimmer
Und nimmermehr.

Nach ihm nur schau ich
Zum Fenster hinaus,
Nach ihm nur geh ich
Aus dem Haus.

Sein hoher Gang,
Sein edle Gestalt,
Seines Mundes Lächlen,
Seiner Augen Gewalt

Und seiner Rede
Zauberfluss,
Sein Händedruck
Und ach, sein Kuss!

Meine Ruh ist hin
Mein Herz ist schweer,
Ich finde sie nimmer
Und nimmer mehr.

Mein Schoos, Gott! drängt
Sich nach ihm hin!
Ach, dürft ich fassen
Und halten ihn
Und küssen ihn,
So wie ich wollt,
An seinen Küssen
Vergehen sollt!

Marthens Garten

Margrete · Faust

GRETGEN. Sag mir doch Heinrich!

FAUST. Was ist dann?

GRETGEN. Wie hast dus mit der Religion?
  Du bist ein herzlich guter Mann,
  Allein ich glaub, du hältst nicht viel davon.

FAUST. Lass das, mein Kind! du fühlst, ich binn dir gut;
  Für die ich liebe lies ich Leib und Blut,
  Will niemand sein Gefühl und seine Kirche rauben.

MARGRETE. Das ist nicht recht, man muss dran glauben!

FAUST. Muss man?

GRETGEN. Ach wenn ich etwas auf dich könnte!
  Du ehrst auch nicht die heiigen Sakramente.

FAUST. Ich ehre sie.

GRETGEN. Doch ohne Verlangen.
  Wie lang bist du zur Kirch, zum Nachtmahl nicht gegangen?
  Glaubst du an Gott?

FAUST. Mein Kind wer darf das sagen:
  Ich glaub einen Gott!
  Magst Priester, Weise fragen,
  Und ihre Antwort scheint nur Spott
  Über den Frager zu seyn.

GRETGEN. So glaubst du nicht?

FAUST. Mishör mich nicht, du holdes Angesicht!
  Wer darf ihn nennen
  Und wer bekennen:
  Ich glaub ihn!
  Wer empfinden
  Und sich unterwinden
  Zu sagen: ich glaub ihn nicht!
  Der Allumfasser,
  Der Allerhalter,
  Fasst und erhält er nicht
  Dich, mich, sich selbst?

Wölbt sich der Himmel nicht dadroben?
Liegt die Erde nicht hierunten fest?
Und steigen hüben und drüben
Ewige Sterne nicht herauf?
Schau ich nicht Aug in Auge dir?
Und drängt nicht alles
Nach Haupt und Herzen dir
Und webt in ewigem Geheimniss
Unsichtbaar Sichtbaar neben dir?
Erfüll davon dein Herz, so gros es ist,
Und wenn du ganz in dem Gefühle seelig bist,
Nenn das dann, wie du willst,
Nenns Glück! Herz! Liebe! Gott!
Ich habe keinen Nahmen
Dafür. Gefühl ist alles,
Nahme Schall und Rauch,
Umnebelnd Himmels Glut.

GRETGEN. Das ist alles recht schön und gut;
Ohngefähr sagt das der Cathechismus auch,
Nur mit ein bissgen andern Worten.

FAUST. Es sagens aller Orten
Alle Herzen unter dem Himmlischen Tage,
Jedes in seiner Sprache,
Warum nicht ich in der meinen?

GRETGEN. Wenn mans so hört, mögts leidlich scheinen,
Steht aber doch immer schief darum;
Denn du hast kein Kristenthum.

FAUST. Liebes Kind!

GRETGEN. Es tuht mir lang schon weh,
Dass ich dich in der Gesellschaft seh!

FAUST. Wie so?

GRETGEN. Der Mensch, den du da bey dir hast,
Ist mir in tiefer innrer Seel verhasst!
Es hat mir in meinem Leben
So nichts einen Stich ins Herz gegeben
Als des Menschen sein Gesicht.

431

FAUST. Liebe Puppe, fürcht ihn nicht!

GRETGEN. Seine Gegenwart bewegt mir das Blut.

Ich binn sonst allen Menschen gut,

Aber wie ich mich sehne, dich zu schauen,

Hab ich vor dem Menschen ein heimlich Grauen

Und halt ihn für einen Schelm dazu.

Gott verzeih mirs, wenn ich ihm Unrecht tuh!

FAUST. Es ist ein Kauz, wies mehr noch geben.

GRETGEN. Mögt nicht mit seines Gleichen leben!

Kommt er einmal zur Tühr herein,

Er sieht immer so spöttisch drein

Und halb ergrimmt;

Man sieht, dass er an nichts keinen Antheil nimmt.

Es steht ihm an der Stirn geschrieben,

Dass er nicht mag eine Seele lieben.

Mir wirds so wohl in deinem Arm,

So frey, so hingegeben warm,

Und seine Gegenwart schnürt mir das Innre zu.

FAUST. Du ahndungsvoller Engel du!

GRETGEN. Das übermannt mich so sehr,

Dass, wo er mag zu uns treten,

Meyn ich so gar, ich liebte dich nicht mehr;

Auch wenn er da ist, könnt ich nimmer beten.

Und das frisst mir ins Herz hinein!

Dir, Heinrich, muss es auch so seyn.

FAUST. Du hast nun die Antipathie!

GRETGEN. Ich muss nun fort.

FAUST. Ach kann ich nie

Ein Stündgen ruhig dir am Busen hängen

Und Brust an Brust und Seel an Seele drängen?

GRETGEN. Ach, wenn ich nur alleine schlief,

Ich lies dir gern heut Nacht den Riegel offen.

Doch meine Mutter schläft nicht tief,

Und würden wir von ihr betroffen,

Ich wär gleich auf der Stelle todt.

FAUST. Du Engel, das hat keine Noth.

432

Hier ist ein Fläschgen, und drey Tropfen nur
In ihren Tranck umhüllen
In tiefen Schlaf gefällig die Natur.
GRETGEN. Was tuh ich nicht um deinetwillen!
Es wird ihr hoffentlich nicht schaden!
FAUST. Würd ich sonst, Liebgen, dir es rathen?
GRETGEN. Seh ich dich, bester Mann, nur an,
Weis nicht, was mich nach deinem Willen treibt,
Ich habe schon für dich so viel getahn,
Dass mir zu tuhn fast nichts mehr überbleibt, *ab.*
MEPHISTOPHELES *tritt auf.*
Der Grasaff ist er weg?
FAUST. Hast wieder spionirt?
MEPHISTOPHELES. Ich habs ausführlich wohl vernommen:
Herr Docktor wurden da cathechisirt;
Hoff, es soll ihnen wohl bekommen.
Die Mädels sind doch sehr interessirt,
Ob einer fromm und schlicht nach altem Brauch;
Sie dencken: duckt er da, folgt er uns eben auch!
FAUST. Du Ungeheuer siehst nicht ein,
Wie diese Engels liebe Seele,
Von ihren Glauben voll,
Der ganz allein
Ihr seelig machend ist, sich heilig quäle,
Dass der nun, den sie liebt, verlohren werden soll.
MEPHISTOPHELES. Du übersinnlicher, sinnlicher Freyer,
Ein Mägdelein nasführet dich!
FAUST. Du Spottgeburt von Dreck und Feuer!
MEPH. Und die Phisiognomie versteht sie meisterlich.
In meiner Gegenwart wirds ihr, sie weis nicht wie!
Mein Mäskgen da weissagt ihr borgnen Sinn,
Sie fühlt, dass ich ganz sicher ein Genie,
Vielleicht wohl gar ein Teufel binn!
Nun, heute Nacht – ?
FAUST. Was geht dichs an?
MEPHISTOPHELES. Hab ich doch meine Freude dran!

Am Brunnen

Gretgen und Liesgen mit Krügen

LIESGEN. Hast nichts von Bärbelgen gehört?
GRETGEN. Kein Wort! ich komm gar wenig unter Leute,
LIESGEN. Gewiss, Sibüle sagt mirs heute:
   Die hat sich endlich auch betöhrt!
   Da ist das vornehm tuhn!
GRETGEN. Wie so?
LIESGEN. Es stinckt!
   Sie futtert zwey iezt, wenn sie isst und trinckt.
GRETGEN. Ach!
LIESGEN. Ja, so ists ihr endlich gangen.
   Wie lang hat s' an den Kerl gehangen!
   Das war ein gespazieren,
   Auf Dorf und Tanzplaz führen!
   Musst überall die erste seyn,
   Kurtesirt ihr immer mit Pastetgen und Wein,
   Bildt sich was auf ihre Schönheit ein.
   War doch so ehrlos, sich nicht zu schämen,
   Geschencke von ihm anzunehmen.
   War ein Gekos und ein Geschleck,
   Ja, da ist dann das Blümgen weg.
GRETGEN. Das arme Ding!
LIESGEN. Bedauer sie kein Haar!
   Wenn unser eins am Spinnen war,
   Uns Nachts die Mutter nicht nabe lies,
   Stand sie bey ihrem Bulen süs;
   Auf der Tührbanck und dem dunckeln Gang
   Ward ihnen keine Stund zu lang.
   Da mag sie denn sich ducken nun,
   Im Sünderhemdgen Kirchbus tuhn!
GRETGEN. Er nimmt sie gewiss zu seiner Frau.
LIESGEN. Er war ein Narr! Ein flinker Jung
   Hat anderwärts noch Lufft genung.

Er ist auch durch.

GRETGEN. Das ist nicht schön.

LIESGEN. Kriegt sie ihn, Solls ihr übel gehn.
Das Kränzel reissen die Buben ihr,
Und Hexel streuen wir vor die Tühr! *ab*.

GRETGEN *heime gehend*.
Wie könnt ich sonst so tapfer schmälen,
Wenn täht ein armes Mägdlein fehlen!
Wie konnt ich über andrer Sünden
Nicht Worte gnug der Zunge finden!
Wie schien mirs schwarz, und schwärzts noch gar,
Mir nimmer doch nit schwarz gnug war.
Und seegnet mich und taht so gros,
Und binn nun selbst der Sünde blos!
Doch – alles, was mich dazu trieb,
Gott! war so gut! ach, war so lieb!

Zwinger

In der Mauerhöle ein Andachts Bild der Mater dolorosa,
Blumenkrüge davor

GRETGEN *gebeugt, schwendet die Krüge im nächsten Brunn, füllt*
sie mit frischen Blumen, die sie mitbrachte
  Ach neige,
  Du schmerzenreiche,
  Dein Antliz ab zu meiner Noth!
  Das Schwerdt im Herzen,
  Mit tauben Schmerzen
  Blickst auf zu deines Sohnes Todt!
  Zum Vater blickst du,
  Und Seufzer schickst du
  Hinauf um sein und deine Noth!
  Wer fühlet,
  Wie wühlet
  Der Schmerz mir im Gebein?
  Was mein armes Herz hier banget,
  Was es zittert, was verlanget,
  Weisst nur du, nur du allein.
  Wohin ich immer gehe,
  Wie weh, wie weh, wie wehe
  Wird mir im Busen hier!
  Ich binn, ach! kaum alleine,
  Ich wein, ich wein, ich weine,
  Das Herz zerbricht in mir.
  Die Scherben vor meinem Fenster
  Bethaut ich mit Trähnen, ach!
  Als ich am frühen Morgen
  Dir diese Blumen brach.
  Schien hell in meine Kammer
  Die Sonne früh herauf,
  Sass ich in allem Jammer
  In meinem Bett schon auf.

Hilf retten mich von Schmach und Todt!
Ach neige,
Du schmerzenreiche,
Dein Antliz ab zu meiner Noth!

Dom

Exequien der Mutter Gretgens
Gretgen, alle Verwandte. Amt, Orgel und Gesang

BÖSER GEIST *hinter Gretgen.*
    Wie anders, Gretgen, war dirs,
    Als du noch voll Unschuld
    Hier zum Altar tratst
    Und im verblätterten Bücheigen
    Deinen Gebeten nachlalltest,
    Halb Kinderspiel,
    Halb Gott im Herzen!
    Gretgen!
    Wo steht dein Kopf?
    In deinem Herzen
    Welche Missetaht?
    Betest du für deiner Mutter Seel,
    Die durch dich sich in die Pein hinüberschlief?
    – Und unter deinem Herzen
    Schlägt da nicht quillend schon
    Brandschande Maalgeburt?
    Und ängstet dich und sich
    Mit ahndevoller Gegenwart?
GRETGEN. Weh! Weh!
    Wär ich der Gedanken los,
    Die mir rüber und nüber gehn,
    Wieder mich!
CHOR. Dies irae, dies illa
    Solvet Saeclum in favilla. *Orgelton.*
BÖSER GEIST. Grimm fasst dich!
    Der Posaunen Klang!
    Die Gräber beben,
    Und dein Herz,
    Aus Aschenruh
    Zu Flammenquaalen

Wieder aufgeschaffen,
Bebt auf!
GRETGEN. War ich hier weg!
Mir ist, als ob die Orgel mir
Den Athem versezte,
Gesang mein Herz
Im tiefsten löste.
CHOR. Judex ergo cum sedebit,
Quidquid latet adparebit,
Nil inultum remanebit.
GRETGEN. Mir wird so eng!
Die Mauern Pfeiler
Befangen mich!
Das Gewölbe
Drängt mich! – Lufft!
BÖSER GEIST. Verbirgst du dich?
Blieben verborgen
Dein Sünd und Schand?
Lufft? Licht?
Weh dir!
CHOR. Quid sum miser tunc dicturus?
Quem patronum rogaturus,
Cum vix iustus sit securus?
BÖSER GEIST. Ihr Antliz wenden
Verklärte von dir ab.
Die Hände dir zu reichen
Schauerts ihnen,
Den Reinen!
Weh!
CHOR. Quid sum miser tunc dicturus?
GRETGEN.   Nachbaarinn! Euer Fläschgen! –

sie fällt in Ohnmacht.

Nacht

Vor Gretgens Haus

VALENTIN, *Soldat, Gretgens Bruder.*
  Wenn ich so sas bey 'em Gelag,
  Wo mancher sich berühmen mag,
  Und all und all mir all den Flor
  Der Mägdlein mir gepriesen vor,
  Mit vollem Glas das Lob verschwemmt –
  Den Ellebogen aufgestemmt,
  Sas ich in meiner sichern Ruh,
  Hört all dem Schwadroniren zu
  Und striche lachend meinen Bart
  Und kriege das volle Glas zur Hand
  Und sage: alles nach seiner Art,
  Aber ist eine im ganzen Land,
  Die meiner trauten Gretel gleicht,
  Die meiner Schwester das Wasser reicht?
  Top! Top! Kling! Klang! das ging herum.
  Die einen schrieen: »Er hat Recht,
  Sie ist die Zier vom ganzen Geschlecht!«
  Da sasen alle die Lober stumm.
  Und iezt! – das Haar sich auszurauffen!
  Um an den Wänden nauf zu lauffen!
  Mit Stichelreden, Nasenrümpfen
  Soll ieder Schurcke mich beschimpfen!
  Soll wie ein böser Schuldner sizzen,
  Bey iedem Zufalls Wörtgen schwizzen!
  Und sollt ich sie zusammen schmeissen!
  Könnt ich sie doch nicht Lügner heissen!

Faust · Mephistopheles

FAUST. Wie von dem Fenster dort der Sakristey
  Der Schein der ewgen Lampe aufwärts flämmert
  Und schwach und schwächer seitwärts dämmert,

Und Finsterniss drängt rings um bey!
So siehts in diesem Busen nächtig.

MEPHISTOPHELES.
Und mir ists wie dem Käzlein schmächtig,
Das an den Feuerleitern schleicht,
Sich leis so an die Mauern streicht.
Wär mir ganz tugendlich dabey,
Ein bissgen Diebsgelüst ein bissgen Rammeley.
Nun frisch dann zu! das ist ein Jammer:
Ihr geht nach eures Liebgens Kammer,
Als gingt ihr in den Todt.

FAUST. Was ist die Himmels Freud in ihren Armen?
Das Durcherschüttern, Durcherwarmen?
Verdrängt es diese Seelen Noth?
Ha! binn ich nicht der Flüchtling, Unbehauste,
Der Unmensch ohne Zweck und Ruh,
Der wie ein Wassersturz von Fels zu Felsen brauste,
Begierig wüthend nach dem Abgrund zu?
Und seitwärts sie mit kindlich dumpfen Sinnen
Im Hüttgen auf dem kleinen Alpenfeld,
Und all ihr häusliches Beginnen
Umfangen in der kleinen Welt.
Und ich, der Gott verhasste,
Hatte nicht genug,
Dass ich die Felsen fasste
Und sie zu Trümmern schlug!
Sie! Ihren Frieden musst ich untergraben,
Du Hölle wolltest dieses Opfer haben!
Hilf, Teufel, mir die Zeit der Angst verkürzen,
Mags schnell geschehn, was muss geschehn!
Mag ihr Geschick auf mich zusammen stürzen
Und sie mit mir zu Grunde gehn!

MEPHISTOPHELES. Wies wieder brozzelt! wieder glüht!
Geh ein und tröste sie, du Tohr!
Wo so ein Köpfgen keinen Ausgang sieht,
Stellt es sich gleich das Ende vor.

Faust · Mephistopheles

FAUST. Im Elend! Verzweifelnd! Erbärmlich auf der Erde lang
verirrt! Als Missetähtcrinn im Kercker zu entsetzlichen Quaa-
len eingesperrt, das holde unseelige Geschöpf! Biss dahin! –
Verräthrischer nichtswürdiger Geist, und das hast du mir verheimlicht! Steh nur, steh, wälze die Teuflischen Augen inn-
grimmend im Kopf herum, steh und truzze mir durch deine
unerträgliche Gegenwart! Gefangen! Im unwiederbringlichen
Elend bösen Geistern übergeben, und der richtenden gefühllosen Menschheit! Und du wiegst mich indess in abgeschmackten Freuden ein, verbirgst mir ihren wachsenden Jammer, und
lassest sie hülflos verderben.

MEPHISTOPHELES. Sie ist die erste nicht!

FAUST. Hund! Abscheuliches Untier! – Wandle ihn, du unend-
licher Geist, wandle den Wurm wieder in die Hundsgestalt, in
der er sich nächtlicher Weile offt gefiel, vor mir herzutrotten,
dem harmlosen Wandrer vor die Füse zu kollern und dem
Umstürzenden sich auf die Schultern zu hängen! Wandl ihn
wieder in seine Lieblingsbildung, dass er vor mir im Sand auf
dem Bauch krieche, ich ihn mit Füsen trete, den Verworfnen!
– Die erste nicht! – Jammer! Jammer! von keiner Menschen-
seele zu fassen, dass mehr als ein Geschöpf in die Tiefe dieses
Elends sanck, dass nicht das erste in seiner windenden Todtes-
noth genug taht für die Schuld aller übrigen vor den Augen des
Ewigen. Mir wühlt es Marck und Leben durch, das Elend dieser einzigen, und du grinsest gelassen über das Schicksaal von
Tausenden hin.

MEPHISTOPHELES. Gros Hans! nun bist du wieder am Ende
deines Wizzes, an dem Fleckgen, wo euch Herrn das Köpfgen
überschnappt. Warum machst du Gemeinschafft mit uns, wenn
du nicht mit uns auswirthschafften kannst? Willst fliegen, und
der Kopf wird dir schwindlich? Eh! Drangen wir uns dir auf
oder du dich uns?

FAUST. Bläcke deine gefräsigen Zähne mir nicht so entgegen,
mir eckelts! – Groser herrlicher Geist, der du mir zu erscheinen

würdigtest, der du mein Herz kennst und meine Seele, warum musstest du mich an den Schandgesellen schmieden, der sich am Schaden weidet und am Verderben sich lezt!

MEPHISTOPHELES. Endigst du?

FAUST. Rette sie oder weh dir! Den entsezlichsten Fluch über dich auf Jahrtausende! Rette sie!

MEPHISTOPHELES. Ich kann die Bande des Rächers nicht lösen, seine Riegel nicht öffnen. – Rette sie? Wer wars, der sie ins Verderben stürzte? Ich oder du?

FAUST *blickt wild umher.*

MEPHISTOPHELES. Greiffst du nach dem Donner? Wohl, dass er euch elenden Sterblichen nicht gegeben ward! Ists doch das einzige Kunststück, euch in euern Verworrenheiten Lufft zu machen, dass ihr den entgegnenden Unschuldigen zerschmettert.

FAUST. Bring mich hin! sie soll frey seyn!

MEPHISTOPHELES. Und die Gefahr, der du dich aussezzest? Wisse, dass auf der Stadt noch die Blutschuld liegt, die du auf sie gebracht hast. Dass über der Stätte des Erschlagenen rächende Geister schweben, die auf den rückkehrenden Mörder lauern.

FAUST. Noch das von dir! Mord und Todt einer Welt über dich Ungeheuer! Führe mich hin, sag ich dir, und befrey sie!

MEPHISTOPHELES. Ich führe dich, und was ich tuhn kann, höre! Hab ich alle Macht im Himmel und auf Erden? Des Türners Sinnen will ich umnebeln, bemächtige dich der Schlüssel und führe sie heraus mit Menschenhand. Ich wach und halte dir die Zauber Pferde bereit. Das vermag ich.

FAUST. Auf und davon!

Nacht · Offen Feld

Faust, Mephistopheles auf schwarzen Pferden daher brausend

FAUST. Was weben die dort um den Rabenstein?
MEPHISTOPHELES. Weis nicht, was sie kochen und schaffen.
FAUST. Schweben auf und ab. Neigen sich, beugen sich.
MEPHISTOPHELES. Eine Hexenzunft!
FAUST. Sie streuen und weihen!
MEPHISTOPHELES. Vorbey! Vorbey!

Kercker

FAUST *mit einem Bund Schlüssel und einer Lampe an einem eisernen
Tührgen.* Es fasst mich längst verwohnter Schauer. Inneres
Grauen der Menschheit. Hier! Hier! – Auf! Dein Zagen zögert
den Todt heran!
Er fasst das Schloss, es singt innwendig:
 Meine Mutter, die Hur,
 Die mich umgebracht hat!
 Mein Vater, der Schelm,
 Der mich gessen hat!
 Mein Schwesterlein klein
 Hub auf die Bein
 An einen kühlen Ort,
 Da ward ich ein schönes Waldvögelein,
 Fliege fort! Fliege fort!
FAUST *zittert, wanckt, ermannt sich und schliesst auf, er hört die
Ketten klirren und das Stroh rauschen.*
MARGARETHE *sich verbergend auf ihrem Lager.*
 Weh! Weh! sie kommen. Bittrer Todt!
FAUST *leise.* Still! Ich komme dich zu befreyn.
 er fasst ihre Ketten, sie aufzuschliessen.

MARGRETE *wehrend.* Weg! Um Mitternacht! Hencker, ist
dirs morgen frühe nicht zeitig gnug?

FAUST. Lass!

MARGRETE, *wälzt sich vor ihn hin.* Erbarme dich mein und lass
mich leben! Ich binn so iung, so iung, und war schön und binn
ein armes iunges Mädgen. Sieh nur einmal die Blumen an, sieh
nur einmal die Kron! Erbarme dich mein! Was hab ich dir getahn? Hab dich mein Tage nicht gesehn.

FAUST. Sie verirrt und ich vermags nicht.

MARGRETE. Sieh das Kind! Muss ichs doch träncken. Da hatt
ichs eben! Da! Ich habs getränckt! Sie nahmen mirs und sagen,
ich hab es umgebracht, und singen Liedger auf mich! – Es ist
nicht wahr – es ist ein Mährgen, das sich so endigt, es ist nicht
auf mich, dass sies singen.

FAUST *der sich zu ihr hinwirft.* Gretgen!

MARGRETE, *die sich aufreisst.* Wo ist er? Ich hab ihn rufen
hören! er rief: Gretgen! Er rief mir! Wo ist er? Ach, durch all
das Heulen und Zähnklappen erkenn ich ihn, er ruft mir: Gretgen! *sich vor ihm niederwerfend.* Mann! Mann! Gieb mir ihn,
schaff mir ihn! *Wo ist er?*

FAUST *er fasst sie wüthend um den Hals.* Meine Liebe! Meine Liebe!

MARGRETE *sinckt, ihr Haupt in seinen Schoos verbergend.*

FAUST. Auf, meine Liebe! Dein Mörder wird dein Befreyer.
Auf! *er schliesst über ihrer Betäubung die Arm Kette auf.* Komm, wir
entgehen dem schröcklichen Schicksaal.

MARGRETE *angelehnt.* Küsse mich! Küsse mich!

FAUST. Tausendmal! Nur eile, Gretgen, eile!

MARGRETE. Küsse mich! Kannst du nicht mehr küssen? Wie!
Was! Bist mein Heinrich und hasts Küssen verlernt! Wie sonst
ein ganzer Himmel mit deiner Umarmung gewaltig über mich
eindrang! Wie du küsstest, als wolltest du mich in wollüstigem
Todt ersticken! Heinrich, küsse mich, sonst küss ich dich! *sie
fällt ihn an.* Weh! deine Lippen sind kalt! Todt! Antworten
nicht!

FAUST. Folge mir, ich herze dich mit tausendfacher Glut. Nur
folge mir!

MARGRETE, *sie sezt sich und bleibt eine Zeitlang stille.*
Heinrich, bist dus?

FAUST. Ich binns, komm mit!

MARGRETE. Ich begreiffs nicht! Du? Die Fesseln los! Befreyst
mich. Wen befreyst du? Weisst dus?

FAUST. Komm! Komm!

MARGRETE. Meine Mutter hab ich umgebracht! Mein Kind
hab ich ertränckt. Dein Kind! Heinrich! – Groser Gott im
Himmel, soll das kein Traum seyn! Deine Hand, Heinrich! –
Sie ist feucht – Wische sie ab, ich bitte dich! Es ist Blut dran! –
Stecke den Degen ein! – Mein Kopf ist verrückt.

FAUST. Du bringst mich um.

MARGRETE. Nein du sollst überbleiben, überbleiben von
allen. Wer sorgte für die Gräber? So in eine Reihe, ich bitte
dich, neben die Mutter den Bruder da! Mich dahin und mein
Kleines an die rechte Brust. Gieb mir die Hand drauf, du bist
mein Heinrich.

FAUST *will sie weg ziehen.* Fühlst du mich! Hörst du mich?
komm ich binns! ich befreye dich!

MARGRETE. Da hinaus?

FAUST. Freyheit!

MARGRETE. Da hinaus? Nicht um die Welt. Ist das Grab
draus, komm! Lauert der Todt, komm! Von hier ins ewige
Ruhe Bett, weiter nicht einen Schritt. Ach Heinrich, könnt ich
mit dir in alle Welt!

FAUST. Der Kercker ist offen, säume nicht!

MARGRETE. Sie lauren auf mich an der Strase am Wald.

FAUST. Hinaus! Hinaus!

MARGRETE. Ums Leben nicht! – Siehst dus zappeln? Rette
den armen Wurm, er zappelt noch! – Fort! geschwind! Nur
übern Steeg, gerad in Wald hinein, lincks am Teich, wo die
Plancke steht! Fort! rette! rette!

FAUST. Rette! Rette dich!

MARGRETE. Wären wir nur den Berg vorbey, da sizt meine
Mutter auf einem Stein und wackelt mit dem Kopf! Sie winckt

nicht, sie nickt nicht, ihr Kopf ist ihr schweer. Sie sollt schlafen,
dass wir könnten wachen und uns freuen beysammen.

FAUST *ergreifft sie und will sie wegtragen.*

MARGARETE. Ich schreye laut, laut, dass alles erwacht!

FAUST. Der Tag graut. O Liebgen! Liebgen!

MARGARETE. Tag! Es wird Tag! Der lezte Tag! Der Hochzeit
Tag! – Sags niemand, dass du die Nacht vorher bey Gretgen
warst. – Mein Kränzgen! – Wir sehn uns wieder! – Hörst du,
die Bürger schlürpfen nur über die Gassen! Hörst du? Kein lau-
tes Wort. Die Glocke ruft! – Krack, das Stäbgen bricht! Es
zuckt in iedem Nacken die Schärfe, die nach meinem zuckt! –
Die Glocke hör!

MEPHISTOPHELES *erscheint.* Auf! oder ihr seyd verlohren!
meine Pferde schaudern, der Morgen dämmert auf.

MARGRETE. Der! der! Lass ihn, schick ihn fort! der will mich!
Nein! Nein! Gericht Gottes, komm über mich, dein binn ich!
rette mich! Nimmer, nimmermehr! Auf ewig lebe wohl! Leb
wohl, Heinrich!

FAUST *sie umfassend.* Ich lasse dich nicht!

Margarete. Ihr heiligen Engel, bewahret meine Seele! – mir
grauts vor dir, Heinrich!

MEPHISTOPHELES. Sie ist gerichtet!

*er verschwindet mit Faust, die Thüre rasselt zu, man hört ver-
hallend:*

Heinrich! Heinrich!